社会蓝皮书

BLUE BOOK OF CHINA'S SOCIETY

2006年：中国社会形势分析与预测

ANALYSIS AND FORECAST ON CHINA'S SOCIAL DEVELOPMENT (2006)

主编/汝 信 陆学艺 李培林

副主编/黄 平 陈光金

社会科学文献出版社
SOCIAL SCIENCES ACADEMIC PRESS (CHINA)

图书在版编目（CIP）数据

2006年：中国社会形势分析与预测/汝信，陆学艺，李培林主编．－北京：社会科学文献出版社，2005.12

（社会蓝皮书）

ISBN 7－80190－765－5

Ⅰ.2…　Ⅱ.①汝…　②陆…　③李…　Ⅲ.①社会分析－中国－2005　②社会预测－中国－2006　Ⅳ.D668

中国版本图书馆CIP数据核字（2005）第150418号

《社会蓝皮书》编委会

本书作者　（以文序排列）

李培林　王奋宇　赵延东　谢志强　张　慧

袁　岳　王俊秀　朱庆芳　张　翼　莫　荣

文盛堂　宗胜利　李国忠　史寒冰　唐　钧

张时飞　闫世辉　陆学艺　顾　昕　杨东平

赵树凯　何晓明　顾　严　杨宜勇　许欣欣

黄燕芬　李宏梅　乔　健　樊　平　张厚义

沈　杰

目录 CONTENTS

调 查 篇

发 展 篇

专 题 篇

阶　层　篇

附　录

CONTENTS

目 录

DEVELOPMENT ISSUES

SPECIAL REPORTS

SOCIAL STRATA

ANNEX

前　言

当我们在2005年岁末着手编辑这本蓝皮书时，也正是“十五”计划完成和“十一五”规划开篇的时候，中国正站在走入一个新的发展阶段的门槛。

这已经是中国社会科学院“社会形势分析与预测”课题组的第14本社会蓝皮书了。每年编辑过程中，社会发展各个领域的研究报告所分析和描述的中国快速的社会变迁，总是使我们的心情难以平静。13亿人口的中国所发生的巨大变化，不仅在深刻地改变着中国，也在不断地对世界产生越来越重要的影响。

本年度的蓝皮书，有以下几个特点。

1. 突出“新的历史起点”的主题

2005年10月11日中共中央十六届五中全会通过了《中共中央关于制定国民经济和社会发展第十一个五年规划的建议》，提出了2006～2010年中国发展的宏伟蓝图。面向未来，中国站在一个新的历史起点上。这个新的历史起点意味着，要以科学发展观统领经济社会发展全局：在经济建设上，要转变经济增长方式，走新型工业化的道路，发展循环型经济，建设资源节约、环境友好型社会；在政治建设上，要健全社会主义民主制度，依法治国，实行更加广泛的社会参与；在文化建设上，要进一步确立社会主义的共同价值体系，促进和繁荣多样性的文化事业；在社会建设上，要逐步解决当前社会发展中的一些突出问题，协调好各种社会利益关系，把社会公正放在更加重要的位置，努力构建社会主义和谐社会。

2. 关注非营利事业部门的改革方向和道路

政府、市场和社会，构成现代社会的三大领域，并遵循着三种不同运行机制。政府依靠法律和政策治理国家，市场通过企业的竞争促进有效率的产出，社会通过非营利部门实现公益目标和推动社会事业发展。近些年来，随

着中国快速的经济增长，消费产品的供给绝大多数实现了供求平衡和供大于求，但在公共产品和公共服务领域，仍存在着短缺现象，上学难、看病难、行路难成为人民生活中的突出问题。这本蓝皮书加强了对人们群众关注的医疗改革和教育改革状况的分析。

3. 关注西部地区城乡居民的生活状况

中国实行西部大开发战略以来，西部地区的发展正在发生积极的变化，但在经济全球化的影响下，产业集群现象的出现使已有的地区发展差距进一步扩大。如何在西部大开发的过程中处理好经济发展与环境保护的关系，如何稳步地不断提高西部人口的生活质量，成为一个需要特别关注的问题。小平同志很早就提出过“两个大局”的思想，即一方面东部要率先发展，全国要服从这个大局，另一方面发展到一定阶段，要解决好地区差距的问题，推动西部的发展，走共同富裕的道路，全国也要服从这个大局。这本蓝皮书首次发表了对西部11个省份（包括省、市、区）城乡居民生活状况大规模调查的结果，这有助于我们从家户生活层面深入了解西部地区的实际情况，以便能够有针对性地提出切实可行的改进措施。

本书的作者来自专业的研究和调查机构、大学以及政府有关研究部门，除总报告外，各篇文章的观点，只属于作者本人，既不代表总课题组，也不代表作者所属的单位。

本书涉及的大量统计和调查数据，由于来源不同、口径不同、调查时点不同，所以可能存在着不尽一致的情况，请在引用时认真进行核对。

本课题的研究受到中国社会科学院的重点资助，本课题的研究活动的组织、协调以及总报告的撰写，均由中国社会科学院社会学研究所负责。

本年度“社会蓝皮书”由李培林、陈光金、许欣欣、沈杰负责统稿，主编汝信、陆学艺都参与了重要报告的审定，胡刚负责资料工作。中国社会科学院科研局局长黄浩涛、副局长王延中、学术秘书刘白驹，社会科学文献出版社社长谢寿光及本书责任编辑，以及社会学研究所科研处、办公室、信息中心等，也为本书的出版做了大量工作，在此深表谢意。

李培林

2005年11月25日

中国站在新的历史起点上

——2005～2006 年中国社会形势分析与预测总报告

○ 中国社会科学院“社会形势分析与预测”课题组

李培林执笔

2005 年，中国宏观经济社会形势继续保持 2003 年以来的良好发展势头，呈现高增长、低通胀、就业紧张局面有所缓解、生活水平稳步提高的特点。从经济增长 9.3% 左右、通货膨胀率控制在约 2%、城镇登记失业率控制在 4.2% 以内、城乡居民收入都有较大幅度增长等宏观指标来看，当前的经济社会发展状况仍为近十几年来最好的时期。

当前，中国在科学发展观和构建社会主义和谐社会的重大战略思想指导下，正在开始步入推进全面建设小康社会和整个现代化事业的新征程。2005 年 10 月 11 日，中共中央十六届五中全会通过了《中共中央关于制定国民经济和社会发展第十一个五年规划的建议》，在总结改革开放以来，特别是过去五年发展经验的基础上，提出了 2006～2010 年中国发展的宏伟蓝图。面向未来，中国站在一个新的历史起点上。这个新的历史起点意味着，要以科学发展观统领经济社会发展全局：在经济建设上，要继续深化改革、加快发展，进一步完善社会主义市场经济体制，但要转变经济增长方式，走新型工业化的道路，发展循环型经济，建设资源节约型和环境友好型社会；在政治建设上，要健全社会主义民主制度，依法治国，实行更加广泛、更加有效的民主参与和社会合作；在文化建设上，要进一步确立社会主义的共同价值体系，促进和繁荣多样性的文化事业；在社会建设上，要逐步解决当前社会发展中的一些突出问题，协调好各种社会利益关系，把社会公正放在更加重要的位置，努力构建社会主义和谐社会。

一　2005 年社会发展基本状况

1. 经济连续三年高速增长

2003 年开始启动的改革开放以来的第三次经济高速增长周期，到 2005 年已经持续了三年。中国 GDP 的年增长速度，2003 年为 9.1%，2004 年为 9.5%，2005 年为 9.3% 左右。这一轮高速增长周期的特点，是中央较早地和比较及时地进行宏观调控，而且宏观调控方式也更加灵活，更加注重发挥市场对资源配置的基础力量，有保有压有促，所以这次高速增长周期持续的时间可能会比过去长。中央宏观调控的政策，对一些地方的经济增长速度和财政收入的增长速度产生了一定影响，但各地从全局出发做出积极配合，加快促进经济增长方式的转变，保证了整体经济的健康、稳定和可持续发展。

2. 和谐社会建设取得明显进展

在建设社会主义和谐社会重大战略思想的指导下，中央已经实行和将陆续出台一系列的相关政策和措施。包括：取消农业税；实行最严格的耕地保护制度，调整土地征用价格；积极扩大就业，加大就业培训的力度；维护农民工的合法权益，解决拖欠农民工的工资问题；加强社区建设；扩大农村养老保障的试点；制止教育乱收费；对农村困难家庭子女的义务教育实行“两免一补”（免杂费、免书本费、补助寄宿生生活费）；继续完善城市最低生活保障制度；积极推进非公企业的工会建设；加强反腐败，加强对中央和省级权力部门的审计监督；严格税收监管，调整个人所得税的起征线；等等。这些关系民生、民利、民权、民情、民心的政策和措施，使和谐社会建设取得明显进展。

3. 人民生活水平稳步提高，人均储蓄超过 1 万元

居民收入仍保持较快的增长速度。2005 年 1～9 月，扣除价格增长因素，城镇居民人均可支配收入 7902 元，同比实际增长 9.8%；农民人均现金收入 2450 元，同比实际增长 11.5%；社会消费品零售总额 45081 亿元，同比实际增长 12.1%。城镇居民人均可支配收入和农民人均现金收入的增长均超过了 GDP 的增长速度。

宏观物价继续呈低通胀态势。2005 年 1～9 月，居民消费价格同比上涨 2.0%，商品零售价格同比上涨 0.8%。从构成看，前三季度，食品价格上涨 3.3%，同比回落 7.6 个百分点，其中粮食价格上涨 1.9%，回落 26.5 个百分点；居住价格上涨5.6%，同比提高1.2个百分点；娱乐教育文化用品及服务价格上涨2.6%；其他类商品价格大多基本稳定或略有下降。食品价格上涨，特别是粮食价格上涨过快的情况有所改变，这使城镇低收入家庭因食品价格快速上涨而增加的生活成本压力有所减弱。

2005年城镇每百户家庭拥有彩电134部，电冰箱91台，空调器80台，家用汽车3.3辆，家用电脑40台，移动电话134部；农村每百户拥有彩电80台，电冰箱20台，洗衣机40台，移动电话50部，摩托车40辆。

到2005年底，城乡居民储蓄余额将突破14万亿元，增长19%左右，人均储蓄超过1万元。与此同时，2005年政府继续加大了对城镇困难家庭的扶持力度，最低生活保障金支出增至160多亿元，全国享受最低生活保障金人员增至2300多万人。

4. 社会主义新农村建设正式启动

城乡发展的巨大差距，已经成为全面建设小康社会和构建社会主义和谐社会的最大障碍。为此，中央启动了建设社会主义新农村的伟大工程。2005年中央关于农村工作的“一号文件”，是继2004年中央关于农村工作“一号文件”之后，近20年来第二个关于农村工作的“一号文件”。

中央原本决定，从2004开始，用五年时间在全国范围内全面取消农业税，但只用了两年时间，到2005年底，全国已基本完成了全部取消农业税的任务（个别省份将农业税税率降至不超过2%）。

农民的年人均纯收入，在2004年打破长期徘徊、增长了6.8%的基础上，2005年又在粮食价格较低而农用生产资料价格较大幅度上涨、从而增加了农业生产成本的基础上，使农民人均年纯收入增长近6%，这是非常不容易的，也是1997年以来农民收入继2004年之后的第二个高增长年份。

与此同时，中央还出台了一系列的政策，推动农村的发展。在医疗方面，继续推进农村新型合作医疗制度试点，在合作医疗保费平均每个农民30元（中央财政、地方财政、个人分别承担10元）的基础上，中央又增加10元直接补助，截至2005年6月底，全国已有641个县（市、区）开展了试点工作，覆盖2.25亿农民，其中有1.63亿农民参加了合作医疗，参合率为72.6%，全国共补偿参加合作医疗的农民1.19亿人次，补偿资金支出50.38亿元。在教育方面，完善农村义务教育制度，扩大对农村困难家庭子女教育费补贴，免除书本费的家庭贫困学生的范围从上年2400万名增加为3000万名，对592个国家级贫困县约1600万农村孩子免除书本费和杂费，平均免

除书本费、杂费小学生为 200 元，初中生为 340 元。在养老方面，扩大对农村符合计划生育政策的老人发放补贴的试点范围。在社会福利方面，积极进行农村最低生活保障的探索。在土地征用方面，实行最严格的耕地保护制度，更加妥善地处理被征地农民的生活安置。在农村基础建设方面，提高农村使用洁净水和通电、通气、通柏油路的普及率等。

5. 就业紧张局面有所缓解

通过实行积极扩大就业的政策，就业形势恶化的趋势得到控制，就业紧张的局面有所缓解。2005 年 1～10 月，全国累计实现城镇新增就业人员 880 万人，估计全年城镇可新增就业人员 960 人左右。截至 2005 年 9 月底，全国城镇登记失业人员 835 万人，城镇登记失业率与上年底持平，为 4.2%，全年城镇登记失业率可以控制在 4.2% 以内。2005 年中央财政在保持国有企业下岗职工基本生活保障专项补助资金规模不变的同时，增加再就业专项补助资金 26 亿元，使两项资金的总量达到 209 亿元（包括小额贷款贴息）。

就业紧张局面在老工业基地也得到一定程度的缓解，这主要是由于老工业基地原材料工业的恢复景气增加了就业，而且，随着就业培训工作的加强，失业下岗职工的自主择业能力进一步提高。

农村劳动力转移继续呈积极态势，全国农村外出经商务工的劳动力达到 1.2 亿人，跨省流动就业的农民工约 6000 万人。

在探索建立市场经济条件下促进就业的长效机制过程中，需要就业和再就业的重点人群是：体制转轨遗留下来的下岗失业人员、重组改制关闭破产企业的职工、城镇新增劳动力尤其是高校毕业生、进城务工人员和被征地农民等。

6. 城市化和社区建设加快

城市化速度明显加快，2005 年中国城市化水平达到约 43%。2000～2005 年，中国城市化水平从 36% 提高到 43%，年均提高 1.4 个百分点，而 1990～2000 年，年均提高 1 个百分点。

户籍制度改革继续推进，统一城乡劳动力市场的步伐加快。全国已有十几个省份（省、市、区）出台了以建立城乡统一户口登记制度为主要内容的改革措施，各地进一步取消和清理专门针对进城就业农民的限制性规定和不合理收费。

社区建设作为构建社会主义和谐社会的一项基础性建设，越来越受到普遍的重视。社区正在成为对工作单位具有替代作用的社会管理、公共服务和社会支持网络，在落实社会保障、就业、税收、治安、计划生育、卫生防疫、犯罪矫正、环境保护、社会纠纷基层调解等诸多方面，发挥着越来越积极的作用。社区管理人员的年轻化和知识化取得明显进展，目前全国社区居委会的40多万名成员中，50岁以下的占75%，高中（中专）文化以上的占77%。社区志愿者队伍也蓬勃发展，目前我国现有社区志愿者组织7万多个，人数1600多万人。村民自治和民主选举制度尽管还存在各种问题，但正在逐步完善，全国多数县（市、区、旗）已完成新一届的村委会换届选举。

7. 人口面临新的转型

中国人口的总量控制取得明显成就，使得经济增长的财富可以更多地用于人民福利水平的普遍提高。从20世纪90年代初到目前，人口的出生率从19.7‰下降到12.2‰，死亡率从6.7‰下降到6.4‰，自然增长率从近20‰下降到不足6‰。中国人口总量的每年净增人数，也已经从20世纪80年代的约1600万人、90年代的约1200多万人，减少到目前的700多万人。人口总量年均净增人数的减少，可以使中国在GDP总量快速增长的同时，人均GDP和人均生活水平也能得到更快的提高。人口净增人数的减少、社会总负担系数（少儿负担系数+老年负担系数）的下降、劳动力的充足供给、人口结构调整和人口素质提高的巨大潜力，使中国面临着历史上少有的人口机遇。

在继续控制人口总量和维持低生育水平的同时，人口的素质问题和人口的结构问题显得日益突出。人口面临的新转型将提出新的挑战：劳动力市场将从无限供给转向总量供大于求与结构性短缺的并存，人口大国向人力资源大国转变的要求更加紧迫，人口老龄化水平与福利水平的矛盾以及人口“未富先老”的问题更加突出，城市家庭代际结构从金字塔型向倒金字塔型的转变对传统家庭养老方式提出挑战，等等。

二　2005年社会发展面临的主要问题

1. 农村基层财政薄弱影响公共服务能力

农村普遍取消农业税以后，搭车收费也随之减少，尽管中央转移支付资金逐年增加，但乡镇财政实际可支配收入减少，特别是一些以农业为主的县市和乡镇，财政更加紧张，加之目前乡镇财政供养人员超编情况比较严重，

使全国近 2/3 的乡镇政府在负债运行，一些乡镇欠发工资的情况比较普遍，严重影响了农村基层政权的公共服务能力。一些乡镇将公共权力和公共财产出售给私人，造成少数地方强人强占公共资产、垄断和掠夺公共资源，严重影响了农村基层的干群关系和农村政治社会秩序。乡镇基层政权建设关系到广大乡村的社会稳定，乡镇机构改革要有乡村财政体制改革、税费体制改革、义务教育体制改革、公共医疗体制改革以及其他公共产品供给体制改革来配套进行，使乡村“服务型政府”具有制度基础。

2. 土地的城市化大大快于农民的市民化

在快速的城市化过程中，由于目前农用土地变更用途成为推动经济增长和增加财政收入的重要来源，所以各地都存在大规模征地的冲动，土地城市化的速度很快，中央屡禁不止。但与此同时，由于征地而失去耕地的农民，没有得到应有的经济补偿，也没有完全通过非农就业和纳入城镇社会保障体系融入城镇社会，从而造成数千万失地、无保和就业不稳定的农民。农民从乡村社会进入城镇社会，脱离了传统的乡村互助网络，进入人际关系陌生的城市社会，并没有因为户籍的变更而很快完成市民化的过程。土地的城市化大大快于农民的市民化而造成的矛盾和冲突，成为当前一些地方社会不安定的一个突出表现，也是造成上访事件增多的一个重要原因。

3. 就业形势总体紧张情况下出现结构性短缺的并存

就业形势总体上仍然处于供大于求的紧张局面。由于技术密集和资本密集的深入，经济增长的就业弹性系数持续下降。改革初期，经济每增长一个百分点能够带动近 0.4% 的就业增长，但目前这一拉动作用降低到只有 0.1%。近几年 GDP 每增长 1 个百分点实际只能新增城镇就业人口 100 多万人。劳动力的总量供给仍然处于增长的时期，按照中位方案预测，这一趋势将延续到 2016 年前后。国有企业进一步深化改革所产生的富余人员也要求继续增加再就业岗位。农业劳动力也存在继续向非农产业转移的巨大压力。在这种情况下，就业总体紧张的状况短期内难以彻底扭转。

但是，由于劳动力供求关系发生的一些新变化，同时也由于农民收入的提高、农民工收入增长缓慢、部分企业劳动关系的紧张以及劳动力素质要求的提高，劳动力供给上的结构性短缺现象越来越普遍。劳动力的结构性短缺主要表现为：一是地区性短缺，在劳动力需求大的快速发展地区和产业集群区域，劳动力短缺现象更加普遍；二是技术岗位性短缺，中等技工和高等技工存在很大的缺口；三是年龄岗位性短缺，25 岁以下的青工短缺情况比较突出；四是性别岗位性短缺，青年女工的短缺越来越普遍。

此外，在过去的国有企业40～50岁的下岗失业人员陆续进入退休养老体制之后，由缺乏工作经验和劳动技术的年轻人员构成的“新失业人群”，越来越成为就业工作的新难点。

4. 上学难、看病难、大中城市里行路难成为人民生活中的突出问题

上学难、看病难、行路难的问题，近年来越来越引起人民群众的普遍不满。这既有快速增长的需求与满足这些需求的能力之间的矛盾，也有公共服务领域运行机制的问题。在国民收入的分配方面，国家多次强调，预算内教育经费要达到GDP的4%，近年来财政收入大幅度增长，但到2004年预算内教育经费只是GDP的3.26%。卫生医疗经费的公共投入更少，目前公立医院的收入中，财政拨款只占不到13%，而且这些教育和医疗公共资源的配置，又严重失衡，农村教育和医疗投入严重短缺，还引出不少公共服务事业“创收”机制带来的行为扭曲。近年来一些学校（包括一些义务教育学校）的择校赞助费飞涨，一些医院把创收责任与医护人员的收入挂钩，层层分解落实，造成一些医生不是根据患者病情而是根据药品价格提成比例开药，这不仅加重了消费者的负担，扭曲了消费结构，而且使家庭教育支出的平均增长几倍于家庭收入的平均增长，使国家预算内医疗经费的增长大大快于国家财政收入的增长，更使国有单位的医疗支出大大超出单位财政的医疗预算。2004年对45个县教育经费的审计，涉及教育乱收费4.5亿元，县均1000万元。1990～2004年，全国综合医院的门诊费用上涨了大约11倍、住院费用上涨了约9倍，而同期城乡民众的收入仅仅上涨了大约6倍和4倍多。调查表明，1993～2003年中国居民患病后因经济困难未就诊者的比重，从5.2%上升到18.7%。公共服务领域的运行机制改革问题，已到了必须认真对待和抓紧进行改革的时候了。

随着汽车进入家庭的时代到来，全国大中城市普遍出现行路难的问题，交通堵塞的现象越来越严重，而公共交通的发展，由于存在着亏损经营的约束，仍然赶不上需求的快速发展。如何通过深化体制改革，建立公共服务事业的不完全等同于市场供给和政府供给的有效运行机制，提高公共服务的质量，缓解目前消费产品供给过剩情况下的公共服务短缺，已经成为越来越突出的民生问题。

5. 减少贫困仍是新世纪的迫切任务

中国农村的贫困人口从1978年的2.5亿人减少到目前约2500万人，其

占世界贫困人口的比例也从 1/4 下降到 1/20，农村的贫困线也从农民人均纯收入不足 200 元提高到 637 元。但是，如果按照联合国每人每天收入或消费不低于 1 美元（购买力平价美元）的贫困标准，中国农村还存在约 7500 万贫困人口（大体相当于目前农村的贫困人口加上低收入人口）。而且，近年来城镇生活困难人口居高不下，无论是在农村还是在城市，低于人均收入平均线 1/2 的“相对贫困人口”，由于收入差距的扩大和低收入群体的庞大，并没有明显的和快速的降低。

在子女教育需求和健康需求刚性增长的同时，子女教育费用和医疗价格快速上升，农村家庭因灾、因学、因病而致贫和返贫情况更加突出。在新世纪，根据新的减贫目标实施新的减贫计划，是缩小收入差距、改善人民生活、扩大内需和增强社会团结的一项主要任务。

6. 安全事故，特别是煤矿安全事故频发后果严重

随着经济高速增长，安全生产投资欠账过多的问题暴露出来，从 2004 年开始安全事故问题变得非常突出。2004 年全国事故的损失据统计全年是 2500 亿元，占了 GDP 2%。2005 年安全事故问题更加严重。1～5 月份全国发生一次死亡 10 人以上特大事故 55 起，死亡 1194 人，其中一次死亡 30 人以上的特别重大事故 5 起，死亡 397 人，同比分别上升 25% 和 148%。

近年来煤矿事故频发，既有安全生产投入欠账过多的问题，也是法律和行政监管不力的反映。由于经济高速增长对能源的巨大需求，在煤炭行情高涨与高额利润的刺激下，一些煤矿主不顾生产安全条件，疯狂采煤，超设计能力生产与频繁“扩能改造”现象成风，包括国有、地方、个体在内的各类煤矿，纷纷挑战生产能力极限，不仅造成煤炭资源的大量浪费和加速枯竭，更导致煤矿安全事故频发。而下井挖煤的民工，既没有熟练技术和安全知识，也没有维权的能力，发生死亡事故也只好与煤老板“私了”。2005 年 1 月 1 日至 8 月 21 日，全国煤矿发生特大事故 33 起，死亡 951 人，比上年同期上升 43.5% 和 134.2%；2 月 14 日辽宁阜新孙家湾煤矿瓦斯爆炸，死亡 214 人，是新中国成立以来的第二大矿难。

在煤价暴涨、利润丰厚的刺激下，为了把清理纠正国家机关工作人员和国有企业负责人入股办矿问题作为突破口，严厉惩治安全生产领域的腐败现象，中央纪委、监察部、国务院国资委、安监总局联合下发通知，要求投资入股煤矿（依法购买上市公司股票的除外）的国家机关工作人员、国有企业负责人撤出投资。经过清理，截至 2005 年 10 月 24 日，根据对 20 个产煤省份的初步统计，已有3200多名国家机关工作人员和国有企业负责人从煤矿撤资退股，但有些人宁愿退职也不愿撤资退股。

三 促进社会和谐发展的有关政策建议

1. 关键阶段注重扩大内需、经济稳定和政治秩序

2006年中国将开始一个新的五年发展时期，中国正处于一个改变经济增长方式、建设和谐社会、提升经济力量和生活水平的关键阶段。2007年将召开中共十七大，2008年是政府换届。要防止一些地方的干部出现等待、观望，甚至放松经济社会发展工作的问题。要特别注重关键发展阶段的经济稳定和政治秩序，避免经济滑坡和政治秩序受到影响。

中国的经济增长靠投资和外贸拉动的特点非常明显，投资增长率几倍于GDP增长率，GDP的外贸依存度已超过70%，而居民消费额占GDP的比率下降到近20多年来的最低点，1979～2004年26年按可比价格计算，居民消费额年均递增7.0%，而同期GDP年均递增9.4%。消费率（居民消费额占GDP的比例）由1978～1990年（13年）平均50.8%，降为1991～2004年（14年）平均46.2%。在此期间消费率最高的年份是1981年，为53.6%，最低的年份是2004年，为43.1%。这种不均衡的经济格局，会造成诸多经济的不稳定因素，因此要特别注重处理好生产和消费之间的关系。

2. 政府工作要更多地转向提供公共产品和公共服务的领域

随着中国社会主义市场经济体制的建立和逐步完善，市场竞争机制已经成为推动和调节经济发展的主导机制。虽然政府仍肩负着制定发展战略、维护市场秩序、调控宏观经济的重任，经济建设还是工作的中心，但应当逐步把工作的注意力更多地转向提供公共产品和公共服务的领域，因为在一般个人消费品生产总体供大于求的情况下，医疗、教育、社会保障、环境保护、公共交通等公共产品和公共服务仍然呈现结构性短缺，而这些关系民生的领域，无法完全依靠市场机制来保证其充分供给和公益目标。

3. 进一步加强社会建设

现代社会可以分为三大领域，这就是依靠科层机制运行的政府，依靠市场机制运行的经济，以及依靠利益协调机制和社会参与机制运行的社会。社会与政府和市场的运行机制不同，它不排斥市场，但又要确保公益目标，它所提供的公共产品和公共服务，虽然是非营利的，但也是GDP的重要贡献

力量。

20 多年来，中国的市场有了极大的发育，但中国的社会还很不发育，在经济快速增长中出现的各种社会问题，很多都是与缺乏社会的利益调节机制有关，所以要加快进行社会建设。社会发育了，不但经济会健康地成长，而且社会将更加和谐。

4. 加快事业单位的改革和第三产业发展

中国的事业单位，多数是与第三产业联系的非营利组织，中国第三产业发展速度远远落后于第二产业，与中国事业单位的运行缺乏活力有关。但事业单位的改革，一方面涉及引进竞争机制与公益服务目标的冲突，另一方面涉及精简可能遇到的巨大阻力。不过，完全由政府财政包下来的做法，过去的实践证明是行不通的，也是难以持续的。所以，如何深化事业单位的改革、加快第三产业的发展，应当摆到重要的议事日程上来。

5. 加大职业培训力度，促进就业市场发育

随着劳动力市场上结构性短缺问题的越来越突出，寻岗和转岗的职业培训工作也变得越来越重要。应当采取政府补贴、用人单位出资、个人分摊等各种灵活的职业培训机制，大力加强职业培训工作，不断提高一般劳动力的素质，以便促进就业市场的发育，满足就业市场的需要。近年来，在沿海经济发达地区和大城市出现的"技工荒"，也凸显了职业技术教育落后的问题，因为目前的大学教育和高中教育都无法培养技工人才。应大力发展培养新兴产业技工的职业教育，要在目前每年招生 600 万人左右的基础上，力争通过若干年的努力，使中职招生达到 800 万人以上，与普通高中相当。

6. 解决贫富差距问题要从机会公平和制度建设入手

一个社会要有效率的运行，就要使分配的结果能够反映生产要素贡献的大小和人力资本的差异。所以，分配结果的公平并不是平均化，贫富差距的关键问题是要解决机会公平和制度建设的问题。解决机会公平，就是不能让那些既不合理也不合法的因素影响分配的结果，而解决制度建设的问题，就是要有财政、税收、社会保障、社会福利的制度对竞争的结果进行合理合法的调整。解决贫富差距问题不仅是维护社会公正的问题，也是关系到扩大内需、推动经济持续增长的问题。

7. 设立新的减贫工程

减少贫困依然是中国的一项重要任务，要充分认识到中国减贫工作的艰巨性。根据 2004~2005 年对中国西部除西藏外 11 个省份（省、市、区）的大规模抽样调查，目前西部有近一半（48.4%）的农村家户水源有安全隐患；有约1/4的成年人口无阅读能力；有约40%的家庭近五年来生活水平没有变化或变得更差；有近17%的家户医疗支出占到家户年总收入的一半以上。教育公平越来越成为现代社会减贫的主要手段，但目前西部的一个居民家庭要培养一个小学生每年的费用占到家庭年收入的5%，培养一个初中生要花费年收入的15%，培养一个高中生要花费年收入的31%，而培养一个大学生则要花费家庭年收入的84%之多。西部农村的这种公共产品和公共服务的供给状况，与农民实际收入的状况极不相称，显示了西部农村社会事业发展的滞后，也预示了未来的城乡差距、区域差距和贫富差距都有可能进一步扩大。

在新的发展阶段，中国应当实行新的减贫工程，按照联合国每人每天收入或消费不低于1美元的标准（购买力平价美元，大体相当于农民年人均纯收入900元），把在这一水平下生活的约7000多万农村人群列入新的减贫目标，争取在“十一五”规划期间在农村减贫方面取得更大的成就。

8. 农民的普遍兼业应成为提高农民收入的重要渠道

尽管中国已经实行了千百年来都很少实行的养农政策，全面取消了农业税，但农民收入的普遍提高仍然面临重重困难，一旦市场上农用生产资料价格上涨和主要农产品价格下滑，农民收入就会受到重大影响。农民收入增长缓慢，已经成为实现全面建设小康社会目标的最大难点问题。

从中国的户均耕地面积、非农就业机会、粮食价格变化趋势、国际农产品市场竞争等几个约束条件看，中国无法依赖或完全依赖规模经营、非农就业、提高农产品保护价格来普遍地、持续地提高农民收入，从目前来看，应当把发展“一村一品、一村多品、普遍非农兼业”作为农民增加收入的重要渠道，政府和整个社会都应当在这方面为农民提供资金、技术、信息和其他方面的服务。

四 2006年社会发展的几个趋势

1. 经济高速增长周期将超越三年

改革开放以来，中国经济出现过三次高速增长周期。第一个高速增长周期是1983～1985年，第二个高速增长周期是1992～1994年。但特点是高速增长期都没有超过三年，到第四年就会产生较大的波动，经济要下滑两个以

上百分点。从 2003 年开始，中国进入改革开放以来的第三次高速增长周期，到 2005 年也已经是第三年了。关于 2006 年的经济增长状况，目前学界争议较大，因为与过去的情况不同的是，影响宏观经济的正面因素和负面因素同时存在。但是，考虑到这次宏观调控措施的弹性减弱了经济波动、通胀压力较小、民间投资比重增加、第三次消费潮到来、外贸增长依然强劲等等，预计 2006 年经济会打破过去高速增长周期不超越三年的情况，延续高速增长的势头，GDP 增长速度仍可能高达 9% 左右。

2. 社会发展将呈现新的气象

在科学发展观和构建社会主义和谐社会重要思想的指导下，就业、社会保障、收入分配、环境保护、教育等领域的改革和发展将进一步加快，社区建设将更加受到重视，各种社会中介组织也会得到相应的快速发展。中国经济增长和社会发展的协调程度将有所提高，经济和社会发展不平衡、社会发展长期滞后的情况可望开始出现改观。特别是医疗和教育领域的发展，将出现更加积极的变化。

2005 年党的十六届五中全会强调，要“坚持各种生产要素按贡献参与分配，更加注重社会公平，加大调节收入分配的力度”。为落实这个新的指导方针，将会有一系列具体政策和配套措施出台。城乡差距、地区差距和贫富差距不断扩大的趋势，有望得到一定的遏制，国家将为机会公平和权力公平提供更有力的制度保证，这对于进一步调动一切社会成员的建设积极性，将发挥促进作用，社会在充满活力同时，也将更加和谐。

3. 建设社会主义新农村的步伐将加快

中国将加快以工促农、以城带乡的速度，农村面貌总体上越来越落后于城市的发展趋势将会逐步得到扭转和改变。这不仅是因为社会主义社会对社会公正的价值追求要求缩小城乡差距，更因为中国持续的快速增长需要庞大的内需市场支撑，而不解决如何让大多数农民富裕起来的问题，内需不足的问题就难以解决。中国城市经济积聚的力量，也越来越具有了向乡村发散和辐射的能力。近年来在各大中城市周边农村出现的“农家乐”旅游休闲观光经济，已经预示着以城带乡的发展开始超越单纯依赖政府投入的阶段。

4. 劳动力市场将从无限供给走向结构性短缺并存

劳动力总量上供大于求的局面依然是主流趋势，就业难的问题也越来越从一般体力劳动领域延伸到脑力劳动领域。然而，与此同时，劳动力无限供给局面终结的时间点可能比我们过去的预测大大提前。劳动力的结构性短缺状况将更加明显，并逐步从东南沿海的区域性问题变成全国性问题，特别是高级技术工人将更加缺乏。在这种情况下，市场和各地政府的政策都会做出反应，劳资关系的协调和劳动力的职业培训将更加受到重视，技术工人的工资水平会有所提高，从而带动劳动力市场的低位工资水准。中国劳动力的比较优势面临新的挑战，提升人力资本和技术自主创新的要求更加迫切。

5. 孩子减少、老人增加将对消费市场和养老方式产生深远影响

由于生活条件改善、教育水平提高、社会流动加快、孩子抚养成本上升等多种因素的影响，人们的生育观念和生育行为正在发生深刻的变化，人口出生率和妇女总和生育率下降较快。近两年来，全国普通小学每年减少 3 万多所，小学的招生人数每年减少 70 万 ~80 万人。而与此同时，中国 60 岁以上的老年人口达到 1.4 亿人，占总人口的比例达到 10% 以上，目前以每年 3% 的速度持续增长，到 2015 年 60 岁以上的人口将超过 2 亿人，约占总人口的 14%。在这种发展趋势下，市场需求会发生很大变化，与孩子相联系的玩具、食品、服装、图书、教育等方面的产品和服务供给，会感受到需求变化的挑战，而老年旅游、老年保健、老年照顾等方面的市场，存在巨大潜力。

同时，由于家庭结构小型化和家庭代际结构正逐步从金字塔型向倒金字塔型转变，传统的家庭养老方式受到越来越大的影响。如何建设既适应经济发展水平又能覆盖更广大人群的农村养老体制，将越来越引起普遍关注。

6. 大学扩张潜伏着财务风险

中国的高等教育这些年来发展很快，每年的招生人数从 10 年前的不足百万人发展到目前的 500 万人左右，对提高人口素质发挥巨大作用。但也必须看到，大学的超常规扩展也带来一些问题。全国大学从 10 年前的 1000 所左右发展到目前的近 2000 所，但是大学的管理和教育质量并没有得到同步的提高。特别是大学在扩展中的债务问题越来越显露出来，有的大学已处于亏损运行，连债务利息也无法偿还，而且大学债务的责任人缺位，很类似于过去的国有企业债务问题。大学的债务使银行增加了财务风险，将可能最终成为国有银行新的不良债务，而且迫使大学更加朝着“创收”的方向发展。

7. 反腐败、反贿赂的制度化建设将进一步加快

继国家审计部门连续掀起“审计风暴”之后，全国检察机关将在 2005 年底建成全国联网的涉及建筑、金融、教育、医药和政府采购等领域的“行贿犯罪档案查询系统”，并于 2006 年 1 月 1 日起正式对外受理查询。这份行

贿“黑名单”录入的是 1997 年以来法院生效裁判认定构成的犯罪，即发生在建设、金融、教育、医药卫生系统和政府采购部门的个人行贿犯罪、单位行贿犯罪、向单位行贿犯罪、介绍贿赂犯罪案件。今后那些不法商人和企业只要被列入了“行贿黑名单”，就是永远的黑点，受到进入市场的限制。

8. 对未来五年的展望将成为突出的社会热点

2006 年是第十一个国民经济和社会发展五年规划开始实施的一年，对过去五年工作和发展状况的总结，对未来五年发展前景的展望，会成为一个突出的社会热点。在未来的五年中，中国将向全世界展现它的新的发展成就，特别是在和谐发展方面取得令人瞩目的进展。社会舆论围绕的焦点，2006 年是“十一五”规划，2007 年是中共十七大，2008 年是北京奥运会，2010 年是上海世博会。

深化改革和加快发展的主题仍将贯穿未来五年的始终。在经济方面，国有大型企业体制改革、金融体制改革、财税体制改革、股票和期货运行及监管体制改革、农村土地制度改革、房地产市场调控体制改革等将稳步进行；在社会政治方面，公务员体制改革、户籍制度改革、农民工体制改革、社会保障制度改革、科教文卫体等社会事业单位体制改革等，将逐步进入操作过程，并将越来越受到公众的关注和期盼。

（作者单位：中国社会科学院社会学研究所）

调　查　篇

西部 11 省（市、区）城乡居民生活状况调查*

○ 王奋宇　赵延东

为配合“西部大开发”战略的开展，科技部中国科技促进发展研究中心于 2004 年 6 月至 2005 年 2 月，在我国西部的 11 个省、自治区、直辖市（甘肃、青海、宁夏、陕西、内蒙古、新疆、云南、贵州、四川、广西、重庆）开展了“西部大调查”。[①] 本报告将根据西部调查结果，对西部居民的生活用水和饮用水、劳动就业基本情况、家庭经济情况、人力资源与教育、健康与医疗、农业生产等若干问题进行初步报告与分析。

一　家户生活用水和饮用水情况

我们的调查对西部城乡居民的日常生活基础设施进行了多方面的了解，

---

* 中国科技促进发展研究中心“中国西部省份社会与经济发展监测研究”课题组的邓大胜、马缨、何光喜、薛姝等参加了本文写作的讨论，邓大胜承担了大部分数据统计工作。

① “西部大调查”（全称为“中国西部省份社会与经济发展监测调查”）旨在基于人口抽样问卷调查，了解我国西部省份城乡居民的生活和生产状况，该项目得到了挪威政府的资助和挪威 Fafo 应用国际研究所技术支持。调查抽样方案能够推论的目标人口为所有目前居住在中国西部省份（西藏除外）的家户——无论他们的户口是否在那里或是否在那里进行了登记，包括所有流动人口。在每一个省（自治区、直辖市）采用了“概率与规模成比例抽样”（PPS）的方法，以 2000 年第五次人口普查的数据为基础进行抽样，每个省抽取 252 个村（居）委会 4000 户居民，共抽取 44000 户居民。在具体抽取家户时，采用了列表与制图相结合的方法。然后由经过 5～10 天培训的调查员进行入户面访。最后生成的工作数据库显示，本次调查共涉及西部 11 个省（市、区）的 128 个市（地、州），805 个县（区、市），2336 个乡、镇、街道，2707 个村（居）委会，调查员共走访了 44000 余居民户，收集的信息涉及 167000 余人。调查还使用了全球定位测量仪（GPS）测量各调查点的基本地理信息，这一方法的应用可以帮助我们进行地理信息系统（GIS）的分析，将收集到的数据信息进行地理空间描述和分析。

包括住房、电力供应、通讯、日常生活用水和饮用水、厨房设施、生活燃料、厕所条件、洗浴设备、垃圾处理等。限于篇幅，在此简要介绍一下居民生活用水和饮用水的稳定与安全情况。

（一）农村居民日常生活用水的季节性问题严重

调查问卷问及了居民日常用水的来源、管道、取水便利程度以及用水的稳定性等情况。日常生活用水是指居民日常生活中洗澡、洗衣等的用水，不包括居民的工农牧业用水和饮用水。关于稳定性的问题我们询问了一年中出现供水问题的频率，将那些“从不发生问题或偶尔发生问题”的情况合并为“基本稳定”，将“某些季节/月份几乎每周或几乎每天都有问题”的情况归类为“不太稳定”，将“全年几乎每周或几乎每天都有问题”的情况归类为“很不稳定”。

人们一般认为西北地区的用水问题比西南更严重，表现为西北地区地下水总量的短缺。但事实上在家户生活的层面上，西南地区的用水问题同样值得担忧。西南地区用水问题的最主要问题表现为西南农村家户供水出现季节性问题的比例相当高，约有近四分之一（24.3%）的西南农村家户的日常生活供水在某些季节或月份会每周甚至每天都有问题（见表1）。

表1　西部居民日常生活用水稳定性

类　别	基本稳定		不太稳定		很不稳定	
	总　体	农　村	总　体	农　村	总　体	农　村
西部总体	83.0	78.8	15.8	20.1	1.2	1.0
西　　南	79.3	75.7	19.7	23.6	1.0	0.7
西　　北	91.1	87.9	7.2	10.0	1.7	2.0
农　　村	78.8	78.8	20.1	20.1	1.0	1.1
城　　镇	95.5	—	2.8	—	1.7	—
最低收入组	76.4	73.6	22.6	25.4	1.1	1.0
较低收入组	78.8	76.4	20.0	22.4	1.2	1.1
中等收入组	82.0	78.1	16.6	20.9	1.4	1.0
较高收入组	86.4	81.1	12.3	17.9	1.3	1.0
最高收入组	91.4	85.0	7.6	14.0	1.0	1.1

注：家户个案数中，总体 =41154，农村 =30724，城镇 =10430。

根据表1可以发现，在日常生活用水的稳定性上，西南地区的情况差于西北地区，农村的情况差于城镇，而家庭收入水平越低，则稳定性也越差。

在家庭收入最低的 20% 的家户中，有大约四分之一的家户处于不太稳定的情况。

（二）家户饮用水安全状况堪忧，农村家户尤甚

饮用水的安全问题是影响西部地区居民健康的重要指标。关于安全性的问题我们主要从水源的安全性和饮水前的处理方式两个方面进行考察。安全水源是指来自自来水厂、带盖的井、压力井、卖水车以及瓶/桶装纯净/矿泉水等水源的水，而不安全饮用水源则是指直接取自开放的自然水域（江、河、湖、水库等）的水以及水窖储存的雨雪水等。饮用前的处理方式则是用是否烧开来测量。家户饮用水安全状况见表 2。

表 2　家户饮用水安全状况

单位：%

类　别	水源安全性		饮用之前的处理		
	安　全	不 安 全	总会烧开	有时烧开	从不烧开
总　计	62.6	37.4	71.3	21.3	7.4
西　南	54.5	45.5	64.7	24.8	10.5
西　北	80.6	19.4	85.7	13.9	0.4
农　村	51.6	48.4	64.6	26.1	9.4
城　镇	95.8	4.2	93.6	5.6	0.8

注：家户个案数中，总体 = 41156，农村 = 30723，城镇 = 10433。"饮用之前的处理"方式一栏中不包括使用"瓶/桶装纯净/矿泉水"的家户。

总体来说，西部 11 省份有三分之一以上（37.4%）的家户饮用水水源存在安全隐患，而农村家户的饮用水源状况尤为堪忧，有近一半（48.4%）的农村家户水源有安全隐患。有四分之一以上（28.7%）的西部家户在饮用水之前并不总是烧开，在农村地区这一比例更是上升到 35.5%。尤其值得担忧的是，在西部农村地区使用来自不安全饮水水源的水的家户，有 11.8% 的家户从不烧开，另有 30.6% 的家户只是有时烧开有时不烧开。在西部农村地区居民健康问题的讨论中，他们的饮用水安全问题恐怕是一个不可忽视的重要问题。

（三）西南地区农村居民饮用水的安全性与稳定性问题严重

如果将居民的饮用水安全性与稳定性情况进行综合分析，我们发现西部

地区居民饮用水的安全性问题比稳定性问题更为突出，只有55.3%的居民能够喝上既安全且稳定的水，四分之一的家户在使用着不安全但是供应稳定的饮用水，超过一成（11.7%）的居民在饮用既不安全也不稳定的水。从内部来看，西南地区，尤其是西南农村地区居民的问题更为突出，有近五分之一（18.6%）的居民在饮用既不安全也不稳定的水。

二 劳动就业

关于西部地区城乡居民的劳动就业问题，我们考察了调查家户中所有16周岁及以上年龄成员的在业和失业情况。针对失业者我们着重调查了失业者的寻找工作行为，对在业人口我们则着重考察了在业者的职业、行业、单位性质、工作时间、收入、保障等工作条件和福利情况，以及工作变动、第二职业等情况。限于篇幅，在此主要介绍一下西部劳动年龄人口在业和失业的几个基本情况。

（一）就业基本状况

西部11个调查省份的劳动年龄人口（16周岁及以上）占全部人口的77.5%，其中农村劳动年龄人口比例为74.5%，城镇为82%。如果以64周岁为劳动年龄上限的话，劳动年龄人口比例为72%。在全部16岁以上人口中，有22.1%的人因上学、参军或不想工作而不在劳动力市场，其中农村有15.2%的劳动年龄人口不在劳动力市场，而城镇有35.9%，另外，分别有18.1%的男性和26.4%的女性劳动年龄人口不在劳动力市场。

我们将在过去7天从事过任何一小时以上的有收入的工作视为在业（包括农牧渔业活动、为自家的经营活动工作、打零工以及学徒等）。从在业人口的行业分布上看（我们根据国家统计局的行业分类标准，将行业分为19类），在业人口主要分布在农林牧渔业（59.6%）、制造业（11.2%）、建筑业（6.2%）和批发零售业（6.6%）等行业。有52.4%的男性和68.0%的女性从事农林牧渔业，10.2%的男性和1.5%的女性在从事建筑业。

从就业的单位性质来看，有10.1%的在业人口是在国有部门（国有企业、党政机关、事业单位等）就业，26.3%的在业人口是在集体、民营或私营企业工作（包括三资企业和城乡个体企业），而大多数人（62.6%）则属于没有单位的农民或其他自雇佣者。

（二）西部总体失业率为2.0%，城镇失业率为5.9%

我们参考国际劳工组织（ILO）关于失业的定义，将失业者定义为：在过去7天中没有从事过任何有收入的工作（不含因休病假、产假或其他原因暂时离开工作岗位的人员）、愿意工作、能够工作，并且在过去30天积极找过工作的人。这一定义属于严格的“失业”定义，并未考虑季节性失业和不充分就业等因素，因此，由此对失业率的计算结果与真实失业率相比有可能偏低（见表3）。

表3　城乡劳动年龄（16～64岁）经济活动人口失业率

类别		总体	城镇			农村
			总体	男性	女性	
总计		2.0	5.9	4.9	7.2	0.8
区域	西南	1.7	5.4	4.8	6.7	0.7
	西北	2.6	6.3	5.1	8.1	0.9
性别	男	1.9	4.9	—	—	0.8
	女	2.2	7.2	—	—	0.7
分组年龄	16～19岁	5.1	6.6	9.0	4.1	4.4
	20～24岁	4.0	6.8	5.6	8.1	2.7
	25～29岁	2.5	5.6	3.8	8.0	0.9
	30～34岁	2.2	5.9	4.7	7.5	0.6
	35～39岁	1.9	5.7	4.4	7.4	0.5
	40～44岁	1.7	5.4	4.5	6.7	0.4
	45～49岁	1.7	6.9	4.6	10.7	0.4
	50～54岁	0.8	5.3	5.8	4.4	0.1
	55～59岁	0.5	4.1	4.2	4.0	0.1
	60～64岁	0.3	2.1	2.9	0.7	0.1
教育水平	从未上过学	0.6	6.1	3.4	7.8	0.3
	小学未毕业	0.8	5.7	5.3	6.2	0.4
	小学毕业	1.5	6.4	4.4	8.7	0.7
	初中毕业	3.2	7.0	5.7	8.7	1.3
	高中毕业	4.1	6.1	5.6	6.8	1.4
	大专及以上	2.4	2.3	2.1	2.5	3.2
家户人均收入五等分组	最低收入组	1.8	14.6	13.2	16.5	0.9
	较低收入组	2.0	8.6	6.6	11.3	0.6
	中间收入组	2.2	4.8	4.0	6.0	0.8
	较高收入组	2.2	2.4	1.8	3.1	0.7
	最高收入组	1.8	1.4	1.1	1.9	0.8

注：样本数中，总体=82964，农村=60905，城镇=20195。

根据初步统计结果来看，西部 11 省份总体失业率为 2.0%，其中城镇总体失业率为 5.9%，农村总体失业率为 0.8%（不包括季节性失业和不充分就业）。在城镇经济活动人口中，25 周岁以下人口、初中毕业教育水平人口以及最低和较低收入水平人口的失业率明显偏高，而城镇女性失业率明显高于男性，达到 7.2%，尤其是 20 ~ 29 岁、45 ~ 49 岁年龄组的女性、小学或初中教育水平的女性以及所有从最低到较低收入水平组的女性失业率更高，都达到了 8% 以上。比较我们在 20 世纪 90 年代末在北京、无锡、珠海三城市进行的劳动力抽样调查结果，西部城镇地区的失业率水平并不十分高。[①] 但是需要指出的是，这里除了地域差异和调查时间的差异之外，我们在本次西部调查中对失业者使用了更为严格的定义，这可能也是失业率数字偏低的原因之一。

三　家庭经济情况

（一）家户收入和收入差距

本次西部调查为获取居民准确的收入资料，在问卷中不是让被访者简单估计自己的收入，而是对其从事的各种可能带来收入的活动进行详细询问，最后经过加总得到了家庭过去一年的总收入，这样的结果将更真实地反映居民的实际家庭收入。[②] 据最后计算结果，西部居民家庭的平均年总收入为 11633 元，其中城镇居民家庭的平均年总收入为 17964 元，农村居民家庭的平均年总收入为 9525 元。

居民的收入差距扩大问题是当前的一个热点问题。学者们根据《中国统计年鉴》的数据推算我国 2004 年的基尼系数已超过 0.465，[③] 属于世界上贫富差距较大的国家。那么西部地区居民的收入差距究竟有多大？调查表明，

① 北京、无锡、珠海三城市调查的失业率结果为：北京，11.8%；无锡，10.4%；珠海，12.8%。参见王奋宇、李路路等《中国城市劳动力流动——从业模式·职业生涯·新移民》，北京出版社，2001。

② 我们在调查中计算的分项收入有：个人收入、家庭经营收入、农业生产收入、租金收入、退休金、养老金、失业下岗津贴、最低生活保障费、救济款、其他政府发放津贴、礼金、出卖家庭财产所得收入等，这些收入都包括了现金和实物收入。

③ 顾严、杨宜勇：《收入分配领域的新情况、新特点及其对策》，载《2005 年：中国社会形势分析与预测》，社会科学文献出版社，2005。

西部居民收入最低的20%家庭只占有全部收入的不到4%，而收入最高的20%家庭占有了全部收入的一半（50.5%）（见表4）。收入最高的20%家庭的收入是收入最低20%家庭收入的14倍多。我们还根据居民家庭收入五等分组的数据推算了西部居民家庭收入的基尼系数值，结果是西部城乡整体的基尼系数为0.435，而城镇和农村地区的基尼系数分别为0.396和0.419，从这一结果看，西部地区居民家庭的收入差异似乎并不如人们想像的那么大。①

表4 西部居民收入（家户收入）差距

家户按收入五等分组	占总收入的比重		
	西部总体	城 镇	乡 村
最低的20%	3.5%	4.1%	3.8%
第二个20%	8.6%	9.9%	9.0%
第三个20%	14.4%	15.4%	14.9%
第四个20%	23.1%	23.8%	23.4%
最高的20%	50.5%	46.7%	49.0%
基尼系数*	0.435	0.396	0.419

*基尼系数是按收入五等分组为标准计算的。

（二）六成以上的西部家庭近年来经济状况有所改善

实施西部大开发政策的根本目的，就是要提高人民的生活水平。因此我们特别考察了近五年来居民家庭经济状况的变化趋势。受访者评价自己家庭在近五年的经济状况变化情况时，有六成以上（62.9%）的家庭表示自家的经济状况与五年前相比有所改善（变好很多或变好一些），表示家庭经济状况与五年前比没有变化的家庭占19%，而认为家庭经济状况五年来变差的比例为18%。这一结果从一个侧面反映了“西部大开发”政策已经开始惠及西部居民的生活，使之有了切实的改善。

城乡居民在经济状况自评上存在一定差异，总体来看，城市居民对自己

① 需要说明的是，目前国内计算基尼系数时多数是使用个人收入来计算的，而我们使用的是家庭收入的数据，而家庭收入的差距可能会小于个人收入的差距。另外，我们计算收入时将实物收入也折合成金额计入，这可能提高了农村居民的收入水平，对城乡收入差距有拉平的作用。

经济状况的评价更为消极，认为自家经济有所改善的比例比农村居民低了近10个百分点，而认为自家经济五年来变差了的城市家庭比例则明显高于农村居民家庭。

谈到对未来经济情况的预期时，有63.6%的西部居民家庭相信在未来五年内自家经济状况会变得更好，22.8%的家庭认为会保持不变，而13.5%的家庭认为会变差。在这个问题上，城乡居民并未表现出太明显的差异。看来，大部分西部居民对未来的生活还是充满信心的。

（三）四成以上的西部家庭有债务负担

根据本次调查的结果，只有58.0%的西部家庭在接受调查时没有任何债务，10.1%的家庭有2000元以下的债务，11.6%的家庭债务在2000~5000元之间，7.7%的家庭债务在5001~10000元之间，8.1%的家庭债务在10000~30000元之间，还有4.5%的家庭有超过30000元以上的债务。有债务的家庭平均债务额为10401元。

城乡居民在借债行为上存在较明显的差异，根据本次调查的结果，农村居民户“没有债务”的比例明显低于城市居民户，有一万元以下债务的农村居民户比例明显高于城市居民户比例，而有三万元以上债务的农村居民户比例则又低于城市居民户。从借贷平均额度看，城市居民的平均债务额为24033元，而农村居民平均债务额为7845元。显然，尽管农村居民中有借贷行为者的比例更高，但他们的借贷额度一般不大；而城市居民要么没有债务，如果有债务，一般都是比较大的债务。

为什么会出现这样一种情况呢？我们可以从他们借贷的原因中一窥端倪。我们要求在过去一年中有过借贷行为的家庭列出每次借贷的具体原因，结果发现城市居民最主要的借贷原因有“建房或购房”、“治病”、“子女教育”、“做买卖”，而农村居民最主要的借贷原因则是“购买农业生产资料”、“治病”、“子女教育”等。城市居民中为“建房或购房”、“做生意”原因借贷者的比例明显高于农村，而农村中为购买种子、化肥等农业生产资料而借贷的比例大大高于城市。这可能是造成前述城乡居民借贷行为差别的重要原因——购房和做生意所涉及的资金数额一般较大，而购买农业生产资料的资金相对较小，多是一种应急性小额借贷。另外，城乡居民因“子女教育”和“治病”而借贷的比例相差不大，这可能寓示着医疗和教育是一种比较刚性的支出，它们对城乡居民都造成了巨大的经济压力。

从借贷渠道看，亲戚朋友是主要的借贷对象，全部借贷行为中有71.8%是向亲戚或朋友借款，向银行、信用社等金融机构借款的约占借贷行为总数的四分之一（25.7%）。可见民间信贷仍是当前西部居民借贷的主渠道。

四 人力资源与教育

在西部大开发进程中，无论是基础设施建设、环境保护、产业结构调整还是资源开发、技术进步，都离不开最关键的因素——人。只有不断加强教育事业、有效地开发人力资源，才能保证西部地区社会经济的持续快速发展。

（一）四分之一的西部成年人口无阅读能力

文盲率是测量人口文化素质的一项基本指标。在调查中我们采用了当前国际上比较通行的一种测量文盲的方法，询问受访者能不能读懂一封普通书信，回答按“可以很轻松地读懂”、“可以读懂但有困难”、“不能读懂”分三种。统计结果显示，西部地区15岁以上成年人口中有58.2%的居民可以很轻松读懂书信，15.9%的居民能读懂但有困难，完全不能读懂书信的居民占25.9%。也就是说，当前西部地区近四分之一的居民完全不能读懂一封普通书信，表明提高西部人民素质的任务相当艰巨。

从性别看，男性居民的阅读能力优于女性居民，男性中读不懂书信者的比例（17.1%）不到女性中读不懂书信者比例（35.5%）的一半。最显见的鸿沟是城乡差别，城镇居民中仅有8%左右的人完全读不懂书信，农村居民中这一比例高达36%，是城市居民的4倍多。这些差别的存在，为我们进一步加强西部人力资源开发、提高居民教育素质指明了工作重点和方向。

（二）难以承受的教育负担

居民教育负担加重现已成为全社会普遍关注的热点问题。中华民族素有重视教育的优良传统，在过去有不少家庭砸锅卖铁也要供孩子上学，但现在人们却发现教育费用的高涨，已到了砸锅卖铁也无法承担孩子继续求学的地步。有鉴于此，此次调查专门了解了在校学生最近一个学年的教育费用支出，以期对西部居民家庭的教育负担有一个定量的了解。我们将教育费用分为“学杂费”、“其他费用（包括校服费、在学校的食宿费、往返交通费用等等）”两大类。从图1的结果可见，西部地区一个小学生、初中生、高中

生一年的平均教育总费用分别为 421、1296 和 2805 元，大学及以上学生的年平均教育费用高达 8586 元。这是怎样一个概念呢？根据调查数据汇总，西部居民的家庭年平均收入为 11633 元，这就意味着，西部的一个居民家庭要培养一个小学生每年的费用占到家庭年收入的 4%，培养一个初中生要花费年收入的 11%，培养一个高中生要花费年收入的 24%，近 1/4，而培养一个大学生则要花费家庭年收入的 74% 之多。也就是说，一个普通西部家庭几乎没有可能仅凭家庭收入来供养一个大学生，必须动用家庭积蓄甚至借贷。在前面家庭经济部分的分析中，我们已经看到城乡居民借贷的主要目的之一就是保证子女教育。需要强调的是，这一比例只是根据居民收入的平均值计算的，我们可以想像，对于收入水平相对较低的群体来说，教育负担会是如何地沉重！

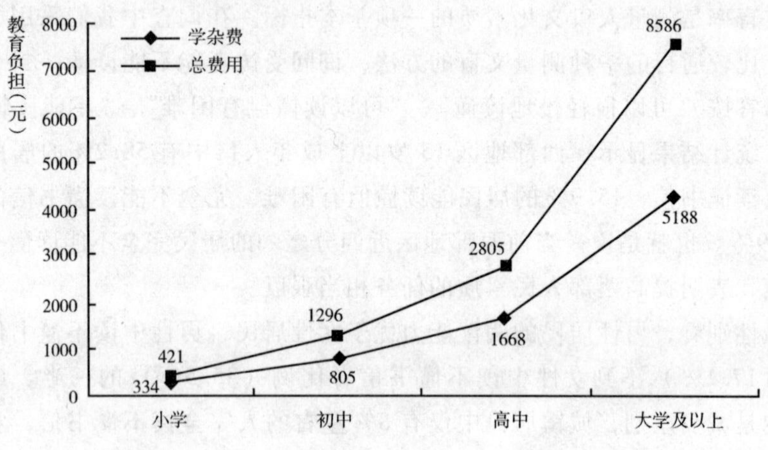

图 1　西部地区学生年平均教育支出

社会学家认为，教育除了提高国民素质以外，还承担着维护社会公平的职能。通过向广大社会公众提供公平的受教育机会，可以有效地促进代际流动，减少社会不平等。但如果教育负担过重，导致教育成为只有某些阶层能享用的“奢侈品”的话，就会使现有的社会不平等结构被继续“复制”出来，加剧社会分化，导致社会不稳定。因此，切实降低教育负担，保证公民受教育权利的实现，是建设和谐社会的题中应有之义。

（三）职业教育和职业培训亟待发展

西部大开发需要不同层次的人才，高级人才可以培养，也可以引进，但大量的中初级人才则主要依赖于西部自身培养。只有大力发展西部的职业技术教育培养，才能获得适应当地经济、社会发展的中初级实用型人才。从这个意义上说，较之于中东部，西部地区对职业技工的需求更为迫切，发展职业教育的任务更为紧迫。但由于历史的原因，西部地区的职业教育严重滞后。我们的调查发现，目前西部11省的每万人口中，中专和技校在校学生总数为54人，其中城镇和农村分别是60、53人；职业高中的万人中学生总数为12人，在城乡分别是14、11人。而据国家统计局数据，2004年全国每万人口中，中专技校在校学生数为68人，职业高中学生数为40人，可见西部地区与全国相比在这方面有不小的差距。

实施西部大开发以来，西部地区的初中升学率有了很大提高，但主要是高中招生规模扩大，而中等职业教育依然出现招生难、就业难、发展难的不利局面。本次调查结果表明，西部地区每万人中中等职业在校学生数不到普通高中在校学生数的三分之一。要达到2005年《国务院关于大力发展职业教育的决定》中提出的“中等职业教育年招生规模大体相当于普通高中招生规模”这一目标，西部地区要走的路还很长。

五　健康与医疗

随着人民生活水平的提高，健康问题日益成为人们关注的焦点。而近年来城乡居民的医疗费用负担问题更是引起了社会各界的关注。由于医疗费用的压力，许多人有病不就医，导致健康状况日益恶化，然后又不得不支付大量的医疗费用，陷入了一种“越穷越病，越病越穷”的恶性循环。这一现象在西部地区有较明显的表现。

（一）总体健康状况：越穷越病，越病越穷

我国西部地区经济发展较为落后，居民整体健康水平也远远落后于其他地区。2003年，中国科学院的一个研究组根据人寿状况、身高状况、疾病状况、文化素质四个方面对我国各省的人口健康状况进行测量，将我国各省健康状况分为五等。西部各省几乎占据了所有得分最低的等级，远远落后于中东部各省。[①] 根据本次调查结果，我国西部17.8%的居民患有慢性病。当我

① 《东部居民更健康》，载《健康报》2003年10月24日。

们对人口按人均收入分为五等分组后，从收入最高的20%人口到最低的20%人口组中患慢性病的比例依次为：20.0%、18.6%、17.1%、16.8%和15.9%。基本趋势是：处于更高收入水平群体的人，罹患慢性病的可能性相对较低。

另外，从人们对自身健康状况的主观评价也可以看到不同经济地位者的健康水平差异（见表5）。大多数人对自己的健康状况感到满意（74.3%），只有约25%的人不满意自己的健康状况（认为"不太好"或"很不好"）。收入越高的人越满意自己的健康，而收入低的人倾向于对自己的健康更不满意。可见，人们的社会经济状况影响着人们的健康状况。社会经济条件较好的人，健康状况也较好。而穷人们的健康状况往往较差，极易陷入"越穷越病，越病越穷"的恶性循环。

表5　不同收入水平者对自身健康的主观评价

类　别		对自身健康状况的主观评价(%)			
		非常好	还可以	不太好	很不好
人均收入五等分组	最　低	15.5	49.3	29.0	6.2
	较　低	17.4	53.0	25.4	4.2
	中　间	20.3	55.1	21.6	3.1
	较　高	22.4	55.0	19.2	3.4
	最　高	25.9	58.1	14.4	1.6

（二）医疗服务：设施不足还是费用过高

各种医疗服务机构是提供医疗服务和帮助人们消除疾病、重返健康的主要力量。从建国到20世纪80年代，我国在基本医疗服务方面取得了令世界瞩目的成就。90年代以来，随着我国社会各方面制度改革的推进，医疗卫生和保障制度也进行了改革。医疗卫生机构的所有制结构从单一公有制变为了多种所有制并存；市场化、商业化成为医疗服务供给的基本模式。改革取得了一些成就，也使因费用过高导致群众"就医难"的问题变得更突出了。①

调查显示，在过去30天中受了伤或得过病，使正常的工作和生活受到影响的西部居民中，77.0%看过医生，23.0%没有看医生。而在没有看医生

① 王绍光：《中国公共卫生的危机与转机》，载《比较》2003年第7期。

的人中，因为经济原因不去看的人数最多，差不多有一半的人（43.1%）；选择自己处理的人占30.8%，认为没有必要求医的人数占24.6%，因为附近没有合适的医疗设施而没有去看病的人则非常少，只有大约2%的人认为这是他们不去看病的原因。可见，比起医疗设施的缺乏来，无力支付医疗费用是遏制人们就医行为的更重要的原因。

（三）刚性的医疗健康支出

根据本次调查的结果，15.3%的个人在过去一年中没有任何医疗支出，60.1%的个人上年的医疗支出少于500元，4.4%的个人上年医疗支出超过了10000元（见表6）。总体而言，婴幼儿和老年人的医疗支出大于青壮年人；而不同教育程度和家户人均收入的人的医疗支出之间没有明显的差异。这表明医疗支出是一种较为刚性的支出，只要生病了，尤其是大病和重病，不管家庭经济水平如何，必然都会有相应的支出。

表6 不同收入人群过去一年的医疗支出

单位：%

类别		过去一年的医疗支出				
		没花钱	<100元	100~499元	500~10000元	>10000元
合计		15.3	23.8	36.3	20.2	4.4
人均收入五等分组	最低	19.0	26.9	31.1	16.7	6.3
	较低	15.8	26.4	35.9	18.0	3.8
	中间	14.5	24.7	37.2	19.7	3.9
	较高	13.5	22.5	38.1	22.2	3.7
	最高	13.1	16.6	40.7	25.7	3.8

值得一提的是，人均家户收入最低的20%人口过去一年没有医疗费用和医疗费用少于100元的比例是最高的（分别是19.0%和26.9%），同时，他们10000元以上支出的比例也是最高的（6.3%）。这说明，与其他人群相比，一方面大量低收入人口基本上没有任何医疗支出，但另一方面，相当高比例的低收入人口在医疗支出上花费了大量金钱。上文已经说明了低收入人口不仅健康状况不佳，是所有人群中最差的，而且由于经济原因约有一半的人有病不就医。这就可能致使病情拖延加重，最后不得不支付大量的费用进行治疗。

医疗支出不仅是一种个体行为，尤其在医疗支出数额较大的时候，通常会影响到整个家户经济状况。调查结果发现，约有15%的西部家户上年医疗支出占到家户年总收入的一半及以上，更有7%的家户的医疗支出与家户年总收入相当甚至更高。可见，对于西部居民来说，医疗支出是一个极其沉重的负担。一旦有人生病，将使这个家庭的经济陷入极大危机之中。

六 农业生产

西部是我国重要的农业地区，根据国家统计局的统计，全国近28%的耕地和34%的农业人口都集中在这里。提升西部地区的农业生产能力，对提高西部人民生活水平，促进西部经济发展，甚至于回答“谁来养活中国”的问题，都至为重要。

（一）七成以上的西部家庭在从事农业生产活动

我国统计农业人口时一般使用的是户籍所在地的考察办法，我们在西部调查中没有采用这种标准，而是直接考察居民是否从事了农业活动。只要一个家庭在过去一年中从事过农业活动，无论其户籍如何，都被算作农业活动家庭。反之，即使身在农村，如果过去一年没有从事过农业活动，也不会被算作农业活动人口。这样可以使我们对西部实际从事农业活动人口的比例有一个更直接的认识。

调查结果显示，七成以上（72.9%）的西部家庭在过去一年中从事过某种形式的农业生产活动。① 进一步的考察发现，在那些长期居住在城镇地区的家庭中，有12.4%的家庭还在从事农业生产，这可能是部分处于郊区和小城镇的居民家庭仍在以农业为生。值得注意的是，在那些长期居住在乡村地区的家庭中，已经有7.0%的家庭过去一年中没有从事任何农业生产活动。也就是说，即使那些居住在农村地区的传统农业家庭中，已经有一部分人完全进入了非农产业，不再以农业为生了。

（二）农业生产环境较差，六成村庄在过去一年中曾经受灾

由于自然条件的限制，西部地区的农业生产条件与中东部地区相比更为

① 我们这里的农业活动指的是广义的农业活动，包括种植、养殖、渔业、采集等。

恶劣。西北地区多为内陆戈壁、沙漠地带，降水少，植被少，水土流失多；西南地区虽然降水多，但山坡地多、石灰岩地区多，而人均耕地少。我们的调查显示，西北地区人均耕地面积比西南地区更大一些，地势也更平坦。西北地区农户户均耕地面积10.6亩，人均耕地面积2.7亩；西南地区则分别只有4.1亩和1.1亩。所有耕地都是陡坡地的农户比例，在西北地区为12.7%，西南地区则高达31.6%。西部地区农业生产的粗放式耕作、靠天吃饭现象很严重。家中所有耕地都不能得到灌溉的家户比例在整个西部地区达到31.7%，西北地区更为严重，高达36.0%。

不仅如此，西部地区还是自然灾害频发地区。在我们调查的1900多个农村社区（行政村）中，60.7%的村子在2004年间曾经发生过某种形式的严重自然灾害。[①] 旱灾、洪涝灾害、植物病虫害、冰雹是西部地区最为普遍的自然灾害（见图2、图3）。

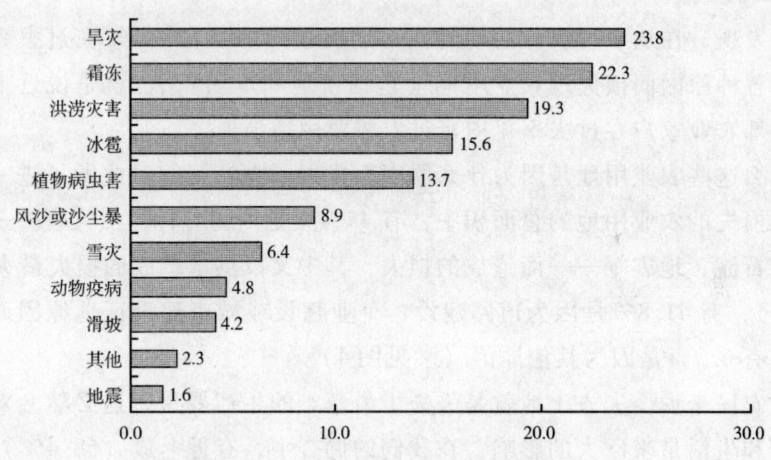

图2 西北地区自然灾害类型（村庄比例）

（三）十分之一的西部农户在过去五年内有过农业用地损失

尽管中国的国土面积很大，但其中可供农业生产使用的土地面积并不多，人均耕地面积更是相对紧张。而近年来，随着经济发展和城市化程度的提高，有限的耕地资源还在进一步缩减。这一点在西部调查中也得到反映。

① 这里的“严重”指带来了重大的经济损失或人畜伤亡。

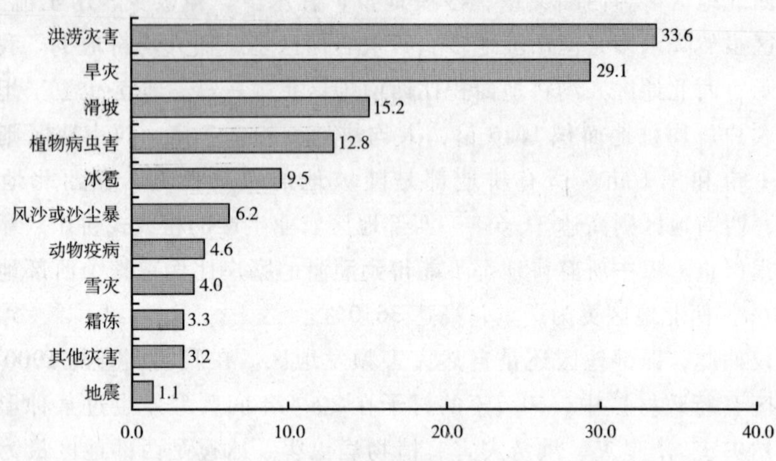

图 3　西南地区自然灾害类型（村庄比例）

调查中发现，在从事过农业活动的西部居民家户中，有 9.7% 在过去 5 年中曾经因各种原因而损失过农业用地（包括耕地和草场），也就是说近十分之一的西部农业家户在过去 5 年内有过农牧业用地损失。

那么这些农业用地是因为什么原因而损失了呢？我们对此做了进一步了解，在损失的农业用地的总面积中，有 48.4% 是因为各种自然灾害——如洪水、泥石流、地震等——而造成的损失，其中又以洪水造成的损失最大（占 33.8%）；有 41.8% 是因为道路建设、企业建设或城市建设征地原因而损失的，还有 6.9% 是因为其他原因（参见图 4）。

对农民来说，失去土地就是失去了最基本的生产要素，这必然会对他们的生产和生活带来巨大的影响。在我们的调查中，有近七成（68.4%）的失地家庭表示失地使他们陷入了更糟的经济困境。为此，各级政府和组织采取了积极措施对失地农民进行救济或补偿。在我们的调查中发现，有 31.2% 的失地农户在失去土地后得到了各种形式的补偿和救济。① 因不同原因失去土地的农户得到补偿的情况也有所区别，因各种自然灾害原因失去土地的农户获得救济的比例相对较低，只有 7.6% 的农户得到过救济补偿。因道路建设、城市发展等原因被征地的农户中得到过补偿的比例要高得多，占到了 60.8%。这一结果表明，有相当比例的农民在失去土地后没有得到过任何救

① 补偿形式包括：补偿新土地、得到新工作、得到现金或实物的救济和补偿。

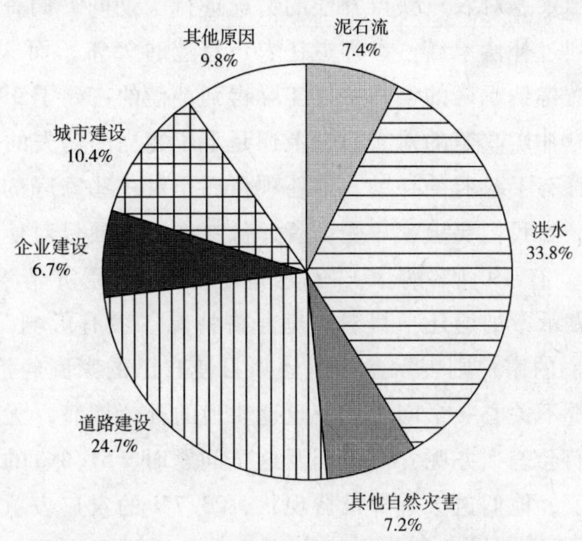

图 4　农业用地损失原因

济和补偿，特别是那些因自然灾害失去土地的农民得到救济的比例很低，这对政府救灾扶贫救济工作提出了更高的要求。而在那些土地因道路和企业建设以及城市发展而被征用的农户中，仍有近 40% 的人表示没有得到过任何补偿，这提醒我们有必要进一步规范地方政府和企业征用农民土地的行为，充分保障农民的权益。

（四）五分之一的农业家庭参加了退耕还林项目，绝大多数得到补偿

实施退耕还林还草工程，是我国政府为保护生态环境、实现可持续发展而采取的一项重要的政策措施。自 1999 ~ 2004 年，全国累计完成退耕还林任务 2. 87 亿亩，取得了积极的生态效应。但值得注意的是，在这项工程的执行过程中，退还耕地或草场的农户受到的直接影响是最大的。

本次调查发现，西部所有从事农业活动的家户中有 22. 3% 的家户近五年内参加过退耕还林还草项目，重庆、四川、甘肃、青海和宁夏五个省、市、自治区是退耕还林政策实施的重点区域，这些地区中参与过退还工程的家户都占农业家户的 30% 左右。在这些家庭退还的土地中，占总面积 58. 1% 的土地退还成了生态林，32. 5% 的土地退还成经济林，还有 7. 7% 退还成了草场，1. 7% 用于其他用途。

本次调查结果还对农户获得补偿的情况进行了询问，调查显示，农户在退还土地时得到过补偿承诺占参加退还农户总数的95%，而这些承诺几乎全变成了现实，在得到承诺的农户中，实际得到补偿的占到了99.5%。这说明政府在退还农户补偿政策的落实问题上还是下了相当的功夫的。

然而，尽管有了政府的补助，退还项目还是对一些家庭的经济情况带来了不利的影响。当我们要求家户受访者评价参加退还项目对他们的家庭经济造成的影响时，有19.4%的家户表示退还使家庭经济情况“变好了”，55.3%的家户表示参加退还项目对家庭经济情况“没有影响”，而有近四分之一（25.3%）的家户则表示参加退还项目使自己的家庭经济状况变坏了。这就使我们不得不关心一个问题：一旦退耕地的补偿期满，无法再得到相应补偿时，农民们会怎么办呢？当被问及这个问题时，51.8%的农户表示即使将来没有补偿了，他们也会选择维持现状，23.7%的农户表示自己从没想过这个问题，5.8%的人说准备改为经济林（这应该是部分退还为生态林的农户的选择），值得注意的是有9.0%的人表示会在林地里再种些庄稼，更有8.6%的人表示准备把退还土地重新作为耕地或牧场。也就是说，如果将来退还的补偿期满后，有近二成的农民还抱有重新耕种这些土地的打算。这应该引起决策者们足够的重视。

（五）近二成农户在上年有弃耕行为

近年来农民弃耕和土地抛荒现象开始引起人们的关注。在本次调查中，我们发现西部农户中有12%曾在过去一年内将自家的耕地全年出租给别人使用，而曾将家中耕地全年抛荒的农户占到总数的6.5%。总计起来，有17.5%的西部农户在过去一年中有过弃耕行为。①

为什么如此高比例的农户会选择不耕种自己的土地呢？我们分别询问了这些农户将土地出租和抛荒的原因。调查结果显示，在有出租土地行为的农户中，56.7%表示有劳动力不足的原因，34.9%表示是考虑到“种地不划算”。看来，经济收益不高是人们将土地出租给他人耕种的主要原因。而在那些将土地抛荒的农户说明他们抛荒土地的原因时，“土地质量不好/害怕自然灾害”是人们提及最多的原因，约有40%的农户因此而抛荒土地。此外，

① 弃耕行为指将家中全部或部分土地出租或抛荒，因为一个家户可能在将家中部分耕地出租的同时，也将部分土地抛荒，故有弃耕行为的家户比例并非出租和抛荒家庭比例的简单加总。

劳力不足和种地不划算也是人们抛荒土地的重要原因。也就是说，人们之所以选择抛荒土地，既有自然条件的制约，也有经济方面的考虑。

农民对土地的感情确乎有日渐淡漠之势，当被问及“如有可能，你们是否想租种更多的土地”时，近六成（59.8%）农户的回答是否定的。而当被问及“假如能在城里找到工作，你们可以不要地吗”，近六成（57.2%）农户的回答则是肯定的。这些结果从一个侧面说明，有相当一部分农户对于依靠土地耕作来提高自己的生活已经不抱太大的希望了。西部的农业和农村发展，确实已经走到了一个十字路口，如何迅速地完成农村产业结构调整，在提高农业生产率的同时，妥善解决农村剩余劳动力的就业问题，是 21 世纪中国经济社会发展必须回答和解决的难题。

（作者单位：中国科技促进发展研究中心）

领导干部对 2005~2006 年中国社会形势的基本看法

○ 谢志强

领导干部是推动中国社会发展的重要力量，是一个特殊的群体，他们对中国社会形势的看法具有非常重要的意义。为了准确把握和科学预测中国社会形势的发展，了解领导干部对中国社会形势发展的基本看法，2005 年 10 月，"社会形势分析与预测"课题组对在中共中央党校学习的部分地（厅）级领导干部进行了一次问卷调查。本次调查发放问卷 165 份，回收有效问卷 143 份，有效回收率为 86.7%。[①]

从样本分布的情况看，本次调查的样本具有较广泛的代表性，基本上可以反映中国地（厅）级领导干部对中国社会形势的基本看法。

一　对 2005 年中国社会形势的八点看法

1. 对 2005 年中国社会形势的总体评价好于 2004 年，西部地区领导干部的评价要高于东中部地区的评价

领导干部对 2005 年中国社会形势的总体评价是：11.2% 的人认为"非常好"，67.8% 的人认为"比较好"，19.6% 的人认为"一般"，1.4% 的人认为"不太好"。认为"非常好"和"比较好"的合计为 79.0%，这一比

① 这次调查的样本分布情况是：（1）性别。男性 127 人，占 88.8%；女性 16 人，占 11.2%。（2）年龄。36~45 岁的为 88 人，占 61.5%；46 岁及以上的为 55 人，占 38.5%。（3）文化程度。研究生占 57.3%，大学占 42.7%。（4）职业身份。国家机关干部占 69.9%，党务干部占 16.8%，科技文卫等事业单位的干部占 9.1%，国有大中型企业干部占 4.2%。（5）地区分布。东部沿海地区占 41.3%，中部地区占 36.4%，西部地区占 22.4%。

例明显高于2004年的69.1%，它表明中国的社会形势在2005年有了新的好转。从不同地区、不同性别和不同职业身份来看，认为2005年中国社会形势“非常好”和“比较好”两者合计所占比例的情况是：西部地区干部的评价要高于中部地区和东部地区干部的评价，三者分别为93.8%、76.9%和72.9%，从西到东依次递减。男性的评价（81.1%）高过女性的评价（62.5%）。党务干部的评价（87.5%）高于国有大中型企业干部、国家机关干部和科教文卫干部的评价（83.3%、80%、53.9%）。

2. 对2005年改革的总体评价好于2004年，不同地区干部的评价有一定差异

领导干部对2005年中国改革的总体评价是：69.2%的人认为2005年的改革“进展正常”，1.4%的人认为“进展太快”，28.7%的人认为“进展太慢”，0.7%的人认为“没有进展”。2004年调查时认为当年改革“进展正常”的只有60.7%，本次调查则高出2004年8.5个百分点。与此相反，回答“没有进展”的则比2004年少了约6个百分点。从不同地区看，认为“进展正常”的，中部地区的评价最好（78.8%），东部地区的评价最低（62.7%），他们中有35%的领导干部认为改革“进展太慢”。与2003年的调查相比，中部地区认为“进展正常”的比例下降了22个百分点，认为“进展太慢”的上升了约23个百分点，对这一情况我们需要十分注意。西部地区领导干部对此的评价与2003年时的评价基本相同。

3. 对2005年经济、政治、社会和外交各领域工作进展情况的评价：“处理国际事务”和“处理台湾问题”进展最显著，“推进医疗制度改革”和“调整收入分配”最不显著

关于2005年中国经济、政治与社会领域的工作进展，本次调查用“显著”、“不太显著”和“很不显著”三个梯次对包括减轻农民负担、惩治腐败、调整收入分配等19项工作的进展情况进行评价，调查结果如下。

（1）其评价为“显著”的人所占比例超过50%的工作有5项，依次是：“处理国际事务”（87.4%）、“处理台湾问题”（87.4%）、“保持经济增长势头”（86.0%）、“扩大对外开放”（79.7%）和“减轻农民负担”（55.2%）。

（2）其评价为“显著”的人所占比例未超过10%的工作有4项，依次是：“推进医疗制度改革”（2.8%）、“调整收入分配”（3.5%）、“调整出生人口性别比”（5.6%）和“深化机构改革”（9.1%）。

（3）认为进展“不太显著”的人超过70%的工作有4项，依次是：“整顿社会治安秩序”（70.0%）、“改革国有企业”（70.6%）、“调整结构”（70.6%）和“解决失业下岗问题”（71.3%）。

（4）超过20%的人认为工作进展“很不显著”的工作有4项，依次是：“深化机构改革”（25.2%）、“实施科教体制改革”（25.2%）、“调整出生人口性别比”（27.3%）和“调整收入分配”（39.9%）。

与2003年的调查结果比较，工作进展是否“显著”一栏中升降幅度超过10%的有4项，其中上升的有“改革国有企业”（从8.6%升至19.6%）、“处理国际事务”（从75.0%升至85.0%）、“减轻农民负担”（从31.0%升至55.2%）。上升幅度最大的是“处理台湾问题”，上升了64.1%；下降的有“推进理论创新”（从61.2%降至46.2%）。工作下滑比较突出的是“推进医疗制度改革”，认为其进展“很不显著”人所占比例从19.0%上升到了46.9%。医疗体制改革关系百姓安危和生活质量的好坏，“看病贵”和“看病难”已经成为一种公害，领导干部对此不满意程度的大幅上升，需要引起有关主管部门的高度重视。

4. 感觉所在地区居民生活水平有所上升的被访者所占比例较2004年略有下降，但不同地区的领导干部的看法有较大差异

居民的实际生活水平最能反映一个地方的发展水平。领导干部对2005年自己所在地区居民实际生活水平的评价是：有7.7%的人认为“上升很多”，高于2004年的3.7%；有56.6%的人认为“略有上升”，低于2004年约10个百分点；35.7%的人认为“基本持平”。这样，认为所在地区居民生活水平“上升很多”或“略有上升”的人所占比例合计为64.3%，比2004年调查中的这一比例下降了6.3个百分点。

从不同地区的领导干部来看，对居民实际生活水平的判断存在较大差异。依据对“上升很多”和“略有上升”两项的合计，东、中、西部的评价依次呈递增趋势，分别为57.7%、67.3%和71.9%，与2003年调查时的情况明显不同。2003年东部和西部的评价要高于中部，东西部认为“上升很多”和“略有上升”的比例约为75%，中部只有65%。

5. 谁是近年来改革的最大受益者？连续几年的调查结果高度一致

改革就是利益调整的过程，利益差距和矛盾已经成为今天的主要社会矛盾。各阶层、各群体的利益在改革中会有升有降，受益会有大有小，由此引起的种种矛盾也会以各种方式表现出来。本次调查结果显示，演艺人员、个体户和私营企业主是近些年来改革的最大受益者，认同比例分别达到42.7%

和42.0%（参见表1)，非常集中。这一情况与我们连续多年的调查结果高度一致。值得注意的一个新情况是，在第二、三位的选择中，作为近年来改革中受益最多的人群，国有企业干部、三资企业员工和知识分子也被列了进来，认同比例均在10%以上，有的超过40%。在“其他”一栏中，有的被访领导干部特意写明，变相侵吞国有资产的人、从事资本运作的人、垄断行业的国有企业员工（其中特别是高管人员）是近些年来改革的最大受益者。对这一现象需要引起特别注意。

“务农农民”仍然是近些年改革中受益最少的群体，2005年持此看法的比例为14.0%，比2003年下降了10个百分点。务农农民的收入问题直接关系到农村的稳定，关系到“三农”问题的真正解决，关系到全面建设小康社会能否实现。值得注意的是，在改革中谁“受益最少”一栏里，除14.0%的领导干部认为是“务农农民”外，还有78.3%的领导干部认为是“其他”人群，具体是什么人群，尚待进一步的调查分析。

表1　领导干部对近年来各社会群体在改革中利益得失情况的判断

单位：%

社会群体	受益最多			受益最少		
	2003年	2004年	2005年	2003年	2004年	2005年
机关干部	2.6	8.4	1.4	0.0	1.8	0.0
知识分子	1.7	12.1	3.5	0.0	0.0	0.0
务农农民	0.0	0.0	0.0	23.3	66.4	14.0
个体户、私营企业主	44.0	72.9	42.0	0.0	0.9	1.4
国有企业干部	0.9	5.6	8.4	0.0	0.0	0.0
国有企业工人	0.9	0.0	0.0	1.7	2.8	0.7
进城农民	0.0	0.9	0.7	0.0	9.3	3.5
三资企业员工	0.0	15.9	0.7	0.0	0.0	0.0
乡镇企业员工	0.9	0.0	0.0	0.9	6.5	1.4
演艺人员	47.4	79.4	42.7	0.0	1.9	0.0
其　他	0.9*	0.9	0.7	67.2**	80.4	78.3

注：1. *和**分别表示有1.7%与6.9%的人未作回答。

2. 2004年的数字为受益最多与次多、最少和次少两项合计数。

6. “经济持续发展”、“人心稳定”和“政治稳定”是衡量社会形势是否稳定的主要标志，但不同地区的干部各有侧重

稳定是改革、发展的基础和前提，追求动态意义上的积极稳定更是我们致力的目标。对于运行复杂的社会系统来说，怎样衡量社会形势的稳定性呢？本次调查从八个方面给出了指标，由被调查者依重要性程度选择两个最重要的指标进行判定。调查结果显示，在第一位的选择中，依据选中比例的高低，“经济持续稳定发展”（49.7%）、“人心稳定”（18.9%）和“政治稳定”（11.9%）成为判断社会形势稳定与否的三大因素（见表2）。这一结论与近几年来的调查结果高度吻合。在第二位的选择中，列前三位的与上面的第一位选择相同，但同时也把“治安秩序稳定”、“生活水平稳定”与“就业稳定”放在了重要位置。而“领导班子”与“物价”是否稳定始终未成为衡量社会形势是否稳定的重要标准。

表2　判断社会形势稳定与否的主要标志*

单位：%

主要标志	2001年	2002年	2003年	2004年	2005年
1. 经济持续稳定发展	64.7	52.6	56.0	49.5	49.7
2. 人心稳定	13.7	15.0	14.7	26.2	18.9
3. 领导班子稳定	1.0	0.8	1.7	1.9	2.1
4. 物价稳定	1.0	0.8	—	0.9	0.7
5. 治安秩序稳定	3.9	2.3	4.3	4.7	8.4
6. 政治稳定	12.7	23.3	16.4	15.0	11.9
7. 生活水平稳定	—	4.5	3.4	0.9	4.9
8. 就业稳定	2.9	0.8	3.4	0.9	3.5

*表中的数字为第一位选择被选中的比例。

在已选定的上述三大因素中，西部地区的领导干部更强调“经济持续稳定发展”（65.6%），比东部和中部地区高出了20多个百分点；东部、中部地区的领导干部选择“治安秩序稳定”的分别占10.2%和11.5%，西部地区没有人选择此项。不同的发展水平形成了不同的稳定观念。我们对此的解释是：东部地区的先行发展需要有更好的治安秩序来保障，西部地区的“政治稳定”必须有“经济持续稳定发展”来支撑。

7. 收入差距、地区发展差距和社会治安是2005年社会形势发展中最严重的问题

调查问卷中，我们列出了16个问题，请被调查者按问题的严重性程度依次排出4项。调查结果表明，在显示严重程度的第一位的选择中，“收入差距”问题是2005年社会形势发展中最严重的问题，列各项问题之首，选中率达到 37.1%。尽管这一比例比 2004 年下降了约 7 个百分点，但比 2003 年提高了 10 个百分点。排在第二至第五位的是“地区发展差距”、“社会治安”、“社会风气”和“结构性问题”。从限选四项的选中率合计超过 20% 的情况来看，它们依次是“收入差距”、“地区发展差距”、“社会风气”、“腐败”、“社会治安”、“失业”、“结构性问题”、“重大事故”和“农民负担”。而“物价”、“土地纠纷”、“自然灾害”、“性别歧视”和“拖欠离退休人员工资”等问题，只有极个别的人认为它们是严重问题，选中率均未超过 10%。在最后一项的“其他”一栏中，有的领导干部认为司法腐败、依法行政、教育问题是 2005 年中国社会形势发展中最严重的问题（见表 3）。

表 3　领导干部对 2005 年社会形势中存在问题的判断

单位：%

问题＼严重程度	第一	第二	第三	第四	限选四项的选中合计		
					2003 年	2004 年	2005 年
1. 社会治安	9.1	10.5	11.2	4.2	32.0	38.3	35.0
2. 物价	—	0.7	—	1.4	1.8	8.4	2.1
3. 收入差距	37.1	21.0	9.1	8.4	42.3	75.7	75.6
4. 农民负担	4.9	8.4	7.7	3.5	37.9	35.6	24.5
5. 失业	4.9	9.8	10.5	7.0	58.7	35.4	32.2
6. 社会风气	8.4	7.0	15.4	13.3	28.4	37.3	44.1
7. 腐败	4.9	15.4	14.0	18.9	50.9	58.8	40.2
8. 贫困	3.5	2.1	1.4	3.5	19.8	13.9	10.5
9. 国有企业	2.1	—	2.8	6.3	25.1	32.6	11.2
10. 地区发展差距	9.8	10.5	14.0	10.5	42.2	42.0	44.8
11. 自然灾害	—	2.1	2.8	2.1	1.8	2.7	7.0
12. 拖欠离退休人员工资	—	—	—	—	2.6	0.9	0.0
13. 土地纠纷	0.7	2.8	2.1	2.1	未调查	未调查	7.7
14. 重大事故	6.3	3.5	4.9	10.5	10.4	7.4	25.2
15. 性别歧视	—	—	—	—	未调查	未调查	0.0
16. 结构性问题	7.7	6.3	3.5	8.4	未调查	未调查	25.9
17. 其他	0.7	—	0.7	—	—	3.7	1.4

8. 近年来调整各种重大关系的情况有快有慢，有喜有忧。国内发展与对外开放的关系统筹得最好，城乡关系的统筹任重道远

在“五个统筹”中，将评价为“好”与“较好”两项加起来计算，统筹得最好的是“统筹国内发展与对外开放”（92.3%），其他依次为“统筹经济与社会发展”（65.7%）、“统筹东中西部区域发展”（51.8%）、“统筹人与自然的关系”（35.0%）和“统筹城乡发展”（24.5%）。上述排序从领导干部对此的“不太好”和“不好”的评判中也得到了印证，认为城乡关系、人与自然的关系统筹得“不好”的分别占了16.1%和13.3%。

表 4　领导干部对近年来“五个统筹”的看法*

单位：%

统筹内容＼统筹情况	好	比较好	不太好	不　好
1. 统筹城乡发展	0.7	23.8	59.4	16.1
2. 统筹经济与社会发展	7.0	58.7	28.7	4.9
3. 统筹东中西部区域发展	2.1	49.7	40.6	7.0
4. 统筹人与自然的关系	3.5	31.5	51.0	13.3
5. 统筹国内发展与对外开放	32.9	59.4	6.3	0.7

*0.7%的人未作回答。

2003 年 10 月召开的中共十六届三中全会，为适应经济全球化和科技进步加快的国际环境，适应全面建设小康社会的新形势，提出了“五个统筹”的新的改革观和发展观。2005 年 10 月召开的十六届五中全会要求用科学发展观统领经济社会发展全局。为了贯彻以人为本、全面协调可持续的科学发展观，必须坚持“五个统筹”的思想。这次调查结果显示，领导干部眼中的各项重大关系调整的现状与“五个统筹”的要求之间还存在很大差距。尤其令人忧虑的是，有些重大关系还在继续恶化，从而使得中国在 21 世纪初改革发展的任务更加艰难和紧迫。

二　对 2006 年及未来一段时期中国社会形势的十点看法和建议

1. 超过 90% 的人对今后一段时期改革发展稳定的前景“充满信心”和“比较有信心”。越是西部地区的领导干部，信心指数越高

问卷分五个层次调查领导干部对今后一段时期改革发展稳定前景的信心。调查结果表明，回答“充满信心”的占 30.8%，回答“比较有信心”的占 62.9%，回答“说不清”的占 3.5%，回答“信心不足”的占 2.8%，没有人表现出“没有信心”。可见，超过九成的领导干部对未来一段时期改革发展稳定的前景是持乐观态度的，这是中国继续发展的重要基础，这种良好的预期和心态也反映了领导干部们对现行改革开放政策的肯定。上述调查结果与2002、2003年的调查结果基本相同，当时分别有93.3%和93.1%的人对此“充满信心”和“比较有信心”。

从不同地区来看，越是西部地区的领导干部，信心指数越高；越是东部地区的领导干部，信心指数越低。“充满信心”和“比较有信心”的领导干部所占比例，东部为91.5%，中部为94.2%，西部为96.9%。这一现象与2003年的情况完全相反，当时越是东部地区，信心指数越高，“充满信心”和“比较有信心”的两者合计，中部为85.4%，西部为84.3%，东部为97.4%。

2. 近七成的人对所在地区2006年居民生活水平持乐观态度，西部地区领导干部的预期最高

居民生活水平的上升与下降是由多种因素造成的，它最能反映一个地方的发展水平。本次调查的结果是：认为2006年所在地区居民生活水平会“上升很多”的占5.6%，认为会“略有上升”的占64.3%，认为会“基本持平”的占28.0%，认为会“略有下降”的占2.1%，没有人认为将“下降很多”。作为呼应，这一情况与九成以上的人对改革发展稳定充满信心是一致的。作为对比，这一调查结果好于2004年调查时对2005年的预期。2002年的调查中认为2003年所在地区居民生活水平会“上升很多”和“略有上升”的只有50.4%，而之后每年的调查结果都在66%以上。

从不同地区看，西部地区预期最高（81.3%），东部和中部地区差不多，分别为67.8%、65.3%。相比于2003年的调查，东中部地区信心指数都有所下降，尤其是东部地区下降了9个百分点。

3. 今后一段时期保持社会稳定的主要条件，最重要的仍然是要“保持经济持续健康快速发展”和“加快社会保障体制改革”，不同地区的领导干部对此的认识有较大差异，与2003年的调查有较大不同

今后一段时期要保持社会稳定主要靠什么？问卷中为此列出了15个因素，请被调查者从中选出三个最重要的因素，并依重要性排序。调查结果显示，在第一选择中，居第一位的是“保持经济持续健康快速发展”，选中率达64.3%，与连续几年来的调查结果高度一致。居第二至第四位的是“加快社会保障体制改革”（12.6%）、“调节收入分配”（8.4%）和“解决失业下岗问题”（6.3%）。从选中率来看，排在前五位的是：“保持经济持续健康快速发展”（75.2%）、“加快社会保障体制改革”（51.8%）、“调节收入

分配”（40.9%）、“惩治腐败”（28%）和“解决失业下岗问题”（19.6%）。值得注意的是，在地厅级干部眼中，腐败问题是影响社会稳定的第四大因素（见表5）。总的来看，要保持社会稳定，一靠经济发展，这是解决问题的关键；二靠改革，特别是体制的改革，这是解决问题的根本。一些稳定所需的具体因素、具体条件最终需要通过体制改革来获得。

表5　今后一段时期保持社会稳定的主要条件

单位：%

主要条件＼排序	第一选择	第二选择	第三选择	选中率合计
1. 保持经济持续健康快速发展	64.3	6.3	4.9	75.2
2. 加快社会保障体制改革	12.6	28.7	10.5	51.8
3. 解决失业下岗问题	6.3	7.0	6.3	19.6
4. 加强精神文明建设	—	2.8	—	2.8
5. 保持改革开放政策的连续性	0.7	7.0	2.8	10.5
6. 减轻农民负担	0.7	5.6	4.2	10.5
7. 整顿社会治安秩序	1.4	7.0	7.7	16.1
8. 加快国有企业改革	1.4	4.2	2.1	7.7
9. 调节收入分配	8.4	16.1	22.4	40.9
10. 惩治腐败	1.4	7.7	18.9	28
11. 缩小地区发展差距	2.1	2.1	12.6	16.8
12. 合理疏导流动民工	—	1.4	2.1	3.5
13. 妥善处理土地纠纷问题	—	—	1.4	1.4
14. 搞好结构调整	0.7	3.5	3.5	7.7
15. 其他	—	0.7	0.7	1.4

在如何保持社会稳定的问题上，不同地区的领导干部的态度有较大差异，上述保持社会稳定排在前面的三个重要条件，东中西部的排序都不一样，侧重点各不相同。东部地区的排序是：“加快社会保障体制改革”（23.7%）、“调节收入分配”（16.9%）、“整顿社会治安秩序”和“保持改革开放政策的连续性”（均为10.2%）；中部地区的排序是：“保持经济持续健康快速发展”（76.9%）、“加快社会保障体制改革”（28.8%）、“惩治腐败”和“调节收入分配”（均为11.5%）；西部地区的排序是：“加快社会保障体制改革”（37.5%）、“调节收入分配”（21.9%）和“解决失业下岗问题”（12.5%）。为什么会出现这样大的差异，特别是东西部未把经济发展列入要保持社会稳定的前三位要素，这一点要结合其他相关的资料才能说清楚。2005年的调查结果表明，在保持社会稳定所需要的主要条件下，各地区领导

干部的认识会存在一定差异。因此，对如何保持社会稳定，要根据不同地区的情况做出不同的决定，创造不同的条件，合适的才是最好的。

4. 当前中国要特别注意解决好哪些问题?“居民收入差距问题”成为首选

发展历来是通过解决问题实现的，发展中的问题也只有通过发展才能解决。中国要继续保持良好的发展势头，必须正视和解决好改革发展中出现的一系列重大问题。问卷中列出了19个问题，由被调查者从中选择三个，并依重要性排序（见表6）。在第一位的选择中，居前五位的是：“居民收入差距问题”（20.3%）、“‘三农’问题”（18.9%）、“贫困问题”和“地区发展差距问题”（均为16.8%）、“阶层之间的利益分配问题”（12.1%）。居民收入差距直接影响到居民的生活水平，影响到社会的公正公平和共同富裕目标的实现，越来越引起广大干部群众的高度关注。“‘三农’问题”、“贫困问题”紧随其后，在致富奔小康的征途上，如果我们不是越来越接近共同富裕的目标，而是相反，这是有违改革初衷的，也是无论如何也交代不了的。

表6 当前中国必须特别注意解决好的社会问题

单位：%

社会问题	第一位		第二位		第三位		三项合计	
	2004年	2005年	2004年	2005年	2004年	2005年	2004年	2005年
1. 贫困问题	20.6	16.8	3.7	4.9	2.8	2.8	27.1	24.5
2. 地区发展差距问题	17.8	16.8	12.1	16.8	8.4	10.5	38.3	44.1
3. 居民收入差距问题	16.8	20.3	20.6	16.8	5.6	4.9	43.0	42.0
4. 农民负担问题	7.5	1.4	4.7	1.4	3.7	1.4	15.9	4.2
5. 失业问题	4.7	3.5	10.3	7.7	9.3	7.0	24.3	18.2
6. 国有企业问题	6.5	1.4	12.1	5.6	12.1	4.2	30.7	11.2
7. 腐败问题	14.0	5.6	13.1	11.9	18.7	15.4	45.8	32.9
8. 社会风气问题	1.9	2.8	4.7	4.9	9.3	7.0	15.9	14.7
9. 社会治安问题	1.9	4.2	3.7	5.6	16.8	15.4	22.4	25.2
10. 邪教问题	—	—	2.8	—	—	—	2.8	—
11. 民族分裂问题	—	2.1	1.9	—	3.7	0.7	5.6	2.8
12. 农民的社会保障问题	—	1.4	0.9	4.2	0.9	8.4	1.8	14
13.“三农”问题	8.1	18.9	8.4	6.3	6.5	9.8	23.3	35.0
14. 艾滋病和公共卫生问题	—	—	—	1.4	—	2.1	—	3.5
15. 农村土地纠纷问题	—	—	0.9	—	—	—	0.9	—
16. 城镇房屋拆迁问题	—	—	—	—	0.9	—	0.9	—
17. 阶层之间的利益分配问题	未调查	12.1	未调查	13.3	未调查	9.8	—	28.0
18. 出生人口性别比失调问题	未调查	—	未调查	—	未调查	0.7	—	0.7
19. 就业歧视问题	未调查	—	未调查	—	未调查	—	—	—
20. 其他	—	—	—	—	0.9	—	0.9	—

从选择的三项合计来看，选中率排在前 5 位的是："地区发展差距问题"（44.1%）、"居民收入差距问题"（42.0%）、"'三农'问题"（35.0%）、"腐败问题"（32.9%）和"阶层之间的利益分配问题"（28.0%）。

不同地区领导干部的回答有所不同，在第一位的选择中，东部地区最看重"居民收入差距问题"（22.0%）和"地区发展差距问题"（20.3%）；中部地区最看重"居民收入差距问题"（25.0%）和"'三农'问题"（21.2%）；西部地区最看重"'三农'问题"（28.1%）、"地区发展差距"和"居民收入差距问题"（均为 18.8%）。

综上所述，差距问题（发展差距、收入差距）是必须着力解决的主要问题，它已经成为领导干部们关注的热点。科学发展观的提出和落实将会大大推动这一问题的解决，这也是经济社会协调发展的必然要求。

5. 对 2006 年改革的关注重点："收入分配制度改革"最被关注

进入新世纪新阶段的中国领导干部对 2006 年哪些方面的改革最关注呢？问卷中列出了 10 项改革（见表 7），请被调查者从中选择自己最关注的三项，并依重要性排序。

表 7　领导干部对 2006 年中国改革的关注点

单位：%

改革内容	第一关注		第二关注		第三关注		合计率	
	2005	2006	2005	2006	2005	2006	2005	2006
1. 机构人事	28.0	16.6	9.3	16.8	6.5	9.8	43.8	53.2
2. 住房制度	—	2.1	4.7	6.3	0.9	2.8	5.6	11.2
3. 劳动就业	7.5	0.7	10.3	3.5	2.8	8.4	20.6	12.6
4. 医疗体制	8.4	10.5	7.5	16.8	4.7	16.8	20.6	44.1
5. 教育科技	3.7	7.0	3.7	7.7	5.6	9.8	13.0	24.5
6. 国有企业	13.1	3.5	17.8	4.2	4.7	7.0	35.6	14.7
7. 收入分配	21.5	29.4	24.3	26.6	21.1	14.0	72.9	70.0
8. 政治体制	12.1	17.5	10.3	8.4	23.4	14.1	45.8	39.9
9. 财税金融	4.7	—	11.2	6.3	21.5	9.1	37.4	15.4
10. 结构调整	未调查	2.8	未调查	3.5	未调查	7.0	未调查	13.3
11. 其他	0.9	—	0.9	—	2.8	1.4	4.6	1.4

调查结果表明，在"第一关注"一栏中，2006 年领导干部最关注的改革是"收入分配"（29.4%），其次是"机构人事"（16.6%）、"政治体制"

（17.5%）和“医疗体制”（10.5%），它们的选中率均在 10% 以上。上面的排序与 2004 年的调查结果有些不同，2005 年领导干部最关注的改革方面前四位的排序是:“机构人事”（28.0%）、“收入分配”（21.5%）、“国有企业”（13.1%）和“政治体制”的改革（12.1%）。对于 2006 年的第一关注则由 2005 年的“机构人事”改革转向了“收入分配”改革。尽管这样，关注的主要方面没有太大的变化。这一点表明，过去的焦点今天依然是焦点，过去的问题今天依然存在，而且其严重性、关注度并不低于过去。我们深知，任何改革不可能一蹴而就，都需要一个过程，甚至一个很漫长的过程。但需要特别注意的是，不能因为改革是一个过程，就消极等待，甚至丧失进行改革的大好时机。关注改革固然重要，而抓住机遇、创造条件进行改革更重要。

从三项选择合计的情况看，“收入分配”（70.0%）、“机构人事”（53.2%）、“医疗体制”（44.1%）和“政治体制”（39.9%）依次排在了前四位，且选中率均在 40% 以上，关注度非常高，这一情况与前几年的调查结果基本一致。与 2005 年改革关注点不同的是:“医疗体制”改革的关注度提升了约 24 个百分点（从 20.6% 升至 44.1%），“机构人事”提升了约 10 个百分点（从 43.8% 升至 53.2%），对“教育科技”改革的关注度提升了 11 个百分点（从 13.0% 升至 24.5%），而对“国有企业”、“财税金融”的改革关注度则下降了 10 个以上的百分点。

不同地区的领导干部对 2006 年改革的关注重点基本上差不多。

6. 今后一段时期改革顺利推进的决定性因素是什么？“保持社会稳定”和“宏观决策的科学化与民主化”依然成为首选

改革越向前推进，遭遇的阻力越大，此时需要的动力也越大。今后一段时期靠什么来深化改革和保证改革的继续进行呢？问卷中列出了 11 个因素，要求被调查者从中选择自己认为最重要的三项，并按重要性排序。调查数据表明，“保持社会稳定”（61.5%）仍被认为是顺利推进改革的重中之重，是第一位的决定性因素。在连续七年来的调查中，被访者对此的选择始终是相同的。如此高的稳定性和高选中率，充分证明稳定对推进改革的极端重要性。在某种意义上，这两者之间其实是一对矛盾，因为改革必须打破原有的稳定和秩序，而改革的顺利推进和深化又必须在一个稳定的环境下进行，怎样处理好这一对矛盾，既需要原则和规范，也需要科学的方法和高超的政治智慧。

在第一选择中居第二位的是“宏观决策的科学化和民主化”（16.1%），居第三位的是要“缓解一些突出矛盾”和“保持改革开放政策的连续性”（均为6.3%），居第四位的是要“维护中央政府权威”（4.2%）。从第二位的选择来看，“缓解一些突出矛盾”被排在了首位（22.4%），2002、2003年的调查结果也是这样，这表明中国在进入新世纪新阶段以后必须密切关注一些已经存在和可能发生的重要社会问题，并努力加以缓解和解决。应当认识到，解决一些突出矛盾，这本身也是改革系统工程中的一部分，而且这些问题是绕不开、躲不过的。从三项合计的选中率来看，领导干部对顺利推进改革的要素的选择，其内容和顺序均与“第一选择”高度一致。

对顺利推进改革的关键因素选择，从不同地区来看，没有大的不同，都选择“保持社会稳定”和“宏观决策的科学化与民主化”，且对每项的选中率也大致相当。稍显不同的是，中部地区更强调“保持社会稳定”（75.0%），比东部和西部地区分别高出22.5%和19%。

7. 政治体制改革要取得成效的决定性因素是什么？“处理好党政关系”最重要

从对改革的关注到改革的顺利推进，再到具体的、重要的政治体制改革，我们的调查是步步深入的。当向被调查者提出政治体制改革要有成效，取决于哪些因素的问题时，在第一选择中，“处理好党政关系”成为首选，选中率达27.3%（见表8）。居第二位的是“进一步转换政府职能”和“扩大党内民主”（均为24.5%），居第三位的是“精简党的机构”（7.0%），居第四位的是“搞好全面性的结构调整”（4.2%）。领导干部认为这些因素对于有效推进政治体制改革十分重要。作为第二位的选择，排在首位的是“改革决策机制”。决策在国家生活中起着极为重要的作用，决策特别是重大决策，如果出现失误、错误，将影响全局。决策问题是根本性的问题、源头性的问题，所以像以往一样，它仍然成了领导干部十分看重的因素。

从两项选择的合计结果看，对决定性因素的排序与第一选择的排序基本一样。由此看来，在现阶段，要使政治体制改革取得实效，处理好党政关系和扩大党内民主是重中之重，起决定性的作用。如果党政关系理不顺，一把手之间不能很好配合，如果没有真正的、科学的、广泛的党内民主，政府职能的转换就不可能真正完成，决策的科学化也无从谈起。这些因素之间的内在逻辑联系是我们在分析和实际操作时需要加以密切注意的，否则可能顾此失彼，事倍功半。

表8　政治体制改革取得成效的决定性因素

单位：%

决定性因素＼排序	第一选择		第二选择		合计	
	2004	2005	2004	2005	2004	2005
1. 进一步转换政府职能	24.3	24.5	12.1	15.4	36.4	39.9
2. 处理好党政关系	29.0	27.3	15.9	13.3	44.9	40.6
3. 扩大党内民主	20.6	24.5	17.8	16.8	38.4	41.3
4. 强化舆论监督	2.8	0.7	8.4	8.4	11.2	9.1
5. 加大反腐败斗争力度	4.7	4.2	6.5	8.4	11.2	12.6
6. 精简党的机构	4.7	7.0	7.5	4.9	12.2	11.9
7. 严格推行干部任期制	3.7	0.7	6.5	7.7	10.2	8.4
8. 进一步发挥民主党派作用	0.9	—	0.9	—	1.8	—
9. 提升人民代表大会的作用	9.3	3.5	14.0	8.4	23.3	11.9
10. 改革决策机制	—	3.5	10.3	13.3	10.3	16.8
11. 搞好全面性的结构调整	未调查	4.2	未调查	3.5	—	7.7
12. 其他	—	—	—	—	—	—

从不同地区来看，东部地区的领导干部对政治体制改革要取得成效的看法在于：首先要“处理好党政关系”（37.3%），与2003年调查时首先要“扩大党内民主”（48.7%）有所不同。其次是“进一步转换政府职能”（22.0%）。中部和西部地区对此的选择和排序基本一样，选中率也不相上下，前三位的排序是“扩大党内民主”、“进一步转换政府职能”和“处理好党政关系”。

8. 改革对领导干部个人利益得失会有怎样的影响？改革将会使领导干部获得好处的预期较为平稳，“受损失”的预期普遍降低，但说不清的情况越来越多

一项改革能否成功，取决于很多因素，其中领导干部的因素是关键性的。改革会影响到包括领导干部在内的每个人的利益，他们对改革的拥护程度，在很大程度决定了改革的力度、速度和方向。毫无疑问，领导干部群体是改革的动力，在一定条件下他们中的一部分也可能成为阻力。其中的原因虽然复杂，但肯定与他们个人利益的得失有密切关系。为此，问卷中设计了一道题：“在哪些方面的改革中，您将会获得好处或有所损失？”我们列出了十项改革，请被调查者对每一项改革从三个方面予以回答：“有好处”、“会受损失”和“说不清”。调查结果显示，在每项改革中，基本上有1/3以上

的人认为这项改革将对他们带来好处。

在“有好处”一栏中，选中率超过 50% 的有六项。选中率超过 60% 的有三项，它们是：“工资改革”（82.5%）、“政治改革”（69.8%）和“教育科技改革”（65.7%）。这一情况提醒我们，在确认思路正确、改革能够惠及广大百姓的前提下，应当抓住机遇，大力推进这三个方面的改革。选中率在 40% 以下的也有三项，即“劳动就业改革”（32.2%）、“金融改革”（35.7%）和“企业改革”（39.2%）。

在改革可能使他们“会受损失”一栏中，“医疗改革”位居第一（28.7%），居第二、第三位的是“住房改革”（17.5%）和“社会养老改革”（12.7%）。

在“说不清”一栏中，超过 50% 的人认为不知这些改革对他们是有益还是有损的有三项：“劳动就业改革”（59.4%）、“金融改革”（54.5%）和“企业改革”（51.7%）；超过 30% 的也有三项：“机构人事改革”（42.7%）、“住房改革”（31.5%）和“教育科技改革”（30.8%）。

与前几年的调查比较，领导干部对改革可能带来“好处”的预期较为平稳。“会受损失”的预期普遍降低，有的降幅达十几个百分点。“说不清”的情况越来越多，比例越来越高，这次调查有三项达到 50% 以上，而 2002 年调查时只有一项，2004 年只有两项，2003 年则没有。这一情况应当引起充分注意。作为改革的重要推动者，如果对涉及自身的利益预期越来越“说不清”，将十分不利于改革的顺利推进。

需要指出的是，改革是牵一发而动全身的大事，在敏感而重要的利益问题上，既要考虑领导干部的利益得失和承受能力，更要考虑到改革发展全局，考虑到各个阶层、各个群体对改革的满意程度和拥护程度。对老百姓有利的，不一定对干部有利。同样，对干部有利的，不一定能够让百姓受益。

9. “体制不完善”和“‘三农’问题严重”是当前影响中国经济社会发展的国内主要因素

当前影响中国经济社会发展的国内主要因素是什么？问卷列出了 13 个因素，要求被调查者选择四项主要因素并依次排序。

调查结果显示，在第一位的选择中，“各方面体制还不很完善”被认为是当前影响中国经济社会发展的国内最主要的因素，选中率为 58.0%。列第二位的因素是“‘三农’问题严重”（17.5%）。列第三位的是“法制不健全”和“人口基数过大”（均为 5.6%）。需要注意的是全社会广泛关注的

“腐败问题”，在第一选择中没有一人填答，三项选择的合计也只有 12.6%，究竟是什么原因导致它的选中率这样低，以及与前面的一些相关调查数据不相吻合，需要结合其他资料做进一步分析。

10. “贫富悬殊”、“金融危机”和“高失业率”是中国当前必须注意的主要风险

中国进入新世纪新阶段后，既面临许多发展的大好机遇，又面临不少风险，怎样防范和化解这些风险，是领导干部们特别关注的问题。调查问卷中列出了十个问题请被访者填答。

调查结果显示，在第一位的选择中，居首位的是“贫富悬殊”（33.6%）可能带来的风险。其次是“金融危机”（27.3%），位居第三的是“高失业率”（18.2%）。在第二位的选择中，列第一位的仍然是“贫富悬殊”（24.5%），居第二位的是“生态严重失衡或大规模的生态灾难”（23.1%），居第三位的是“结构性失调”（12.6%）。

从两项合计来看，在地厅级干部眼中，“贫富悬殊”（58.1%）、“金融危机”（39.2%）和“高失业率”（25.2%）是当前中国必须防范和化解的三大主要风险。

（作者单位：中共中央党校）

2005年中国居民生活质量调查报告

○张 慧 袁 岳

2005年10月零点研究咨询集团对全国8个大中城市、7个小城镇及8个农村地区进行了入户调查,[①] 本报告以此次调查数据为主要依据。

一 居民总体生活满意度较2004年有所下降,连续5年,农村居民的总体生活满意度水平高于城市居民,但城乡居民总体生活满意度的变化趋势保持一致

如果用5级量表的赋值方法求取结果,即5分表示"非常满意",依次递减,1分表示"非常不满意",排除回答"说不清"及"拒答"者之后求取均值,则2005年中国居民对自己生活的总体满意度是3.40分,较2004年的3.50分有所下降。

如果使用粗略估算法,将对于目前生活状况表示"非常满意"和"比较满意"者归为高满意度群体,将"不太满意"和"非常不满意"者归为

① 本次调查城市执行区域包括北京、上海、广州、武汉、成都、沈阳、西安、南通,每个城市成功样本量不低于250个;小城镇执行区域包括浙江绍兴诸暨、福建福州长乐、辽宁锦州北宁、河北石家庄辛集、湖南岳阳临湘、四川成都彭州、陕西咸阳兴平,每个城镇成功样本量不低于150个;农村执行区域包括在上面提到的7个小城镇及湖北武汉黄陂中分别选取一个行政村,每个行政村的成功样本量不低于100个。城镇地区调查采取多阶段随机抽样方法针对3258名18~60岁的居民进行访问,农村地区调查采取整群抽样方法针对870名16~60岁的居民进行访问,最终共获得4128个成功样本。本次调查中的数据结果已根据各地实际人口规模进行加权处理。在95%的置信度下本次调查的抽样误差为±0.94%。调查样本基本构成情况:男性占45.4%,女性占54.6%;16~25岁的占18.3%,26~35岁的占23.9%,36~45岁的占25.9%,46~55岁的占22.3%,56~60岁的占9.6%。小学及以下的占11.2%,初中的占32.4%,高中/中专/技校的占33.4%,大专的占13.9%,本科及以上的占8.2%。

低满意度群体（报告其他部分使用的粗略估算法均采用类似的归并方法），则当前中国居民中高满意度和低满意度群体比例分别为 56.1% 和 17.2%。在 2003、2004 和 2005 年三年期间，高、低满意度者比例均呈逐年下降趋势（高满意度者比例：68.2%→66.9%→56.1%；低满意度者比例：25.2%→20.5%→17.2%），越来越多的居民总体生活满意度为"一般"。

比较历年城乡居民总体生活满意度的调查结果发现（见图 1），在 2000～2002 年间，城乡居民的总体生活满意度稳步上升，2003 年有所回落，2004 年有较大提升，无论是城市居民还是农村居民，总体生活满意度在 2004 年均达到了这 5 年来的最高水平。但 2005 年又有所下降，目前总体水平与 2003 年基本持平。在 2001～2005 年的连续 5 年间，虽然城市居民和农村居民总体生活满意度的变化趋势保持一致，但农村居民的总体生活满意度均高于城市居民。

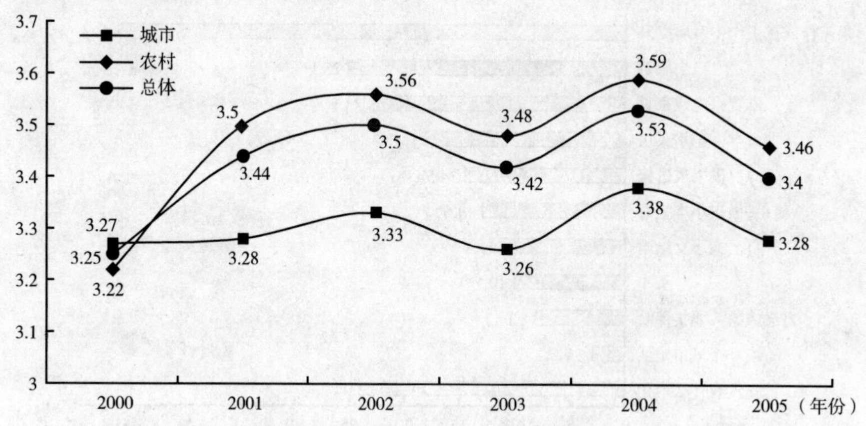

图 1　2000～2005 年中国城乡居民总体生活满意度的变化趋势

注：图中数据为基于 5 级量表的得分。

资料来源：零点研究咨询集团历年《中国居民生活质量指数报告》。

二　居民乐观预期未来生活，"在工作中求变化和发展"是未来一年城乡居民共同的心声

2005 年，73.7% 的城乡居民对未来生活持乐观预期的态度，认为未来生活会"变得很好"或"变得比较好"，仅有 3.5% 的居民对未来生活持悲观预期，该比例较 2004 年（7%）有所下降。使用 5 级量表衡量，以 5 分表示

会“变得很好”，以1分表示会“变得很差”，排除回答“说不清”及拒答者之后求取均值，2005年中国居民对未来生活的乐观度分值为3.88分，达到四年来的最高值（2002年3.80分，2003年3.82分，2004年3.80分）。

乐观预期未来，未来一年内打算“在工作中求变求发展”是城乡居民的共同心声：46.1%的城镇居民计划在2006年更换工作或者是在工作中有进一步提升；农村居民中，26.8%的人计划在2006年自己或家人外出打工，23.1%的人表示2006年要更加勤奋努力地工作。

从被访者关于2006年的生活计划中可以看出城乡居民经济水平上的差异（见图2、图3）：城镇居民中计划在2006年要外出旅游（25.1%）、买保险（8.1%）、买车（10.1%）和盖房/买房（18.1%）的比例均高于农村居民（其比例分别为5.3%、5.0%、3.2%、11.8%）。

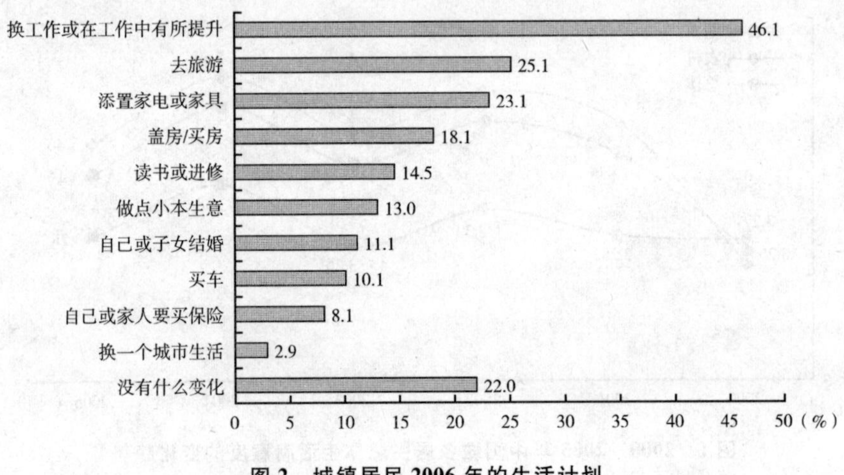

图2　城镇居民2006年的生活计划

注：图中数据为提及率，在完全开放式答案中，选取应答比例最高的前10项。

三　七成居民感觉生活幸福，家庭和睦、身体健康是幸福生活的主要基础，而贫穷是不幸福的首要原因，特别是对于农村居民

幸福感是人们对生活的一种主观感受，了解人们不幸福的根源，才能有效提升人们的幸福感，达到建设和谐社会，让所有社会成员幸福最大化的社会发展的终极目标。零点研究咨询集团自2004年首次将幸福感纳入中国居

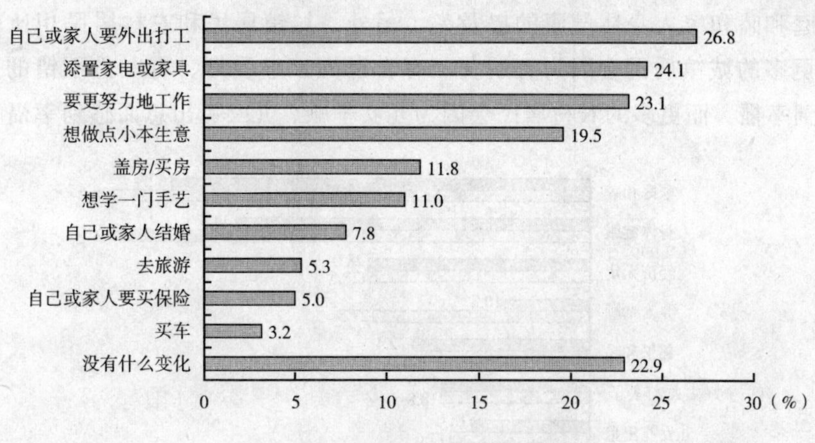

图 3　农村居民 2006 年的生活计划

注：图中数据为提及率，在完全开放式答案中，选取应答比例最高的前 10 项。

民生活质量研究，2005 年，在测量中国居民幸福感的同时，增加了了解居民幸福和不幸福原因的内容。

使用粗略估算法，72.7% 的城乡居民感觉生活是幸福的，该比例较上年的 77% 有所下降；感觉生活不幸福者比例为 10.9%，较上年的 8.8% 略有上升。使用 5 级量表的赋值方法，2005 年城乡居民的幸福感为 3.72 分，较上年（3.79 分）略有下降。城市、小城镇和农村三地居民相比较而言，小城镇居民幸福感（3.77 分）最高，农村居民次之（3.72 分），城市居民为 3.68 分。

本次调查发现，即便是在城镇地区家庭月均收入不足 800 元、农村地区家庭年收入不足 3000 元的贫困家庭中，也分别有 56.4% 和 67% 的人认为自己的生活是幸福的；而城镇地区家庭月均收入 5000 元以上的高收入家庭、农村地区家庭年收入 5000 ~ 10000 元的中等收入家庭中，却分别有 6.4% 和 13% 的人认为自己的生活是不幸福的。可见，财富并非幸福感的决定性因素。

调查显示，城乡居民感觉生活幸福或者不幸福的原因既有共同点，更有差异性（见图 4、图 5）。从总体上来看，家庭和睦、身体健康、经济无忧是城乡居民幸福生活的三大源泉。在感觉生活幸福的城镇居民中，分别有 52.9% 和 44.8% 的人认为家庭和睦、家人身体健康是自己幸福的源泉；而在感觉生活幸福的农村居民中，分别有 60.3% 和 58.2% 的人因家庭和睦或家人身体健康而感到幸福。无论在城镇还是在农村地区，认为经济无忧是生活幸福的原因的人均不足三成（城镇地区 28.0%，农村地区 28.5%），远低于对家庭和睦和家人身体健康的提及率。另外，城镇居民和农村居民相比较而言，更多的城镇居民会因为有朋友、有自己的兴趣爱好、有一份不错的工作而感到幸福，而更多的农村居民会因为儿女孝顺、儿女有出息而感到幸福。

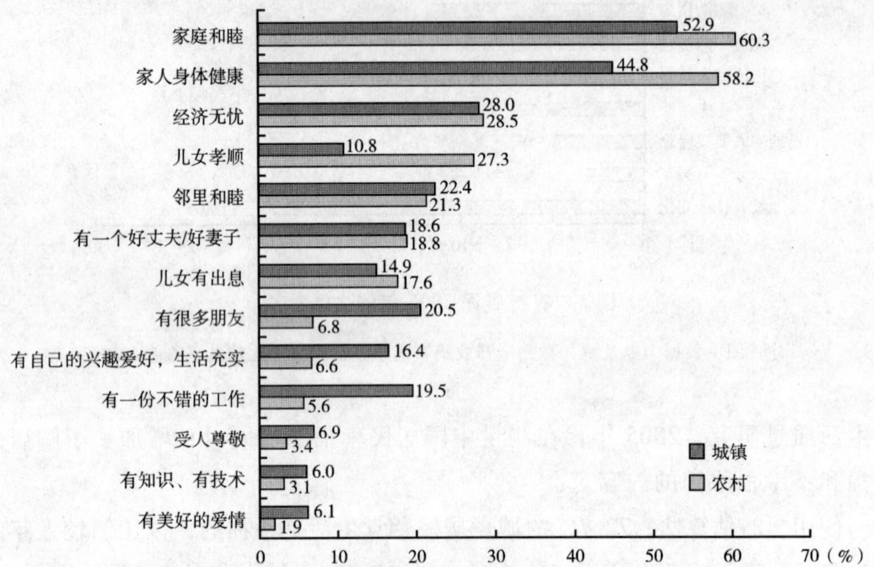

图 4　2005 年感觉生活幸福的城乡居民对于自己幸福生活的原因分析

注：图中数据为提及率，各原因的提及率是使用限选三项的答法计算出来的。

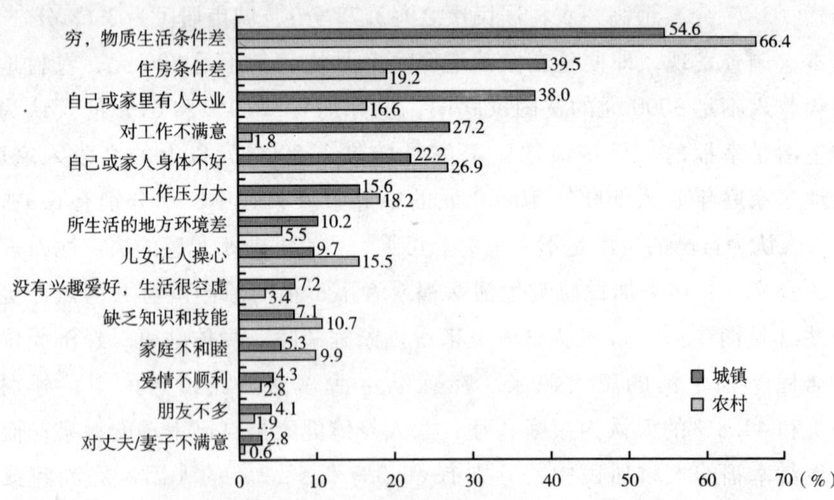

图 5　2005 年感觉生活不幸福的城乡居民对于自己不幸福生活的原因分析

注：图中数据为提及率，各原因的提及率是使用限选三项的答法计算出来的。

在谈及不幸福的原因时，分别有 54.6% 感觉生活不幸福的城镇居民和 66.4% 感觉生活不幸福的农村居民提到了贫穷。城镇居民和农村居民相比较而言，城镇居民多因为住房条件差（39.5%）、自己或家里有人失业（38.0%）、工作状况不如意（27.2%）而感到不幸福；农村居民则多因为健康状况差（26.9%）、儿女问题（15.5%）、缺乏知识和技能（10.7%）感到不幸福。

四　个人经济状况满意度、个人职业状况满意度、个人社会保障满意度和养老忧虑是影响居民总体生活满意度的重要因素

通过相关分析得出的各分项指标与总体生活满意度之间的相关系数代表人们在各分项指标方面的满意度对其总体生活满意度的影响程度。与前两年相同，2005 年仍呈现出居民总体生活满意度更多地受微观环境指标影响，而受宏观环境指标影响相对较少的趋势。2005 年，“个人经济状况满意度”对居民总体生活满意度产生的影响力最大，“个人社会保障满意度”和“个人职业满意度”的影响力位居第二和第三，二者影响力较为接近，“个人经济状况满意度”指标已经连续四年成为影响居民生活满意度的首要指标。

2005 年零点研究咨询集团首次将“养老忧虑”这一指标归入“零点中国居民生活质量指标体系”中并进行测量，养老忧虑指标由老年生活照料和养老金来源两个刺激指标构成。结果表明：养老忧虑对于总体生活满意度的影响作用仅次于“个人经济状况满意度”、“个人社会保障满意度”和“个人职业满意度”，位居影响力的第四位。

使用 5 级量表的赋值方法计算，即 5 分表示“非常忧虑”，依次递减，1 分表示“完全不忧虑”，排除回答“说不清”及拒答者之后求取均值，2005 年城乡居民的养老忧虑感为 2.51 分，处于“不太忧虑”和“忧虑程度一般”之间偏于一般的位置。按照粗略估算法，22.4% 的居民对于自己的老年生活照料表示忧虑，农村居民（24%）高于城镇居民（19.6%）；25% 的居民对于自己的养老金来源表示忧虑，在这一问题上，同样是农村居民（25.7%）甚于城镇居民（23.7%）。看来，虽然养老忧虑感处于较低水平，但是，无论是城镇居民还是农村居民，对于养老问题还是心存隐忧，且这种隐忧对于总体生活满意度具有较大的影响作用。

比较而言，影响城镇和农村居民总体生活满意度的指标以及各指标的影响力有较大差异，职业状况满意度、物价波动承受力、业余娱乐生活满意度和对改革的获益预期等指标对于城镇居民的影响力均显著大于农村居民；而老年生活照料、交通便利性和国家国际地位感对农村居民的影响力显著高于城镇居民（见表 1）。

表 1　2005 年影响中国居民总体生活满意度的主要指标及其影响力

城镇居民		农村居民	
影响总体生活满意度的指标	影响力	影响总体生活满意度的指标	影响力
个人经济状况	0.411	个人经济状况	0.390
职业状况满意度	0.405	社会保障	0.330
社会保障	0.333	养老费用忧虑感	0.288
养老费用忧虑感	0.312	老年照料忧虑感	0.281
物价波动承受力	0.291	职业状况满意度	0.261
业余娱乐生活满意度	0.290	物价波动承受力	0.195
改革获益评价	0.284	身体健康状况	0.181
老年照料忧虑感	0.233	业余娱乐生活满意度	0.178
身体健康状况	0.197	社会治安	0.157
未来生活预期	0.191	交通便利性	0.133
国家经济状况	0.189	国家国际地位感	0.115
社会治安	0.180	环境保护	0.111

五　几项主要微观环境指标满意度比较：个人经济状况和职业满意度连续三年小幅下跌，社保和消费信心度略有提升但仍处低位，居住环境不断改善

连续两年，“个人经济状况满意度”是对居民总体生活满意度影响力最大但满意度水平最低的指标，是下拉中国居民总体生活满意度水平的重要指标。对比发现，城镇居民个人经济状况满意度在 2002～2005 年四年中呈现递增趋势（2.93 分→3.05 分→3.10 分→3.10 分），而农村居民的个人经济状况满意度在 2003～2005 年三年间呈下降趋势（3.03 分→3.16 分→3.06 分→2.96 分）。

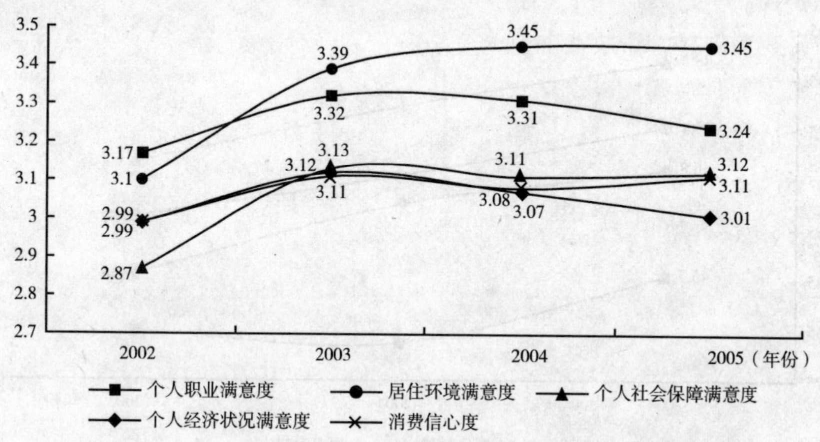

图 6　2002～2005 年中国居民几项主要微观环境指标满意度比较

注：图中数据为基于 5 级量表的得分。

资料来源：零点研究咨询集团历年《中国居民生活质量报告》。

“个人社会保障满意度”是影响居民总体生活满意度的第二重要指标，2005 年，中国居民个人社会保障满意度分值为 3.12 分，虽然较 2002 年的 2.87 分有较大提升，但从 2003～2005 年，一直呈低位平稳状态。另外，零点研究咨询集团在哈佛大学肯尼迪学院亚洲部的指导下，连续三年针对商业医疗健康保险和社会统筹类医疗健康保险在城市、城镇和农村地区的覆盖情况进行了调查，调查结果表明：虽然医疗健康保险的总覆盖率逐年提升明显，但是，2005 年，仍有近六成（57.5%）居民没有任何医疗健康保险（见图 7）。农村居民的医疗健康保险条件则更加恶劣，2005 年，农村居民中没有任何医疗健康保险者比例为 68.4%，虽然较 2003 年的 88.3% 下降了 20 个百分点，但是，在农村经济依然不发达，农民收入依然偏低，农村公共卫生条件依然较差、医疗费用越来越高的情况下，这一比例不能不引起重视，这部分群体的生老病死不能不令人担忧。

2005 年的居民生活质量指数研究中，考察了城乡居民的“有病难就医”现象。结果表明，在 2005 年，分别有 20.8% 的城市居民、19.7% 的小城镇居民和 26.1% 的农村居民（包括其家人）曾经因为费用问题，在需要去医院看病的时候却没有去。分别有 9.1% 城市居民、7.5% 小城镇居民和 12.8% 农村居民曾经因为费用问题，在需要住院治疗的时候却没有去住院治疗。

“个人职业满意度”位居影响力的第三位，2005 年“个人职业满意度”

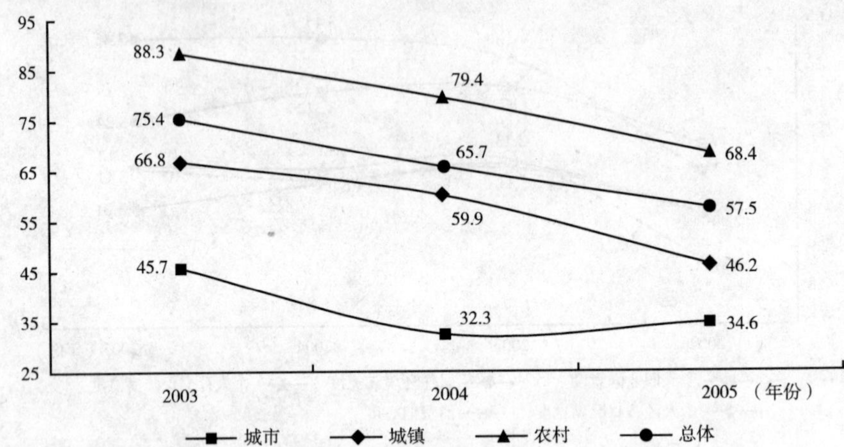

图 7　2003～2005 年中国居民中没有任何医疗健康保险者比例比较

资料来源：零点研究咨询集团历年《中国居民评价政府及政府公共服务报告》。

指标分值为 3.24 分，较 2002 年的 3.17 分有所提升，但在 2003～2005 年连续三年呈下降趋势。就业矛盾依然突出，就业压力依然严峻。本次调查发现，在城镇地区，有 24.2% 的家庭中存在失业人口，其中 26.4% 家庭中存在多人同时失业现象；失业人群开始表现出年轻化的特点，本次调查所涉及的失业人口中，35.0% 的人年龄在 35 岁以下，36～45 岁的人占 33.9%，46～55 岁的人占 31.7%。同时，高学历者失业现象也开始出现，本次调查所涉及的失业人口中，具有大专以上学历者占 5.7%，具有高中/中专/技校学历者占 45.4%，另有 37.9% 者具有初中学历，11% 者具有小学及小学以下学历。

六　几项主要宏观环境指标满意度比较：国家经济发展水平评价继续上升；社会变革预期和国家国际地位感高位平稳；农村居民物价波动承受能力上升而治安安全感下降

改革开放以来，中国经济呈现出良好发展态势。2002 年以来中国居民对国家经济发展水平的评价稳步提升（3.5 分→3.56 分→3.69 分→3.71 分），特别是农村居民对于国家经济发展水平给予了更高肯定（3.54 分→3.61 分→3.74 分→3.75 分），而城镇居民对国家经济发展水平的评价也呈递增趋势

(3.44分→3.49分→3.59分→3.66分)。居民对于未来国家经济将会进一步发展也抱以肯定态度，今年有85.1%的居民对国家继续加快经济发展有信心，预期乐观度连续多年处于高位平稳状态（4.08分→4.09分→4.13分→4.09分）。

随着中国经济的快速发展，中国在政治、军事、科技、文化和外交等领域的发展也取得了长足进步，国际地位和影响力的提高有目共睹。中国居民对此也深有感触，虽然国家的国际地位感在2003年有所降低，但四年来人们对国家的国际地位一直给予了相当高的评价（3.82分→3.63分→3.77分→3.77分)，尤其是农村居民，其历年给予的评价（3.9分→3.66分→3.81分→3.78分）都要高于城镇居民（3.7分→3.58分→3.72分→3.75分)。同时居民对未来中国国际地位的提升也持乐观态度，81.1%的人预期中国的国际地位将会进一步提升，乐观度分值达4.11分。

中国居民的物价承受能力在经历2003~2004年连续两年的下降之后，2005年有较大幅度的反弹（3.46分→3.42分→3.18分→3.4分)，比较而言，农村居民历年的物价承受能力（3.43分→3.40分→3.08分→3.39分）均低于城镇居民（3.52分→3.45分→3.34分→3.43分)，但在2005年有较大幅度提升，与城镇居民的差距达到四年来的最小值（见图8)。

居民的社会治安安全感是一项反映社会稳定的重要主观感受指标，但居民的社会治安安全感从2004~2005年已经连续两年呈下降趋势（3.51分→3.66分→3.62分→3.53分)。比较来说，历年城镇居民的安全感（3.44分→3.56分→3.48分→3.52分）均低于农村居民（3.55分→3.71分→3.71分→3.54分)，而今年城镇居民的安全感有小幅上升而农村居民的治安安全感有较大幅度的下降，这一变化导致城镇和农村居民在治安安全感上的差异达到四年来的最低水平。

治安安全感是一种主观感受，虽然它与社会治安现状及一定时期内实际发生的犯罪数量有密切关联，但是，犯罪率的下降并不能必然导致治安安全感的上升。社会治安安全感还受居民在社会生活中的不良体验、犯罪类型、媒体的传播导向以及整个社会的或者个人的防护措施等多种因素的综合影响。本次居民生活指数研究中，针对对于当前社会治安状况做消极评价的受访者，询问其感觉不安全的原因是什么，“本人或亲友受过不法侵害”以42.6%的提及率高居不安全因素的首位；而“恶性犯罪越来越多”和“突发性、目的性不强的犯罪事件越来越多”分别以31.2%和27.7%的提及率位居第

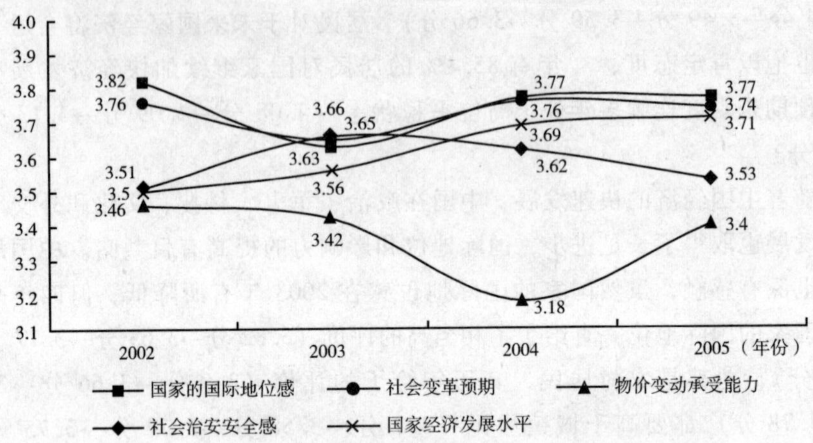

图 8　2002～2005 年中国居民几项主要宏观环境指标满意度比较

注：图中数据为基于 5 级量表的得分，“社会变革预期”指标由“科技发展获益预期”、“贸易国际化获益预期”、“深化改革获益预期”三项子指标组成。

资料来源：零点研究咨询集团历年《中国居民生活质量报告》。

二和第三；另外，还有 25.4% 的人感觉不安全是因为听周围人谈论过他们所经历过的受侵害事件，24.8% 的人因为看不见警察和治安人员而感到不安全，12.7% 的人表示新闻媒体的报道使他们觉得整个社会越来越不安全（见图 9）。

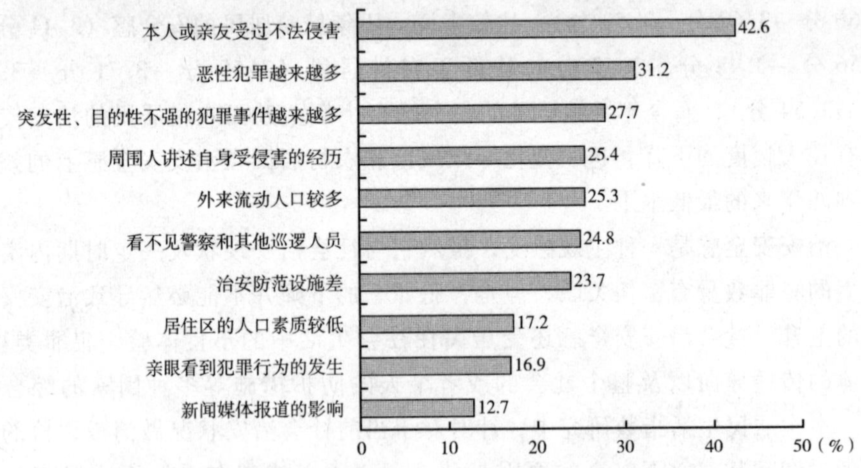

图 9　2005 年影响中国居民社会治安安全感的因素

注：图中数据为提及率，各影响因素的提及率是使用限选三项的答法计算出来的。

七 “因学致贫”和“因病致贫”现象普遍存在，城镇居民将贫穷归于“缺关系和门路”、“不善钻营”的现象不容忽视

在2005年的居民生活质量研究中，我们开始关注贫困问题，特别是贫困家庭之所以贫困的原因。

使用粗略估算法，19.7%的受访者认为自家生活水平在当地属于贫困水平，19.1%的受访者认为自家生活水平在当地属于富裕水平。城市居民中，认为贫困者比例（21.4%）显著高于小城镇居民（14.9%），略高于农村居民（19.4%）；认为富裕者比例（17.4%）显著低于小城镇居民（26.7%），略低于农村居民（18.1%）。无论在城市、小城镇还是在农村，认为自家生活水平属于中等者比例均在60%左右（城市59.2%，小城镇57.3%，农村61.6%）。

是什么原因导致这些家庭陷入贫困之中？在2005年的研究中，我们采用了自我归因的办法。研究结果表明：“家里要供孩子读书”是城乡贫困家庭提及率最高的贫困原因：分别有高达43.2%的城镇贫困家庭和46.3%的农村贫困家庭将“供孩子读书”视作家庭贫困的原因之一。随着教育体制的改革，“供孩子读书”已经成为越来越多家庭的重要开支。本次调查发现，2005年间，在有孩子就学的家庭中，平均每户家庭年均用于孩子的教育花费情况是：城市家庭年均5615.9元，小城镇家庭年均4035.7元，农村家庭年均2724.2元，这笔费用占家庭收入的比重分别为26.0%、23.3%和26.5%。

另外，分别有24.7%和19.2%的农村贫困家庭和城镇贫困家庭认为“家里有病人”是自家贫困的原因之一。调查发现，2005年，平均每户家庭年均医疗医药费用情况是：城市家庭2372.4元，小城镇家庭1896.4元，农村家庭1516.8元，这笔费用占家庭收入的比重分别为9.1%、9.7%和16.8%。

对于贫穷的自我归因可以在一定程度上间接地反映出整个社会的心态和价值取向。在城镇居民中，高达42.7%的贫困居民将贫穷归因于“缺关系和门路”，13.3%归因于“不善钻营”（见表2），这一归因现象所隐含的社会心态和价值取向值得引起注意。

表 2　城镇居民和农村居民对于自我贫穷的归因

城镇居民		农村居民	
贫困的原因	提及率(%)	贫困的原因	提及率(%)
家里要供孩子读书	43.2	家里要供孩子读书	46.3
缺关系和门路	42.7	缺乏技能和手艺	39.4
缺乏知识和技能	40.0	运气不好	30.2
运气不好	28.9	家里有病人	24.7
家里有病人	19.2	缺乏青壮年劳动力	21.0
家里有老人要供养	14.5	农作物价格低	19.1
家里人不善钻营	13.3	农业生产资料太贵	11.8
家里人不努力	3.6	家里孩子太多	8.9
		家里人不努力	6.1
		税费高	3.7

注：表中所列数据为提及率，提及率是使用限选三项的答法计算出来的，不包含应答频数小于 10 的因素。

八　就业仍是城镇居民关注的首要问题，农村居民关注的首要问题是农业政策，青少年教育和农民工权益问题也受到农村居民的较高关注

比较零点研究咨询集团连续 7 年进行的城市居民社会关注焦点的调查结果（见表 3）发现，虽然 2005 年市民对下岗就业问题的关注度（40.7%）较 2002 年（53.5%）和 2003 年（52.9%）有较大幅度的下降，但是仍位居市民关注的社会问题排行榜首位。虽然政府一直致力于再就业扶持政策的落实，但解决下岗就业问题并非朝夕之事，2005 年城镇居民的职业满意度（3.34 分）虽然较上年（3.26 分）有所上升，就业矛盾依然突出，就业压力依然存在。

在就业机会减少、老龄化社会来临、市场经济体制的进一步发展以及改革深化中因利益重新分配而带来的不确定性等多种因素的共同作用下，社会保障体系的完善越来越受到市民的关注。2005 年，社会保障问题位列市民关

注的社会问题榜的第二位，关注率达到历年最高值（2001～2005 年的关注率依次为 32.6%、34.5%、32.1%、30.2%、35.7%）。

总的来说，就业、社会保障和住房改革等基本生活问题仍是 2005 年市民关注的焦点，与此同时，市民对于国家经济增长、环境保护、社会治安等国家宏观环境发展问题也倾注了较多的注意力。

表 3　1999～2005 年市民关注的国内社会热点问题排序（前 7 位）

序号	1999 年京沪穗汉厦沈等 11 市	2000 年京沪穗汉蓉保等 10 市	2001 年京沪穗汉蓉沈等 10 市	2002 年京沪穗汉蓉沈等 10 市	2003 年京沪穗汉蓉沈等 10 市	2004 年京沪穗汉蓉沈等 10 市	2005 年京沪穗汉蓉沈等 8 市
1	失业下岗（21.6%）	环境保护（49.2%）	下岗就业（45.2%）	下岗就业（53.5%）	下岗就业（52.9%）	下岗就业（39.7%）	下岗就业（40.7%）
2	廉政建设（14.7%）	失业下岗（43.7%）	环境保护（41.3%）	社会保障（34.5%）	社会保障（32.1%）	经济发展水平（32.0%）	社会保障（35.7%）
3	经济增长（11.1%）	子女教育（34.7%）	社会保障（32.6%）	环境保护（29.5%）	住房改革（31.6%）	住房改革（31.0%）	住房改革（32.8%）
4	环保问题（5.6%）	社会治安（33.4%）	经济增长（25.8%）	医疗制度改革（26.3%）	环境保护（24.3%）	社会保障（30.2%）	环境保护（23.1%）
5	社会治安（5.4%）	廉政建设（29.0%）	住房改革（25.8%）	经济增长（25.7%）	经济增长（22.7%）	环境保护（29.6%）	医疗制度改革（22.7%）
6	就业问题（3.6%）	经济增长（20.2%）	廉政建设（15.4%）	住房改革（23.1%）	医疗制度改革（21.4%）	青少年教育问题（19.0%）	经济发展水平（21.3%）
7	人口问题（3.3%）	养老问题（19.3%）	社会治安（15.2%）	青少年教育问题（20.6%）	廉政建设（20.7%）	犯罪与社会治安问题（18.3%）	犯罪与社会治安问题（18.3%）

注：表中所列数据为关注率，关注率是按照关注程度使用限选三项的答法计算得出。
资料来源：零点研究咨询集团历年的《中国居民生活质量指数报告》。

“三农”问题是中国政府需要面对的最严峻问题之一。中国政府积极推行的一系列农业扶持政策关系到农村居民的切身利益，受到了农村居民的热烈关注：2005 年，41.5% 的农村居民关注中国的农业政策问题，位居农村居民关注的社会问题的榜首（见表 4）。农村的青少年教育问题和农民工的权益问题位居第二和第三位，关注率分别为 27.2% 和 23.6%。

表 4　2005 年农村居民所关注的社会问题（前 10 位）

农业政策	41.5%	教育体制改革问题	15.6%
青少年教育问题	27.2%	环境保护	15.4%
农民工权益问题	23.6%	犯罪与社会治安问题	14.7%
经济发展水平	23.5%	廉政建设/反对贪污腐败	14.6%
社会保障	19.6%	医疗制度改革问题	10.5%

注：表中所列数据为关注率，关注率是按照关注程度使用限选三项的答法计算得出。

（作者单位：零点调查公司）

当前中国社会心态分析报告

○ 王俊秀

“和谐社会”目标的确立，为实现这一目标而在政治、经济、社会、文化等方面所进行的政策调整，对于社会心态无疑具有巨大的影响。对于民众在一定时期的社会环境下所表现出来的比较普遍的、突出的社会心态的了解，是政府制定政策和确立政府服务方向的重要参照。基于对国内近期科研机构、媒体和调查机构的一些相关调查的综述和分析，本文试图分析和描述当前社会心态的特点和变化。

一　社会需求的基本状况

当前，以人为本的科学发展观已经深入人心，但如何做到“以人为本”，“以人为本”从哪里着手，则是必须首先要搞清楚的问题。20 世纪美国人本主义心理学家马斯洛深入研究了人的基本需求，提出了人的需求层次理论，把人的基本心理需求分为生理需求、安全需求、爱与归属需求、尊重需求和自我实现需求五种，这五种需求的关系是渐进的，一种需求满足才会有新的需求产生。尽管马斯洛的需求层次理论在学术上受到各种各样的批评，但他着眼于人的基本需求的人本主义思想非常有影响，也应该对我们有所启示。各级政府机构首先要了解民众的基本心理需求，以及民众的基本需求汇集起来的社会需求。

（一）“和谐社会”目标与社会需求

胡锦涛总书记在 2004 年 3 月 10 日中央人口资源环境工作座谈会上讲话时阐述了坚持以人为本，全面、协调、可持续的新的发展观；2004 年 9 月 19 日，中共十六届四中全会正式提出了建设“全体人民各尽其能、各得其

所而又和谐相处的社会”的目标。民众对于“和谐社会”的发展目标寄予很大希望，但民众对于“和谐社会”可能会有不同的理解，人们对于“和谐社会”也有着不同的期望。作为社会发展目标的“和谐社会”对于老百姓来说到底意味着什么？

2005 年“两会”召开前《中国经济时报》和搜狐网在搜狐网上联合进行了调查，调查的题目是“建立‘和谐社会’您最关心的话题是什么”，搜狐网上共有 3700 人回答了这个题目，调查结果显示，“贫富差距”、“社保和再就业”、“环境保护”、“‘三农’问题”和“房地产调控”列在前五位，可以看出民众更多关心的是基本生活需求的满足（参见图 1）。

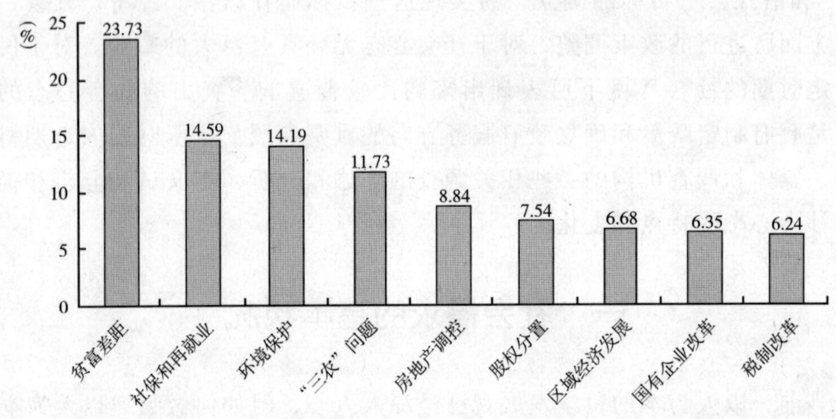

图 1　建立和谐社会最关心的问题（搜狐网调查，样本量 3700）

2005 年两会期间，中国社会调查所在北京、上海、广州、深圳、武汉、长沙、沈阳、重庆、长春、西安进行了两会关注度和关注焦点的调查，回收问卷总数为 1500 份。结果显示，绝大多数群众关注“贫富收入差距扩大和社会分配不公”，“房地产、物业”，“就业和再就业”，多数群众关注“物价波动”、“制定《反分裂国家法》”、“证券市场如何走出困境”和“教育乱收费”，而关注“国有资产流失”、“反腐倡廉”和“社会保障”的人数相对少一些，占调查人数的四成（参见图 2）。

新浪网也在两会期间进行了一项网上调查，题目是“您最关心的 2005 年经济现象”。调查结果显示，证券市场走出困境、农民增收问题、分配问题、就业和社会保障问题、房价和车价问题以及教育问题成为最受关注的问题（参见图 3）。

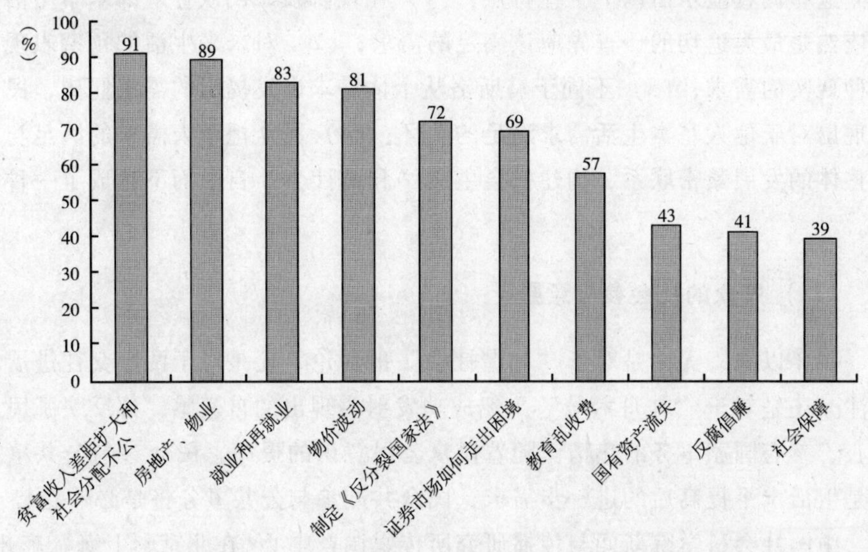

图 2 群众关注的主要问题

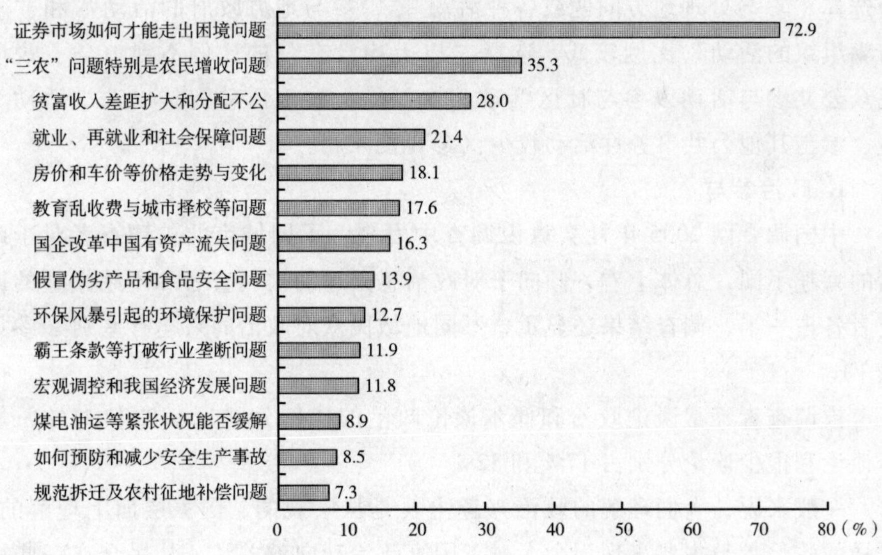

图 3 最关心的经济问题（新浪网调查，样本量 1628 人）

尽管网络调查受调查手段的限制，其调查对象的范围相对狭窄，但从调查结果看，在一定程度上依然反映了社会的声音。

这些调查显示出以下一些特点：(1) 在现阶段，民众普遍的基本生活需求依然是最为迫切的、首先应该满足的需求；(2) 对未来生活的预期表现为一种现实的需求；(3) 不同于马斯洛从个体需求出发提出的需求愿望，民众表现出对于他人基本生活需求满足的关怀；(4) 民众把个人需求的满足与社会整体的发展紧密联系，构建社会主义“和谐社会”自上而下达成了一种共识。

(二) 民众的社会参与意愿

一年以来，无论是对于“和谐社会”的讨论，还是对于两岸交往进展的关注，还是对于“神舟六号”飞船成功发射表现出的自豪感，都反映了民众关心、参与国家事务的热情。随着民众公民意识的提高，民众参与公共事务将是生活水平提高后的进一步需求，民众共同参与公共事务将是必然趋势。

中国社会科学院新闻与传播研究所传媒调查中心[①]在北京、上海、广州、沈阳和成都进行的2005 年社会意识调查发现，市民在应该参加的社区活动中选择“关注社区工作”、“参加选举”、“了解社区公共事务”的比例较高，而选择“参与处理地方问题或各种活动”、“参与地方政府的活动”和“参与党组织的活动”比例较低，选择“以上均没有”的比例不到 10%。说明民众公共参与活动以参与社区活动为主，参与政治活动则是以选举活动为主，参与其他公共事务性活动较少（参见图 4)。

1. 政治参与

中国调查网 2005 年社会意识调查中发现，不同城市的被调查者对于政治的兴趣不同，总体上看，倾向于对政治感兴趣的被调查者和不感兴趣的调查者各占一半，调查结果还显示，不同地域民众对政治的兴趣有差别（参见表 1)。

被调查者经常谈论政治和偶尔谈论政治的比例分别为 10% 和 41%，从不谈论和很少谈论分别占 17% 和 32%。

一般来说，人们理解的政治兴趣主要是从宏观的、国家层面上理解的，这样的政治参与主要表现为个人对于国家政治动向的关注。从民众在一些社会事件中的表现更容易看出民众政治参与的积极性、对国家大事的关注程

① 资料来自中国调查网（http: //www. comrc. com. cn/index. htm），该网站由中国社会科学院新闻与传播研究所传媒调查中心主办。

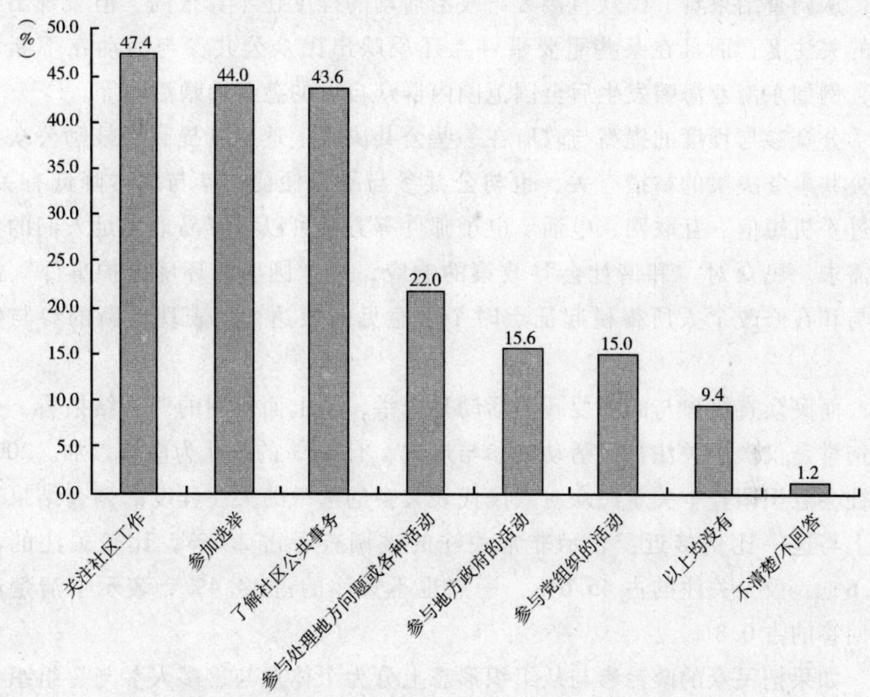

图4　您认为市民应该参加什么类型的公共活动

度。《中国青年报》社会调查中心于2005年4月27~28日进行的关于连战和宋楚瑜访问大陆的调查结果显示，95.8%的受访民众一直在留意连战访问大陆的新闻报道，只有4.2%的人表示还不知道此事；有65.1%的民众认为“连宋”访问大陆会推动两岸的和平统一进程。

表1　不同城市被调查者对政治问题感兴趣的程度

单位：%

类　别	北　京	上　海	广　州	沈　阳	成　都	平均值
非常感兴趣	7.0	9.0	4.0	10.0	—	6.0
有些感兴趣	46.0	47.0	48.0	49.0	27.0	43.4
不太感兴趣	30.0	27.0	33.0	30.0	41.0	32.2
几乎没有兴趣	17.0	17.0	15.0	11.0	31.0	18.2
不清楚/没有回答	0	0	0	0	1.0	0.2
合　计	100.0	100.0	100.0	100.0	100.0	—

从调查结果看，民众直接参与政治活动的程度还不算很高，但表现出极高的关注度；而且在某些重要事件上还反映出民众公共参与活动在不断增加，例如东南亚海啸发生后全国范围内群众自发的慈善捐赠活动等。

公众参与程度的提高与政府在一些公共决策上透明度提高、鼓励公众参与公共事务决策的举措有关，也与公共参与平台便捷、参与成本降低有关，通过手机短信、互联网、电话、电子邮件等方式可以很容易地满足人们的参与需求。民众对“和谐社会”政策的响应，对“圆明园环境保护事件”的参与和在修改个人所得税起征点时个人意见的表达，都表现出新的参与特点。

而民众直接参与的主要政治活动是选举，从上面所列的调查结果看，参加选举是仅次于关注社区活动的参与形式，有44%的人认为应该参加。2005年社会意识调查中关于民众对人民代表大会的选举的关注程度的调查结果基本上与这一比例接近：表示非常关注的被调查者占2.6%，比较关注的占36.6%，极少关注的占45.6%，一点也不关注的占14.4%，表示不清楚或不回答的占0.8%。

如果把民众的政治参与从组织形态上分为个体参与、多人参与、组织参与，从参与方式上分为接受信息、表达观点、交流沟通、施加影响的话，选举应该属于个体表达个人观点和态度的政治参与形式。民众参与选举的积极性与个体可以施加影响的大小，以及选举结果对个体产生的可能影响大小有关，农村村民委员会选举中村民表现出很高的参与热情。一项村民选举心理研究把选举行为分为“政见取向”和“非政见取向”两部分，其中“政见取向”是选民对选举制度意义的认识，“非政见取向”是影响选民投票行为的因素。研究结果显示，村民选举中的“政见取向”是由以下四个因素构成的：（1）反映选民对选举制度在维护国家长远利益、提高国家的国际声望、推动农村社会经济发展方面的意义的认识；（2）反映选民在选举制度改善民生状况方面的意义的认识；（3）反映选民对选举在维护和保障村民政治权利方面的意义的认识；（4）反映选民对选举制度在村干部监督方面的意义的认识。而“非政见取向”中的主要因素是“候选人身份”，“候选人德能”，选民家人、亲属、朋友等社会关系的意见。[①]

总的来看，民众政治参与的特点是以个体参与为主，多人参与和组织参

① 张锋等：《农村选民选举行为的结构特征》，《应用心理学》2004年第4期。

与较少，参与的形式是以信息的获取和态度、观点的表达为主，互动形式的参与较少。

2. 社区参与

在参与内容的调查中，虽然倾向于社区参与的比例高于政治参与，但在社区参与上持积极主动态度的比例并不高。2005 年社会意识调查结果显示，表示应该积极参与的被调查者约占 36%，可以想见，在现实环境下的参与率会更低（参见图 5）。

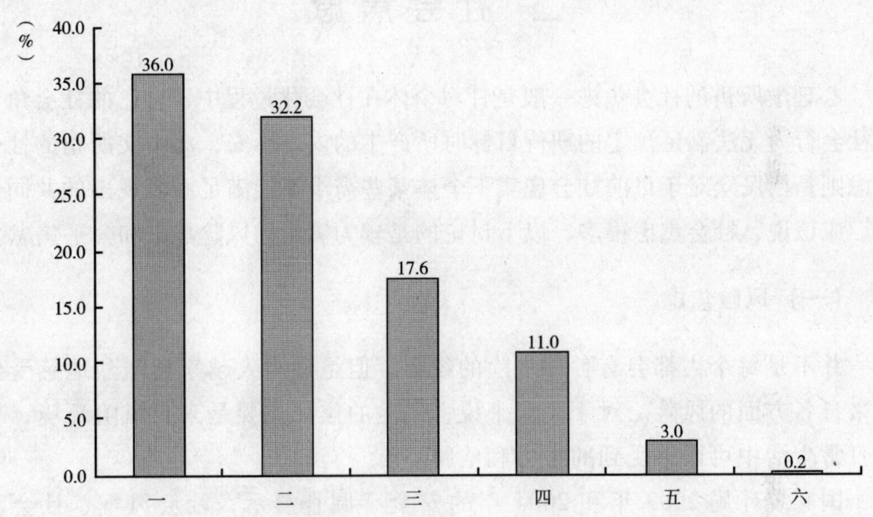

图 5　被调查者认为市民参与决定影响社区的议题的程度分布

另一项调查显示，表示非常愿意参与社区公共事务的被调查者所占比例为 17%，表示比较愿意参与的占 29%，二者合计占 46%。但在具体情境下，被调查对象的参与意愿因事务性质的不同有较大差别，其中，与个体经济利益相关的活动参与率最高，表示“非常愿意”和“比较愿意”的比例合计达到了 87.2%，比如，自有住房者的参与率高于租房者的参与率；社会服务和文体活动的参与率接近，都比较低，在四成左右，而且年长、文化程度不高、居住年限较长的居民选择参与相对较多；就目前现状来看，成立业主委员会往往与业主维权活动相联系，而出任业主委员会委员与个人的基本权益有关，因此选择参与的比例高于一般的社会服务和文化活动。①

① 王小章等：《城市居民的社区参与意愿》，《浙江社会科学》2004 年第 4 期。

以往关于民众社区参与的研究也发现，居民社区参与表现出的主要问题是社区意识淡薄、社区组织性不强、社区活动缺乏、社区管理水平低、社区归属感很弱等几个方面。[①] 表现为关注多于参与。

在目前单位功能弱化，社区功能亟待加强的形势下，社区建设需要更多民众的参与，在社区建设中应该调动民众社区参与的积极性，增加民众社区参与的比例，激发民众社区参与的动力，提高民众社区参与的质量。

二 社会焦虑

心理学所讲的社会焦虑一般是针对个体在社会化过程中，自己的社会角色与社会行为无法满足预定的期待目标时所产生的内心不安，而本文所指的社会焦虑则是指民众对于目前社会现实下个体某些需求不能满足而表现出的共同焦虑。应该说，社会焦虑很多，以下讨论的是较为突出的风险焦虑和公平焦虑。

（一）风险焦虑

并不是每个人都会有各种危险的经历，但是许多人越来越强烈地感受到了来自各方面的风险。对于民众来说，风险的焦虑主要是来自风险环境，来自日常生活中可以感受到的压力和威胁。

国家统计局 2003 年和 2004 年的安全感调查显示，社会风气、社会治安、就业失业、教育和腐败问题是民众最为关心的问题（参见图 6）。

从 2004 年 11 月开始，中国社会调查所对全国部分省市 2000 位公众进行了公众满意度调查，在涉及安全方面的题目中，回答非常满意的比例都很低，回答“满意”和“非常满意”的人所占比例两项合计超过 20% 的题目仅有财产安全。

这样的调查结果本身会受到题目选项的限制，不一定能显示出人们对于来自社会环境和自然环境中全部风险因素的反应，但人们对于生活现状较低的满意度说明公众有较高的风险焦虑，对于人身财产安全、失业、生态环境破坏、生活保障等风险的焦虑。

目前的安全感调查更多地关注社会秩序角度的安全感，2003 和 2004 年国家统计局的安全感调查显示公众社会安全感的主要影响因素是刑事犯罪和

① 岑颖等：《城市居民社区意识调查》，《改革与战略》2003 年第 8 期。

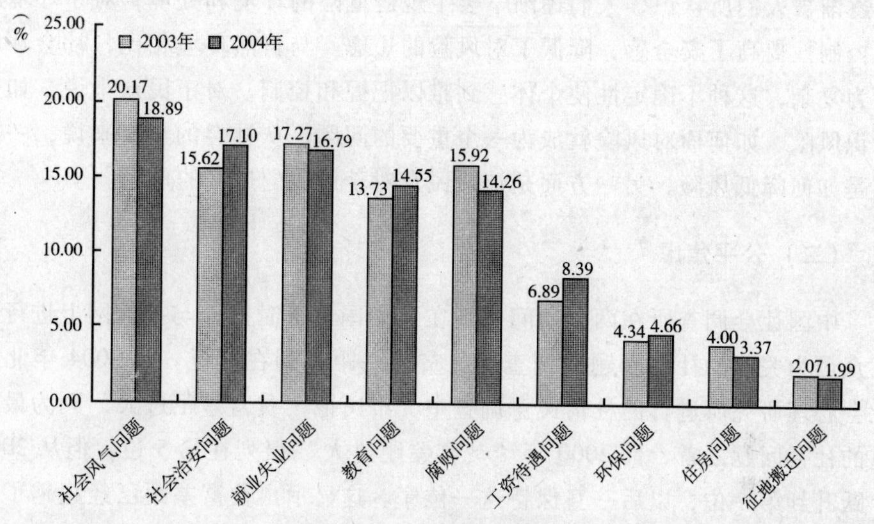

图6　群众最关心的社会问题

公共秩序混乱，选择这两个选项的人所占比例都在1/3左右。而事实上，公众对于自身安全威胁的感受来自多方面，尤以与公众日常生活最为密切的食品安全影响最大。

最近几年食品安全事件频繁发生，以往公众关心的“食品卫生”问题转化为让人焦虑的“食品安全”问题，公众深切地感受到了来自食品的风险。2005年《小康》杂志社在全国范围内进行了“中国饮食小康”的抽样调查，其中有关饮食安全状况的调查包括食品的污染程度、科技运用对食品的影响、主观感受度等与食品安全相关的因素，该项满分为100分，调查结果显示，实际得分仅为49分。《中国青年报》社会调查中心2004年完成的关于食品安全的调查显示，82%的公众表示对食品安全问题感到担心。2005年搜狐网和市场研究公司的消费安全调查显示，有超过九成的消费者将因为产品安全危机事件而改变消费习惯。

心理学家霍妮曾经对焦虑和恐惧作过一个简单的区分，她认为恐惧是一个人对自己不得不面对的危险做出的反应，而焦虑则可能是对想像中危险的反应。对于绝大多数民众来说，正是那些不断发生的恶性案件，不断发生的食品安全事件使他们觉得似乎随时都会遇到人身的伤害。正如社会学家卢曼所说的，现代社会中人们主要面对的不是自然界所引发的灾难和不确定性引起的危险，而是人为原因所带来的风险。随着人类知识的增加，自然界的危

险逐渐被人们所认识，人们逐渐学会了规避危险的环境和处境，对于环境的可控制性提高了安全感，降低了对风险的焦虑。与自然环境相比，社会环境更为复杂，这种不确定性使个体感到难以把握和控制。对于民众来说，如何认识风险、如何面对风险就成为一个重要的问题。从社会的角度来说，一方面是如何降低风险，另一方面是消除民众对于风险的过度的焦虑。

（二）公平焦虑

中国社会调查所在两会期间分别在《中国经济时报》与搜狐网上进行的民众最为关注的社会问题的调查中，贫富差距都列在首位。在 2004 年北京社会心理研究所进行的社情民意调查中，市民把“贫富差距过大”列为最严重的社会问题之首，而 2000 年“贫富差距过大”仅列在第 5 位，但从 2001 年跃升到第一位，以后一直保持这一位序。这显示出贫富差距已经超越了人们可以接受的心理阈限。现在，许多对于贫富差距的讨论已不再停留于经济角度和宏观政策角度，贫富差距已经被等同于社会的不公平。因此，在绝对的贫富差距完全难以消除的情况下，既要努力缩小贫富差距，也要关注贫富差距扩大所延伸出的公平焦虑问题。

北京社会心理研究所的调查显示，“贫富差距过大”与“腐败”、“食品安全”、“社会治安”和“就业”等问题一道被市民选为“目前需要集中大力量解决的问题”。同时，“贫富差距过大”问题还与“腐败”、“物价上涨”、“住房”和“社会治安”等问题一道被市民认为是“对市民情绪影响最大的问题”。

为什么贫富差距扩大会造成强烈的社会情绪呢？这与人们对贫富差距扩大的感知和理解有关。北京社会心理研究所调查发现，76% 的被访者认为差距比前几年更大了，12.9% 的人认为差距与以前一样，只有 3.5% 的人认为差距缩小了，还有 7.6% 的人回答不知道。对于一般民众来说，贫富差距更多不是来自统计数据的结论，也不是看基尼系数，而是来自一些感性的认知，常常难以做到客观地评价贫富差距。这就造成许多人把贫富差距与腐败、非法致富联系起来。北京社会心理研究所的调查显示，民众对贫富差距扩大的归因方式是影响公平焦虑的重要原因。该调查还显示，民众更倾向于对贫富差距扩大进行外在的、社会方面的归因，只有很少的人作个体内在的归因。被调查者中只有 12.2% 的人将贫富差距归因于个人能力，8.1% 的人归因于家庭背景，其余的人均归因于腐败、行业差距等社会原因。

对于贫富差距扩大的感知是与个体所处的贫富两极之间的位置有关的，

这种位置的确定也基于自我判断。自我判断越是靠近“贫”的一端，个体体会的贫富差距会越强烈。而当人们把贫富差距归因于社会时，自认为“贫困”的人们会感到无力改变贫富差距的现实，认为个人奋斗会是无效的，但又不甘心这样的局面，内心就容易产生不公平焦虑。北京社会心理研究所的调查也说明了这一点，不同阶层的被调查者对于社会问题的排序是不同的，中上阶层对最严重的五个社会问题的排列顺序是腐败、贫富差距、社会治安、食品安全和物价上涨，最低阶层的排序是贫富差距、物价上涨、腐败、就业和住房。①

社会心理学研究表明，产生不公平感的心理机制是社会比较，也就是说一个人对于自己的行为评价不是投入和产出的经济学比较，并不因为自己的回报多于自己的付出就会有满意感或公平感，而是要把自己的付出和回报与他人的付出和回报做比较，只有他认为自己的投入产出比与他人的投入产出比相当时，他才会觉得是公平的。而个体选择的比较对象是带有很强的个性色彩的。一般来说，个体会选择与自己各方面条件接近的人作为比较对象，这样得到的结果是比较客观的。但并不是每个人都会做这样的相似比较，有的人习惯于做向上的比较，有的人习惯于做向下的比较。习惯于向下比较的人属于知足常乐的人，而习惯于向上比较的人感受到的是消极的情绪体验。而当那些进行相似比较的人发现自己的投入产出比小于他人时就会有“相对剥夺感”，感到不公平。社会流动和阶层分化提供了大量让人们比较的情境，竞争不断加剧的社会也让人不断产生向上比较的压力，体会到不公平焦虑的人也就会越来越多。

焦虑对于个体来说是一种心理信号，就像疼痛是身体不适的信号一样，同样，社会性焦虑是一种社会性信号，是对社会问题的警示。

三　社会行为倾向

这里的社会行为倾向并不是指对表现出来的行为的分析，而是指民众行为的可能表现，是行为的预备状态。

---

① 调查中的阶层是被调查者自我认定的。被调查者自认为属于最高阶层的比例为0.5%，属于中上阶层的占2.3%，属于中等阶层的占25.1%，属于中下阶层的占34.4%，属于最低阶层的占27.%，回答不知道的占10.6%。

（一）社会应对策略

人生活在复杂的社会环境下，难免会遇到各种社会问题和挫折，面对问题时的应对会表现出不同的模式。中国调查网的社会意识调查设计了两种情境，了解被调查者个人在面对社会性问题时可能采取的反应策略。设计的问题是，如果有一项全国性或地方性政策正在讨论出台，而这项政策会使被调查者的利益受到损失，那么，被调查者会采取什么方式来应对以影响决策。结果显示，对于全国性政策和地方性政策，应对人数和方式都是不同的，全国政策的应对者比例低于地方政策的应对者比例，分别是 26.8% 和 31.4%。

在应对方式上，对于全国性政策，被调查者选择的主要方式是通过工会或行业协会、给领导写信、通过律师、通过法院、与领导或媒体接触等；对于地方性政策，被调查者的第一位选择还是通过工会或行业协会，其他选择依次是与领导或媒体接触、通过律师、通过党组织、给领导写信、通过法院，与全国性政策情境下的应对方式相同，只是次序略有不同。但在不同的政策下，应对方式选择的比例不同，地方性政策的选择比例普遍高于全国性政策，但在影响全国性政策上选择通过律师、给领导写信、通过法院、仅仅是抱怨、直接行动和与政府官员直接接触的比例高于影响地方性政策。

从应对方式的特点看，应对方式选择是以单向传达信息为主，有不少人愿意采取互动的、施加影响的方式，如通过律师、法院解决问题，但也有比较少的人表示要采取直接行动；在应对特点上，采取组织性应对策略的比例较高，在组织形式上，首选的是行业组织，其次是党组织和行政组织，而采取自发民间组织的比例较低。其他调查也有类似结果，一项对黑龙江省五个城市下岗职工的调查发现，被调查的下岗职工中约有 21.1% 的人认为社会“很不公平”，有 52.9% 的人认为“不太公平”。但当被问到“如果你的同事或邻居为了某些比较特殊的事情邀请你参加集体上访时，你的态度是什么”的时候，受访下岗职工中有 18.3% 的人表示“会参加”，32.8% 的人表示“只表示同情而不参加”，有 18.1% 的人表示“旁观”，有 19.2% 的人表示会“劝阻”，另有 11.6% 的人“不知道”自己会怎么办。[①]

另一项在新疆、重庆、四川、内蒙古、陕西、甘肃、云南、贵州、宁夏

---

① 吴丹梅：《黑龙江省五城市下岗职工调查及社会支持政策》，《边疆经济与文化》2005 年第 1 期。

进行的关于民众对于社会问题应对策略的问卷调查，研究了民众在面对经济建设与精神文明建设、资源开发与环境保护、老百姓收入的提高、产业工人下岗、下岗再就业、民族交往中的矛盾与冲突、进城民工的权益保障、“三农”问题、领导干部腐败等主要问题时所采取的应对策略。通过因素分析抽取的四个因子的得分把民众对社会问题的应对策略分为四种类型：（1）个人积极应对和社会积极应对行为为主，而消极应对的水平极低，“积极应对型”的人占被调查人数的34.11%；（2）社会消极应对行为极为突出，同时伴随着个人的消极行为应对的“社会消极应对型”，占全部人数的3.72%；（3）个人消极应对方式突出的“个人消极应对型”，占全部人数的13.48%；（4）各种应对行为得分均较低的“无作为型”，占全部人数的48.68%。[①]

（二）消费行为中的民族情绪

经济全球化使得国内市场逐渐与国际市场同步，人们的消费行为也表现出许多全球性特征。但是，近年来人们的消费行为中出现了明显的民族情绪，这是值得关注的一种社会心态。

人们的消费行为首先应该是满足个体消费需求的，一般来说，产品的品牌、质量、价格是首先考虑的因素。在全球经济一体化的今天，人们的消费行为越来越多地受到品牌知名度的影响，在一些科技含量较高的产品上，中国品牌与一些国际著名品牌相比还存在差距，因此，人们在选择产品的时候会青睐一些知名度高的品牌。而且随着中国市场逐步开放的程度，国际品牌的影响力越来越高。

中国社会科学院新闻与传播研究所传媒调查中心于2003年进行的媒体报道与企业形象调查显示，最著名的五个品牌是海尔、索尼、宝马、奔驰和可口可乐。在列于前20位的品牌中属于中国的只有海尔与联想，美国和日本各有6个，德国4个，韩国1个，芬兰1个。

虽然这些品牌的知名度较高，人们对其产品性能的评价较高，但它们并不一定是人们消费时的首选，因为人们的消费行为是在权衡了同类产品的各方面特点之后做出的。人们在做消费决定时，有时会首先排除一些同类的产品，排除的标准则因人而异。近年来，相当数量的消费者会把日本品牌作为

① 赵玉芳、张庆林：《西部民众对西部大开发中社会问题应对策略的研究》，《心理科学》2005年第3期。

一个排除对象，这一点在互联网上的一些网络论坛中表现得非常明显，许多讨论汽车、电器、IT、数码产品的论坛都表现出强烈的排斥日货的情绪。而这些情绪与这些年日本篡改教科书、首相参拜靖国神社、钓鱼岛问题等政治事件有关。与这种情绪相关，这些年发生了一系列因产品问题或广告引发的事件，如"东芝笔记本风波"、"三菱帕杰罗事件"、"丰田霸道广告事件"等，这些事件进一步加剧了这种情绪。而与此相对照的是韩国产品这几年大举进入中国，三星、现代等品牌在手机、汽车消费品市场上获得了中国消费者的很大认同，韩国影视作品、服装、饮食受到中国人的极大欢迎，这种现象或多或少与韩国在对日态度上与中国比较一致有关。

零点调查公司 2005 年 7 月在北京、上海、广州三地进行的中日韩关系调查的结果显示，在假定日韩产品的性价比相同的情况下，明确表示不买韩国产品和日本产品的被调查者所占比例分别为 14% 和 22.2%，表示不太可能购买韩国和日本产品的人分别占 16.6% 和 17.9%，明确表示肯定会购买的人分别占 9% 和 7.1%，表示购买可能性较大的人分别占 11.7% 和 11.2%，显示出被调查者购买日本产品的意愿明显低于购买韩国产品的意愿。

日本产品进入中国要比韩国产品早得多，数量更大，品种更多，但实际消费情况的调查却显示，除了家用电器和汽车外，被调查者消费韩国产品的人数多于消费日本产品的人数。

中国社会科学院新闻与传播研究所传媒调查中心的调查发现，被调查者对于日本产品的评价较高，汽车、化妆品和电脑三种产品的评价是设计好、感觉高档、技术水平高和质量好。既然人们对日本产品评价很高，认为其品牌知名度很大，但为什么购买意愿比较低，甚至成为一些人首先排除的对象呢？可能其中还会有价格等因素，但民族情绪是一个重要的原因。零点调查公司的数据显示，表示很讨厌和比较讨厌日本的被调查者所占比例分别是 29.3% 和 40%，合计为 69.3%，而表示很讨厌和比较讨厌韩国的人所占比例分别为 0.3% 和 5.7%，合计为 6%；表示很喜欢和比较喜欢日本的人所占比例分别为 2.8% 和 21.5%，合计为 24.3%，而表示很喜欢和比较喜欢韩国的人所占比例分别为 12.6% 和 68.3%，合计为 80.9%。

可以说，在中国消费者的消费倾向中，确实存在着一定的民族情绪。尽管调查所显示的消费意愿并不能等同于消费行为，消费中的这种民族情绪也可能在面临消费抉择时让位于产品特性和其他因素，但是，这并不是说消费中的这种感性因素是可以永远与消费理性相分离的。至少目前这种现象显示了人们消费行为中内心的矛盾，只要人们有机会就会摆脱这种矛盾的心理。从现在“政冷经热”的中日关系，以及日本产品在许多领域很高的占有率来看，似乎并没有显示出这种民族情绪的影响力。但人们对韩国机械、电子产品迅速的接受和对文化产品的追捧，也是人们要摆脱矛盾心理的一种替代性选择。

应该说，消费中的民族情绪是普遍存在的，海尔成为中国人心目中的第一品牌，也一定包含了民族情绪在内，国内企业应该清楚地看到这种有利的影响因素，做海尔那样的让民众消费行为的感性和理性不再矛盾的企业。

（作者单位：中国社会科学院社会学研究所）

发 展 篇

居民生活和消费结构的新变化

○ 朱庆芳

一　收入和消费需求稳步扩大，消费结构向质量型转化

2005年，各项宏观调控政策的实施已取得了预期效果，宏观经济保持了平稳增长，不稳定因素得到抑制，国家对农业采取了支农惠农的政策措施，使农业生产和农民收入开始扭转了长期增幅缓慢的趋势，全年国民经济仍保持了9%以上的增长速度，居民消费物价温和上升、基本平稳，消费品供应充足，居民的物质生活稳步提高，精神文化生活丰富多彩，消费结构继续向质量型转化。

2005年1~9月城镇居民人均可支配收入为7902元，扣除价格因素，比上年同期实际增长9.8%，比上年实际增幅7.0%提高了2.8个百分点；预计全年将达10500元，比上年实际增长9.3%左右。城镇单位就业人员1~9月平均劳动报酬实际增长12.5%，比上年实际增幅9.1%上升了3.4个百分点。2005年政府继续加大了对城镇低保人员的扶持力度，到9月底，已对2186万名低保人员提供低保资金138亿元。预计低保人员全年将增至2300万人，政府的低保开支达到160多亿元。

农村形势继续好转，各项惠农政策有效地调动了农民的生产积极性。2005年粮食丰收，夏粮比上年增产5.1%；1~9月农业增加值比上年同期增长5.0%，预计全年能取得增长5%以上的好成绩。同期，农村居民现金收入达2450元，比上年实际增长11.5%，是第二个保持11%以上高增长率的年头。预计全年农民人均纯收入将达3150元，比上年实际增长5.7%，也保持了两年的较高增长。近年来，政府与社会各界加大了扶贫力度，在2004年农民人均纯收入中，千元以下的贫困户和温饱户占全部农户的比重已由

1995 年的 29.7% 降为 8.5%，比上年下降 2.6 个百分点；人均纯收入 5000 元以上的高收入户所占比重，则由 2.3% 上升为 15.0%。

（一）消费结构向质量型转化

预计 2005 年居民人均消费支出额可达 4900 元，比上年增长 7% 左右。恩格尔系数（食品占消费支出比例）比上年又有所下降，预计城镇居民人均消费支出的恩格尔系数可由 2004 年的 37.7% 降为 2005 年的 37%，农民人均消费支出的恩格尔系数可由 47.2% 降为 46%，城乡加权平均的恩格尔系数可由 43.2% 预计降为 41%，居民生活水平整体进入小康范围，城镇居民生活水平则上升到宽裕范围。穿着支出的比例继续下降。生存型消费比例的下降意味着享受发展型消费比例的上升。例如，教育休闲娱乐支出比例持续上升。2005 年 1～9 月，城镇居民此项支出的比例已上升为 15%，人均消费额增长到 892 元，同比增长 5%。医疗保健和交通通讯支出的比例也呈上升趋势，三项支出比例合计达 35%，表明居民的精神生活消费支出等非商品支出有较大提高。城镇居民的居住水平继续提高，购买公房和商品房以及装修的支出比例上升，占消费支出的比例为 9.3%；在商品房购销总量中，个人购买所占比例已达 93%，居民住宅自有率已达 80% 以上；预计人均住房建筑面积可由 2004 年的 25.7 平方米上升至 2005 年的 26.5 平方米。

生活质量的提高还表现为家庭生活现代化、电气化进程的加快。新兴家用电器更加普及，通讯手段信息网络的现代化加速。据国家统计局城镇住户调查，到 2005 年 9 月底，城镇每百户家庭拥有彩电 134 台，电冰箱 91 台，空调器 80 台，录放像机 18 台，组合音响 29 台，影碟机 68 台，钢琴 2.2 台，家用汽车 3.3 辆，家用电脑 40 台，移动电话 134 部，均比上年同期有所增加。

农村消费结构也有较大变化。用于居住的消费支出比例为 15%，占消费支出的第二位，人均居住面积从 2004 年的 27.9 平方米上升至 28.5 平方米，其中钢筋混凝土和砖木结构住房所占比例已达 84%。非商品支出比例上升较快，由 2004 年的 28% 上升至 29%。其中，医疗保健、交通通讯支出比例上升最快，两者合计已达 15%。文教娱乐用品及服务支出占 12%。预计到 2005 年底农村每百户可拥有彩电 80 台，电冰箱 20 台，洗衣机 40 台，移动电话 50 部，摩托车 40 辆。由于农民收入增幅慢于城镇，家电普及率大大低于城镇水平，总体来看，家电普及率的城乡差距约为 15 年。

（二）市场繁荣，消费品供应充足

2005年1~9月，社会消费品零售额为45081亿元，比上年同期实际增长12.1%，实际增幅比上年同期提高2.4个百分点。其中，城镇消费品零售额实际增长13.4%，农村消费品零售额增长9.4%，城乡差距约有4个百分点。预计2005年全年消费品零售额为60950亿元，比上年增长13%，扣除价格上涨因素，实际增长11%。

市场机制发挥了配置资源的主导作用。统计显示，已有95%以上的商品资源由市场来配置，由国家定价的商品不足5%；供求平衡和供大于求的商品比例已超过99%，工业消费品仍供过于求，耐用消费品和通讯工具供大于求的问题较为突出，价格呈下降趋势。加入世贸组织以来，中国经济日益融入全球市场。据商务部的研究资料，中国经济市场化程度（包括劳动力市场、资本市场、房地产市场、技术信息市场等）已达到73.8%。

从消费热点看，2005年呈现不断升级趋势，住房、新兴家电、汽车和旅游仍是大众消费热点。近两年，虽然对房地产投资的过快扩张进行了调控，但商品房以及其中的住房的销售量仍高速增长，2005年前三季度的销售总量分别达3.47亿平方米和3.13亿平方米，均比上年同期增长23%，增幅分别高于上年4个和5个百分点，销售额实际增长了34%。石油涨价后小排量汽车仍然旺销，在前三季大中型批发零售额中，汽车销量比上年同期增长13%。移动电话和电子产品、新型家电耐用品更新换代速度加快，较突出的是移动电话持续热销，2004年底全国城乡已有3.35亿部，比上年增长28%，至2005年10月，已达3.83亿部；固定电话用户也达3.12亿，比上年增长19%。

（三）消费价格指数温和上升，走势基本平稳

2004年居民消费价格指数比2003年上升3.9%，2005年1~9月比2004年同期上升2.0%，增幅呈逐月缩小的趋势。可以说，2005年的消费价格指数温和上升，走势基本平稳。

分类别看，2005年1~9月与上年同期比较，上涨最多的是居住（包括房租水电）消费价格，上涨5.6%；其次是食品消费价格，上涨3.3%，但增幅比上年同期回落9.4个百分点，其中粮食价格回落26.5个百分点，是

消费价格指数回落的主要原因；娱乐教育文化用品及服务的消费价格上涨2.6%；烟酒用品消费价格上涨0.4%；其他如医疗、交通、家庭设备用品及服务、衣着的消费价格均呈下降趋势。

分地区看，城镇消费价格上涨1.7%（其中36个大中城市上涨1.5%），农村消费价格上涨2.5%。

从商品零售价格看，2005年1~9月比上年同期上涨0.8%，燃料上涨16.1%，金银珠宝上涨4.3%，食品上涨3.5%，建材五金上涨2.1%，而交通通讯、文体用品、药品均有所下降。

中国人民银行第三季度调查报告称，由于水、煤、电、油、运价格上涨，商品房价格又居高不下，居民对物价有忧虑，对当前物价的满意程度降低，对未来物价走势预期不乐观。

（四）城乡居民储蓄意念增强，存款增加

2005年物价稳定，居民投资渠道有限，加上教育、医疗、买房支出压力较大，虽然城乡居民的收入水平均有较大提高，也不敢用于日常消费，储蓄意识增强。中国人民银行第三季度调查报告显示，有近四成居民认为更多储蓄最合算。随着人民币升值，不少居民将美元兑换成人民币储蓄。2005年9月底，储蓄余额为136316亿元，比上年底的119555亿元增加16761亿元，增长14%，增幅比上年同期上升了3个百分点，平均每月增加1862亿元；估计到2005年底可达141900亿元左右，增长19%；人均储蓄余额将达10850元，比上年增加2500元。

（五）“黄金周”消费持续增长，旅游成为居民消费热点

2005年“‘十一’黄金周”期间，国内出游人数达1.11亿人次，比上年同期增长10.5%；实现旅游收入463亿元，同比增长16.6%；人均花费417元。以旅游为龙头，带动了交通、商业、餐饮、金融、通讯、文娱及相关服务业的全面增长。在此期间，共实现社会商品零售额2700亿元，比上年同期增长14.2%。

2004年全国国内旅游人数达11.02亿人次，旅游收入4711亿元。预计2005年国内旅游人数将达14亿人次左右，人均1.1次，人均花费从上年428元增加到460元。2004年城镇人均旅游花费730多元，农民人均花费210元。随着收入水平继续提高，旅游将成为大众消费热点。近年来，对华开放的旅游国家和城市逐渐增多，出境旅游已逐渐成为中国居民消费时尚之一，其增幅快于国内旅游。2004 年出境总人数为 2885 万人次，其中因私出境 2298 万人次，比上年增长 55%，增幅比上年提高 8 个百分点。

（六）居民精神文化生活丰富多彩

城乡居民精神文化生活的丰富首先需要政府加大对文化事业的投入。2004 年文化事业投入仅占政府财政支出的 0.4%，人均文化事业费只有 12 元，还比较低，但增长较快，分别比上年增长 14% 和 13%。在消费结构中，近几年城乡居民用于文化教育娱乐休闲的消费支出都有明显提高，加上医疗保健和交通通讯，城镇居民的这三项支出比重已占生活消费支出的 33.5%，人均消费额已由 2000 年的 1415 元提高到 2004 年的 2405 元，增长了 70%，预计 2005 年将达 2700 多元，占消费支出的比重由 2000 年的 28% 上升到 36% 左右。农民的这三项支出合计占消费支出的 26%。

近年来，信息化、网络化发展迅速。2004 年上网人数已达 9400 万人，占全国总人口的 7.2%。移动电话覆盖市县数已有 2861 个，覆盖率高达 90%，包括移动电话在内的电话普及率已达每百人 50 部。

全国文化事业蓬勃发展，各种艺术表演场所、图书馆、博物馆、文化馆站遍布全国。2004 年全国有艺术表演团体 2580 个，群众性艺术文化馆站有 4.14 万个，农村乡镇文化站覆盖率已达 80.5%；广播、电视覆盖率已达 94% 和 95%；出版图书达 64.1 亿册，人均 4.94 册；订阅报刊 1.48 亿份，每百人 11.4 份。现代歌舞娱乐场所、各类新型的游艺场所的兴起，满足了不同层次居民的文化需求。2004 年，歌舞厅、电子游戏厅、网吧、音像、保龄球、台球等文化娱乐机构，及音像制品零售出租单位、放映单位、画店、艺术品公司等各种艺术品市场共有 31 万个，从业人员约有 186 万人，固定资产 716 亿元，营业收入达 567 亿元。这些文化娱乐业和文化市场均比上年有所增长，消费的潜力都很大，但需要加强管理和规范。

教育的普及，提高了居民文化程度，高中以上文化程度人口占总人口的比重由 1995 年的 10.3% 提高到 2004 年的 18.0%。每万人口在校大学生已由 24 人增加到 2004 年的 103 人。

上述数据表明，中国城乡居民的生活正在告别以吃穿为主的“生存型”，开始逐步转向“发展型”和“享受型”的精神文化消费，已成为小康生活所不可缺少的部分。

二 存在问题和对策建议

（一）居民消费需求不足，消费率已降到最低点

统计资料显示，改革开放以来，居民消费额的增长慢于 GDP 的增长。在 1979~2004 年的 26 年间，按可比价格计算，居民消费额年均递增 7.0%，同期 GDP 年均递增 9.4%，前者慢于后者 2.4 个百分点。消费率（居民消费额占 GDP 的比例）由 1978~1990 年的年均 50.8%，降为 1991~2004 年的年均 46.2%，下降了 4.6 个百分点，最高年是 1981 年，为 53.6%，最低年是 2004 年，为 43.1%，高低相差 10.5 个百分点；按社会消费品零售额占 GDP 的比例计算的消费率，下降趋势大致相同（参见表 1）。

表 1 1978~2004 年中国城乡居民消费总额与消费率的变化

单位：亿元，%

年 份	绝对数（当年价）				消费率		投资率（投资占 GDP 之比）
	GDP	居民消费额	社会消费品零售额	固定资产投资额	居民消费额占 GDP	消费品零售额占 GDP	
1978~1990 年合计	116957	59406	38916*	29502	50.8	47.7	27.0
1991~2004 年合计	1193109	544832	456635	498400	45.7	38.3	41.8
最高 1981 年	4862	2604	—	961	53.6	—	19.8
最低 2004 年	136876	58995	53950	70477	43.1	39.4	51.5

资料来源：根据《中国统计年鉴》（2005）整理。

*为 1985~1990 年合计数。

世界各国消费率大致在 60%~80% 之间。1999 年，低收入国家消费率平均为 81%，中等收入国家消费率为 74%，均高于中国 40%~50% 的水平。中国消费率偏低的原因，主要是投资率过高，前 13 年的投资率平均只有 27%，后 14 年提高到 39.5%，上升了 12.5 个百分点，从最低年 1981 年的 19.8% 提高到最高年 2004 年的 51.5%，上升了 31.7 个百分点。投资率高的深层次原因则是投资效益和企业经济效益低下，1978 年以来，投资效果系数和工业企业总资产贡献率逐年降低，2004 年比 1978 年分别降低了 48% 和 49%，低效率使中国经济陷入了“高投入、高增长、高消耗、低消费”的怪圈。

城乡居民收入和消费水平虽比改革开放前有了很大提高，但与 GDP 增长的速度是不协调的。如工资总额占人均 GDP 的比例，由 1990 年的 15.9% 降至 2004 年的 12.3%，最低是 2000 年，只有 11.9%，反映了劳动力的价格偏离价值的趋势。低收入者的偏离更大，如进城打工的 1.2 亿民工，他们贡献大，所得报酬少，还被雇主拖欠工资。据中国社会科学院人口和劳动经济研究所调查，20 多年来，农民工对 GDP 的贡献率达 21%，但平均工资却比城市劳动者少 1000 多元。劳动者工资偏离价值，必然影响消费，使内需缺乏拉动力。

提高消费率是当前的迫切任务。首先要解决投资与消费的矛盾，要改变增长方式，变扩大外延（投资）为依靠内涵，以提高效益、节约资源为中心，将扩大国内消费需求作为经济工作的重点。要着力提高低收入者的收入水平，扩大中等收入者的规模，更加注重社会公平与和谐。要深化教育、医疗、社会保障制度的改革，解除居民消费的后顾之忧，从制度和政策上保障居民的消费动能。要发挥财政政策促进消费的作用，特别是用好国债资金，更多地投向农村，投向社会保障，提高居民的消费潜力。要争取在近几年内逐步扭转居民消费增长慢于 GDP 增长的趋势。

（二）中低收入居民住房需求矛盾仍较突出

住房消费在居民消费中占有重要位置。目前，城乡人均居住面积离小康目标还有很大差距，城镇居民中缺房户、拥挤户和危房户均占相当大的比例，住房需求旺盛，由此而引发了房地产开发热。国家于 2004 年 3 月份起对房地产开发过热采取了宏观调控政策，但并未取得预期效果，城镇房地产开发投资从 1995 年的 3149 亿元增至 2004 年 13158 亿元，增长了 3.2 倍，占城镇固定资产总投资的比例由 20.1% 上升至 2004 年的 22.3%，房地产投资额比上年增长了 30%；2005 年 1～9 月房地产开发投资为 10378 亿元，比上年同期增长 24%，仍占总投资的 22%。

目前房地产市场供求矛盾仍较突出。2005 年住房消费物价指数上涨了 5.6%，是上升最快的，反映了房地产供不应求，2005 年 1～9 月住房销量比上年同期增长 23%；但另一方面有大批住房空置，积压了大批资金。这种反常现象实际上反映了房地产开发中存在结构性矛盾，如住宅建设中，中高档、大户型的高价房多，低价的经济适用房和小户型比例小，而缺房户大多是中低收入者，造成中低收入者的需求与高房价不相适应的矛盾。开发商为

了追求高额利润，尽量压低成本，取得低地价、低利率贷款。据福州市物价局公布的房价成本，房地产项目的利润率平均为50%，最低为20%，最高达90%。珠海一些楼盘的利润率也高达60% ~70%。据国家税务局估算，税费及房产税利润占房价的60%，建筑成本只占40%。低投入、高利润、高房价使开发商大多成了富豪。在销售环节中，炒房团投机炒作，也扰乱了房地产市场，造成投机性需求和消费性需求并存的局面。

缺房户普遍买不起商品房，据《个人理财》杂志调查，以一个普通三口之家为例，北京2004年人均可支配收入为1.56万元，三人收入合计为4.69万元，年结余2.67万元，买一套70平方米的两居室，约60万元，需16.3年的积累。另据37个大城市统计，买两居室需要30万~65万元，需要14~21年的积累。这对于中低收入者是可望而不可即的，他们盼望低租房和低价的经济适用房，但经济适用房投资2004年比上年下降了2.5%，2005年1~9月同比又下降了12%，占住宅投资的比例由上年的6.1%降为2004年的4.6%。有的地区还停建了经济适用房，使经济适用房成了稀缺资源。2005年，北京销售经济适用房发号时，数千人排队数周，而大量的高价房却销不动，商品房空置面积达1.23亿平方米，空置率高达26%，其中住宅空置面积达6000多万平方米，大大超过了国际合理空置率5% ~10%的水平。

安居才能乐业，如何解决低收入者的住房需求问题？政府应继续对房地产进行宏观调控，在住房贷款、物业管理、土地开发、税费减免等方面出台有利于中低收入者的政策，而对获取高额利润的开发商，则应采取限制和调控的相应政策；对缺房户应提供廉价、廉租住宅，规定经济适用房投资比例和分配政策，调整住房结构，或出台住房补贴政策，并逐步将其纳入社会保障体系，使低收入缺房户能买得起、租得起房；完善住宅法律法规，明确规定公民的居住权和社会责任等。

（三）贫困人口比例居高不下，影响消费需求

近年来，贫富差距日益扩大已是不争的事实。贫困人口随着贫富差距扩大而居高不下。贫困人口究竟有多少？由于标准不同，差别很大。据世界银行发展报告提出的贫困标准测算，中国贫困人口约有2亿人。亚洲开发银行按照支出标准估计的中国城市贫困人口为3700万人。按中国统计部门的统计，农村绝对贫困人口2004年为2610万人，低收入人口为4977万人，合计为7587万人，占农村人口10%，占总人口5.8%。

全面实现小康目标就是要逐步消灭贫困，使贫困人口转化为温饱型和小康型人口。首要的任务是要摸清贫困人口的底数。目前国际和国内公布的中国贫困人口数出入很大，有必要进一步对贫困人口做有根据的调查和测算。

笔者根据国家统计局出版的《中国统计年鉴》中11.8万户住户调查资料测算，2004年城乡贫困人口有9145万人，占总人口7%。测算根据是：(1) 据2004年对农村6.8万户住户抽样调查，农民人均纯收入在1000元以下的调查户占总户数的8.5%，按各组不同收入户比例算出的实际平均收入为695元，每月58元，每天1.9元，此标准比国家统计局公布的绝对贫困标准（668元）高出4%，低于低收入标准（924元）25%，完全符合农村贫困人口的标准。按此标准测出的全国农村贫困人口为6430万人。(2) 据对城镇5.8万户住户抽样调查，占总户数5%的城镇居民人均可支配收入为2313元，每月193元，每天6.4元，低于低保标准，更低于每天1美元标准，按5%比例测出城镇贫困人口为2715万人，此数与享受低保人数2300万人比较接近。这样，城乡合计的全国贫困人口为9145万人，与按照购买力平价测算的贫困人口9580万人比较接近，基本符合实际。

贫困人口是社会最弱的弱势群体，在农村主要是低收入农民、农民工、丧失劳动力者、无谋生能力的老弱病残、五保户、孤寡老人等；在城镇主要是下岗失业人员、低收入病残职工、早退休的企业职工、高龄病残孤寡老人、无人赡养的病残老人等。

贫困人口购买力很低，据2004年住户调查，农村低收入户的生活消费支出只有1248元，比农村平均水平低43%，比高收入户的消费支出水平低70%；城镇最低收入户的消费支出只有2855元，比城镇平均消费支出水平低60%，比最高收入户消费支出水平低83%。家电拥有量的贫富差距更大。因此，贫困人口购买力低下，是消费需求不足的重要原因。

解决贫困问题是全面实现小康社会的重要任务。为了社会稳定，当前城镇应继续做到"应保尽保"，在各级财政体系中应设立低保资金专户，保证中央、地市县合理分担低保资金，力求资金到位，拨款程序透明，完善管理体系和监督体系。解决城镇贫困的根本措施是创造就业岗位，培训和促使下岗职工再就业。农村贫困人口比例大，减少贫困人口主要靠各种措施切实解决"三农"问题。2005年中央提出了"建设社会主义新农村"的任务，如能切实做到"多予少取放活"，将是提高农民收入、增强农村自身活力、扩大内需的有力措施。在农村有条件的地方，也应实施低保并扩大低保比例。

2004 年享受低保的农民只有 496 万人，仅占农村贫困人口的 7.7%。农民因病致贫的较多，应尽快建立由个人、集体、政府多方筹资的新型农村合作医疗制度，以减轻其沉重的经济负担。

（四）教育、医疗、住房三项支出对居民消费压力过大

近几年教育、医疗、住房三项支出占居民消费支出比例越来越大，在城乡均已占消费支出的 1/3 左右，分别比 1997 年的比例提高了 7 个和 5 个百分点，群众称之为“新的三座大山”。三项支出的增多，减少了居民的日常消费支出，增强了居民的储蓄意愿。

2004 年，城镇教育消费支出占城镇居民生活消费支出的 7.8%，人均支出 514 元，比 2000 年增长 41%，年均递增 9%。教育经费的短缺，客观上也造成了学校的乱收费。近 10 年教育部门约多收学生家长 2000 亿元，使居民不堪重负。有人计算过，中国大学学费和住宿费平均每年在 1 万元以上，按支付能力计算，是世界大学最高收费水平的三倍以上。有在校大学生的家庭，势必要降低生活水平；对农民而言，压力更大，要用几年的收入才供得起一个大学生，有不少贫困家庭只好借债度日。农村的义务教育也是农民的沉重负担，有不少初中学生因家长交不起书费和杂费而辍学，全国农村初中辍学率高达 20% ~50%。

城乡医疗保健消费支出占居民家庭消费支出的 7.4% 和 6%。近几年医疗和药费成倍增长，有的药品竟从几元涨到几十元，虽然医疗改革对药品进行了 17 次降价，但收效甚微。在这种情况下，城镇人均医疗自费支出从 1992 年的 42 元上升至 2004 年的 528 元，增长了 12 倍，占消费支出的比例提高了 5 个百分点。农村人均医疗费从 1989 年的 16.4 元上升至 2004 年的 130.6 元，增长了 7 倍。据卫生部第三次国家医疗服务调查，当前城镇居民中有一半左右、农村有 87% 的农民无任何医疗保障，要完全自费负担医疗。在农村，约有 40% ~60% 的人因病致贫、返贫，中西部地区因看不起病而死亡的比例高达 60% ~80%。

城乡居民家庭用于居住消费的支出分别约占家庭消费支出的 10% 和 15%，在农村属于第二大消费。高昂的住房消费也给居民造成了巨大的压力。

居民对教育和医疗消费的压力加大源自国家对教育、医疗经费投入过低。为了提高人的素质和生活质量，应认真落实以人为本的科学发展观，要明确发展的目标就是要使社会全体成员共享社会发展成果，满足人的基本权利。教育是提高人口素质、提高就业能力、改变贫困面貌的重要手段，应把教育当作国家基础设施建设放在突出地位，作为硬指标纳入法制轨道。到2010年，公共教育经费占GDP的比例，应由目前的3%提高到4%以上。为保证实现“人人享有初级卫生保健”的目标，公共卫生经费占GDP的比例应从目前的0.9%提高到1.5%以上。要采取强有力的措施降低医疗费，使中低收入者都能上得起学、看得起病。教育和医疗费用的资源分配应向农村倾斜。

三　2006年居民生活和消费市场的预测

近年来，宏观调控措施的实施已取得初步成效。国家推出了各项促进农业生产的政策措施，使农民收入持续提高。在全面建设小康社会和深化体制改革的前提下，推进了社会经济持续稳定、全面、协调发展。2006年是“十一五”的起点年，只要保持宏观调控政策的连续性和稳定性，稳定需求、调节供给，加强和谐社会建设，国民经济保持适度增长，人民生活和消费仍将有较大提高。

据预测，2006年GDP将比2005年增长9%左右。对全社会固定资产投资继续采取减缩措施，保持其适度增长。城镇居民人均可支配收入的实际增长率将保持在8%左右，农民人均纯收入的实际增长率将保持在6%左右，社会消费品零售额将比上年实际增长10%左右，居民消费价格指数比上年上升2%左右，城乡居民储蓄存款继续保持10%以上的增长率。

在再分配领域中，政府将更加注重社会公平，着力提高低收入者收入水平，逐步扩大中等收入者比重，有效调节过高收入，规范个人收入分配秩序。对下岗职工将在基本生活保障、再就业和社会保险等方面提供援助，使下岗职工享受政策优惠的渠道畅通；同时将加强职业培训，使他们的就业和生活困难得到缓解；还将进一步对城乡贫困户扩大社会救助覆盖面，完善社会保障制度，认真解决低收入群众的住房、医疗和子女就学等困难问题。

2006年城镇居民的收入增幅仍将快于农民纯收入的增幅，城乡收入差距继续扩大。近年来，虽然加大了对西部的投资，但效益尚未发挥出来，因此东西部的地区差距仍呈扩大趋势。垄断行业的高收入尚未得到有效的控制，行业收入差距也仍会呈扩大趋势。以上差距将导致收入差距扩大和贫富差距扩大，将继续不利于刺激消费、扩大内需，也不利于社会稳定，应引起政府

和有关决策部门的重视，积极应对。

居民消费结构将随着消费的增长，继续向小康型和质量型发展和升级，恩格尔系数将进一步下降，消费热点仍将集中于住房，移动电话和高性能、高质量的新型家电商品，旅游和假日经济仍将保持高速增长；教育和文化产业将随着居民需求的增加、投入的增加而更加繁荣和多样化，居民的精神文化生活将进一步丰富多彩；政府将加大对文化事业的投入，逐步形成公共文化服务体系。教育、文化、娱乐、保健、健身、休闲、旅游等精神消费支出比例将持续上升。

在2006年新的一年里，居民的物质和精神文化生活都将有新的提高。

（作者单位：中国社会科学院社会学研究所）

13亿之后中国人口的新特征

○张　翼

在中国政府不懈努力之下，自20世纪后期开始，中国人口的增长表现出了许多新特征。这些特征在2005年年初总人口达到13亿之后更加显著起来，主要表现为增速放缓、峰值时间提前、老龄化速度加快等。

一　人口增速放缓、年增加人数降至700多万

在出生率较高的那些年代，中国每年新生的婴儿数会在2000万人以上。历史上最高的一年——1963年，新生的婴儿数达到了2900多万。但在20世纪90年代中期之后，人口的高速增长局面得到了抑制。从1995年开始到现在的10年间，中国人口都维持在低增长水平上。1995年之后，不管是联合国人口司的预测，还是美国人口咨询局的预测，都认为中国未来人口的年自然增长率会逐渐减缓，从而每年净增人口数也会不断下降。而事实也正如这些人口学家所预测的那样，中国人口的出生率表现得越来越低。

从表1可以看出，中国人口的死亡率，自1978年以来，就一直徘徊在6.5‰上下，表现得非常稳定。但如果更细微地分析，则会发现：自1978～1991年，死亡率在徘徊中稍有上升；而自1992～1995年，死亡率则上下波动。但在1996～2003年，死亡率则一直下降。在2004年稍有上升，从2003年的6.40‰上升到2004年的6.42‰。虽然这种上升是否由人口老龄化程度的逐渐加深所引起，我们尚需观察，但可以肯定的是，从长时段来看，老龄化程度的逐渐上升，会引起人口死亡率的渐次增加——这就意味着，在人口出生率既定的情况下，死亡率的略微上升，会降低人口的自然增长率。

从人口出生率来看，在1978年，中国人口的出生率是18.25‰，这个数字在经过20世纪80年代的上浮之后，从90年代初开始下滑。到2004年已

经降低到了 12.29‰，比 1978 年降低了差不多 6 个千分点，比 1987 年降低了 11 个千分点。20 世纪 80 年代初期过激的降低人口出生率的政策，在民间引发了抢生和超生现象。人口政策调整以后，90 年代初才恢复到 80 年代末的水平。当然，期间人口出生率的上升，还与 1982 年《婚姻法》将法定结婚年龄制定在男 22 周岁、女 20 周岁有关。在少数民族地区，当时公布的法定结婚年龄，实际为男不得早于 20 周岁，女不得早于 18 周岁。

表 1　中国 1978 年以来历年人口出生率、死亡率和自然增长率

单位：‰

年　份	出生率	死亡率	自增率	年　份	出生率	死亡率	自增率
1978	18.25	6.25	12.00	1992	18.24	6.64	11.60
1980	18.21	6.34	11.87	1993	18.09	6.64	11.45
1981	20.91	6.36	14.55	1994	17.70	6.49	11.21
1982	22.28	6.60	15.68	1995	17.12	6.57	10.55
1983	20.19	6.90	13.29	1996	16.98	6.56	10.42
1984	19.90	6.82	13.08	1997	16.57	6.51	10.06
1985	21.04	6.78	14.26	1998	15.64	6.50	9.14
1986	22.43	6.86	15.57	1999	14.64	6.46	8.18
1987	23.33	6.72	16.61	2000	14.03	6.45	7.58
1988	22.37	6.64	15.73	2001	13.38	6.43	6.95
1989	21.58	6.54	15.04	2002	12.86	6.41	6.45
1990	21.06	6.67	14.39	2003	12.41	6.40	6.01
1991	19.68	6.70	12.98	2004	12.29	6.42	5.87

资料来源：《中国统计年鉴》（2005）电子版表 4－2，中国统计出版社，2005。

人口出生率的迅速降低，直接导致了中国人口自然增长率的下降。从 1995 年下降到 10.55‰之后，仍然一路下滑，到 2004 年年底已经降低到了 5.87‰。从 2003 年开始，中国人口的自然增长率开始低于死亡率：这种现象是 1978 年以来第一次出现的。从各地调查所得到的生育意愿上也可以反映出：伴随经济发展和社会进步，中国新婚夫妇生育孩子的意愿生育数，也较前一时期有了长足的下降。2004 年中国新出生婴儿数为 1593 万人，死亡人数为 832 万人，净增加人数为 761 万人。

二　峰值时间提前，峰值可能达到 14.5 亿

在 2000 年第五次人口普查数据公布之前，学术界和政府各个部门经常

使用的数字，是某些人口学家以1990年第四次人口普查数据所做的预测，即认为中国未来的人口峰值在2050年，最高可达到16亿人左右。因为这是对世界第一人口大国的人口所做的预测，故国内外很多媒体都普遍采信了这个数据。

但人口是变动的。即使是预测，也只是一个趋势性的模拟。在中国人口已经转变到低生育率、低死亡率和低自然增长率这个“三低”时代之后，人口峰值就会提前到来。世界发达国家人口转变的历史告诉我们：在正常情况下，峰值来得越早，人口峰值所达到的最高值就会越低；而峰值到来得越晚，则人口峰值所达到的最高值就会越高。

从表2可以看出，如果以第五次人口普查数据预测，则在不同的假设方案下，中国未来的人口峰值都达不到16亿。但这里有几个问题是应该加以检讨的。

表2　中国未来总人口增长趋势预测

单位：亿人

年　份	低方案	中方案	高方案	年　份	低方案	中方案	高方案
2005	13.05	13.12	13.14	2016	13.73	14.08	14.44
2006	13.11	13.21	13.25	2017	13.77	14.14	14.54
2007	13.17	13.30	13.36	2018	13.80	14.20	14.62
2008	13.24	13.38	13.47	2019	13.82	14.24	14.70
2009	13.30	13.48	13.59	2020	13.85	14.29	14.77
2010	13.37	13.57	13.72	2025	13.87	14.42	15.04
2011	13.44	13.66	13.85	2030	13.78	14.47	15.26
2012	13.51	13.76	13.98	2035	13.60	14.46	15.50
2013	13.57	13.85	14.11	2040	13.32	14.38	15.70
2014	13.63	13.93	14.23	2045	12.93	14.15	15.75
2015	13.68	14.01	14.34	2050	12.44	13.83	15.68

注：1. 高方案总和生育率假设为2.14，中方案总和生育率假设为1.8，低方案总和生育率假设为1.55。

2. 平均预期寿命假设：在预期寿命达到70~72.5岁时，男性每5年增长0.45岁，女性每5年增长1.4岁；在预期寿命达到72.5~75.0岁时，男性每5年增长0.20岁，女性每5年增长1岁。

资料来源：张伟民、徐刚、于弘文、崔红艳著《人口变动预测》，载田雪原、王国强主编《全面建设小康社会中的人口与发展》，中国人口出版社，2004，第103页。

第一，现在中国的人口总和生育率，实际是一个“计算”出来的指标。第五次人口普查得到的总和生育率为 1.27。这个数字，不管是政府官员，还是人口学家，都认为存在很大的漏报。所以，没有人在预测中使用这个数据。现在，在文献中能够查找到的用来做人口预测的“总和生育率”，都高于这一数据。2002 年国家计生委在预测时，使用的总和生育率数据分别是 1.8 和 2.0，与国家统计局预测中使用的中方案假设一致。但这个假设数据也越来越受到擅长人口预测的人口学家的怀疑。根据专家的意见，中国人口的总和生育率很可能在 1.5 左右。由此看来，如果未来不对人口政策做调整，那么，中国总人口的增长轨迹很可能会依据低方案假设变动。这就是说，中国未来的人口峰值将很可能在 2025 年左右来临，峰值人口在 13.87 亿人左右。但此方案将中国每年人口的净增加额估计在 600 万人左右，似乎又与近期千分之一人口变动抽样调查所得到的数据——2004 年净增加额为 761 万人有较大出入。

第二，我们现在知道，在 2005 年 1 月 6 日，中国迎来了 13 亿人口日。这就是说，在 2004 年年底或 2005 年年初，中国的总人口是 13 亿。但这里的中方案却将 2005 年年底的总人口数估计为 13.12 亿人左右——这可能比实际数据要高出 400 万～500 万人。另外，中方案在估计未来人口的变化轨迹时，还将近期每年净增加人口数估计为 800 万～900 万人，比 2004 年的净增加额 761 万人高出了 100 万人。如果考虑到漏报的影响，假定近期中国每年净增加约 900 万人，从而将 2005 年年底大陆人口的总数估计为 13.08 亿人，那么，中方案假设下的峰值人口可能在 2030 年左右到来，峰值可能为 14 亿人左右（考虑到 1.8 的总和生育率略高）。即使考虑到其他因素的影响（例如现在漏报人数较高），将 2005 年年底的总人口估计为 13.12 亿人，则在总和生育率为 1.8 的假设下，峰值总人口也会在 14.5 亿人以下。

第三，认为总和生育率在 2.14 以上的假设，是一个政策性假设，也是一个理论性假设，即将中国人口的生育率稳定在更替水平之上的假设。但这个假设在现实中是不能成立的。一是现在的计划生育政策未做出调整；二是伴随着经济发展和社会进步，伴随着育龄妇女受教育水平的提高，中国的生育率仍然会下降。发达国家人口发展史说明，女性的文化程度越高，女性生育的子女数就会越少。所以，中国未来人口达到 15.7 亿的假设，是不可能与现实社会相符合的。

三　老龄化速度将加快，养老压力会很大

如上所述，如果中国人口峰值到来得越早，则人口总数会越低。在人口死亡率，尤其是老年人口死亡率既定的情况下，对人口增长起抑制作用的因素，就主要为出生率的长期低下。实际上，中国人口金字塔所表现的人口趋势，就是少儿人口逐渐减少的趋势。

在 1953 年第一次人口普查时，中国 0 ~ 14 岁少儿人口所占的比重为 36. 28% ——这与新生婴幼儿死亡率的居高不下有关。但在 1964 年第二次人口普查时，0 ~ 14 岁少儿人口在总人口中所占的比重就增加到了 40. 69%，显示了极强的人口增长态势。在 1982 年第三次人口普查时，计划生育所导致的人口缩减趋势就显示出来了：0 ~ 14 岁少儿人口所占的比重下降到了 33. 59%。在 1990 年第四次人口普查时，0 ~ 14 岁少儿人口所占的比重进一步下降到 27. 69%，这直接导致了 15 ~ 64 岁之间劳动力人口占总人口的比重的上升，达到了 66. 74% 的高水平。在 1992 年之后人口出生率稳定下降的作用下，2000 年第五次人口普查得到的 0 ~ 14 岁少儿人口在总人口中所占的比重，直线下降到了 22. 89% 的水平上，这一方面促使了中国老年人口（65 岁及以上人口）在总人口中所占比重的上升，使中国步入了老龄化社会的门槛；另一方面，也促使劳动力人口所占比重上升到了 70. 15% 的水平。这种由少儿人口缩减所导致的 65 岁及以上人口占总人口比重的提高，叫做金字塔底部收缩所导致的老化。

中国 0 岁人口的预期寿命，在 1950 年仅为 35 岁，但到 1990 年第四次人口普查时增长到了 68. 55 岁（男性 66. 84 岁，女性 70. 47 岁）。由于生活水平的改善和医疗卫生水平的提高，也由于医学科学的迅速发展和新医疗技术的推广使用，中国人口的平均预期寿命增加了，所以在 2000 年第五次人口普查时，又大大提高了一大步，达到 71. 40 岁（男性 69. 63 岁，女性 73. 33 岁）。这比 1950 年的 35 岁提高了整整一倍多。这种由于人口寿命的延长所导致的老年人口占总人口比重上升的现象，叫做人口金字塔顶部的老化。

2004 年千分之一人口变动抽样调查数据还表明，中国 0 ~ 4 岁人口占总人口的比重下降到了 4. 94%，而 5 ~ 9 岁人口占总人口的比重则为 6. 08%，10 ~ 14 岁人口占总人口的比重为 8. 28%。这表明，人口的倒金字塔结构趋势非常明显。

在人口金字塔底座迅速缩减的过程中，中国老年人相对数量的增加，会使家庭和社会养老压力同时加大。一般来说，在老年人口中，65～74 岁之间的老年人被称为“年轻老人”；75～84 岁之间的老年人被称为“中老人”；85 岁及以上老年人被称为“老老人”。在人口老龄化水平逐渐上升的过程中，“老老人”的比重也会随之增加。

我们知道，“年轻老人”中生活能够自理的人所占比重较高，而“中老人”和“老老人”中生活不能自理的老人所占比重则会增加。在养老的三大项——经济养老、精神慰藉养老和家庭劳务提供养老等内容中，生活不能自理老人生命的延续，就需要家庭内部成员或社会养老机构的帮助。

2004 年千分之一人口变动抽样调查数据显示，在现在的中国老年人中，“年轻老人”的生活尚能够自理，但在“中老人”和“老老人”中生活不能自理者所占比重很大。比如说，在 60～64 岁的老年人中，生活不能自理者所占比重只有 3%；在 65～69 岁的老年人中，生活不能自理者所占比重也只有 5%；而在 70～74 岁的老年人中，生活不能自理者所占比重就增加到了 9%。如果说“年轻老人”中生活不能自理者所占比重还比较低的话，那么，在“中老人”中，生活不能自理者所占比重就迅速增加了：75～79 岁的老年人中生活不能自理者所占比重上升到了 14%；80～84 岁的老年人中生活不能自理者所占比重上升到了 25%。在“老老人”中，生活不能自理者所占比重更高：85～89 岁的老年人生活不能自理者所占比重为 36%；90～94 岁的老年人生活不能自理者所占比重为 49%；95 岁以上的老年人生活不能自理者高达 55%（参见表 3）。虽然调查得到的数字如此，可实际情况要更为悲观一些。因为老年人中患慢性病的人数比重较高，故在一年当中的某些时段，他们当中因为患病而需要救助和帮助的比例会非常高。即使他们能够生活自理，但日常生活中不可缺少的某些活动如蔬菜购买、做饭、打扫卫生等家务，却不得不依靠他人的帮助。

从现在模拟得到的数据可以看出（参见表 4），中国人口的老龄化状况会经历这样几个时期：逐渐老龄化时期（到 2025 年）、快速老龄化时期（2025～2040 年）、老龄化维持时期（2041 年之后）。这种老龄化发展的过程，会表现出如下的特点。

第一，未富先老。从 2000～2025 年，中国人口的年龄中位数将大大提高：从 30 岁左右提高到大约 39 岁。事实上，据联合国人口司的预测，在 2005 年，中国人的年龄中位数将超过美国人。中国人口老龄化的速度将十分接

表 3　中国 60 岁及以上年龄段人口生活的自理能力

单位：人，%

类　别	60 岁及以上人口数	其中男性人数	其中女性人数	生活能够自理人数	能够自理者比例	生活不能自理人数	不能自理者比例
总　计	154902	75735	79166	141257	91	13645	9
60～64	47599	24266	23333	46171	97	1428	3
65～69	40062	20110	19952	38132	95	1930	5
70～74	32538	16095	16442	29656	91	2881	9
75～79	19159	9111	10047	16436	86	2723	14
80～84	10469	4387	6082	7809	75	2659	25
85～89	3727	1348	2379	2377	64	1350	36
90～94	1115	355	759	569	51	546	49
95+	234	63	171	105	45	128	55

资料来源：《中国统计年鉴》（2005）电子版表 4－16，中国统计出版社，2005。

表 4　中位预测下中国未来人口年龄结构的变化趋势

单位：万人，%

年　份	0～14 岁		15～64 岁			65 岁及以上	
	人　数	比　重	人　数	比上年增加额	比　重	人　数	比　重
2005	26582	20.26	94513	1488	72.04	10094	7.69
2006	26318	19.93	95416	903	72.25	10336	7.83
2007	26190	19.7	96210	794	72.36	10553	7.94
2008	26128	19.52	96974	764	72.45	10746	8.03
2009	26112	19.38	97650	676	72.46	11001	8.16
2010	26166	19.28	98266	616	72.41	11268	8.3
2011	26257	19.22	98803	537	72.31	11582	8.48
2012	26371	19.17	99248	445	72.14	11961	8.69
2013	26531	19.16	99601	353	71.92	12347	8.92
2014	26742	19.19	99706	105	71.56	12877	9.24
2015	26969	19.25	99674	－32	71.15	13452	9.6
2016	26976	19.16	99853	179	70.91	13978	9.93
2017	27031	19.11	99649	－204	70.47	14732	10.42
2018	26912	18.96	99636	－13	70.18	15418	10.86
2019	26754	18.78	99464	－172	69.83	16226	11.39
2020	26553	18.59	99287	－177	69.5	17028	11.92
2025	24803	17.21	99759	472	69.2	19598	13.59
2030	22564	15.6	98099	－1660	67.81	23998	16.59
2035	21696	15	93825	－4274	64.87	29110	20.13
2040	21771	15.14	89602	－4223	62.32	32397	22.53
2045	21441	15.15	87241	－2361	61.64	32862	23.22
2050	20296	14.68	84423	－2818	61.04	33578	24.28

资料来源：张伟民、徐刚、于弘文、崔红艳著《人口变动预测》，载田雪原、王国强主编《全面建设小康社会中的人口与发展》，中国人口出版社，2004，第 121～122 页。

近有史以来的最高记录。这一速度将大大超过 30 年来比较发达的国家和地区。老龄化速度唯一超过中国的国家将是日本。然而，日本人口的历史与中国未来的人口前景之间有一个重要的差别。日本是在人口变老前变富裕的，中国的情况则相反。日本人口中 65 岁及以上所占总人口的比重达到 7% 时（1970 年），其人均国内生产总值已经达到了 1900 美元，在其 65 岁及以上人口于 1995 年达到 14% 时，其人均国内生产总值已经达到了 38000 美元。可是中国在进入老年社会的门槛时，人均国内生产总值才达到 1000 美元左右，在预计于 2028 年达到 14% 时，可能的人均国内生产总值会刚刚超过 3500 美元。

人均国内生产总值的比较，掩盖了老年人口内部的差异。就现有的研究而言，绝大多数人口学界和社会学界的专家都认为老年人的收入低于年轻人。即使在老年人内部，也存在着相当数量的老年贫困人口。有人在研究了第五次人口普查资料后发现，在 2000 年 11 月 1 日这个历史的横断面上，中国贫困老年人口占全部老年人口的比例在 17.5% 左右，全国老年贫困人口的数量达到了 2274.8 万人。不仅如此，在人口老龄化程度逐步加深和老年人口数量逐渐增加的过程中，老年贫困人口的数量还可能会进一步上升。①

第二，老年人口数量庞大。中国是世界第一人口大国，总人口数量的庞大自然带来 65 岁及以上老年人口数量的庞大。第五次人口普查发现，当时中国已经有 65 岁及以上老年人口 8827 万人。而在美国，1900 年时 65 岁及以上老年人口只有 310 万人；到 2000 年，虽然老年人的数量增长了 10 倍，但 65 岁及以上老年人总数也只有 3500 万人。

第三，老龄化速度快。多种预测说明，中国人口的老化速度是极其迅速的，仅有日本的老化速度可以与中国相匹敌。比如说，如果 65 岁及以上老年人的比重在 2001 年达到 7%，则大约在 2017 年左右达到 10%，在 2028 年左右达到 14%；从 7% 到 14%，将用 26 年的时间。日本 65 岁及以上老年人的比重在 1970 年达到了 7%，在 1985 年达到 10%，在 1994 年达到 14%；从 7% 到 14%，用了 24 年的时间。可是，作为老牌资本主义国家的英国，在 1930 年左右，其 65 岁及以上老年人的比重达到了 7%，在 1950 年达到 10%，在 1975 年达到 14%；从 7% 到 14%，用了 45 年的时间。最早进入老

① 乔晓春、张恺悌、孙陆军、张玲：《对中国老年贫困人口的估计》，《人口科学》2005 年第 3 期。

龄化社会的法国，在1865年其65岁及以上老年人的数量占总人口的比重就达到了7%，可是到1940年，其65岁及以上老年人占总人口的比重才达到10%，到1980年达到14%——这是一个比较缓慢的老龄化过程；从7%到14%，用了115年的时间。世界上最强大的资本主义国家美国，在1945年进入老龄化社会，1975年其65岁及以上老年人的数量占总人口的比重才达到10%，到2010年预计将达到14%；从7%到14%，将用65年的时间。

四 人口有“红利”：机会之窗开放到2020年

人口“红利”，也叫做人口机会之窗，是指劳动力人口在总人口中所占比例较高，老年负担系数和少儿负担系数相对较低，劳动力人口因为负担较轻而可能增加积累以促使经济和社会发展。我们可以将人口转变中迎来的这一历史时期称为人口“红利”时期，或者称为机遇发展时期。

从表4可以看出，中国15~64岁之间劳动力人口在总人口当中所占比重，从2005年到2009年，仍然会有一个微小的上升，从72.04%上升到72.46%。但自2010年始，则会稍有所下降——从2010年的72.41%下降到2020年的69.5%。在这一时期，虽然老龄化水平会上升到11.92%，但劳动力人口在总人口当中的比重，却会一直维持在70%左右。这正是中国轻装上阵、建设小康社会的最好人口机遇期。在未来建设小康社会的15年当中，只要中国妥善解决了就业问题并逐步提高人口素质，增加中国人口的人力资本，并完善社会保障制度，那么，在2020之后的中国人口老龄化加深时期，就会有更多的应对余力。

现在，从总量上来说，中国已经走出了最严峻的就业困境，未来每年新增加劳动力会处于持续性下降的态势：在2006年新增加15~64岁劳动力人口约900多万人，2007年新增加800多万人，一直下降到2015年之后，即会出现劳动力人口的负增长。受高等教育每年扩招人数的影响，每年新增加青年壮工的数量会持续减少，而大学生就业压力和竞争会越来越强烈。在未来数年内，每年毕业的大中专学生会迅速增加到400万~500万人。如果解决不好他们的就业问题，那么，社会稳定就会大受影响。低端就业人口的短缺（如保姆和民工的短缺）和高端人口的失业将并存于劳动力市场。

中国人口，尤其是劳动力人口的这种变化轨迹，也要求中国一方面继续

实施就业为民生之本的战略方针，另一方面也迫切需要变中国制造为中国创造。劳动力人口每年的增量会逐步放缓、劳动力人口逐渐会出现负增长的大趋势下，在大中专招生量所导致的人力资本的逐渐上升压力之下，低端产业的扩展，会继续使“民工荒”所导致的体力劳动者的短缺现象蔓延。为避免这种现象，提升产业科技水平，增加创新含量，将是我们应对高端和中端人才就业压力的主攻方向。

五　初婚年龄会推迟，生育率下降仍有空间

中国人口的初婚年龄，自 20 世纪 70 年代计划生育实施起就显著上升。在“文化大革命”中后期一度上升到城市男性平均 26 周岁，镇男性平均 25 周岁，农村男性平均 24 周岁；城市女性平均 24 周岁，镇女性平均 23 周岁，农村女性平均 22 周岁。1980 年婚姻法对法定结婚年龄的修改，虽然较原婚姻法规定的初婚年龄有了提高，但却比现实当中为贯彻晚婚晚育而规定的晚婚年龄低了一些，这使随后几年中国人口的初婚年龄有所下降。但在 20 世纪 90 年代之后，中国人口的初婚年龄却开始重新上升。人口流动率的上升，城市改革所造成的就业不确定性的加大，房屋价格的上涨，男女两性受教育时间的延长等，对初婚年龄的上升具有举足轻重的影响。

从第五次人口普查所提供的数据可以看出，1989 年，中国城市男性的平均初婚年龄为 24 周岁，镇男性的平均初婚年龄为 23 周岁，乡村男性的平均初婚年龄也为 23 周岁。在该年中国城市女性的平均初婚年龄为 23 周岁，镇女性的平均初婚年龄为 22 周岁，乡村女性的平均初婚年龄为 21 周岁。但在 1990 年，中国城市男性的平均初婚年龄就上升到了 25 周岁。随后，在 1992 年中国镇的男性平均初婚年龄就上升到了 24 周岁，乡村男性的平均初婚年龄在 1994 年也上升到了 24 周岁（参见表 5）。

从 1997 年起，中国城市男性的平均初婚年龄已经达到了 26 周岁，镇男性的平均初婚年龄达到了 25 周岁，乡村男性也达到了 24 周岁。女性的平均初婚年龄也有所上升：城市女性的平均初婚年龄，在 1996 年就达到了 24 周岁，镇女性的平均初婚年龄在 1995 年达到了 23 周岁，乡村女性的平均初婚年龄在 1992 年达到了 22 周岁。

截止到 2003 年，中国女性的初婚平均年龄已经上升到了 24.45 周岁左右（包括城市、镇和乡村）。伴随着市场经济的进一步深化，不管是男性还

是女性，都将更加看重专业教育。受教育时间越长，就业年龄就越大，结婚年龄就越迟，人口出生率就可能越低。

表5 中国人口初婚年龄的上升趋势

单位：周岁

年份	男			女		
	城市	镇	乡村	城市	镇	乡村
1989	24	23	23	23	22	21
1990	25	23	23	23	22	21
1991	25	23	23	23	22	21
1992	25	24	23	23	22	22
1993	25	24	23	23	22	22
1994	25	24	24	23	22	22
1995	25	24	24	23	23	22
1996	25	25	24	24	23	22
1997	26	25	24	24	23	22
1998	26	25	24	24	23	22
1999	26	25	24	24	23	22
2000	26	25	25	24	23	22

资料来源：根据第五次人口普查数据相关变量计算。

在这种情况下，可以预见，伴随着中国未来城市化速度的加快和青年平均受教育时间的延长，中国人口的平均初婚年龄还将继续推迟，这会进一步导致人口出生率的走低。

（作者单位：中国社会科学院人口与劳动经济研究所）

就业形势：关注农民工的就业问题

○莫荣 刘军 陈兰

一 2005年就业形势分析

（一）2005年前三季度完成全年就业和再就业工作任务的90%和78%

2005年1~9月份，全国实现新增城镇就业人员810万人，达到全年目标任务（900万人）的90%，下岗失业人员再就业390万人，达到全年目标任务（500万人）的78%。[①] 其中，帮助“4050”人员再就业88万人，达到全年目标任务（100万人）的88%。第三季度末，全国共有城镇登记失业人员835万人，城镇登记失业率4.2%，与上年底持平。

从目前发展情况看，预计能够完成甚至超额完成“95146”[②] 的就业再就业和失业调控目标，全年城镇登记失业率预计能够控制在4.3%以内。

（二）国有企业下岗职工基本生活保障制度向失业保险制度的并轨工作得到推进

9月底，全国已有17个省份基本实现并轨，其他省份也制定和实施了专项工作方案，并轨工作正在积极推进。国有企业现有下岗职工98万人，比上年末减少55万人。

9月底，全国失业保险参保人数为10546万人，领取失业保险金人数为

---

① 数据来源于劳动和社会保障部2005年第三季度新闻发布材料。

② 即城镇新增就业人员900万人，下岗失业人员再就业500万人，其中“4050”人员再就业100万人，城镇登记失业率控制在4.6%（简称“95146”）。

385 万人；1～9 月，失业保险基金收入 229 亿元，同比增长 16%，支出 138 亿元；前三季度全国共有 605 万人享受了不同期限的失业保险待遇。

（三）劳动力市场供求状况活跃，求人倍率进一步提高

劳动和社会保障部在全国 103 个城市公共职业介绍服务机构搜集的劳动力市场职业供求状况信息表明：用人单位通过劳动力市场招聘各类人员约 426.6 万人，进入劳动力市场的求职者约 438.9 万人，求人倍率[①]约为 0.97。图 1 显示了 2001 年第一季度以来劳动力市场职业供求状况变化情况。

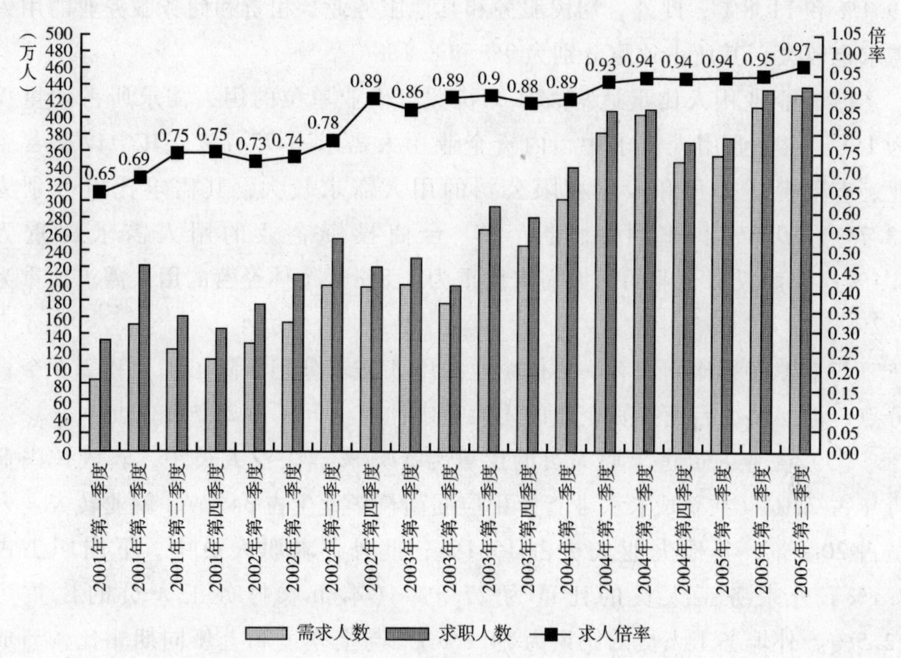

图 1　2001～2005 年劳动力市场供求状况变化

2005 年第三季度，全国 103 个城市劳动力市场职业供求信息主要表现出以下几方面特征。[②]

（1）劳动力市场上供求出现较大幅度增长。与上季度相比，第三季度的需求人数和求职人数分别增长了近 36 万人和 31 万人，上升幅度分别为

① 求人倍率 = 需求人数/求职人数，表明劳动力市场中每个岗位需求所对应的求职人数。

② 数据来源于中国劳动力市场网。

9.4%和7.8%；与上年同期相比，第三季度需求人数和求职人数分别增加了约71万人和65万人，上升幅度分别为20.9%和18.3%。

（2）第三产业仍然是用人的主体。第三季度103个城市第一、二、三产业需求人数所占比重依次为2.6%、32%和65.4%，第三产业的用人需求依然占主体地位。与上季度相比，第二产业的需求比重上升，而第三产业的需求比重略有下降。

（3）企业的用人需求主要集中在制造业、批发和零售业、住宿和餐饮业。制造业、批发和零售业、住宿和餐饮业的用人需求比重分别为24.7%、19.1%和11.8%；此外，居民服务和其他服务业、租赁和商务服务业的用人需求也较大，其所占比重分别为9%和8.1%。

（4）企业用人比重达95.4%，机关、事业单位的用人需求所占比重仅为1%。在企业用人需求中，内资企业用人需求占77.7%，其中以私营企业、有限责任公司和股份有限公司的用人需求较大，其需求比重分别为23.7%、19.8%和12.1%；港、澳、台商投资企业的用人需求比重为5.4%；外商投资企业的用人需求比重为7.8%；个体经营的用人需求比重为9.2%。

与上季度相比，国有、集体企业的用人需求分别下降了1.7和2.6个百分点，港、澳、台商投资企业的用人需求比重上升了1.2个百分点。

（5）失业人员占求职人员的比重为57.7%。失业人员中，新成长失业青年占22%（在新成长失业青年中应届高校毕业生占34%），就业转失业人员占20.6%，其他失业人员占15.1%；此外，求职人员中，下岗职工占7.1%，外来务工人员的比重为27.3%（本市农村务工人员的比重为12.5%，外埠务工人员的比重为14.8%）。与上季度和上年同期相比，新成长失业青年的比重分别上升了2.3和3个百分点；就业转失业人员的比重分别下降了1.9和5.2个百分点。

（6）劳动力市场中高技能人才依然供不应求。从供求状况对比看，各技术等级的求人倍率均大于1，劳动力需求大于供给。其中，求人倍率较大的是高级工程师、高级工和高级技师，其求人倍率分别为2.09、2.06和1.88。

（四）2005年促进就业和再就业工作的主要措施

一是层层落实目标责任。2005年以来，政府劳动保障部门按照“95146”的目标任务，制定了就业再就业专项计划，把目标任务层层分解落实到基层，坚持按月进行调度；地方政府逐级建立目标责任体系，保证工作落实到位。

二是进一步加大专项资金支持力度。2005 年，中央财政在保持国有企业下岗职工基本生活保障专项补助资金规模不变的同时，增加再就业专项补助资金 26 亿元，使两项资金的总量达到 209 亿元（包括小额贷款贴息 20 亿元）。

三是落实政策，强化服务。2005 年政府劳动保障部门组织了几次全国规模的就业服务专项活动。春节期间，以再就业困难群体为主要对象，在全国范围内开展了“再就业援助月”活动。从第二季度开始，开展了再就业“政策实效”行动，排查政策落实难点，及时进行整改，切实解决下岗失业人员集中反映的问题，发挥政策促进就业的效应。6 月中旬，有关方面在全国 100 个大中城市开展了“民营企业招聘周”活动，推动民营经济扩大就业。针对各类院校毕业生求职高峰期和企业开工旺期，从第二季度起，全国各城市开展了以公共职业介绍机构为依托的“技能岗位对接专项服务活动”，通过信息沟通、岗位匹配、职业指导、组织见习、对口培训、配套服务等措施，促进各类院校毕业生和已参加技能培训的劳动者就业，满足企业对高素质技能劳动者的迫切需求。

四是加强高技能人才培养和职业培训工作。政府劳动保障部门启动了国家高技能人才东部地区培训工程。全面开展技能人才抽样调查和专题调研，初步摸清了全国技能人才队伍状况。制定了进一步加强高技能人才工作的政策措施。大力推行职业资格证书制度，上半年全国共有 385 万人参加职业技能鉴定，328 万人取得职业资格证书，培养新技师 7.8 万人。继续实施再就业培训和创业培训，2005 年全国已组织 370 万人参加再就业培训，26 万人参加创业培训。同时，农业等部门开展了农村劳动力转移培训的“阳光工程”。

二　农民工的就业状况*

（一）农民工流动就业的数量达到 1.2 亿人，跨省流动就业的农民工约为 6000 万人

关于农民工流动就业的规模，目前还没有统一的数据。近年来，国家统

* 来源于劳动和社会保障部第一课题组，“当前农民工流动就业数量、结构与特点”，2005 年 6 月。课题组组长：游钧；副组长：刘旭刚、莫荣、翟燕立；成员：陈群周、刘军、陈兰。

计局、农业部、计生委、劳动保障部等部门都对农村劳动力流动就业情况进行了调查、统计和监测。尽管各部门的统计数据在调查范围、统计口径等方面不尽一致，但通过比较其异同，可对中国目前农民工流动就业的规模做出大致判断。

——国家统计局数据。近年来，国家统计局农调队每年都要对全国农村住户和行政村进行抽样调查。调查结果表明，农村劳动力外出务工数量逐年增加，2003 年为 1.1 亿人，比 2002 年增长 8.6%；2004 年为 1.2 亿人，比 2003 年增长 3.8%。外出劳动力是指农村劳动力在本乡以外的地域、外出时间在 1 个月以上的劳动力，包括跨省流动和省内流动的劳动力。该调查中的这些外出劳动力包括在调查期间外出就业和未就业的劳动力。

——农业部数据。农业部农研中心通过固定观察点对农村劳动力流动就业情况进行监测。固定观察点的调查对象是村以及村内的各种社会经济单位，包括农户、经济联合体和企业。统计结果显示，2004 年全国外出就业的农村劳动力约 1.03 亿人，占农村劳动力总数的 21%，比 2003 年的 0.98 亿人增长了 4.5%（参见表 1）。这里的农村劳动力外出就业是指外出时间在 3 个月以上的，因此，在统计口径上小于国家统计局的口径。按外出时间 3 个月以上的农村劳动力占全部外出农村劳动力的比重为 92.7%（国家统计局农调队 2001～2002 年的数据），可以推算出全部农村劳动力流动就业的规模为 1.1 亿人左右。

表 1　2001～2004 年农村劳动力外出情况

年　份	2001	2002	2003	2004
外出农村劳动力数量(亿人)	0.90	0.94	0.98	1.03
外出农村劳动力占农村劳动力比重(%)	19.3	19.4	20.5	21.0

资料来源：农业部农村固定观察点历年数据。

——计生委数据。国家人口与计划生育委员会于 2003 年底对农村外出人口进行了摸底调查，当年 11 月 15 日零点农村外出人口（6 岁以上）为 6881 万人，其中跨省外出的占 71.6%，省内跨县的占 28.4%。该调查所定义的外出人口是户籍在本县而调查时点不在本县的人口。按农村县内离乡流动人口占全部农村流动人口的比例为 33.4%（农业部固定观察点 2002 年的数据），可推算出 2003 年全国流动就业的规模为 1 亿人左右。

——劳动保障部数据。据劳动和社会保障部2005年5月快速调查统计，目前在城镇的农民工总数约为8907万人。该调查是以地级市为单位上报数据，调查范围包括地级市所辖范围内的城镇、县级市和建制镇，没有包括外出流动仍在乡村从事非农产业的农村劳动力。同时因为是快报，不排除有少量漏报的可能（大约在5%左右）。因此，农民工的实际规模必然大于快速调查统计数据。从我们过去进行的抽样调查结果情况看，外出务工的农村劳动力中大约有20%进入农村从事非农产业。按照这样一个比例，加上补足5%的漏报比例，可以推算农民工流动就业的数量约为1.2亿人。

根据上述分析，我们可以对目前农村劳动力流动就业的规模做如下判断：农村劳动力流动就业的规模约为1.2亿人，其中进城农民工约为1亿人，跨省流动就业的农民工约为6000万人（按照外出务工的农村劳动力80%进入城镇、50%跨省流动计算）。

（二）农民工以青壮年劳动力为主，男性居多

根据国家统计局农调队调查数据，[①] 虽然近几年农民工的平均年龄略有增加的趋势，但农民工流动就业仍以青壮年劳动力为主，2004年农民工平均年龄为29岁，其中16~25岁的占45%，26~30岁的占16%，31~40岁的占23%，41岁以上的占16%。可见，30岁以内的仍占61%。从性别结构来看，农民工流动就业以男性为主，2004年，农民工中男性所占比例为66%。

（三）文化素质和接受技能培训的比例虽有所提高，但整体仍显偏低

从文化程度看，2004年，在农民工流动就业人群中，文盲、半文盲占2%，小学文化程度占16%，初中文化程度占65%，高中文化程度占12%，中专及以上文化程度占5%。初中及以下文化程度所占比重由2001年的85%下降到83%，高中及以上文化程度所占比重由2001年的15%上升到2004年的16%，但初中以下文化程度所占比例高达83%，仍说明农民工总体文化程度偏低的状况。从技能培训情况看，接受过技能培训的占28%，未接受过培训的占72%。接受过培训的比重由2001年的17%上升到28%，但未接受过任何培训的仍占七成以上。

① 本部分中如无特别说明，所引用的数据来源均为国家统计局农调队历年调查数据。

（四）主要为自发外出或亲友介绍方式，有组织外出逐年增加

农村劳动力外出就业主要依靠自发外出的方式，通过亲友介绍实现外出就业也有相当的比例。2004 年，33% 的农民工是通过自发方式外出就业的，有 65% 的农民工是通过亲友介绍外出就业的。20% ~30% 的外出务工农民工接受过就业服务，其中政府单位组织输出的为 10%。不少地区有组织外出规模逐年增加，如河南洛阳市 2003 年有组织外出数量为 13.9 万人，2004 年为 15.7 万人，比 2003 年增加 1.8 万人，占全部外出农民工的 20%。

农民工通过组织方式外出的比例随着受教育程度的提高而增加（参见表 2）。2002 年高中及以下文化程度的农村外出劳动力中通过组织方式外出的比例均不足 10%，而中专、大专及以上的农村外出劳动力中通过组织方式外出的比例达 17.5% 和 25.6%。

表 2　2002 年农民工流动就业者的受教育情况

单位：%

外出途径	文盲、半文盲	小学	初中	高中	中专	大专及以上	未受专业培训	受过专业培训
政府（单位）组织	5.22	2.58	2.77	6.26	17.5	25.6	8.81	2.76
亲友介绍	30.58	32.45	35.12	32.01	26.7	20.8	36.21	33.36
自发外出	64.21	64.96	62.11	61.74	55.8	53.6	54.98	63.88
合　计	100.0	100.0	100.0	100.0	100.0	100.0	100.0	100.0

资料来源：国家统计局农调队 2002 年调查数据。

有组织地外出的农民工，就业相对稳定，收入也相对较高。2002 年通过组织方式外出的农民工中，年平均外出就业时间近 9 个月，年平均外出务工收入为 6604 元，都显著高于自发和通过亲友介绍的农民工（参见表 3）。

表 3　2002 年农民工不同外出就业方式与就业时间、收入状况

类　别	平均年就业时间（月）	平均月务工收入（元）	平均年务工收入（元）
政府（单位）组织	8.64	791	6604
亲友介绍	8.11	659	5237
自发外出	7.82	680	5193

资料来源：国家统计局农调队历年调查数据。

（五）中西部地区为主要输出地，东部地区为主要输入地，半数农民工跨省流动

农民工流动就业，中部地区和西部地区的部分省份是主要的输出地，而东部地区是主要的输入地。2004年，中西部地区农民工流动就业占全国农民工的比例为67%；农民工外出务工70%是在东部地区，比2003年高出2个百分点。

分地区看，东部地区外出农民工97%的主要还是在东部地区流动就业，而流动到中西部地区就业的比例几乎可以忽略不计；中部地区外出农民工65%是在东部地区就业，其次是在中部地区就业，而到西部地区就业的甚少；西部地区56%的农村劳动力仍在西部地区流动就业，41%的流动到东部地区就业，在中部地区就业的很少（参见表4）。劳动和社会保障部2005年快速调查也显示，在东部省份就业的农民工占农民工总量的62%，在中部省份就业的农民工占20%，在西部省份就业的农民工占18%。

表4　2004年农民工流动就业的流向分布

单位：%

输出地	输入地			
	东　部	中　部	西　部	全　国
东部地区	97	2	1	33
中部地区	65	33	2	40
西部地区	41	3	56	27
全　国	70	14	16	100

资料来源：国家统计局农调队2004年调查数据。

在外出农民工群体中，近半数是跨省流动就业，而且规模逐年增加。跨省流动就业的农民工，从2001年的3625万人增加到2004年的6000万人（占全部外出农民工的50%）。2003年跨省流动就业的农民工增幅较大，比上年增加了1504万人，而2004年跨省流动就业的农民工增幅下降，比上年增加了不到400万人，更多的农村劳动力选择了在省内流动就业。

（六）农民工就业以从事制造业和建筑业为主，并已成为从业人员主体，服务行业逐渐成为吸纳农民工的重要渠道

劳动和社会保障部2005年快速调查显示，农民工主要分布在制造业、

建筑业、住宿和餐饮业、批发和零售业、居民服务业等重点行业。其中制造业占 27%，建筑业占 26%，住宿和餐饮业占 11%，批发和零售业占 12%，居民服务和其他服务业占 9%，其他行业占 15%。

国家统计局的调查也表明，2004 年外出务工的农村劳动力从事制造业的占 30%，从事建筑业的占 23%，从事社会服务业的占 10%，从事住宿餐饮业的占 7%，从事批发零售业的占 5%。

农民工广泛分布在制造业、建筑业、社会服务业、住宿餐饮业、批发零售业等各行各业，已成为产业大军中的一支重要力量。在加工制造业用工中农民工占 68%，在建筑业用工中接近 80%，在批发、零售、餐饮业用工中占 52% 以上。

（七）务工收入呈上升趋势，并成为农村家庭增收的重要来源

据国家统计局调查，2004 年农民工年平均务工收入为 6471 元，比 2003 年高出 882 元；2001 ~ 2004 年平均增长率达 8%。年均寄带回现金 3411 元。农民工的务工收入因就业地区不同而有显著差异。2003 年在东部地区务工的农民工月平均收入为 760 元，中、西部地区分别为 570 元和 560 元，东部地区比中西部地区高 200 元左右。外出务工已成为农民增加收入的重要渠道。从历年农民收入数据可以看出，农民增收除了农业生产经营收入这个最大来源外，工资性收入仍是农民增收的重要来源，在全部收入中的比重也在逐年增加（参见表 5）。

表 5　历年农户家庭人均纯收入构成的变化

单位：%

类　别	1990 年	1995 年	2000 年	2002 年	2003 年	2004 年
工资性收入	20.2	22.4	31.2	33.9	35.0	34.0
家庭经营纯收入	75.6	71.4	63.3	60.0	58.8	59.4
转移性和财产性收入	4.2	6.2	5.5	6.0	6.2	6.6
合　计	100.0	100.0	100.0	100.0	100.0	100.0

资料来源：《中国统计年鉴》（2004）。

2004 年全年全国农村居民人均纯收入 2936 元，扣除物价因素比上年增加 186 元，农民得到的工资性收入人均为 998 元，比 2003 年增加 80 元，增长 8.6%。工资性收入保持平稳增长，主要是由于农民外出务工得到的收入

继续保持较快增长。2004年，以全部农民为基数，人均外出务工收入为398元，占人均纯收入的14%，比2003年增加52元，增长15%。据不完全统计，以有外出的全部农户家庭为基数，户均外出务工收入已占到其家庭收入的近四成。

三 农民工的就业环境

（一）农民工的就业环境正在得到改善

改善农民工进城就业环境，维护进城农民工的权益，有力地维护了社会弱势群体就业、生存和发展权利，维护了社会的和谐与稳定。中央政府发布了一系列文件，出台了一系列旨在维护农民工权益、改善农民工就业环境的政策和措施。2004年中央一号文件以及2004年12月国务院发布的《关于进一步做好改善农民进城就业环境工作的通知》，提出了旨在维护农民工的权益、改善当前进城农民工就业环境所要解决的突出问题，以及旨在消除城乡分割、实现农民工平等就业的制度性改革的指导原则。具体体现在以下几个方面。

1. 解决拖欠农民工工资问题

截至2004年11月26日，全国共清理拖欠农民工工资318亿元，其中2003年当年拖欠的农民工工资已清理162亿元，完成了预期目标。全国2003年年底以前拖欠农民工工资总额171亿元，已累计偿付156亿元。在清理拖欠工资的过程中，中央和各级政府还重视加强制度方面的建设，从制度上保证农民工工资支付。劳动和社会保障部、建设部联合出台了《建设领域农民工工资支付管理暂行办法》，许多地方政府也对确保工资支付、预防拖欠做出了相应的规定。

2. 打击非法中介，整顿劳动力市场，向农民工提供免费就业服务

3. 取消对农民进城务工就业的不合理限制和收费

劳动和社会保障部正式宣布废除了实行十多年的针对外出就业农民工的“证卡制度”。与此同时，各地也相应地取消了先前农民工进城务工所要办理的其他多种证卡制。减轻了农民工外出务工就业的成本，就业环境得到较大的改善。

4. 加强对农民工的培训

2003年9月，劳动和社会保障部会同农业部、教育部、科技部、建设部

和财政部，制定了 2003～2010 年全国农民工培训规划，被称为“阳光工程”。2004 年对向非农产业和城镇转移的 250 万个农村劳动力开展转移就业前的引导性培训、职业技能培训和岗位培训。

5. 解决进城农民工子女教育问题

2004 年 2 月，国务院办公厅转发了教育部、中央编办、公安部、发展与改革委员会、财政部、劳动和社会保障部《关于进一步做好进城务工就业农民子女义务教育工作的意见》，进城务工就业农民子女就学接受义务教育，以流入地全日制公办中小学为主。

6. 探索将农民工纳入城市社会保险体系的办法

各地劳动和社会保障部门针对农民工的实际情况进行了积极的探索，如有的地方实行了农民工的“综合保险”，有的地方对农民工实行工作保险或大病统筹保险等单项保险，还有的地方将社会保障与商业保险结合起来，给农民工购买人身意外伤害险等。劳动和社会保障部于 2004 年 6 月出台《关于推进混合所有制企业和非公有制经济组织从业人员参加医疗保险的意见》，明确要求各地劳动保障部门，把与用人单位形成劳动关系的农村进城务工人员纳入医疗保险范围。

7. 继续推进城市户籍制度改革

2004 年 12 月国务院发布的关于《进一步改善进城务工农民工就业环境的通知》进一步指出，各地应推进户籍制度改革，有稳定工作和住所的进城农民工应享受当地居民的同等待遇，并承担相应的义务。

8. 颁布和实施劳动保障监察条例

2004 年 11 月国务院公布了《劳动保障监察条例》（以下简称《条例》)。《条例》的颁布实施对推进中国劳动保障工作的法制化、改善中国的就业环境具有重大的意义。由于劳动力市场严重的供大于求，劳资双方力量严重失衡，侵犯劳动者合法权益，有法不依、违反劳动法律的情况相当严重。在这种情况下，需要提升劳动监察立法层次，提高劳动监察地位，强化劳动监察执法手段和力度。随着《条例》的执行，能够更好地贯彻实施劳动保障法律、法规和规章。以立法的形式强化劳动保障监察执法手段，加大执法力度，严厉打击和制止违反劳动和社会保障法律、法规或者规章行为，保证劳动保障法律、法规和规章更好地贯彻实施。通过对劳动保障方面违法行为的制裁，切实维护广大劳动者的工资、劳动合同、休息休假、社会保险等劳动保障权益。

2005 年，针对春节前后农民工返城就业高峰，劳动和社会保障部会同公安、人事、工商等部门组织实施了“春风行动”和整顿劳动力市场专项行动，开放一批公共职介机构，推荐一批诚信民办职介机构，表彰一批优秀民办职介机构，打击一批非法职业中介组织。活动期间，向农民工发放春风卡 1100 多万张，举办招聘洽谈会 4500 多场，110 万农民工享受到免费职业介绍服务，提供适合农民工的岗位 400 多万个；同时检查职业介绍机构和用人单位等 5.9 万户，立案查处职业介绍违法案件 1.9 万多件，取缔非法中介 7200 多户，劳动力市场秩序明显好转。

（二）今后一个时期，改善农民工流动就业的三个重点问题

1. 农民工的就业环境仍需进一步改善

一方面，农民工进城就业的门槛仍然存在。虽然农民工进城就业的行业、工种限制在逐步取消，但仍存在其他制度性的限制，对农民工的就业歧视还未完全消除；城镇公共就业管理服务体系对农民工开放还需解决观念、体制和物质技术条件等问题，农民工享受与城镇居民同等的公共就业服务还需做大量工作。另一方面，近几年农民工的工资收入虽然有所上升，但农民工在城镇的生活成本也在迅速增加，农民工务工收入在扣除住房、子女教育、生活消费等方面支出后就所剩不多了。如享受不到与城镇居民同等的公共资源和服务，大量额外支出都在一定程度上会影响农民工流动就业的积极性。

2. 农民工的工资待遇和权益维护与其实现稳定就业的需求之间存在较大差距

随着政府对农民工工资、维权等方面的进一步重视，农民工的工资、福利待遇和劳动权益问题正在得到改观。但必须看到，当前农民工劳动权益得不到保障的问题依然严峻，表现最为突出的问题包括：克扣和拖欠工资，强制加班加点和超时工作，劳动和卫生条件恶劣，不按规定与农民工签订劳动合同等。国家统计局 2004 年所做的调查显示，农民工平均每周工作 6.4 天，每天工作 9.4 小时；据有关方面估计，2004 年上报的拖欠农民工工资总额为 336 亿元（至 2004 年底偿付比例为 98.4%）。另据劳动和社会保障部 2005 年快速调查，签订劳动合同的农民工人数占农民工总数的 28.7%，参加城镇职工基本养老保险的占 13.8%，参加城镇职工基本医疗保险的占 10.0%，参加工伤保险的农民工占农民工总数的 12.9%。由于统计口径和调查误差等原

因，农民工实际参保率很可能还要低。解决这方面问题，仍需付出巨大努力。

3. 城市经济发展和产业结构升级对技能人才的迫切需求与农民工技能素质偏低的矛盾越来越突出

加入 WTO 后，中国经济全球化步伐加快，国际制造业加速向中国转移，产业结构正在经历一个不断升级和梯度转移的过程，对技能人才特别是高技能人才的需求剧增。而作为中国产业大军重要组成部分的农民工，文化素质和技能水平普遍较低，如何做好农民工技能培训，以满足产业发展的需要，是一个巨大的挑战。

四　2006 年的就业政策环境

中国 2006 年的就业再就业工作目标确定的任务是：[①] 城镇新增就业人员 900 万人，下岗失业人员再就业 500 万人，其中“4050”等就业困难人员再就业 100 万人，城镇登记失业率控制在 4.6% 以内，即“95146”，与上年保持一致。

2005 年 11 月 10 日，国务院发出了《关于进一步加强就业再就业工作的通知》（第 36 号文），制定了 2006 年乃至今后 3～5 年的就业政策，文件明确了就业再就业工作的主要任务是：基本解决体制转轨遗留的下岗失业问题，重点做好国有企业下岗失业人员、集体企业下岗职工、国有企业关闭破产需要安置人员的再就业工作，巩固再就业工作成果，增强就业稳定性；努力做好城镇新增劳动力的就业工作，积极推动高校毕业生就业工作，在开发就业岗位的同时，大力提升劳动者职业技能和创业能力；改善农村劳动者进城就业环境，积极推进城乡统筹就业；加强失业调控，将城镇登记失业人数控制在合理范围内，减少长期失业人员数量；加快就业法制建设，逐步建立就业与社会保障工作的联动机制。

文件共 6 个部分 32 条，按照“延伸、扩展、调整、充实”的八字方针，进一步完善就业再就业政策，在重点解决体制转轨遗留的下岗失业问题的同时，提高就业素质和城乡统筹就业的水平。有关调整的内容包括以下几个方面。[②]

---

① 劳社部明电〔2005〕11 号，《关于贯彻落实国务院关于进一步加强就业再就业工作的通知的通知》。

② 参见劳动保障部有关负责人解读就业再就业政策，http://www.lm.gov.cn/gb，2005 年 11 月 11 日。

1. 进一步完善和落实再就业政策，促进下岗失业人员再就业

与现行政策相比，税收优惠方式从原来的没有限额改为在规定限额内按四个税种依次减免；贷款贴息的范围从现行规定的19个微利项目扩展，具体由地方确定，以更好地适应各地和下岗失业人员再就业的实际情况；税收优惠方式由按比例减免调整为按实际招用人数定额依次减免，主要是便于操作，更好地防止管理漏洞；要求企业缴纳社会保险费；补贴项目在原来养老、失业保险的基础上增加了医疗保险，主要是解决再就业者“病有所医”的问题；扶持对象范围扩大。

2. 促进城乡统筹就业，改进就业服务，强化职业培训

主要做了三处调整：一是免费职业介绍和职业培训补贴的对象范围增加了厂办大集体企业下岗职工、进行失业登记的其他人员，以及进城登记求职的农民工。二是改培训免费为培训补贴的方式，并要根据培训质量和培训后就业情况给予补贴，这样更符合地方的工作实际。三是对持《再就业优惠证》人员通过初次技能鉴定的（限国家规定实行就业准入制度的指定工种），还可给予一次性的职业技能鉴定补贴，主要目的是帮助生活困难人员更好地提高技能，稳定就业。

3. 开展失业调控，加强就业管理

主要做了以下调整和完善，对实施主辅分离企业政策执行期限相应延长，这主要是考虑到，主辅分离政策落实时间较晚，为延伸和扩展其效果，有必要继续执行，并与国有企业改革进程和再就业政策期限保持一致；进一步强调做好国有企业重组改制和关闭破产中的职业安置工作，结合工作实际，对事前、事中、事后三个操作环节做了进一步的规范，要求严格审核并监督落实。

4. 进一步完善社会保障制度

充实建立与促进就业的联动机制方面的政策，主要是在东部地区进行扩大失业保险基金支出范围的试点。主要目的是进一步发挥失业保险基金在促进就业方面的作用。

5. 继续加强组织领导，动员全社会力量广泛参与就业再就业工作

主要做了三方面调整和充实：一是把解决体制转轨遗留的下岗失业问题、促进城镇新增劳动力就业、推进城乡统筹就业、加强失业调控和实现就业与社会保障制度的联动机制作为主要目标任务，进一步完善了就业再就业工作目标任务体系。二是适应新的形势任务要求，将再就业工作部际联席会议制度调整为就业工作部际联席会议制度，地方各级政府也要相应调整，形成统一领导、分工协作的工作机制。三是根据政策调整完善，相应增加财政预算支出项目。各级政府要根据就业形势的变化和就业工作的需要，积极调整财政支出结构，加大资金投入，将促进就业再就业资金列入财政预算。对中西部地区和老工业基地，中央财政继续通过专项转移支付的方式给予适当补助，主要用于职业介绍补贴、职业培训补贴、社会保险补贴、小额担保贷款贴息的部分资金。同时，各级财政还要合理安排用于劳动力市场、街道社区劳动保障工作平台建设等的经费。

（作者单位：劳动和社会保障部劳动科学研究所）

反腐败：建立健全惩治和预防体系

——用发展的思路和改革的办法防治腐败

〇 文盛堂

坚持标本兼治、综合治理、惩防并举、注重预防的方针，抓紧建立健全与社会主义市场经济体制相适应的教育、制度、监督并重的惩治和预防腐败体系，是当前和今后一个时期中国反腐倡廉工作的重大战略决策。因此，从2005年起，中国反腐败斗争告别“摸着石头过河”的阶段，正式走向“用发展的思路和改革的办法防治腐败”的新时期。

一 反腐倡廉取得新成效

新年伊始，中共中央印发《建立健全教育、制度、监督并重的惩治和预防腐败体系实施纲要》（以下简称《纲要》），指导党风廉政建设和反腐败工作深入进行，取得了明显的新成效。

（一）大力推进党风廉政建设改革，统揽反腐倡廉工作

1. 从严治党治政

治国必先治党，由于多方面因素的影响，党员队伍中还存在与保持党的先进性要求不相适应、不相符合的地方，其主要表现之一就是有的党员跌入腐败的泥坑。因此，2005年开展保持共产党员先进性教育活动所要达到的目标要求之一，就是服务人民群众，真正做到为民、务实、清廉。按照党章和有关规定，2004年对不合格党员处理出党的有49000名。[①] 而先进性教育活

① 《法制日报》2005年7月8日。

动则通过做好教育帮助工作，促使不履行义务、不具备条件的党员尽快转化为合格党员。实践证明，把先进性教育活动与经常性党建工作结合起来，有利于形成党风廉政建设和反腐败工作常抓不懈的机制。从严治党是建设法治政府和廉洁政府的必要前提。2005 年 1 月至 6 月，19 个省（区、市）10319 名领导干部主动上交现金和有价证券等共计 6246 万元，查处违纪人员 359 人；巡视工作深入开展，已完成对 20 个省（区、市）、新疆生产建设兵团和 9 家中央管理银行的巡视；纠风工作取得新进展，损害群众利益、拖欠农民工工资等突出问题进一步得到遏制。[①]

2. 严肃党纪政纪

中共十六大以来，全国共有 3 万余名领导干部受到责任追究，其中厅（局）级以上干部 100 多人，县（处）级干部 2000 多人。2005 年 10 月 19 日，国务院新闻办公室发表的《中国的民主政治建设》白皮书透露：2003 年 12 月至 2004 年 11 月，各级纪检监察机关共立案 162032 件，结案 160602 件，给予党纪政纪处分 164831 人。其中县（处）级干部 5916 人，厅（局）级干部 415 人，省（部）级干部 15 人。涉嫌犯罪被移送司法机关的有 4775 人，占受党纪政纪处分人员总数的 2.9%。2005 年上半年查处违反组织人事纪律案件 800 余起；1~5 月查处 100 余起违反领导干部配偶、子女从业等规定的典型案件；清理纠正领导干部超编超标配用小汽车 2 万多辆，查处 1000 多人；纠正领导干部违规住房 3000 多套，追缴资金 8.23 亿元，查处 1000 多人；清理纠正党政领导干部违反规定兼任企业领导职务 8000 多人；清理党政领导干部拖欠或利用职权批借亲友公款 25 亿元；清理党政机关违反规定用公款为干部职工个人购买商业保险 14.8 亿元。另有 13 个省（区、市）开展了公务接待制度改革试点；中央和国家机关及大部分省（区、市）进行了移动通讯话费改革；[②] 为解决一些地方群众反映“官员屁股底下一座楼”的干部坐车腐败问题，27 个省（区、市）进行了公务用车改革试点。11 月上旬，在重庆召开的全国机关事务工作会议透露：目前各地政府采购汽车数量每年递增 20% 以上，上年采购费用达 500 亿元，成为滋生腐败的温床，故自下而上地改革公务用车，拟改革到厅（局）级领导干部。为了有效强化党纪政纪机构的职能作用，根据《中国共产党党章》和《中华人民共和国行

---

① 《检察日报》2005 年 8 月 26 日。

② 《法制日报》2005 年 9 月 29 日。

政监察法》的规定，中央纪委、监察部向中央和国家机关56个部门派驻了纪检、监察机构。其中向36个部门同时派驻了纪检监察机构（即双派驻机构），向20个部门派驻了纪检或监察机构（即单派驻机构）。2004年对双派驻机构实行了统一管理，2005年要完成对单派驻机构的统一管理工作。各省（区、市）的纪检监察机关2005年也将开展对派驻机构的统一管理工作。9月9日，中央纪委、监察部召开会议，对单派驻的纪检、监察机构实行统一管理工作进行了动员和部署。

（二）加大审计监督力度，强化责任追究制度

审计监督近年来在中国反腐败斗争中功不可没，尤其是在揭露一些部门的预算执行和财务管理问题方面具有不可替代的作用。

1. 审计披露严重问题

2005年6月28日，国家审计署审计长李金华受国务院委托向第十届全国人大常委会第十六次会议做了《关于2004年度中央预算执行和其他财政收支的审计工作报告》，所披露的问题依然严重：38个中央部门在预算资金的使用上审计出各类问题金额90.6亿元，占审计资金总额的6%。12个部门存在预算编报不真实的问题，虚报多领资金4.91亿元；26个部门违规转移挪用财政性资金10.75亿元，31个部门挤占具有专项用途的资金21.42亿元，主要用于对外投资、弥补经费不足和发放福利等；3个部门违规擅自建设办公楼和培训中心。从审计报告披露的问题来看，有些问题的性质除了预算执行监管不力外还涉嫌违法犯罪，如挪用巨额储备资金购买股票、违规投资房地产造成重大损失等等。此外，中国军事审计也取得了明显成效。军事审计始建于1985年，20年来它默默完成了数千亿元资产的各项军事审计，根据解放军“四总部”联合颁布的从2005年1月1日起实施的《军队领导干部经济责任审计规定》，军队团级以上单位和机关部门负有经济责任的领导干部都要接受审计。从2001~2004年，通过对发包工程、物资采购以及其他装备建设的预算审计，节约的军费开支多达45亿元。2004年的审计直接经济效益突破了15亿元。同时审计领导干部军职数十名，师职数百名，团职千余名。被审计的领导干部中，履行经济责任好和较好的占94.8%，差和有经济问题的占5.2%。[①] 军事审计有效地防止了军费资源的浪费，促进

① 《检察日报》2005年1月29日。

了军队反腐倡廉。

2. 四大问题屡审屡犯

审计发现的转移挪用或挤占财政资金、虚报多领预算资金、私设账外账和“小金库”、乱收费等问题，是近年来屡审屡犯的主要问题。如巧立名目乱收费问题，一直是近年来屡审屡犯的问题。

3. 百亿资金正在整改

2004 年 9 月 28 日审计署发布该年度第 3 号审计结果公告，披露被审计的 32 个中央预算部门所查出的问题资金超过百亿元。审计署已及时出具了审计报告，下达了审计决定书，提出了整改建议。上述部门单位也表示将认真进行整改。截至 2005 年 3 月底，上缴财政各项资金 233.58 亿元，按规定下拨滞留、闲置的财政资金 241.05 亿元，调整有关会计账目 77.54 亿元，收回各类被挤占挪用的资金 7.03 亿元，挽回经济损失 2.88 亿元，各级政府、有关主管部门和被审计单位根据审计意见完善各项制度规定 87 项，向司法机关和纪检、监察部门移送各类案件线索 222 起，已有 762 人（次）受到党纪政纪处分或被移送司法机关处理。初步统计，2005 年审计中应上缴财政的 29.3 亿元资金，已上缴 6.04 亿元；被挤占挪用的 61.55 亿元资金，已归还原渠道 3.63 亿元；应追究有关人员责任的 114 起案件线索，已有 57 人被逮捕或被起诉，159 人受到行政处分；有 80 个部门单位针对审计反映的问题，建立健全相关规章制度 116 条。①

4. 审计效率质量提升

预算资金来自每个纳税人的血汗，每个纳税人都在关注审计监督的效率和质量。目前中国只有 8 万审计人员，而审计对象约有 100 万个，任务繁重而力量不足的矛盾十分突出，但国务院十分重视“金审”工程（即审计信息化）建设，近年来先后投入 2 亿元，已完成一期建设，初步建成了审计署 18 个特派办的局域网，并建成了审计急需的三大数据库：被审计单位资料库、审计专家经验库、审计文献资料库，实现了审计方式的革新和审计效率的全面提升，其审计信息化水平已步入世界先进行列。而且还将开展“金审”工程二期建设，大力开发审计应用软件系统，全面实现从手工审计向计算机审计的转变。但审计也不是万能的。经济责任审计只是预防和惩治腐败的手段之一，每个纳税人还应当以事关切身利益的责任感支持和参与反腐败。

① 《法制日报》2005 年 6 月 29 日。

（三）依法惩治各类腐败犯罪，健全预防腐败犯罪机制

2005 年 9 月 8 日全国检察机关第六次反贪污贿赂侦查工作会议通报，2001～2005 年 7 月共立案侦查贪污贿赂案件 152440 件 170087 人，为国家挽回经济损失 189.6 亿元。5 年来，检察机关查办贪污贿赂犯罪案件有三个特点：一是查办大案要案成绩显著。共查办贪污贿赂大案 78202 件，占立案总数的 51.3%，其中百万元以上案件 5816 件；查办县处级以上干部 11971 人，占立案总人数的 7.04%，其中厅局级干部 820 人，省部级干部 29 人。与 2001 年以前相比，大要案的立案数有所增长，大要案的比例趋于提高，有力地惩治了腐败分子，昭示了党和国家反腐败的决心。二是查办重点领域、行业犯罪持续深入，保障了国家重大改革和建设工程的顺利实施，有效减少了国有资产流失。三是防逃、追逃工作不断加强，共抓获在逃犯罪嫌疑人 5400 多人，境外追逃工作取得重大突破，成功将余振东等一批潜逃境外的犯罪嫌疑人缉捕归案，树立了国家的法制权威，有力震慑了犯罪分子。同时，充分运用检察职能打击渎职侵权等"不入腰包的腐败"犯罪。2000～2005 年 6 月，查办各类渎职犯罪 34685 件 38554 人，这些犯罪给国家造成直接经济损失达 480.5 亿元，每年平均达百亿元。

为了建立惩治腐败犯罪的长效机制，党和国家注重用发展的思路和改革的办法防治腐败。这主要表现在以下几个方面。

一是在全国政法系统开展"规范执法行为、促进执法公正"专项整改活动。2005 年 4 月 27 日，中央政法委召开电视电话会部署专项整改活动。全国政法系统各部门紧紧围绕人民群众关注的执法问题切实整改和规范执法行为。通过分析近年来发生的腐败案件发现，审判机关的腐败案例大多出在民商事案件审判和执行上；检察机关的腐败案例大多出在审查批捕、起诉和职务犯罪侦查上；公安机关的腐败案例大多发生在治安、交通、出入境管理和经济犯罪侦查等环节上；司法行政系统的腐败案例大多出在监狱、劳教部门办理减刑、假释、保外就医、解教等环节上。这些权力相对集中的部门容易发生徇私枉法、权钱交易、违规违法办案、执法不文明、玩忽职守、执法不作为及地方和部门保护主义等问题。鉴于此，各级政法部门普遍围绕中央政法委提出的四个方面的重点岗位和环节，认真查找本系统执法工作中存在的突出问题，本着什么问题突出，就重点解决什么问题的原则，积极落实有关整改措施。

二是强化法律监督机制，严惩司法腐败行为。检察机关从制度上健全对司法人员渎职犯罪行为的查处机制，加大了监督力度，严肃查处了警务人员贪赃枉法充当黑恶势力“保护伞”的案件，审判人员徇私舞弊、枉法裁判的案件，监管人员索贿受贿、权钱交易的案件，等等。2005 年 1 ~ 7 月，检察部门立案侦查刑罚执行和监管活动中的职务犯罪案件 275 件 321 人，同比分别上升 3% 和 2.2%。

三是严肃查办侵权犯罪，重点监督刑讯逼供。从 2004 年 5 月到 2005 年 6 月，全国检察机关共受理国家机关工作人员利用职权侵犯人权犯罪的五类重点案件 6335 件，立案查办 3773 件 4645 人。河北霸州派出所民警殴打盘问对象致死埋尸案等一大批案件都被迅速查办，取得了很好的社会效果。随着佘祥林“杀妻”冤案等重大案件的披露，最高人民检察院把对刑讯逼供的监督作为 2005 年侦查监督工作的重中之重，并于 9 月专门下发通知，决定在全国检察机关公诉部门逐步实行讯问犯罪嫌疑人时全程、同步、连续录音录像制度，并要经被讯问人确认。最高人民检察院正在制定实行《人民检察院办理职务犯罪案件讯问犯罪嫌疑人实行全程同步录音录像的规定》。

四是特定领域特殊治理，重要部位重点预防。如建筑领域的腐败是一个时期以来世界性的重灾区，全球范围内普遍存在的工程建设项目腐败问题正严重影响着各国的经济可持续发展，不但可能导致国家因负债累累而走向经济崩溃，质量低劣的“豆腐渣”工程更会危及百姓身家性命。无论是发达国家还是发展中国家，均不同程度地受到工程建设项目腐败问题的困扰，打击工程建设领域的腐败已经刻不容缓。反腐败非政府组织“透明国际”《全球腐败状况 2005 年度报告》的主题就是建筑领域的腐败现象及危害。报告认为，贿赂至少使全球工程造价增加 10%，因此全球工程建设项目每年涉及腐败的资金约 32 万亿美元。工程项目的规模越大，涉及范围越广，腐败程度也越严重。该报告还指出，建筑领域也已经成为中国当前腐败的重灾区，这既有国际大背景的因素，又有中国过于强调 GDP 增长率导致各地“形象工程”、“政绩工程”盛行的原因。这不仅造成巨额经济损失，而且因拆迁、征地等问题侵害公民权利，激化社会矛盾。同时中国对建筑领域的腐败采取打防并举、注重预防的做法和经验也赢得了国际赞誉。2005 年的全球反腐败报告列举了中国《招标投标法》等近年来颁布的防范建筑领域腐败的法律和制度，盛赞中国反腐败的重大决策，对最高人民检察院联合有关部委推行建筑市场“黑名单”制度给予了高度评价。2005 年前三个季度，检察机关共结合办案开展各类预防17839项，提出检察建议5905件，推动有关单位建立健全管理制度6619项，防止经济损失9亿元人民币。同时，在预防工作中发现和移送职务犯罪案件线索4281件，为2004年全年发现和移送职务犯罪案件线索的3倍，侦查部门从中立案1483件。检察机关正在建立行贿犯罪档案查询系统，将于2006年1月1日正式受理查询。这份行贿"黑名单"录入的是1997年以来法院生效裁判认定构成的犯罪，即发生在建设、金融、教育、医药卫生系统和政府采购部门的个人行贿犯罪、单位行贿犯罪、向单位行贿犯罪、介绍贿赂犯罪案件。

五是加强反腐败的国际合作，共同打击腐败犯罪。近年来外逃贪官的共同特点是在案发前逃之夭夭、亡命海外，用贪污受贿等犯罪赃款在国外购买豪宅和高档汽车，过着挥金如土的奢侈豪华生活。2005年9月上旬在北京召开第22届世界法律大会的"反腐败国际合作"专题研讨中，中国学者引用较早报道的统计数据说，有超过4000名中国贪官通过各种渠道逃到国外，据最保守的估计，50亿美元被他们卷走。[①] 中国已批准《联合国打击跨国有组织犯罪公约》和《联合国反腐败公约》，截至2005年6月已与47个国家签订了71项双边司法合作条约和协定，与23个国家签订了引渡条约，还加入了含有国际司法合作内容的多边国际公约。2005年4月，中国还加入了亚太地区反腐败行动计划。目前中国主要通过引渡、国际刑警组织缉捕、区域性司法协助等途径追捕外逃贪官。从1993~2005年上半年，通过国际刑警组织先后将230多名外逃犯罪嫌疑人从30多个国家和地区缉捕归案。

二 腐败现象呈现新特点

（一）官商勾结酿成频发的矿难

近年来安全事故屡禁不止。随着对煤矿安全事故的清查，几乎每起矿难背后都牵连着腐败。

中国经济增长速度快，拉动煤炭需求猛增，煤价上涨导致企业过度开采。现在1吨煤可以卖200多元，人工成本只有5元，其他开支也不过几十元，除去各项费用，矿主可获利200元，利润率超过100%。而对违法采煤

① 参见《北京晚报》2005年9月6日《第22届世界法律大会反腐败国际合作专题》报道。

的罚款只有 5000～20000 元，死伤工人采取瞒报和低额私了。近年来，在高利诱惑下，1/3 的国有煤矿超负荷运转。国有大煤矿停产一天就损失上百万元，煤炭行业的暴利使开个小煤窑每年至少能赚 60 万元，大多数能赚 100 万元以上，赚数百万的也很普遍。过低的风险成本与巨额的利润驱使非法矿主冒险生产。中国约有 2.6 万个煤矿，其中 2.3 万个是乡镇煤矿（全部由个人承包的私营、个体小煤矿），经营粗放，事故多，其产量占全国的 1/3，死亡人数却占 2/3，重大、特大事故的 80% 发生在乡镇小煤矿。[①] 据国家安监总局通报，截至 7 月 10 日，2005 年全国已发生特别重大事故 7 起，死亡 484 人；特大安全生产事故 53 起，死亡 854 人。1 月 1 日～8 月 28 日，全国煤矿企业共发生一次死亡 10 人以上特大事故 35 起，死亡 1089 人，同比增加 12 起，683 人。尽管煤炭行业有暴利可图，但与国际同行业相比，中国的效益却非常低。据统计，中国的产煤效益仅为南非的 8.1%、美国的 2.2%，而中国的百万吨死亡率却是南非的 30 倍、美国的 100 倍。2003 年，全世界产煤约 50 亿吨，总共死亡 8000 人左右。其中，中国产煤 16.6 亿吨，占 33%；而死亡人数多达 6434 人，占 80.4%。中国乡镇小煤矿每百万吨死亡率高达 11.73 人，而澳大利亚每生产 1 亿吨煤仅死亡 1 人。[②]

小煤窑诱人的暴利驱使小矿主千方百计地“攻关”执法人员和有关政府官员，不择手段地获取采矿权。因此，官煤（商）勾结、沆瀣一气、权钱交易，谁送钱多谁就可能获得采矿权。因为若想开煤矿须具备采矿许可证、煤炭生产许可证、安全生产许可证、营业执照、矿长资格证书，除营业执照由当地工商局办理外，其他 4 证的最后核准权都在省级政府的职能部门。而省政府职能部门核准的依据是乡镇、县市的建议，这就给后者提供了巨大的权力寻租空间。湖南省安监局一位负责人披露：“一个非法煤矿主找到我说，如果能把自己的煤矿列为‘遗留问题矿井’名单，愿意支付 50 万～100 万元。”官煤勾结，权力入股，为非法采矿提供保护伞，非法矿主们因此有恃无恐。正是这些党政官员与黑矿主臭味相投，入“干股”，分“红利”，不遗余力地为其提供全方位服务，使许多地方的非法小煤窑开了关、关了开，整顿、反弹，非法开采屡禁不止。[③] 在这种“权力”与“资本”结成“腐败

① 《法制日报》2005 年 10 月 25 日。

② 《学习时报》2005 年 3 月 14 日。

③ 参见《学习时报》2005 年 3 月 14 日。

利益同盟”的状况下，大量不具备安全生产条件的非法煤矿“合法”证照齐全地狂开滥采。全国违法生产的煤矿约占60%，到2005年8月份，各种问题煤矿有8000多处尚未得到有效治理，直接造成矿难频发。8月25日，李铁映副委员长在全国人大常委会执法检查组关于检查安全生产法实施情况的报告中痛斥：“已查处的案件中，几乎每一起特别重大事故的背后都存在着腐败行为。”黑龙江省七台河市桃山区发生死亡18人的特大事故，矿主竟然是该区安全监管局副局长。遇难123人的广东兴宁市大兴煤矿根本不具备基本的安全生产条件却连续开采数年，在查处矿难事故中牵扯出背后的一系列腐败案件：广东省安全生产监督管理局副局长胡建昌受贿超过10万元，在事故发生前两个月违规批准为该矿发放安全生产许可证；兴宁市煤炭工业局副局长曾锡良在大兴等煤矿入股分取红利51.4万元，涉嫌受贿30万元；兴宁市国土资源局主任科员李振权在大兴等煤矿入股分取红利87.9万元，涉嫌受贿27.8万元。[①] 从省到市，从安监、煤炭到国土系统，大兴煤矿都有其“保护伞”，再加上该矿矿主还有公职人员身份，这样的非法煤矿自然“畅通无阻”。

在11月1日的新闻发布会上，国家安全生产监督管理总局局长李毅中逐一以事故查处中的实例归纳出五种官煤勾结腐败现象的主要表现形式：政府官员或国有企业负责人在小煤矿入股，谋取非法利益；政府官员暗中自办煤矿或庇护亲属违法办矿；政府官员违规滥用审批权，收受矿主贿赂；纵容、包庇煤矿违法生产经营；参与或默许、包庇隐瞒事故。矿难发生以后，处理起来也是“官商赚钱、矿工受难、政府埋单”，形成“官商赚票子、农民死儿子、地方出难子、政府当孝子”的不合理格局。官煤勾结是矿难频发的深层次原因，其后果是使非法矿主无视法律和政府监管，无视矿工生命，在不具备最基本的安全生产条件下“大干快上”，最终付出的往往是矿工生命的代价，是矿工家庭的不幸，是整个社会的悲哀。

因此，遏制矿难务必重点反腐。鉴于当前煤矿事故多发的一个重要原因是少数国家机关工作人员和国有企业负责人在煤矿投资入股，公开或暗中包庇非法矿主，使一些不具备安全生产条件和非法煤矿未能停产整顿或取缔关闭，甚至在安全检查人员来临之前为那些具有“赌徒心态”的矿主通风报信，并在检查中帮助他们掩盖问题。2005年8月22日，国务院办公厅下发

---

① 参见《法制日报》2005年11月2日。

《关于坚决整顿关闭不具备安全生产条件非法煤矿的紧急通知》，规定“国家机关工作人员和国企负责人撤出在煤矿的投资”的最后期限为 9 月 22 日。8 月 30 日，中央纪委、监察部、国资委、安监总局联合发出通知，规定对逾期不撤股等行为，一经查出就地免职，然后依照有关规定严肃处理。然而，“最后通牒”大限过后，到 9 月 25 日晚 27 个省级单位向安监总局报来清理情况，只有 497 人撤资，其中机关工作人员 325 人，国企负责人 172 人。有些省份无一官员主动撤资，还有人称：“宁不当官，决不撤股。”一来是因为小本大利太诱人了，不到万不得已他们是决不会主动撤股的；二来是不少官员本来就是入的“干股”、“权股”，不仅无法撤资，而且在股东名册上查不到或根本就不是用真名注册，所以他们还要负隅顽抗地赌一把。截至 9 月 29 日下午 6 时，贵州、内蒙古等 11 省（区）主动登记入股煤矿的政府官员人数已达 826 人，其中此前只上报了 20 人的山西省增报了 170 人，而之前被媒体曝光没有一人撤资的内蒙古有 110 余人从煤矿撤资 600 余万元。截至 2005 年 10 月 20 日全国共报告登记在煤矿投资入股的国家机关工作人员和国有企业负责人 4578 人，其中国家机关工作人员 3002 人；登记入股金额 6.53 亿元，已撤资 4.73 亿元。[①] 11 月 1 日中纪委、监察部等部门通报了被查处的 4 起干部入股煤矿的典型案例，各地也有一些不愿撤资的涉煤官员被免职。由此可见，尽管党和国家三令五申，但官员撤股仍是“挤牙膏式”地艰难进行。目前，全国已对近万个煤矿下达停产整顿通知，2005 年底之前经整顿仍然达不到标准的要予以关闭。与此同时，制定了查处腐败和专家安全评估五项安全保障制度，以清理纠正国家机关工作人员和国有企业负责人入股办矿问题为突破口，严厉惩治安全生产领域的腐败现象。为了巩固和扩大已经取得的成果，下一步将把禁止投资入股煤矿作为领导干部廉洁自律从政的重要内容。检察机关为加大查处重大安全事故背后的职务犯罪案件，也在探索建立检察机关同步介入重大安全事故调查的机制。继续深入清理其中深层次、隐持式的“暗股、干股、权力股”，把“权力资本”彻底清理出去，从官煤勾结的腐败源头铲除后患。

（二）官员参赌成为贿赂的花招

赌场行贿受贿已成为买官卖官的一条潜规则。有些地方流传的顺口溜

① 参见《法制日报》2005 年 11 月 2 日。

说："要想进班子，必须上摊子；上不了摊子，休想进班子！"为什么"上摊子"对于"进班子"这么重要？又有道破天机的顺口溜："领导坐庄，通吃三方。""上级赢下级的，领导赢部下的，官员赢老板的，老板赢国家的。"官员参赌实质就是行贿受贿的一种方式，北京有个姓兰的公司老总外号叫"兰精光"，因为他只要同领导打牌就输得精光。公款参赌也是另一个与腐败密切相关的重大问题。近年来赌博活动几乎席卷全国，仅吉林省延吉市的周边曾一度就有近 30 家境外赌场，在其周边曾形成庞大的赌网，欢迎贪官去一掷千金。据统计，中国每年外流的赌资约 6000 亿元人民币，相当于一年的全国教育经费（2003 年中国教育经费为 6208.27 亿元）。这其中有多少是公款尚无统计数据，但从一些个案可窥豹一斑：湖南郴州市住房公积金管理中心主任李树彪赴澳门豪赌，贪污挪用公款 1 亿多元；中山市实业发展总公司陈满雄夫妇多次赴澳门豪赌，共同挪用中行中山市分行资金 4.27 亿元，其中 4.15 亿元是还赌债；重庆市委宣传部原副部长张小川等人挪用公款 2 亿多元，其中 1 亿多元输在澳门赌场。据浙江省近两年的统计，共查处参赌官员 4800 多人，占各种党员干部违法违纪案件总数的 26.1%。[①] 所以，在中国禁赌也是反腐败。2005 年 1 月 11 日，中央召开全国集中打击赌博违法犯罪专项行动电视电话会，要求打一场声势浩大的禁赌人民战争，并且把参与赌博的党员领导干部、国家公职人员、国有企业事业单位负责人作为打击重点，严肃查处他们的参赌问题，因为这些官员参赌的背后都有腐败。在这场为期半年的禁赌专项行动中，共查处党员干部、国家公职人员、国有企事业单位负责人 1617 人，其中处级以上干部 47 人，科级干部 254 人。另外，26 个省党政部门在 2005 年上半年查处参赌党员干部 4627 人。5 月 11 日，最高人民法院、最高人民检察院出台《关于办理赌博刑事案件具体应用法律若干问题的解释》，对刑法第 303 条规定的赌博罪予以细化，规定国家工作人员参赌要从重处罚，还规定通过赌博或者为国家工作人员提供资金的形式实施行贿、受贿行为，构成犯罪的，依照刑法关于贿赂犯罪的规定处罚。

（三）教育乱收费形成腐败热点

改革开放以来，中国教育的发展取得了历史性的突破。但教育领域的腐

① 引自《人民政协报》2005 年 3 月 3 日。

败现象也令人担忧，除权学交易、商学交易、名学交易呈发展趋势外，名目繁多的教育乱收费给广大学生家长增加超负荷的经济负担是当前反腐败的热点问题。与此同时，“乱办班、乱收费、乱发证”也是2005年纠风工作瞄准的新重点，整顿治理的重点范围是各级行政机关所属或管理的事业单位、中介机构、社团组织等超职能、超范围、超计划乱办班、乱收费、乱发证的行为。国家发展改革委提供的数据显示：截至7月，全国各级价格主管部门查处价格违法案件24518件，实施经济制裁总额1.2亿元，教育乱收费案占已查处案件的23.8%。[①]

中小学乱收费的主要问题是：农村中小学乱收费突出；捐资助学费与入学挂钩；借办强化班、提高班、特色班等名义收取高额费用；民办学校、民办公助学校收费标准高、随意性大。高校乱收费的主要问题有：一些院校自定标准、超标准收取学费、宿费、择校费等；自立项目收费；提高标准收取住宿费或社会化公寓收费质价不符等。2005年6月28日，审计长李金华在审计报告中指出，审计和调查18所中央所属高校财务收支情况表明，乱收费达8.68亿元。8月24日国家发改委宣布，第六次全国涉农收费专项检查共查处乱收费案件1.3万件，退还涉农乱收费9300万元。其中农村中小学乱收费约占涉农乱收费总额的一半，成为加重农民负担的主要因素。[②] 最近10年间，中国大学学费从每年几百元升至每年5000~8000元，学费猛涨约20倍，而同期国民人均收入增长不到4倍。有资料显示，目前中国高校教育成本理工学科人均每年1.4万~1.6万元，人文学科人均每年1.2万~1.4万元。若按现在每生年学费5000元，学生家庭所分摊的高校教育成本比例为33%左右；若按学费8000元，这一比例高达53%，而国外这一比例通常在13%~15%。与此同时，学校财务管理严重松懈，少数地方腐败浪费触目惊心，巧立名目滥发钱物，而这些资金来源主要靠五花八门的教育乱收费。因此，当务之急是应当严格规范办学行为，依法治理办学中的各种腐败，因为教育领域的腐败不仅是当前严重的社会危害，而且严重地直接危害国家和民族的未来！然而，更为严重的是，制止教育乱收费的执法难度极大。如安徽省阜阳市物价局原局长张洪均制止教育乱收费遭责难，执法行为受阻挠，执法权被上收，执法经费被停拨，张洪均不堪忍受巨大压力无奈辞职。

---

① 见《法制日报》2005年1月25日。

② 引自《人民政协报》2005年8月5日、9月20日。

（四）医疗高费危害群众的身心

2005年3月21日在上海召开的全国纠风工作会议透露：2004年全国医务人员上交收受回扣、“红包”、开单提成涉及金额共4949.1万元，查处此类问题涉及金额3817.5万元，查处医药商业贿赂、假冒药品和医疗器械以及违法医药广告案件总计7.35万件，案值12.9亿元。[①] 6月28日审计长李金华在其所作审计报告中指出：审计和调查卫生部及北京市所属10家医院2003年度财务收支及相关药品、医疗器械购销情况表明，群众看病贵的问题尚未得到妥善解决。这10家医院2003年平均每门诊人次收费307元，比上年增长8.8%；每病床日平均收费1006元，增长10.9%。

造成这一问题的主要原因不外于三种：一是一些医药生产企业虚报成本，造成一些药价虚高。随机抽查10家医院2003年销售给患者的105种药品发现，因企业虚报其中一些药品的生产成本导致患者多负担1052万元，占医院实际收费3744万元的28%。二是医药流通环节层层加价，牟取暴利。用于心脏手术的某规格球囊，报关价为每个496元，经一级、二级代理商两次倒手骤升到7000元，加价13倍多。三是医院采购中收取折扣、回扣现象比较普遍，直接或间接加重患者负担。如北京媒体曝光的广东某地制药厂生产的抗生素头孢他叮，每克的出厂价是6元，批发价为69.5元，患者买到手要花80元，这每克74元差价被中间人赚走。2005年9月3日，一家医药公司的代表赵某主动向《北京晚报》自揭医药黑幕：向医院推销药品，除送“临床费”外，医药代表有时还要请有关负责人或医生吃饭、去KTV欢唱；如果药品是首次进医院，还要给负责人至少1万元以上的“开户费”。有时医生也会主动提出“科里过节要吃个饭，你们能不能给点赞助？”“赞助”的内容五花八门，包括办公用品、机票、餐费等等。

医疗高价加上医药费个人负担比例偏大，凸显中国卫生总费用结构不合理。目前纳入政府定价的药品共计2400余种，占市场流通药品数量的20%左右，占市场销售份额的60%左右。近年来，价格主管部门先后17次出台措施降低1100多种药品零售价格，总额达350多亿元，但群众看病贵、药品价格高的问题没有得到真正解决。究其原因：一是政府定价的部分药品价格没有降到位；二是实行市场调节价的药品价格上涨；三是医疗服务乱收费

① 引自《法制日报》2005年3月22日。

问题屡禁不止。一些医疗机构自立项目违规收费、分解项目重复收费的问题还时有发生，不仅加重了患者的医药费负担，也腐蚀了医务人员。如湖北省妇幼保健院一护士的儿子住院抢救无效死亡，医院收取医疗费 19474.52 元。该护士在悲痛之余凭自己的专业知识发现多收了 1/4 的医疗费，2005 年初告到当地法院，一审判决医院退还医疗费 5629.53 元。原、被告双方上诉后，武汉市中级法院终审判决医院退还原告 5819.55 元。此案首开医疗乱收费诉讼之先河。据统计，近 8 年来中国门诊就医费增长了 1.3 倍，住院费用增长了 1.5 倍；平均每年门诊费用增长 13%，住院费用增长 11%，都超过了居民收入增长的幅度。目前城市平均住院费用是 7600 元，而现在城市居民的年平均收入是 6500 元。农村平均住院费用 2400 元，则刚好相当于农村人口年平均纯收入。

在这种状况之下，问题更严重的是，据 10 月 31 日在天津召开的“中国药师周”大会透露，全国 40% 的城镇居民、72% 的农村居民看病需要自掏腰包。而据卫生部的调查显示，44.8% 的城市居民和 79.1% 的农村居民没有任何医疗保障。

个人医疗支出在卫生总费用中所占比重一直在不断加大。据 2002 年世界卫生组织统计显示：中国人均政府卫生支出水平在 191 个成员国中排名 131 位，而中国个人卫生支出所占比重为 15 位。2003 年中国城市最低收入群体人均收入 946 元，人均卫生支出 102 元；农村最低收入群体人均收入 333 元，人均卫生支出 89 元。[①] 可见中国政府在卫生支出领域的角色已经弱化。虚高无度的医疗高价，直接导致广大没有享受公费医疗的人民群众“看病贵”、“看病难”、“看大病一贫如洗”。因此，许多人有病也不去就医。据卫生部调查，由于看病费用高昂，约有 48.9% 的人有病后选择不去医院，29.6% 的人在应当住院治疗时不住院。世界卫生组织《2004 年世界卫生报告》显示：2001 年中国的医药开销相当于国家 GDP 的 5.5%，而这个数字在美国是 13.9%。这种情形在广大农村更为突出，因为 80% 的医疗资源集中在城市，约有 9 亿人口的农村只享有 20% 的医疗资源，而大多数农村人口没有医疗保险，医药费的增速远远高于其收入增长。在 2000 年世界卫生组织对成员国卫生筹资与分配公平性的评估排序中，中国列 188 位，在 191 个成员国中倒数第四；而在卫生总体绩效评估排序中，中国也仅列

① 引自《法制日报》2005 年 11 月 1 日。

144 位。①

由此可见，一方面是政府对卫生医疗事业的投入严重不足，且有限资源的配置严重不公；另一方面是乱收费、乱加价等医疗领域的腐败快速加剧医疗费的虚高，广大群众看病难、看不起病的状况实在令人担忧。2005 年 8 月，中国青年报社会调查中心通过央视资讯进行了一项民意调查，全国 733 名 30 岁以上公众参与，调查结果显示：90% 的人对 10 年来医疗体制方面的变化感到不满意，而且被调查对象还不包括面临问题最突出的农村人口。②国务院发展研究中心“中国医疗卫生体制改革”课题组报告指出，“中国医疗改革违背了卫生事业发展基本规律”，认为相当多的医疗卫生服务具有公共性质，是市场化所解决不了的。但卫生部回应说，医疗改革还要市场化。认为主要弊端在于“公立”医院不“公益”。如目前中国的医疗服务机构 90% 以上为公立医疗机构，由于财政投入很少，相当多的公立医疗机构仅保留“公立”的外壳，内部运行机制却出现了市场化的倾向，主要靠向群众就诊收费维持运行和发展，公益性质淡化。

令人欣慰的是党和国家已对医疗保障问题予以高度重视，2002 年 10 月就开始推行新型农村合作医疗试点，现已扩大到 300 多个县约 8000 万农民参加。到 2004 年底有 29 个省（区、市）出台了医疗救助政策，1003 个县实施农村医疗救助，全国筹集医疗救助资金 11.8 亿元，救助农村困难群众 548.9 万人。2005 年 3 月，温家宝总理在十届人大三次会议上的政府工作报告中提出一系列医疗保障举措，使人民群众看到了希望：“切实解决群众看病难、看病贵的问题”，“深入整顿和规范医疗服务收费和药品购销秩序”，“切实把医疗卫生工作的重点放在农村”等等。医改是一个探索的过程，经济的发展最终要以改善人们医疗、教育等为目的，健康和医疗卫生是人类社会极其重要的经济和政治焦点，医疗保障水平是一个社会文明秩序的重要标志，是国家的综合实力和执政能力的象征。

三　防治腐败需要新举措

中共中央颁布实施的反腐败《纲要》，规划了一个注重预防和依靠民主、

① 引自《学习时报》2005 年 7 月 18 日。

② 参见《学习时报》2005 年 9 月 5 日。

法治、德治多管齐下的防治腐败体系。为了从根本上解决滋生腐败的各种深层次的问题，《纲要》提出“用发展的思路和改革的办法防治腐败”。这就是要求将反腐败寓于各项重要的改革之中，用发展的思路去创新体制、机制和制度。

（一）反腐倡廉的法制要更新

《纲要》提出：“到 2010 年，建成惩治和预防腐败体系基本框架”，“加快廉政立法进程，研究制定反腐败方面的专门法律。修订和完善刑法、刑事诉讼法等相关法律制度。”中共十六大以来，中央高度重视反腐倡廉法规制度建设。中央纪委、监察部对改革开放以来涉及党风廉政建设和反腐败工作的文件进行了全面清理，决定废止 115 件，同时对法规制度进行了科学分类，编制了《2004 ~ 2007 年党风廉政和反腐败法规制度建设工作规划》。这表明，中国反腐倡廉法规制度日趋完善，已构建起法规制度体系基本框架。当务之急是反腐败的刑事等有关法律制度亟待修订、完善和更新。

1. 修订反腐败刑事法律

当前中国的腐败犯罪日益涉外化、国际化，反腐败犯罪越来越需要国际司法合作。然而中国现行刑事法律有关反腐败方面的规定，已经越来越不适应这种司法实践的客观要求，亟待修订刑法、刑事诉讼法中关于反腐败犯罪的规定。如 2003 年 10 月 31 日第 58 届联大审议通过了《联合国反腐败公约》（以下简称《公约》，有 30 个国家批准即可生效），现已有包括中国在内的 34 个国家批准（中国于 2005 年 10 月 27 日十届全国人大常委会第 18 次会议批准）。该公约将于 2005 年 12 月 14 日正式生效，这是国际社会治理腐败的共同法律文件。但《公约》规定的一些具体犯罪，在中国刑法中尚未规定，如贿赂外国公职人员或国际公共组织官员的犯罪等。对于《公约》规定的程序方面的某些重要措施，中国立法也未明文规定。如《公约》规定资产因腐败行为被转移到国外时，资产流出国可以向资产流入国发出令状（生效判决），要求对方没收、冻结或扣押后返还，但中国缺乏刑事缺席审判制度而无法有效利用《公约》的规定来应对越来越多的携款潜逃的腐败现象。类似的问题还有很多，因此，应尽快遵照《公约》的要求和国际司法合作的通例来修订我国的刑事法律，以适应新时期反腐败犯罪的国际司法合作需要。

2. 制定适应防治洗钱犯罪实践所需的《反洗钱法》

洗钱犯罪是当今社会危害极其严重而又具有国际性和腐败性的犯罪。中国 1990 年 12 月制定的《关于禁毒的决定》将毒品洗钱行为规定为犯罪；

1997年修订刑法时又将洗钱罪的上游犯罪规定为毒品犯罪、黑社会性质的组织犯罪、走私犯罪；2001年刑法第三修正案又追加了恐怖活动犯罪。据有关机构不完全统计，中国内地每年通过各种渠道"洗"出去的黑钱至少达2000亿元人民币，相当于国内生产总值的2%。遗憾的是，从最高人民法院相关部门获悉，修订刑法实施8年来，全国审理结案的洗钱犯罪案件仅有4件5人次。[①] 由此可见，中国刑法规定的洗钱罪近乎法徒文具式的"纸上谈兵"。究其原因，主要是中国出境洗钱的大多是金融犯罪和腐败犯罪，而现行中国刑法将洗钱罪的上游犯罪规定为毒品犯罪、黑社会性质组织罪、恐怖活动犯罪和走私犯罪4类犯罪，各种腐败犯罪都未列入洗钱的上游犯罪。而《联合国反腐败公约》将洗钱罪之"钱"的来源规定为"财产为犯罪所得"，对其犯罪的具体种类未加限制。由此可见，在反洗钱犯罪领域，中国的法律捆住了自己的手脚。据悉，国家正在起草《反洗钱法》。应加快立法进程尽快制定符合当代国际反洗钱犯罪要求、衔接《公约》相关规定和切合中国实际的《反洗钱法》，尤其要将各种腐败犯罪规定为洗钱罪的上游犯罪，将腐败行为所得赃款赃物全部纳入洗钱罪之"钱"的来源。

3. 制定《公务员法》的配套规定

由于腐败是公务人员以职谋私的行为，所以，依法治国的重点之一就是要依法管理好公务员队伍，防治腐败的关键是要依法规范公务员队伍的公务行为。2005年4月27日，十届全国人大常委会第十五次会议通过了《公务员法》。与国际上通行的公务员法不同的是，中国实行的是大范围的公务员法。该法第二条规定："本法所称公务员，是指依法履行公职、纳入国家行政编制、由国家财政负担工资福利的工作人员。"因此，中国共产党、人大、行政、政协、审判、检察、民主党派机关的工作人员都纳入公务员管理，充分体现了中国现行政治制度的基本特点，是中国特色的公务员制度。然而，徒法不足以自行。《公务员法》的实施还有大量的准备工作要做，其中最重要的一环是制定《公务员法》的系列配套规定，必须有全面、系统、周密的配套规定来贯彻落实好《公务员法》规定的干部人事管理的总章程。从这个意义上讲，制定《公务员法》的配套规定，把《公务员法》的立法精神和法律意识具体贯彻落实到全体公务员日常工作的行为规范之中，对防治腐败至关重要。

---

① 见《人民政协报》2005年3月28日。

4. 制定专门的反腐败法

《纲要》明确指出："加快廉政立法进程，研究制定反腐败方面的专门法律。"早在 20 世纪 90 年代初，制定专门的反腐败法已列入立法计划，全国人大常委会委托最高人民检察院起草法律草案。最高人民检察院专门成立了反贪污贿赂法研究起草小组，起草了《惩治贪污贿赂法》草案并十七易其稿，到 1997 年修订刑法时将有关内容纳入刑法分则第八章，起草工作随之停止。现在制定专门的反腐败法，应当以宪法为根据，以《纲要》为指南，以《惩治贪污贿赂法》草案为基础，根据当前和今后一个时期中国反腐败的国际国内形势要求，制定一部专门的《反腐败法》。在立法体例上，应借鉴当代世界上反腐败成效明显的多数国家的立法经验的技术，为适应反腐败的特别需要制定综合型的专门法（在最高人民检察院搜集国外的 61 部反贪污法中，"诸法合体"的综合型反贪污专门法 38 部，占 63%）。因为在反腐败领域并存着各种社会关系，其法律对策绝非某一个部门法所能囊括的，应将反腐败的机构与权责、实体与程序等规范都纳入本法的立法视野，融反腐败的行政法、刑事法、组织法、实体法、程序法等内容于一体。在立法内容上要将现行各部门法中的有关规范进行系统归类整合，进一步充实和完善，借鉴国外反腐败立法的经验，赋予侦缉腐败犯罪的特殊手段和特别权限，如国际上反腐败通行的特别侦查权、特殊强制措施、特殊证据制度等等。由于腐败是一种国际性的犯罪，中国的反腐败立法应当根据《联合国反腐败公约》的规定，对现行司法制度进行国际化改革，全方位创新反腐败国际合作制度，在侦查取证、资产追回、技术援助、信息交流、通缉遣返、缺席审判、定罪量刑等各方面做出全面规定。此外，反腐败职能的配置与协调配合、基本人权的保障与对公职人员的约束措施、腐败预防与综合治理等方面的内容，都应纳入综合性的反腐败法。制定专门的反腐败综合性法律，还应特别考虑对反腐败工作本身的监督与制约问题，检察机关正在试行专门监督查办职务犯罪案件的人民监督员制度已趋成熟，也应纳入本法。

5. 立法确认人民监督员制度

检察机关承担着反腐败犯罪的法定职能，近年来不断加大反腐工作力度取得显著的成效。但在查办职务犯罪的诉讼过程中，人民群众对少数案件的处理存在一定的异议，主要是对检察机关决定逮捕、不起诉和撤案"三类案件"的某些个案有不同的意见和看法。检察机关对这"三类案件"做出处理决定时确有法定外部监督不力的问题，也是实践中容易发生问题的环节。

最高人民检察院根据党的十六大关于推进司法体制改革的要求，为了强化对检察机关自身司法活动的外部监督，确保职务犯罪检察权的正确行使，根据宪法及人民检察院组织法、检察官法等法律的有关规定，做出了实行人民监督员制度的重大改革决策。从2003年8月部署到2005年8月底，全国共有2789个检察院开展了试点工作，占全国各级检察院总数的86%。共选任人民监督员19015名，有机关、团体、企业事业单位和基层组织民主推荐的公务员、学者、职员、工人、农民、企业家、私营业主等社会各界的代表。其中，人民监督员不同意检察机关原拟处理决定的315件，检察机关采纳人民监督员表决意见的155件，占49.2%，阻却了检察机关在查办职务犯罪案件工作中可能出现的处理偏差，使案件的处理决定更加合法、合情、合理。实行这项制度提高了检察机关的整体办案水平和质量。先期试点的10个省（区、市）检察机关2004年1~8月查办职务犯罪案件同比平均撤案率下降2.56个百分点、不起诉率下降2.58个百分点、起诉率上升4.43个百分点。2004年8月试点范围扩大后，2005年1~8月，查办职务犯罪案件的撤案率、不起诉率同比又分别下降0.04和4.34个百分点，起诉率上升2.02个百分点。实践证明，选任公众代表监督检察工作，有利于强化检务公开，消除公众对查办职务犯罪工作中的某些误解，化解社会矛盾，维护社会稳定，契合构建社会主义和谐社会的需要，也符合国际司法民主的发展潮流。应当在依法规范和不断完善人民监督员制度的同时，尽快根据宪法中的人民主权原则和关于人民群众监督国家机关及其工作人员的有关规定，从立法上进一步确认和规范人民监督员制度，使之在反腐败斗争中发挥更大的作用。

（二）惩治腐败的体制要革新

所谓惩治腐败的体制，这里主要是指以反腐败为特征的职务犯罪侦查体制。因为要有效地惩治腐败犯罪，首先要提高发现腐败线索、揭露腐败行为、查获腐败罪证、缉捕腐败犯罪嫌疑人的侦查破案能力，否则，惩治腐败犯罪就成为空话。中国现行的职务犯罪侦查体制是在长期反腐败斗争的司法实践中形成的，总体上适应国情，历史上起到了十分重大的作用，而且仍在继续发挥其有效的作用。但随着中国政治、经济体制改革的深化，社会的迅速发展变化，职务犯罪发生了群体性、跨地域性、智能性、多发易发性等变化，其反侦查能力借助现代高科技而不断增强，现有侦查体制在某些环节和方面已越来越不适应这种情况的变化，例如，中国检察机关的司法管辖与行

政区划的管辖范围相同，而职务犯罪越来越向跨地域化和跨国涉外化发展，这就使检察官侦查取证、追赃和缉捕犯罪嫌疑人面临重重困难；又如检察机关侦查办案所必需的“人、财、物”都受制于当地政府，而被追查的职务犯罪嫌疑人往往就是当地政府管人、管财、管物的实权人物，客观上检察机关往往难以独立行使检察权。诸如此类的现实问题，使侦破职务犯罪的能力日益受到多方面的制约，导致难以有效遏制腐败现象猖獗的势头，直接危害党的执政能力和政府的行政效率，危害人民利益和社会和谐。因此，职务犯罪侦查体制的改革势在必行。

改革现行职务犯罪侦查体制，主要是在遵循法定检察体制的原则下，根据宪法规定的上下级检察院之间的领导关系，结合职务犯罪侦查工作的特殊需要，整合现有侦查资源，改革为侦查一体化的体制。即在现行法制原则和检察体制框架之内，对侦查工作实行刚性的统一管理、统一指挥、统一调度、统一协调。在实行侦查一体化制度的同时，省级以下检察院启动侦查程序和做出逮捕决定应报上一级检察院备案审查，下级院做出撤案和不起诉决定应报上一级检察院审批。为强化侦查一体化的程度，要在检察系统内对侦查部门实行业务经费预算单列，或由省级检察院统筹管理，由最高人民检察院统一掌控，确保侦查一体化的综合效应和整体侦查能力的充分发挥，以侦查能力的最大化来有效应对新型腐败犯罪，形成“纵向指挥有力、横向协作紧密、运转高效有序”的侦查一体化机制。

（三）防治腐败的机制要创新

从反腐败的战略意义上讲，防治比惩治更为重要。因此，全方位地防患于未然的工作是反腐败的治本之策。目前，在惩防并举的前提下，应注重防治腐败的机制创新。

1. 从“个人拍板”方式转变为民主决策机制

虽然党和国家长期倡导民主决策，但在实际操作中受传统的“家长制”和“一言堂”作风的影响，仍严重存在实质上由“个人拍板”的决策方式。因此，拍板人物就成为贿赂的主要对象，这就是近年来领导干部被腐蚀情况突出的主要原因。此外，在领导班子“分工负责”的管理模式下，一些重要的项目、资金、指标额度、单位的财务等往往由“一支笔”审批，一方面审批者精力和能力有限，不可能对所批事项一一了解清楚，难免造成严重的误批错批；另一方面无形地将各方面的管理决断权分别集中于某些个人，这无疑为权力寻租设租大开方便之门。因此，一定要创新管理决策机制，科学地实行公务公开，真正做到民主决策，建立“阳光公务”的防治腐败机制。

2. 从“群众运动”方式转变为依靠群众机制

群众路线是党和国家的根本工作路线，反腐败必须依靠群众的参与和支持。但传统地搞群众运动，虽然可以掀起一个又一个的反腐败高潮，但也造成“雨过地皮湿”的临时效应，使腐败分子学会采用“运动中收手、运动后伸手”的周旋对策，故“运动式反腐”不是长久之计和治本之策。历史经验告诫我们，反腐败不能靠群众运动和人人过关的方式。在新时期新阶段，应当把鼓励和支持群众举报与专门机关依法查处有机结合起来，通过深入群众和依靠群众依法形成及时发现、揭露和解决腐败问题的有力机制。要扩大群众有序的政治参与，拓宽对施政行为的监督渠道，增强涉及群众切身利益的有关政策和工作的透明度，建立健全受理群众举报违纪违法行为的工作机制，及时处理群众反映的问题，力争把问题解决在萌芽状态、解决在基层、解决在当地，通过依法鼓励群众参与有秩序地进行反腐败斗争，为反腐倡廉奠定坚实的群众基础。

3. 从“专项整治”方式转变为常态法治机制

为了有针对性地重点整治某些领域的严重腐败现象，长期以来经常开展具有立竿见影作用的专项整治活动，这对于及时遏制和防治特定领域的腐败现象功不可没。但各种专项整治都是临时应急，也有“运动式执法”的负面效应，长此下去会形成“一遇整治一阵风”的现象，使腐败分子学会“运动式应对”的伎俩，容易陷入时紧时松的治理怪圈，从而导致法治精神的缺失，不利于长远的反腐倡廉。按照《纲要》关于“树立长期作战的思想，抓紧建立健全惩治和预防腐败体系”的要求，应当“把反腐败寓于各项重要的政策和措施之中，用发展的思路和改革的办法防治腐败”。因此，要以贯彻实施《纲要》为契机，以科学发展观为指导，努力推进反腐败的执纪、执法、司法活动的规范化、制度化和程序化，按照构建社会主义和谐社会的要求，努力促使我国新时期防治腐败体系形成一种常态法治机制。

（作者单位：最高人民检察院）

2005 年社会治安形势

○ 宗胜利　李国忠

从总体上看，2005 年全国社会治安大局继续保持持续稳定态势，人民群众的安全感普遍增强，中国经济社会发展拥有一个相对稳定的治安环境。

一　社会治安大局总体稳定

2005 年以来，全国公安机关以“三个代表”重要思想为指导，牢固树立和全面落实科学发展观，按照构建社会主义和谐社会的要求，继续毫不动摇地坚持严打方针，因地制宜地组织开展了一系列严打整治行动，大力加强治安管理和防范工作，积极推进治安防控体系建设，确保了社会治安大局的总体稳定。

——依法严厉打击严重暴力犯罪活动。全国公安机关深入贯彻全国侦破命案工作会议精神，进一步健全完善侦破杀人案件工作机制，进一步加大对严重暴力犯罪活动的打击力度，及时破获了一大批命案，有力地打击了严重刑事犯罪分子的嚣张气焰。

——组织开展打击“两抢一盗”犯罪专项斗争。针对抢劫、抢夺、盗窃等多发性侵财犯罪高发的突出情况，公安部组织全国公安机关开展了打击“两抢一盗”犯罪专项斗争，重点打击街头“两抢”、入室盗窃和盗抢机动车等犯罪活动，破获了一批抢劫、抢夺、盗窃等多发性侵财案件，打掉了一批犯罪团伙，有效遏制了“两抢一盗”犯罪活动的高发势头。2005 年 1 ~ 10 月，全国公安机关共破获抢劫案件 13.6 万起、抢夺案件 6.8 万起、盗窃案件 90 万起，分别比 2004 年同期上升 4.5%、3.8%、4.9%。

——积极参加整顿和规范市场经济秩序工作。全国公安机关与有关部门密切配合，认真研究经济犯罪活动出现的新情况、新特点，积极探索防范、打击经济犯罪工作的新思路、新举措，不断提高打击经济犯罪工作的主动性、针对性，先后组织开展了打击金融票证、地下钱庄、虚开货物运输发票和制售假发票、侵权盗版违法犯罪等一系列专项行动，破获了一批经济犯罪案件，抓获了一批经济犯罪分子，有力地维护了社会主义市场经济秩序。2005年1~10月，全国公安机关共破获破坏社会主义市场经济秩序犯罪案件4.7万起，比2004年同期上升9.6%，挽回经济损失85.4亿元。

——深入开展集中打击赌博违法犯罪活动专项行动。2005年1~5月，全国公安机关会同有关部门在全国范围内集中组织开展了打击赌博违法犯罪活动专项斗争，以聚众赌博、开设赌场，网络赌博，六合彩等非法彩票赌博，党政领导干部、国家公职人员、国有企事业单位负责人参赌涉赌，以及境外赌场招揽中国公民出境参赌等5类突出问题为重点，向各种赌博违法犯罪活动发起了凌厉攻势。经过5个月的不懈努力，禁赌专项斗争赢得了辉煌战果，取得了显著成效。全国公安机关共破获各类赌博案件16.3万起，收缴赌资折合人民币23.3亿元，最高人民法院、最高人民检察院和公安部联合督办的70起赌博大要案件全部破获。在专项斗争中，成功侦破了吉林省延边州交通运输管理处原处长蔡豪文挪用巨额公款赴境外参赌等一批社会影响恶劣的赌博大案，依法查处参赌涉赌的党政干部、国家公职人员、国有企事业单位负责人1617名，党员干部参赌涉赌问题得到有效遏制。

——组织开展禁毒人民战争。全国公安机关按照国家禁毒委员会的统一部署，以遏制毒品来源、毒品危害和新吸毒人员滋生为目标，精心组织，周密部署，广泛深入地开展禁毒人民战争，全力打好禁毒预防、禁吸戒毒、堵源截流、禁毒严打、禁毒严管五大战役，取得了显著成效。2005年1~10月，全国公安机关共破获毒品犯罪案件7.9万起，缴获海洛因、鸦片、冰毒共计12.7吨。公安部加大了毒品大案要案的直接侦办和协调指导力度，指挥各地成功破获了“7·24”特大跨国制贩冰毒案、“8·01”特大跨国走私氯胺酮案、“11·02”特大跨国贩毒犯罪集团案件等一大批跨国、跨境毒品案件，有力地打击了境内外贩毒集团的嚣张气焰。

——依法打击互联网上违法犯罪活动。针对网上淫秽色情、赌博、诈骗等多发性违法犯罪泛滥的情况，公安部组织各地公安机关开展了一系列专项行动，狠抓案件侦办工作，沉重打击了网络违法犯罪分子的嚣张气焰。2005年1~9月，全国公安机关共立各类信息网络违法犯罪案件近1.4万起。针对一些不法分子利用手机发送短信息实施诈骗、传播违法信息日渐突出的情

况，从 2005 年 11 月 1 日开始，公安部会同信息产业部、中国银行业监督管理委员会等部门，在全国范围内统一开展手机违法短信息治理工作，有效遏制了利用手机发送短信息从事诈骗、传播违法信息等活动的发展势头，维护了广大人民群众的合法权益。

——因地制宜地组织开展重点整治。各地公安机关积极适应动态环境下社会治安状况的深刻变化，认真落实社会治安综合治理各项措施，深入排查治安混乱的地区、部位、场所，针对突出的治安问题，因地制宜地组织开展重点整治和专项治理，相继组织开展了全国火车站及周边地区治安秩序专项整治行动、学校及其周边治安秩序集中整治行动、打击整治盗窃破坏电力设施犯罪专项行动，大力加强对出租房屋、公共娱乐服务场所、特种行业以及枪支弹药等危爆物品的管理，全面推进社会治安防控体系建设，有效预防和减少了一些刑事案件的发生。

从总体上看，当前中国社会治安局势呈现出良好的发展势头，具体表现在以下几个方面。

一是刑事案件大幅度上升的势头得到有效遏制。2005 年 1 ~ 10 月，全国公安机关共立刑事案件 378.6 万起，比 2004 年同期下降 1%。从各地情况看，全国共有 19 个省、自治区、直辖市公安机关刑事案件立案数比 2004 年同期下降。

二是严重危及公共安全和人身安全的刑事案件明显减少。2005 年 1 ~ 10 月，全国重大恶性刑事案件特别是放火、爆炸、杀人、强奸等严重危及公共安全和人身安全的刑事案件比 2004 年同期明显减少。其中，共立放火案件 6388 起，同比下降 23.6%；爆炸案件 847 起，下降 13.5%；杀人案件 1.8 万起，下降 15.2%；强奸案件 2.9 万起，下降 6.4%。

三是抢夺、诈骗、抢劫、盗窃等侵犯财产案件数均有所下降。2005 年 1 ~ 10 月，全国公安机关共立侵犯财产案件 323.9 万起，比 2004 年同期下降 1.8%。其中，立抢夺案件 17.9 万起，同比下降 9.7%；诈骗案件 16.3 万起，下降 2.2%；抢劫案件 27.4 万起，下降 3.3%；盗窃案件 256.5 万起，下降 1.2%。

四是没有发生在全国造成重大影响的恶性刑事案件。即使一些地方发生了重大刑事案件，公安机关也能够迅速组织精干力量，及时侦破。比如，辽宁省辽阳县发生的爆炸案、广东省深圳市发生的加拿大籍华人被绑架勒索 1000 万港币案等一批重大刑事案件都得到了及时侦破，有力地震慑了犯罪分子，安定了民心。

五是直接影响人民群众生命财产安全的重大火灾事故和道路交通安全事故明显减少。2005 年 1 ~ 10 月，全国共发生火灾 20.2 万起，造成 1910 人死亡、1911 人受伤，直接财产损失 11.4 亿元，同比分别下降 7.1%、10.9%、28.3% 和 10.8%。1 ~ 10 月，全国共发生道路交通安全事故 37.9 万起，造成 8 万人死亡、39.7 万人受伤，直接财产损失 15.8 亿元，事故起数、死亡人数和财产损失同比分别下降 11.1%、7.9% 和 21.6%。

二 影响社会治安的突出问题

尽管当前社会治安大局总体稳定，但影响社会治安的问题仍然不少，有的还比较突出，具体表现在以下几个方面。

——从犯罪总量来看，刑事犯罪居高不下。20 世纪 90 年代，中国刑事犯罪总量大幅度增长。21 世纪初，中国刑事犯罪总量已经进入了年发案 400 多万起的高峰期。根据 2005 年 1 ~ 10 月刑事案件立案的情况看，2005 年，在社会治安形势继续保持平稳运行状态的前提下，全国刑事发案总量仍将在 400 万起以上的高位运行。

——从犯罪类型来看，以侵财犯罪和经济犯罪的增长最为突出，严重暴力犯罪危害十分严重。2003 年以来，全国公安机关所立盗窃、抢劫、抢夺等多发性侵财犯罪案件数量占全部刑事案件的比重一直保持在 80% 以上，特别是盗抢机动车犯罪日趋严重，呈大幅度上扬之势。2005 年 1 ~ 10 月，全国公安机关共立侵财案件 323.9 万起，占刑事案件总量的 85.6%，其中立盗窃机动车案件 56.5 万起，同比上升 4.3%。1 ~ 10 月，全国公安机关立经济犯罪案件 5.7 万起，涉案金额 1263.8 亿元，同比分别上升 8.4% 和 116.1%。

近年来，爆炸、投毒、杀人、绑架、抢劫等严重暴力犯罪比较突出，特别是一些犯罪分子凶狠残暴，动辄杀人灭口。值得注意的是，一些地方以爆炸、投毒相威胁进行敲诈勒索的案件时有发生，给当地社会治安稳定和群众生命财产安全造成严重威胁，严重影响人民群众的安全感。

——从犯罪主体来看，青少年犯罪、流动人口犯罪值得高度关注。青少年犯罪主要集中在盗窃、抢夺、抢劫和伤害等四个方面。2005 年 1 ~ 6 月，刑事案件作案成员中，14 ~ 25 岁的青少年比 2004 年同期上升 1.6%，占 44.7%；在抢劫、抢夺案件作案成员中，青少年占到七成以上；在聚众斗殴和寻衅滋事案件作案成员中，青少年占到 55% 以上。另外，随着互联网的普

及，有不少青少年受网上暴力、色情等有害信息的影响，利用互联网敲诈勒索、拉帮结派或实施性暴力犯罪的情况也频频发生。

改革开放以来，中国人口流动特别是农村劳动力向城市转移的数量增多，速度加快。劳动力按照市场资源配置的规律合理有序地流动，可以有力地促进经济和社会的发展。有学者指出，在过去二十多年 9% 以上的经济增长中，劳动力流动的贡献占 16% 左右，也就是 1.5 个百分点。但是，人口的大规模流动也会带来大量的犯罪和治安问题，在城市特别是流动人口比较集中的沿海城市，外来流动人口犯罪问题表现得比较突出。今后一个时期，随着中国工业化、城镇化进程的进一步加快，人口流动迁徙将会更加频繁，流动人口犯罪数量将不会减少。

——从犯罪手段来看，犯罪的现代化、智能化程度不断提高。随着科技的进步，信息传播手段的改进，现代科技在促进经济社会快速发展的同时，也越来越多地被犯罪分子所利用。近年来，利用高科技进行的违法犯罪活动层出不穷，先后出现了利用信用卡、计算机等现代化手段和利用电子技术盗用密码等犯罪现象。利用高技术进行犯罪，不仅给社会造成的危害远远大于传统手段犯罪，而且极大地提高了犯罪分子应对侦查的能力，使其犯罪手段更具隐蔽性、破坏性。尤其值得注意的是，计算机犯罪迅速增长，非法安装终端截取信息资料、传播电脑病毒、更改软硬件程序盗窃财产等滥用计算机犯罪，以及以计算机为媒介进行盗窃、侵占、挪用类犯罪，诈骗犯罪，制作传播反动淫秽物品犯罪，网上赌博犯罪，侵犯知识产权犯罪等一些过去很少发生的犯罪，现在已经屡见不鲜。据有关专家估计，这种犯罪造成的损失是传统犯罪造成损失的几十倍甚至几百倍。

——从犯罪组织形式来看，有组织犯罪日趋突出，黑恶势力犯罪危害严重。近年来，各级公安机关不断加大对黑社会性质犯罪组织的打击力度，取得了明显成效，但是，在一些地方还仍然存在着黑恶势力犯罪。由于黑恶势力的骨干成员大多数具有违法犯罪的前科劣迹，或是社会闲散人员，犯罪能量大，组织程度越来越严密，对抗性、反社会性及逃避打击能力强，危害远远大于一般犯罪或犯罪团伙。他们有的称霸一方，横行乡里，无恶不作；有的公然插手纠纷，敲诈勒索，收取保护费；有的处心积虑向党政、司法机关渗透，采取“感情投资”、“出资跑官”、“女色利诱”、“抓取把柄”等各种措施拉拢腐蚀党政干部，寻求“保护伞”，编织关系网，增加犯罪能量，成为影响社会治安和基层政权的毒瘤。

——从犯罪心态来看，采取极端手段报复社会的案件时有发生。2005年以来，以报复社会为目的的重大刑事案件时有发生，极个别人为了一己私利，不惜铤而走险，采取各种凶残手段报复社会，加害无辜，危害公共安全和社会秩序，企图制造社会影响。4月19日，江苏一村民因患小儿麻痹，认为社会对自己不公，在北京天安门城楼旁的劳动人民文化宫南门将2名菲律宾游客扎死，将1人扎伤。9月11日，河南艾某因讨要被拖欠的工资未果，迁怒社会，在北京王府井大街持刀杀死出租车司机，并驾车撞伤9名行人。此类案件从一个侧面凸显了中国社会治安形势的复杂性。

三　当前社会治安问题的主要特征

社会治安问题是一种极其复杂的社会现象，是各种社会矛盾和诸多社会消极因素的综合反映。犯罪现象的增减，社会治安的好坏，归根到底，取决于整个社会抑制、减少犯罪的各种积极因素同诱发、滋生犯罪的各种消极因素两方面力量之间的进退消长。当前，中国正处于刑事犯罪的高发期，从宏观上分析，社会治安问题呈现出四个方面的特征。

——当前社会治安问题与中国现代化建设进程紧密相联，具有明显的阶段性特征。世界各国现代化进程的历史表明，无论是在19世纪工业革命时期，还是20世纪以来一些国家从农业社会向工业社会转型的过程中，尽管各国政治、经济、社会特征和文化传统各不相同，但基本上都出现了犯罪激增的现象。目前，中国已经进入人均GDP从1000美元向3000美元跨越的特殊时期。一些国家和地区的发展历程表明，这一时期既是“发展机遇期”，也是“矛盾凸显期”；既有因为举措得当而促进经济快速发展和社会平稳进步的成功经验，也有因为应对失误而导致经济徘徊不前和社会长期动荡的失败教训。由中国正处于社会主义初级阶段的特殊国情所决定，在这一时期，中国经济社会发展面临的矛盾和问题可能更复杂、更集中、更突出，解决难度更大。因此，在一定意义上可以说，中国社会治安问题的不断增多，与现代化进程明显加快有着紧密的联系。

——当前社会治安问题与中国经济转轨和社会转型这一特殊历史时期诸多社会问题交织在一起，具有明显的复杂性特征。中国目前正处于由计划经济体制向市场经济体制转变的时期，社会结构、经济结构和人们的思想观念都在急剧变化，在解决了一些计划经济体制下形成的社会矛盾的同时，也产生了不少

新的社会问题。一方面，利益关系的调整，带来大量社会矛盾，由此产生大量诱发犯罪和治安问题的消极因素；另一方面，原有的建立在计划经济基础上的社会管理机制明显弱化，新的、有效的社会管理机制还没有及时建立起来，新旧体制依然处于碰撞与磨合过程中，社会生活的某些领域和环节会继续呈现无序状态，社会管理方面的空隙和漏洞可能增多。加之市场经济负面效应的冲击，外来腐朽思想和国际犯罪渗透的影响等，致使一些人金钱欲望膨胀，不惜以身试法。这些问题相互交织、相互影响，使中国当前的社会治安问题错综复杂。

——当前社会治安问题与中国经济社会发展的不平衡性关系密切，具有一定的地域性特征。从全国范围来看，由于城乡收入差距、地区收入差距、阶层收入差距进一步拉大，社会治安问题也呈现出不同的特点。与农村相比较，在城市，抢劫、抢夺等侵财犯罪以及制假贩假、走私、侵犯知识产权等经济领域的犯罪比较突出；在农村，盗窃、杀人、械斗等传统型犯罪则相对集中。各个地区相比较，在东南沿海经济发达地区，各种新旧治安问题都比较突出，不仅犯罪数量较多，而且犯罪的危害也较大；在中西部经济欠发达地区，治安问题的增长相对缓慢，犯罪数量相对较少，犯罪的危害也相对较小。从犯罪类型的地域分布看，多数案件的地区分布同各地的社会、政治、经济、文化发展状况和地理环境、宗教、民俗有密切关系，如盗窃、抢劫、诈骗等侵财案件，多发生在经济发达地区和中部交通枢纽地带；制贩毒案件，则以云南及西北、东南沿海地区最为严重。

——当前的社会治安问题极易“反弹”，具有明显的反复性特征。从客观上看，在中国社会转型期，仍然存在大量诱发、滋生犯罪的各种消极因素，犯罪和治安问题不可能在短时期内很快减少。一旦管理相对失控、犯罪机会增多，犯罪必然上升；反之，则相对下降或减少，呈现出时起时伏、波浪式发展的状况。从主观上看，凡是党委、政府高度重视社会治安问题，公安政法机关充分发挥职能作用，各行各业齐抓共管，社会治安综合治理措施落实到位的地方，犯罪数量就较小，治安问题相对较少；否则，如果工作稍有懈怠放松，治安问题不仅会迅速增加，有时还会向恶性方向发展。

四　维护社会治安稳定的建议

当前和今后一个时期，随着科学发展观的贯彻落实，随着中国经济社会的全面协调发展，公安政法机关的执法环境和执法条件将会得到进一步改善，维护社会治安稳定工作的基础将会更加牢固。我们预测，2006年和未来一个时期，中国社会治安问题是能够控制在一定范围和程度之内的，社会治安大局是能够保持持续稳定的。但必须看到，当前中国的社会治安大局稳定是在持续不断的严打高压状态下的稳定，社会治安稳定的基础还比较脆弱，如果我们的工作稍有懈怠，社会治安问题就容易出现反弹。要维护良好的社会治安秩序，就必须认真研究动态环境下社会治安的新趋势、新动向，准确把握刑事犯罪活动的规律、特点，不断改进打击和防范工作，切实提高驾驭社会治安局势的能力，确保社会治安大局稳定，确保人民群众安全感不断增强。

——切实加强打击刑事犯罪工作。依法从重从快严厉打击严重刑事犯罪活动，是中国社会主义初级阶段的一项十分重要的刑事司法政策。1983年以来，不失时机地组织开展严打斗争，已成为党和政府解决突出治安问题、维护社会治安稳定的一项重要举措，在维护社会治安稳定方面发挥了十分重要的作用。当前，中国正处于刑事犯罪的高发期。在这种情况下，必须继续毫不动摇地坚持严打方针，积极创新严打方式，建立经常性的严打工作机制，把集中统一行动与日常打击犯罪有机结合起来，把组织开展全国性或区域性专项斗争与重点整治行动有机结合起来，把严打精神更多地贯彻到经常性的执法办案活动中，落实到日常办案的各个环节，坚持什么犯罪突出，就重点打击什么犯罪；什么治安问题严重，就重点解决什么问题；哪里治安混乱，就重点整治哪里；什么时间犯罪突出，就适时集中力量打击；用什么方式更为有效，就采用什么方式。不断提高打击犯罪的针对性、主动性和时效性。要以侦破命案为突破口，以“破大案、打团伙、追逃犯”为重点，进一步加大对严重暴力犯罪、“两抢一盗”等多发性侵财犯罪、经济犯罪和毒品犯罪的打击力度，始终保持对各种刑事犯罪活动的高压态势，以惩治犯罪分子，震慑不法之徒，警示欲铤而走险者，最大限度地遏制刑事犯罪活动的高发势头。

——切实加强打击经济犯罪工作。依法严厉打击各种经济犯罪活动，是党和人民赋予公安机关的神圣职责。公安机关要主动适应正在逐步完善的社会主义市场经济体制的要求，建立健全统一领导、统一指挥、分级负责的打击经济犯罪工作新格局，全面履行好打击、服务、参谋的职能作用。要开辟多层次、多源头的情报信息渠道，建立科学、规范、高效的经济犯罪监测系统，提高打击经济犯罪的主动性、针对性、准确性。要加强与工商、金融、

税务、海关等行政执法部门的协作配合，建立重大经济犯罪案件及线索会商制度，建立完善的防范、侦查体系，进一步提高主动防范、主动打击经济犯罪的水平。要切实加大对扰乱金融秩序、金融诈骗、涉税、妨害公司企业管理秩序、侵犯知识产权、扰乱市场秩序、生产销售假冒伪劣商品、走私等严重经济犯罪活动的打击力度，采取切实有效的措施，严防经济犯罪嫌疑人携款外逃；对已经在逃的，特别是逃往境外的经济犯罪嫌疑人，要通过加强国际警务合作等办法，坚决将其缉捕归案。

——切实加强治安管理和防范工作。多年的实践证明，只有全面落实社会治安综合治理的各项措施，坚持打防结合、预防为主，把打击与管理、防范有机结合起来，才能更加有效地巩固打击的成果，更加有效地维护社会治安稳定。要把治安管理和防范工作置于更加突出的位置来抓，进一步加强和改进动态环境下的治安管理和防范工作。当前，要切实加强对流动人口的管理，加强对出租房屋、特种行业和娱乐场所的管理，加强对枪支弹药、爆炸、剧毒等危险物品的管理，努力堵塞治安管理漏洞。要深入实施社区警务战略，积极推进社会治安防控体系建设，努力构建以派出所和巡警为骨干，以群防群治力量为补充，专群结合、人防物防技防结合、点线面结合的社会治安防控体系。要积极探索社会主义市场经济条件下发动群众、依靠群众做好社会治安综合治理工作的新思路、新方法，最大限度地把群众发动起来、组织起来，真正依靠群众搞好社会治安。

——切实加强科技强警工作。当今世界，科学技术已成为经济社会发展的决定性力量。在警务工作中广泛运用现代科技手段，既是提高公安队伍战斗力的重要手段，也是推动警务工作机制创新的重要途径。必须牢固树立向科技要警力、要战斗力的思想，紧紧把握现代科技发展的最新趋势，立足公安工作实际，以“金盾工程”建设为龙头，以科技创新为动力，以促进科学技术与公安工作和公安队伍建设的紧密融合为核心，全面实施科技强警战略，不断提高公安工作的科技含量，最大限度地发挥科学技术在公安工作中的作用，不断提高公安队伍的战斗力。

——切实加强公安队伍建设。公安队伍的整体素质、执法水平、警民关系主要体现在基层，公安队伍建设的重点也应该在基层。要以派出所、看守所、车管所和刑警队、交警队、巡警队“三所三队”等基层所队为载体，坚持抓基层，打基础，苦练基本功，内强素质，外树形象，增强基层实力，激发基层活力，提高基层的战斗力，提高基层民警的综合素质。要按照“精简机关、充实基层、强化实战”的要求，推动警力向基层特别是派出所下沉，推动民警走向街面，进入社区，融入群众。要进一步加强基层所队班子建设，切实配齐配强“三所三队”领导班子。要按照“人要精神，物要整洁，说话要和气，办事要公道”的要求，进一步加强基层所队的规范化建设，切实解决基层所队存在的“稀拉松”、“脏乱差”、“冷硬横”等问题。要苦练基本功，把教育培训作为提高基层所队战斗力的根本措施，在坚持岗位自学自练与集中培训相结合的基础上，完善经常性的练兵机制，进一步提高基层所队民警的政治、业务、体能素质和实战本领。要通过抓基层，打基础，苦练基本功，不断提高公安队伍的整体素质和战斗力。

（作者单位：公安部办公厅）

2005 年社会保障形势分析

○ 史寒冰

一 社会保障发展状况

（一）社会保险

社会保险覆盖面进一步扩大。2005 年，以非公有制经济组织职工和城镇个体工商户、灵活就业人员为重点，加强社会保险扩面力度，取得了显著成效。截至 9 月底，全国城镇企业职工养老、医疗、工伤、生育保险参保人数分别达到 17120 万人、13341 万人、7810 万人和 5085 万人，分别比上年末增加 767 万人、937 万人、965 万人和 701 万人，分别达到年度目标的 151.3%、188.9%、147.3% 和 604.3%。9 月份，全国失业保险参保人数为 10546 万人，是年度目标的 100.7%，提前全面实现全年扩面计划。①

国有企业下岗职工基本生活保障向失业保险并轨工作稳步推进。截至 9 月底，全国已有 17 个省份基本实现并轨，国有企业现有下岗职工 98 万人，比上年末减少 55 万人。② 吉林、黑龙江两省在完善社会保障体系试点过程中，注重将并轨与促进再就业结合起来同步推进，取得了显著成效。吉林省 96 万名并轨人员中，有 65% 的人实现了比较稳定的就业；黑龙江省 164 万名并轨人员中，有 43% 的人通过企业改制、其他单位招用、自主创业和劳务输出等形式，实现了稳定就业。

---

① 根据《2004 年度劳动和社会保障事业发展统计公报》、《2005 年劳动和社会保障工作要点》（劳社部发〔2005〕1 号）和《劳动和社会保障部 2005 年第三季度新闻发布》数据计算。

② 根据《劳动和社会保障部 2005 年第三季度新闻发布》数据计算整理。

社会保险基金规模继续扩大，总体运行态势良好。2005年1~9月份，全国养老、失业、医疗、工伤、生育保险基金总收入4775亿元，同比增长21.1%，总支出3914亿元，累计结存5322亿元（参见表1）。

表1 2005年1~9月社会保险基金分险种运行情况

单位：亿元，%

险种	收入	同比增长	支出	累计结存
养老保险*	3476	35.5	2972	3452
其中：征缴收入	3019	20.2		
失业保险	229	15.7	138	477
医疗保险	982	27.9	755	1184
工伤保险	60	70.4	30	145
生育保险	28	29.3	19	64

*包括征缴收入和中央、地方财政补贴。

资料来源：根据劳动和社会保障部2004年第三季度、2005年第三季度新闻发布等资料计算整理。

养老保险个人账户在部分地区逐步做实。据统计，2004年底，中国城镇企业职工养老保险个人账户的空账规模累计高达7400亿元，而且每年以1000多亿元的规模扩大。这种状况直接威胁到统账结合、部分积累体系的未来支付能力，以及制度本身的可持续能力。

做实个人账户作为完善养老保险制度、化解未来养老金支付风险的一项战略任务，是在东北三省相继开展的完善城镇社会保障体系试点的主要内容之一。截至2005年6月，辽宁省累计为704万名参保职工做实个人账户基金163亿元。吉林、黑龙江两省个人账户做实的初始规模为本人缴费工资的5%，以后按每年一个百分点逐年递增至8%。目前，两省做实个人账户的规模已从上年的5%调整为6%。截至9月底，吉、黑两省已分别做实个人账户基金23亿元和28亿元，① 为在全国进一步完善养老保险制度积累了经验。

（二）全国社会保障基金

基金规模持续扩大。截至9月底，全国社保基金规模已达到1917亿元。

① 根据《劳动和社会保障部2005年第三季度新闻发布》数据计算整理。

在投资构成上，银行存款为941.96亿元，占总规模的49.13%（其中协议存款646亿元，收益率维持在4%左右）；债券投资607亿元，占31.66%；股权投资和股票投资分别达到116.35亿元和251.89亿元，占比分别为6.07%和13.14%。从目前形势和长远任务看，这项中央风险储备基金面临一些亟待解决的问题，诸如资金来源不够稳定、投资渠道较窄，以及基金投资运营法律规定适用范围窄、保障措施少等等。

（三）企业年金

作为中国养老保障体系第二支柱的企业年金制度启动市场化运作。劳动和社会保障部于2005年2月颁布实施了企业年金基金管理运作流程、账户管理信息系统规范、管理机构资格认定专家评审规则等专项规章，组建了资格评审专家委员会；8月2日公布了第一批37家企业年金基金管理机构名单，搭建了市场化运作的框架。首笔标准企业年金业务于8月7日由太平养老保险公司启动，该公司正式承接辽宁省直属60家企业的企业年金计划并进行市场化运作。据估计，目前中国企业年金的存量规模近1000亿元。每年新增资金将在800亿元到1000亿元左右，预计到2010年，企业年金的市场规模应超过5000亿元。按照20%的入市比例计算，企业年金每年将直接或间接向股票市场供给资金约200亿元。

目前企业年金政策还存在许多不足，许多具体细节没有明确规定。在国务院关于完善企业养老保险制度的新部署中，将设专条对企业年金的发展做出规定。有关企业年金的税收优惠政策正在酝酿之中。

（四）新型农村合作医疗

新型农村合作医疗试点取得成效，初步探索建立了农村初级医疗保障制度的新模式。自2003年下半年开展试点以来，新型合作医疗制度已在全国21%的县（市、区）推进。截至2005年6月底，有641个县（市、区）开展了试点，1.63亿人参加了合作医疗，占试点地区农村人口的72.6%；全国共补偿参加合作医疗的农民1.19亿人次，补偿资金支出50.38亿元，新型农村合作医疗制度的运行机制初步建立。

2006年，新型合作医疗试点覆盖面将扩大到全国县（市、区）总数的40%，2007年达到60%，2008年在全国基本推行，2010年实现基本覆盖农村居民的目标。从2006年开始，各级财政将提高对参加合作医疗农民的补助标准，中央财政的补助标准由目前每人每年10元提高到20元，地方财政也相应增加10元，农民缴费标准不变。①

（五）城乡社会救助体系

城乡社会救助体系初步建立。城市居民最低生活保障工作确保动态管理下的“应保尽保”，推进和完善“分类施保”，对重病、重残和无经济收入等家庭给予重点救助，积极推进住房、教育、司法等项救助工作。1～9月，全国城镇受助居民有2194万人，涉及968万户家庭，最低生活保障金累计支出138.8亿元。

一些地方积极探索建立农村最低生活保障制度。目前，北京、天津、辽宁、上海等12个省和直辖市分别颁布地方规章或以政府名义发文，在全省（市）范围内全面建立了农村低保制度。其他省、自治区、直辖市的一部分区、市、县也根据自身条件进行了建立农村低保制度的探索和试点。1～9月，全国共有535万名农村居民、263万户家庭受助，分别比上年增长19.4%、11.4%，农村最低生活保障金累计支出15.4亿元。② 预计到2005年底，全国将有90%的省份、约70%的县（市）初步建立起以城市低保、农村五保、特困户救助制度为基础，以临时社会救济为补充，医疗、教育、住房、司法等专项救助相配套的城乡社会救助体系。

城乡医疗救助试点稳步推进。全国31个省、自治区、直辖市已展开农村医疗救助试点，所辖有农业人口的县（市、区）的农村医疗救助工作方案将全部出台，2000多个县（市、区）实施了医疗救助，农村医疗救助制度在县级普遍建立，基本建立起比较规范的农村医疗救助体系。

城市医疗救助试点逐步推开。2005年3月，国务院办公厅转发民政部、卫生部、劳动和社会保障部、财政部《关于建立城市医疗救助制度试点工作的意见》，决定从2005年开始用2年时间进行试点，重点探索城市医疗救助的管理体制、运行机制和资金筹措机制，2010年在全国建立起管理制度化、操作规范化的城市医疗救助制度。目前试点工作正在稳步推进。试点期间，中央财政暂定每年安排城市医疗救助专项公益金3亿元，用于支持困难地方建立城市医疗救助制度。

---

① 高强：《发展医疗卫生事业，为构建社会主义和谐社会做贡献》（在中央宣传部等单位2005年7月1日主办的形势报告会上的讲话）。

② 根据2005年第一、二、三季度民政事业统计数据计算整理，低保人数、户数为季度平均数。

二 当前社会保障面临的形势与问题

近年来，中国社会、经济结构的变动和政治、经济、社会形势的发展，特别是科学发展观的确立和以人为本、构建和谐社会理念的提出，从价值观念、基本原则、体系构建、制度安排、运行管理等各层面对社会保障体系建设提出了新的要求。社会保障体系建设对于实现社会公平与和谐、促进经济社会协调发展的重要作用得到全社会的广泛认同，被置于国家政治生活和经济社会发展全局中更加突出的地位。与十年前提出社会保障制度改革任务时相比，人们对社会保障的本质属性、历史地位、社会作用的理解，已经更为准确、深刻和完整。

另一方面，受到一些内在体制性因素和外在环境因素的制约与影响，社会保障体系建设和制度运行面临着一些新的情况和困难，诸如就业压力依然巨大，再就业的难度越来越大；社会保险向非公经济单位和非正规就业群体扩大覆盖面的任务艰巨；进城务工人员、被征地农民等群体的社会保障问题愈加急迫；劳资关系不和谐的问题十分突出，维护劳动者权益的任务相当繁重。此外，就业水平、就业结构、国民收入分配结构及水平、社会保险覆盖面，以及公共部门风险储备基金和社会保险预先积累基金的积累水平、运营管理效率等等，这些因素的变动将对社会保障体系的筹资能力和给付能力产生直接的影响。形势的发展，对社会保障制度的完善、调整和改革提出了新的要求。

（一）社会保险发展进程与社会发展要求有较大差距

“广覆盖”是中国社会保障制度改革的原则之一，目标是将统筹范围内的社会成员无例外地纳入社会保险体系。表 2 给出了“十五”前四年社会保险扩大覆盖面方面的发展状况。2004 年与“九五”末的 2000 年比较，养老参保人数增长 20.1%（其中在职职工人数增长 17.2%），失业、医疗、工伤、生育保险参保人数分别增长了 1.7%、186.3%、57.4% 和 46.0%。这表明，进入“十五”时期以来，社会保险覆盖面有了进一步扩展。

表 2 的“增长率”各栏反映了社会保险各险种扩面的进度状况。2001～2004 年期间，养老保险增长率逐年提升，但递增水平偏低，平均值为 4.7%；失业保险从初期的负增长转为小幅上升；医疗保险保持着两位数的

增长率，但升幅呈现逐年下降的趋势；由于强力推进实施《工伤保险条例》，工伤保险在2004年实现了参保人数49%的大幅增长；生育保险从期初到期末的增长率变动呈现降幅和增幅均显著的特征。从总体上看，社会保险扩面呈现上升趋势，但各险种发展不平衡。

表2　2001～2004年全国城镇职工社会保险参保人数变动情况

单位：万人，%

年　份	2000(“九五”期末)	2001	2002	2003	2004
年末城镇就业人员	23151	23940	24780	25639	26476
其中:企业单位职工人数	7508	7052	6876	6798	6850
机关单位职工人数	1062	1058	1037	1050	1067
事业单位职工人数	2689	2682	2645	2644	2659
其他就业人员	11892	13148	14222	15147	15900
年末离退休人员	3876	4018	4223	4523	4675
其中:机关事业单位退休人数	898	945	961	1037	1065
养老保险参保人数	13618	14183	14736	15506	16353
增长率	16.2	4.1	3.9	5.2	5.5
覆盖率*	60.9	60.9	60.5	61.0	62.0
失业保险参保人数	10408	10355	10182	10373	10584
增长率	5.6	-0.5	-1.7	1.9	2.0
覆盖率**	47.1	45.3	42.9	42.2	41.7
医疗保险参保人数	4332	7630	9400	10902	12404
增长率	—	76.1	23.2	16.0	13.8
覆盖率*	19.4	32.8	38.6	42.9	47.1
工伤保险参保人数	4350	4345	4406	4575	6845
增长率	9.8	-0.1	1.4	3.8	49.0
覆盖率***	22.4	21.5	20.9	20.8	30.1
生育保险参保人数	3002	3455	3488	3655	4384
增长率	0.1	15.1	1.0	4.8	19.9
覆盖率***	15.5	17.1	16.5	16.7	19.3

注：*以“年末城镇就业人员+年末离退休人员-机关单位职工人数-事业单位职工人数-机关事业单位退休人数”为基数计算。

**以“年末城镇就业人员-机关单位职工人数”为基数计算。

***以“年末城镇就业人员-机关单位职工人数-事业单位职工人数”为基数计算。

资料来源：根据2000～2004年历年《劳动和社会保障事业发展统计公报》、《2005年劳动和社会保障工作要点》、《劳动和社会保障部2005年第三季度新闻发布》和《劳动和社会保障统计摘要2005》数据计算整理。

从表2“覆盖率”各栏数据还可观察到，以城镇非机关事业单位就业人员①、退休人员合计数为基数计算，2001～2004 年各年度养老保险覆盖率平均值为 61.1%，比“九五”期末的 2000 年增加 2.1 个百分点；医疗保险覆盖率平均值为 40.3%，比 2000 年增加 20.9 个百分点。同期，按照失业、工伤、生育保险制度不同适用范围口径计算，这三项保险各年度覆盖率平均值各为 42.4%、23.3% 和 17.4%，其中失业平均覆盖率低于“九五”期末数，生育保险平均覆盖率比 2000 年提高 1.9 个百分点，工伤保险在 2004 年扭转了前三年覆盖率持续下降的状况，达到 30.1%。从总体上看，社会保险覆盖面尚未接近“广覆盖”的水平，有的差距还很大。受制度立法层次、适用范围、推进力度、就业状况变动等因素的影响，社会保险各险种的覆盖面扩张呈现不同趋势和特征（以工伤保险的发展状况最为典型）。其中，就业增长及其结构变化对社会保险扩面态势产生了重要影响，提出了新的要求。

近 10 年来，中国城镇就业人口平均每年增加 830 万人左右。同时，就业结构发生了明显变化。在社会保障制度改革之初的 1995 年，城镇就业人员中单位就业人员占 80.4%，私营个体就业人员占 10.7%，其他类型就业人员占 8.9%。随着经济单位所有制格局变化和就业方式多样化发展，2004 年单位就业、私营个体就业、其他类型就业人员的比重分别为 41.9%、20.8% 和 37.2%。② 带有正规就业特征的社会保险制度安排显然与变化了的形势不相适应。虽然社会保险覆盖人数近些年有了较大增长，但由于新增就业人口和农村转移劳动人口（包括被征地农民群体和进城务工群体）持续、大量进入城镇就业，多年来扩面数量的绝对增长在相对意义上被部分抵消。

在农村劳动力大规模向城镇转移的社会形势下，如何将社会保障范围扩及进城务工群体，是当前面临的新课题。近年来，一些地方就此做了积极的探索，以各种形式将外来务工人员纳入社会保险体系。但由于一些制度、措施未能适应这一群体的特点，不能为之带来实际利益，因而未能得到绝大多

---

① “城镇就业人员”包括：机关、事业单位和社会团体工作人员，企业单位职工，非企业单位雇工，灵活就业人员，其他在城镇就业的人员等。

② 根据《劳动和社会保障统计摘要 2005》数据计算整理。“单位的就业人员”指在各级国家机关、政党机关、社会团体及企业、事业单位中工作，取得工资或其他形式的劳动报酬的全部人员；“城镇私营就业人员”指在工商管理部门注册登记，其经营地址设在县城关镇（含县城关镇）以上的私营企业就业人员，包括私营企业投资者和雇工。“城镇个体就业人员”指在工商管理部门注册登记，并持有城镇户口或在城镇长期居住，经批准从事个体工商经营的就业人员，包括个体经营者和在个体工商户劳动的家庭帮工和雇工。

数人的认同，参保率普遍偏低。养老保险的总体参保率为15%左右，医疗保险平均参保率为10%左右。近年来，在一些地区出现了外来工大规模退出养老保险的情况。浙江省累计有3万多人退保，广东有的地区退保率达到95%以上。造成这一局面的主要原因在于制度设计存在缺陷（诸如缴费基数和费率规定超出了进城务工群体的供款能力；各地制度彼此分割，社保关系无法随人员流动携带接转），未能适应这一群体工资收入低、就业流动性强的特点。各地针对进城务工人员建立的保障项目偏重于养老保险，而他们迫切需要解决的医疗保障和工伤赔偿问题则缺乏相应的制度安排，所实施的制度政策不能真正起到预防和分散外来务工群体生存风险的作用。

此外，由于扩面增长率偏低，养老保险参保人员中的退休人员自然增长率大于在职人员增长率，制度内老龄人口赡养比呈下降趋势（参见表3），养老保险社会统筹基金的现收现付能力受到削弱。

表3　2001～2005 年参加养老保险的在职/退休人员变动情况

单位：万人，%

年　份	2001	2002	2003	2004	2005*（计划数）
在职人员数	10802	11128	11646	12250	12520
增长率	3.4	3.0	4.7	5.2	2.2
退休人员数	3381	3608	3860	4103	4340
增长率	6.7	6.7	7.0	6.3	5.8
制度内赡养比	3.2:1	3.1:1	3.0:1	3.0:1	2.9:1

*2005 年的数字是根据年度计划做的估算。

资料来源：根据 2000～2004 年历年《劳动和社会保障事业发展统计公报》计算整理。

上述分析表明，社会保险覆盖率的提升和覆盖面的扩展，不仅受到措施、办法和组织实施力度等操作性因素的影响，还囿于体系设计、制度安排、立法形态、管理方式等体制性因素。当社会、政治、经济环境发生变化时，一些原则、制度、方法将不再适应形势的变化，成为社会保障体系可持续发展的制约因素。十年前，人们把社会保障理解为经济体制改革和国有企业脱困的配套措施，那个时期形成的某些观念（如主张社会保障应体现效率优先）、原则、制度和方法，在确立科学发展观、构建和谐社会以及在社会生活中更加注重社会公平的当今时期将不再适用，应当加以完善、调整或者创新。

2005年10月，国务院常务会议通过了《关于完善企业职工基本养老保险制度的决定》（以下简称《决定》）。这是国务院针对人口老龄化、就业多样化和城市化发展条件下出现的新情况和新问题，提出的改革和完善社会保险制度的任务之一。《决定》把进一步扩大基本养老保险覆盖范围，统一城镇个体工商户和灵活就业人员参保政策，帮助就业困难人员参保缴费，作为当前和今后一个时期改革完善养老保险制度的主要内容。这份法规性文件的出台，不仅对养老保险制度的当前和长远发展具有重要意义，而且预示着有关就业、医疗、教育、住房等方面的社会政策将得以改革和完善。

（二）医疗卫生保障体系存在缺陷，相关社会政策面临调整

2005年6月，国务院发展研究中心课题组公布了《对中国医疗卫生体制改革的评价与建议》研究报告，做出了“医改基本不成功”的结论。报告对20多年来，尤其是近10年来中国医疗卫生制度改革政策及其效果作了评估，论证了医改决策理念和制度安排上的失误与缺陷，否定了医改政策长期以来所遵循的市场化趋向，主张政府应对医疗卫生保障承担责任、发挥主导作用。这份报告在政府官员、专家学者、医疗卫生事业从业人员和社会公众中引起广泛反响，引发了全民性大讨论。与长期以来“市场化情结”在类似的讨论中总是占上风的情形相反，在当前的讨论中，主张建立普遍、公平的医疗卫生保障体系的呼声成为主流民意。这场讨论意义超出了医疗卫生保障领域，成为人们从整体上对以往社会政策进行反思的切入点。在2005年社会形势发展中，“医疗公平”与“教育公平”一并成为最受公众关注的两大社会热点。

20世纪80年代以来，中国医疗卫生保障领域实行了以“减轻政府负担”、“按经济规律办医疗卫生事业”为主要目标的改革，政府在医疗卫生领域投资的比重呈下降趋势。近年来，政府支出占卫生总费用的比重由80年代初的36.2%下降到15%左右；中国有13亿人口，占世界总人口的22%，而卫生总费用仅占世界卫生总费用的2%。[①] 卫生部第三次国家卫生服务调查结果显示，各级政府对卫生投入的80%集中在城市，其中80%集中在城市大医院，一些符合公众利益、具有更大社会效益的预防保健、基本医疗服务和农村卫生事业因资金短缺而发展缓慢，甚至濒临解体。中国医疗卫生保障领域的

① 高强：《发展医疗卫生事业，为构建社会主义和谐社会做贡献》（在中央宣传部等单位2005年7月1日主办的形势报告会上的讲话）。

不公平问题变得空前严重。世界卫生组织发表的《2000 年世界卫生报告》对 191 个成员国 1997 年的卫生绩效做了排序，中国的“卫生保健体系综合绩效”和“财政出资公平性”排名分别处在第 144 位和 188 位（倒数第 4 名）。

政府投入水平过低，促使医疗机构向自负盈亏的经济实体转变，形成了市场化导向的运行机制，追求经济利益的倾向日益强化，致使医疗机构为社会公众提供疾病预防和医疗保健等社会福利服务的属性弱化乃至完全丧失。商业利益原则进入医疗卫生领域，已经产生了一系列的严重后果：医疗机构为了维持运转和实现自我积累而提高服务收费标准、巧立收费名目，甚至滥用药品和治疗手段；医疗机构顾及经济利益而见死不救、患者因费用所迫而放弃治疗的非人道事例屡见不鲜；医疗机构实行商业化经营，为药品和医疗器械生产企业以不正当手段抢占市场、竞相追逐高额利润提供了充分的条件和空间，这也是当前药品价格形成机制扭曲、政府价格管制失灵的根本原因。

同时，中国医疗保障体系尚不完善，体系不健全、制度结构单一、覆盖面狭窄、保障功能低的问题日益凸显。首先，城镇医疗保险体系仅有单一的就业关联制度即现行城镇职工医疗保险制度，少年儿童、大中专学生、家庭妇女、失业人员、其他无业人员和进城务工人员缺少必要的社会医疗保障机制。其次，城镇职工医疗保险制度的筹资机制单一，缺乏灵活的筹资补充机制，用人单位一旦无力缴费，其参保人员即失去保障，经营困难、停产半停产企业职工、退休人员和破产企业退休人员参保难的问题在近年尤为突出。再次，门诊费用起付线、住院费用封顶线和个人付费比例设定欠合理，参保人员尤其是退休人员个人医疗费用负担沉重。此外，现行医疗保险立法层次较低、强制力弱，用人单位拒保、漏保的情况大量存在。自 2003 年起全国开展了新型农村合作医疗试点，但覆盖人数有限、筹资力度小、保障能力弱。据卫生部第三次全国卫生服务调查，目前中国 50.4% 的城市居民和 87.4% 的农村人口没有任何医疗保障。

医疗卫生制度存在的弊端和缺陷产生了一系列严重的社会后果。近年来，医疗服务费用增长超过了人均收入的增长，城乡居民平均一次住院费用相当于一个居民一年的总收入，医药卫生消费支出已成为中国居民的第三大消费；卫生部第三次全国卫生服务调查结果显示，因为经济原因，48.8% 的居民生病后不去医院就诊，有 29.6% 的人应住院而不住院；另据卫生部估计，在中西部农村的死亡人口中，因为看不起病、住不起医院，因病在家里死亡者占 60% ~80%。由于缺乏医疗保障，许多人不得不向“黑诊所”和

江湖庸医求医问药，甚至求仙拜佛、修炼邪功，以求祛病。“黑诊所”大量滋生，迷信活动沉渣泛起，与社会医疗卫生保障功能低下不无关联。

在中国，医疗卫生保障不足已经成为城乡贫困群体的主要致贫因素。据卫生部官员估计，农村有 40% ~60%（甚至更高比例）的人因病致贫、因病返贫。一些地方也对此进行了统计，浙江省有 85% 以上的特困职工、30% 以上的困难群众属于因病致贫、返贫；青海省贫困人口中属于因病致贫、返贫的占 56%，个别县高达 80%；广东的特困群众中有 33% 是因病致贫、返贫的。医疗卫生制度改革的目标应当是增进社会福利，让“人人享有医疗保健”，但以往的改革却事与愿违，成为导致社会贫困的主要原因。其结果是，政府虽然“节省”了医疗卫生保障支出，却又不得不为此而加大社会救助和弥补相关社会成本的资金投入。贫困问题对社会生活产生了一系列负面影响，全社会也为此付出了沉重的代价。

医疗体制改革存在的弊端及其对于社会发展的影响已经引起中央的重视。在国务院领导下，卫生部、民政部、劳动和社会保障部、财政部、国家发改委、国家药监局等十几个部委正在拟订关于深化城市医疗服务体制改革试点的新方案。劳动和社会保障部正在谋划下一步医疗保险事业发展思路。基本原则是：坚持基本保障的理念，努力扩大医疗保险覆盖范围，让更多的人享受社会医疗保障。工作的重点是：针对不同人群特点采取不同的保障方式，完善统账结合的制度，解决退休人员的医疗保障和资金支持，完善多层次医疗保障体等等。按照 2005 年 8 月 10 日国务院第 101 次常务会议的要求，新型农村合作医疗试点将加大力度、加快进度、突破难点、积极推进，优先安排具备条件的贫困县（市、区）开展试点，明、后两年试点覆盖面将分别扩大到 40% ~60% 左右的县（市、区），争取 2008 年在全国基本推行，2010 年实现基本覆盖农村居民。城乡居民医疗救助制度将继续推进、完善，农村医疗救助体系在当前已在全国县级单位普遍建立的基础上加以规范，城市医疗救助制度将扩大试点范围，争取 2010 年在全国建立起管理制度化、操作规范化的城市医疗救助制度。这一系列重大举措表明，中国医疗卫生保障社会政策将遵循以人为本、实现经济社会协调发展、构建社会主义和谐社会的指导思想，在总结以往经验教训的基础上，做出重大调整。

（作者单位：中国社会保障杂志社）

调整中的城乡最低生活保障制度

○唐　钧　张时飞

2005年，在城乡低保工作上，政府有关部门主要做的功课一是“调整”，二是“酝酿”。

一　现　状

从2005年前三个季度城乡低保制度的运行情况看，低保对象为975万户，2186万人，累计支出的低保经费为138.8亿元，低保对象每人每月获得的平均补差为70元。

从城市低保对象的人数看，2005年前三季度一直在减少，1～9月减少了22万人（参见表1）。但是，这样逐季减少的趋势会不会一直发展下去呢？如果看2004年的人数变化，我们可以发现一个有趣的现象，就是前三季度保障人数一直在下降，而到第四季度却又回升。所以，是否可以预测，2005年依然会出现类似的发展趋势？果不其然，民政部提供的2005年10月份的统计数据告诉我们，低保对象人数已有回升，比9月差不多增加10万人，已达2196万人。按照这个发展势头，到年底，低保人数可能仍然会保持在2200万人左右。

如果再细分，被称为“三无人员”的传统救济对象一直在较小的范围内增增减减，维持着一种动态的平衡；而“在职人员”、“下岗人员”、“退休人员”和“失业人员”这四大类的人数都在下降；但从2004年的情况看，“失业人员”在第四季度骤升，2005年还会不会出现这种情况呢？一直稳步上升的是“其他人员”，2005年以来，已经增加了将近70万人，要与上年第一季度比较，则增加了100多万人。

城市低保对象的户数，从2004年开始，也一直处于上升的趋势，从

2004 年年初的 936 万户，一路上升到 2005 年第三季度末的 975 万户，差不多增加了约 40 万户。

表 1　2004 年和 2005 年城市低保人数、户数及构成情况

类　别	总人数	总户数	其　中					
			在职人员	下岗人员	退休人员	失业人员	三无人员	其他人员
2004 年								
第一季度	2248. 93	935. 66	163. 69	487. 88	88. 20	415. 35	97. 49	996. 31
第二季度	2214. 54	940. 51	152. 66	494. 62	85. 30	422. 48	98. 97	960. 51
第三季度	2199. 45	939. 51	144. 72	469. 62	78. 13	417. 71	96. 84	992. 45
第四季度	2200. 81	951. 97	135. 81	468. 52	72. 59	481. 05	96. 26	1009. 54
2005 年								
第一季度	2207. 51	962. 06	135. 83	455. 83	73. 78	415. 01	97. 65	1029. 41
第二季度	2188. 26	968. 32	123. 59	446. 38	68. 39	406. 87	100. 98	1042. 04
第三季度	2185. 61	974. 78	119. 40	418. 73	63. 11	391. 22	94. 58	1098. 58

资料来源：《民政统计》，民政部网站。

要对上述统计数据的变化做出解释是有难度的。在统计数据中，“其他”类一般是指：在对主要类别做出划分后“剩下的”那一小部分。就其性质而言，这一类通常被认为没有必要再做细分，或者说是可以忽略不计的。但是，我们现在面临的“其他人员”要占到低保人员的一半，这是违反常理的。我们可能会想到，这里面应该主要是低保家庭中的被赡养人员，但是，统计数据表明，2004 年以来，在低保人数下降的同时，低保户数却在增加，而户均人口则已经从 2004 年第一季度的 2. 40 人下降到 2005 年第三季度的 2. 24 人，所以，完全用被赡养人口来解释这种现象显然也是不合理的。从目前的低保对象分类看，还没有被细分出来的恐怕还有“（被征地后处于失业状况的）失地农民”、“（买断身份后没有被列入‘登记失业’的）无业人员”，等等。上述人员的变动情况对分析低保对象今后发展变化的趋势是很有用的，值得再加以细分。

根据民政部公布的统计资料，到 2005 年 9 月，累计支出的城市低保经费应该为 139 亿元，前三个季度每季支出都差不多，均为 46 亿元多一点（参见表 2）。无论低保对象的人数、户数怎样变动，支出的经费却“我自岿然不动”。但是，参考 2004 年的数据，第四季度支出会骤增，多出 7 亿元，比重为17%。据统计，2005年10月份支出的低保经费仍然是15亿元左右，没有明显增加。如果保持这样的势头不变，到年终，全年低保经费支出大约在185亿元左右；如果在年底有个较大的增长，按上年的经验，可能会增加到195亿元上下。依此预测，2005年全年的城市低保经费支出应该为185亿~195亿元。

表2　2004年和2005年城市低保经费支出情况

类　别		累计经费支出(亿元)	平均低保标准(元)	月人均补差(元)
2004年	第一季度	41.37		
	第二季度	41.32		
	第三季度	41.59		
	第四季度	48.62		
2005年	第一季度	46.28	154	70
	第二季度	46.27	154	70
	第三季度	46.26	154	70

资料来源：《民政统计》，民政部网站。

农村的社会救助依然有两种形式：农村低保和农村定期定量救济。采用农村低保制度的地区有低保对象281.01万户，566.07万人；到2005年10月，累计经费支出为17.3亿元，平均低保标准为76元，平均补差为33元。采用农村定期定量救济的有557.05万户，948.22万人；到2005年10月，累计经费支出为15.9亿元。

二　调　整

说“调整”，是指自2003年下半年以来，中国的物价，尤其是与人民生活密切相关的食品和公共服务方面的价格涨幅过大，很多城市都相继调高了城市低保标准。在36个主要城市（4个直辖市、27个省会城市和5个计划单列市）中，根据目前可以查实的信息，已有29个城市对低保标准进行了调整（参见表3）。

但是，即便如此，我们仍然需要对城市低保制度有个比较清醒的认识。中国社会科学院社会政策研究中心的调研结果表明，中国城市低保制度还存在以下几个方面的问题。

表3　2004～2005年城市低保标准调整的情况

单位：元

城　市	2004年3月	2005年10月	城　市	2004年3月	2005年10月
北　京	290	300	南　宁	190	210
天　津	241	265	成　都	178	210
石家庄	205	220	重　庆	185	195
太　原	171	183	昆　明	190	210
呼和浩特	180	190	贵　阳	156	170
沈　阳	205	220	拉　萨	180	200
长　春	169	205	西　安	180	200
上　海	290	300	兰　州	172	190
南　京	220	240	西　宁	155	165
杭　州	270～300	280～320	银　川	170	180
合　肥	210	230	乌鲁木齐	159	161
福　州	200～220	210～230	大　连	240～312	240～363
南　昌	165	190	青　岛	230	260
济　南	208	230	宁　波	260	300
广　州	300	330			

资料来源：《民政统计》，民政部网站。

公布的低保标准相当于当地居民月人均实际收入的22.2%。在36个主要城市中，公布的低保标准占当地居民月人均实际收入的比重最高的是海口市（30.3%），最低的是乌鲁木齐市（16.2%），均值为22.2%。进一步分析显示，公布标准不足当地居民月人均实际收入1/5的城市有10个，分别是西宁市、贵阳市、太原市、乌鲁木齐市、南昌市、呼和浩特市、长春市、郑州市、兰州市和武汉市，全部属于中西部地区。而公布标准高出当地居民月人均实际收入1/4的城市有5个，按比重高低排序依次为海口市、上海市、大连市、厦门市和广州市（见表4）。

实际补差相当于当地居民月人均实际收入的9.2%。在36个主要城市中，实际补差占当地居民月人均实际收入的比重最高的是北京市（18.0%），最低的是长春市（6.3%），均值为9.2%。进一步分析显示，实际补差高出当地居民月人均实际收入10%的城市只有9个，按比重高低排序依次为北京市、上海市、青岛市、杭州市、宁波市、广州市、深圳市、南京市和拉萨市。除拉萨市外，全部属于东部沿海地区（见表4）。

表4 36城市低保月人均实际收入、公布标准、补差标准及三者之间的比例关系

单位：元，%

城 市	(1)人均实际收入	(2)公布标准	(3)实际补差	(2)/(1)	(3)/(1)
海 口	729	221	60	30.3	8.2
拉 萨	804	180	85	22.4	10.6
哈尔滨	843	200	57	23.7	6.8
西 宁	859	165	66	19.2	7.7
贵 阳	873	170	78	19.5	8.9
合 肥	890	210	60	23.6	6.7
银 川	899	180	66	20.0	7.3
南 宁	901	210	60	23.3	6.7
重 庆	907	195	77	21.5	8.5
长 沙	920	200	77	21.7	8.4
沈 阳	938	220	70	23.5	7.5
太 原	940	181	86	19.3	9.1
成 都	940	210	72	22.3	7.7
上 海	959	290	149	30.2	15.5
南 京	969	240	108	24.8	11.1
乌鲁木齐	962	156	94	16.2	9.8
石家庄	968	220	74	22.7	7.6
昆 明	984	210	92	21.3	9.3
天 津	991	241	98	24.3	9.9
西 安	1002	200	73	20.0	7.3
南 昌	1004	190	68	19.0	6.8
呼和浩特	1007	190	100	18.9	9.9
长 春	1024	169	65	16.5	6.3
福 州	1027	210～230	87	22.4	8.5
青 岛	1039	230	138	22.1	13.3
大 连	1043	240～312	89	29.9	8.5
郑 州	1060	200	89	18.9	8.4
济 南	1070	230	67	21.5	6.3
兰 州	1071	190	72	17.7	6.7
厦 门	1149	265～315	109	27.4	9.5
武 汉	1188	220	77	18.5	6.5
杭 州	1270	270～300	166	23.6	13.1
广 州	1278	330	165	25.8	12.9
北 京	1303	290	234	22.3	18.0
宁 波	1357	280	176	20.6	13.0
深 圳	1504	344	185	22.9	12.3

资料来源：《民政统计》，民政部网站。

说明：凡按家庭规模给出不同低保标准的，计算比例关系时取单人户的数值。

公布的低保标准略低于当地普通居民月人均食品支出水平。在 36 个主要城市中，公布标准占当地普通居民月人均食品支出的比重最高的是大连市(128.4%)，最低的是拉萨市（61.6%)，均值为 92.8%。其中，比值高出平均水平的城市有 19 个，超过 36 个大中城市的半数；比值超过 100 的城市有 10 个，它们分别是大连市、郑州市、石家庄市、厦门市、哈尔滨市、济南市、青岛市、呼和浩特市、西安市、太原市，分布广泛。这表明，城市公布的标准大体相当于当地普通居民人均食品支出水平（见表 5)。

表 5　36 城市月人均食品支出、公布标准、补差标准三者之间的比例关系

单位：元，%

城　市	(1)人均食品支出	(2)公布标准	(3)实际补差	(2)/(1)	(3)/(1)
海　口	236	221	60	93.6	25.4
拉　萨	292	180	85	61.6	29.1
哈尔滨	188	200	57	106.4	30.3
西　宁	182	165	66	90.7	36.3
贵　阳	193	170	78	88.1	40.4
合　肥	218	210	60	96.3	27.5
银　川	192	180	66	93.8	34.4
南　宁	246	210	60	85.4	24.4
重　庆	271	195	77	72.0	28.4
长　沙	211	200	77	94.8	28.4
沈　阳	243	220	70	90.5	28.8
太　原	180	181	86	100.6	47.8
成　都	224	210	72	93.8	32.1
上　海	414	290	149	70.0	36.0
南　京	270	240	108	88.9	40.0
乌鲁木齐	182	156	94	85.7	51.6
石家庄	196	220	74	112.2	37.8
昆　明	268	210	92	78.4	34.3
天　津	317	241	98	76.0	30.9
西　安	197	200	73	101.5	37.1
南　昌	196	190	68	96.9	34.7
呼和浩特	187	190	100	101.6	53.5
长　春	203	169	65	83.3	32.0
福　州	295	210～230	87	78.0	29.5
青　岛	224	230	138	102.7	61.6

续表 5

城　市	(1)人均食品支出	(2)公布标准	(3)实际补差	(2)/(1)	(3)/(1)
大　连	243	240~312	89	128.4	36.6
郑　州	165	200	89	121.2	53.9
济　南	224	230	67	102.7	29.9
兰　州	196	190	72	96.9	36.7
厦　门	295	265~315	109	106.8	36.9
武　汉	225	220	77	97.8	34.2
杭　州	335	270~300	166	89.6	49.6
广　州	360	330	165	91.7	45.8
北　京	372	290	234	78.0	62.9
宁　波	335	280	176	83.6	52.5
深　圳	360	344	185	95.6	51.4

资料来源：《民政统计》，民政部网站。

说明：凡按家庭规模给出不同低保标准的，计算比例关系时取单人户的数值。

实际补差的水平不足当地普通居民月人均食品支出的四成。在 36 个主要城市中，实际补差的水平占当地普通居民月人均食品支出的比重最高的是北京市（62.9%），最低的是南宁市（24.4%），均值为 38.4%。其中，比重低于平均值的城市有 24 个，占城市的 2/3；比重超过 50% 的城市有 7 个，它们分别是北京市、青岛市、郑州市、呼和浩特市、宁波市、乌鲁木齐市、深圳市。这意味着，城市低保对象实际得到的救助水平不足当地普通居民食品支出的四成（见表 5）。

大多数低保对象认为低保金无法满足最起码的生活需要。在辽宁省受访的 1257 位城市低保对象中，自述目前得到的低保金“不能满足家庭最起码的生活需要”或“差距太大”的合计为 62.0%，自述可“勉强度日”或“仅能糊口”的合计为 36.2%，而自述“完全能够”的仅占 1.5%。

“救命钱”和“贴补家用”是目前低保金最主要的两项功能。受访者多项选择的结果显示，“靠这点钱补贴家用”排在了第一位，占受访人数的 63.2%；“全靠这点救命钱过日子”排在了第二位，占受访人数的 47.1%。其他 3 个选项，填答比例明显偏低。

“打工收入”、“父母亲友接济”和“缩减日常开支”是低保对象弥补家庭经济拮据通常采取的三种方式。受访者多项选择的结果显示，“打零工/

找工作／做小买卖”排在了第一位，占受访人数的60.4%；“靠父母／亲友接济”排在了第二位，占受访人数的50.6%；“减少日常开支”排在了第三位，占受访人数的46.5%。其他五个选项，填答比例均在20%以下。

作为一种以保障最起码的生活水平为目标的收入维持制度，城市居民最低生活保障标准仅能维持在当地居民人均实际收入的1/5或略低于当地普通居民人均食品支出水平。事实上，城市低保对象实际得到的救助的水平还远远低于各地方政府公布的标准：实际补差的水平不到当地居民月人均实际收入的一成，不足当地普通居民月人均食品支出的四成。从这个意义上说，中国现行低保标准仅够勉强维持低保对象的温饱。

因此，对于没有劳动能力的低保对象而言，低保金是“救命钱”；对于尚有劳动能力的低保对象来说，低保金的作用是“补贴家用”。后者还必须“外出打工”再加上“亲友接济”和“节衣缩食”才能维持一个极低水平的家庭收支平衡。从这个意义上说，“低保制度养懒人”的说法，其实是缺乏事实根据的。

一些研究者常常提及：中国的低保标准与发达国家（主要是OECD国家）通常采用的社会中位收入或平均收入的50%～60%，相距甚远。然而，在了解中国的标准可能过低的同时，还不能简单地与“国际标准”相攀比。因为发达国家把目标定为使救助对象过上“有尊严的生活”。这个偏重伦理道德的定义实际上使救助标准偏高，结果是导致了福利依赖，如今成为发达国家的社会福利改革的主要目标。

我们现在要做的事，是在“保障最起码的生活需求”的定义上摸索出一个适度标准来。美国在20世纪60～80年代一直沿用“恩格尔系数>33%”的标准，实际计算出来的救助标准大致相当于中等收入家庭收入的37%～40%。参考美国的经验，我们现在是否可以考虑第一步先将低保标准的下限定在社会平均收入的30%。

考虑到近年来低保制度进一步的发展，譬如对残疾人、病人、老人、未成年人和单亲家庭进行的“分类救助”，在教育、医疗、住房等方面推出的诸多“配套措施”，实际上已经大大降低了低保对象的贫困程度。尤其是经济比较发达、财政状况比较好的城市，这些由低保制度衍生出来的综合救助制度，可能使低保对象得到的“实惠”远远超过了低保金本身。

从目前的情况看，绝大部分城市低保对象生存意志顽强，有劳动能力的低保对象对于靠自己的劳动摆脱“贫困”窘境的意愿较强，政府可在“社区组织”、“可持续生计”、“资产建设”和“劳动力流动”等方面制定更多的优惠政策，更多地对有劳动能力的低保对象施以积极的援手。

三　酝　酿

所谓“酝酿”是指，2005年，虽然政府有关部门在城乡低保方面并没有出台新的政策，但是，这一年的工作却在努力地为今后几年中一系列新的改革措施的问世埋下了伏笔。尤其是发生在2005年下半年的3件大事，可能预示着城乡低保工作的2006年或者更长一段时间内的走向。

第一件，“十一五”规划与农村低保制度。2005年10月8~12日，中国共产党十六届五中全会在京召开。全会通过的中共中央关于“十一五”规划的建议中提出：“有条件的地方要积极探索建立农村最低生活保障制度。”这是最高领导层首次对农村低保制度的建立做出明确的表态。这预示着在今后一段时间内，农村低保制度的建立会成为相关政府部门的一项主要工作，在2~3年内会取得突破性的进展。

第二件，全国城乡特殊困难群众社会救助工作经验交流会议召开。2005年11月18日，全国城乡特殊困难群众社会救助工作经验交流会议在北京召开。民政部李学举部长主持会议，贾治邦副部长做工作报告。会议的主要任务是：以邓小平理论、“三个代表”重要思想和科学发展观为指导，认真贯彻落实党的十六大和十六届四中、五中全会精神，总结交流自2004年青岛会议以来各地社会救助工作的成绩和经验，分析社会救助工作面临的新情况和新问题，健全和规范社会救助工作的各项制度，进一步推进和完善社会救助体系。这个会议为今后一段时间城乡社会救助工作定下了基本的调子，对“十一五”期间低保政策的发展具有深刻的影响。

第三件，《中国孤儿的现状与面临的困境》调查报告公布。2005年9月29日，《中国孤儿的现状与面临的困境》调查报告公布，这是中华人民共和国成立以来第一份由民政部牵头组织的对全国孤儿的摸底调查。调查显示，全国18周岁以下父母双亡及事实上无人抚养的未成年人共计57.3万人，其中超过三成没有得到经常性的制度救助，超过一半需要救助。而在占总数绝大多数的农村孤儿中，得到的救助比城市孤儿要少得多，不少地方的救助仅具有象征意义。为此，有关专家建议，对于这将近60万父母双亡的孤儿，应以中央财政为主出资，按每人每月100元的标准，对他们进行救助。整个

费用有 7 亿元左右，按现在的财政能力，完全是小菜一碟。然而，其政策后果却是善莫大焉。

与此同时，也有学者对城市低保制度的未来走势提出了警告，认为低保政策的优点和缺陷是同时并存的：因为有家庭经济调查，才有社会救助制度，取消了这项前置条件，就不称其为社会救助了（变成社会福利或社会津贴制度了）。但因为这个前置条件的存在，如果执行不力，就会形成福利依赖，就会“养懒汉”；同时，如果执行过头，也会形成社会排斥，从而导致基层干群关系紧张，违背了实施这项制度是为了稳定社会的初衷。

正因为如此，应对策略应该是不要使低保政策在反贫困领域“单打独斗”，要与其他反贫困政策构成一个社会政策的“组合”，用其他更为积极的反贫困政策来抵消低保政策的副作用。目前，可以与低保政策相辅相成的其他反贫困政策有：社区组织、可持续生计、资产建设和劳动力流动。

社区组织。以社区为单位将低保人员组织起来，尽量争取为他们提供一些临时性、季节性的工作机会。在没有工作的时候，则进行学习、交流，也为社区提供一些志愿服务。这样做，可以避免他们因长期失业而导致的“边缘化”倾向，使他们回归到主流社会中来，达到“增权”的目的。

可持续生计。要帮助低保人员打破固有的“就业”观念——8 小时工作、按时上下班、按月领工资——而去尽力适应当前的社会现实。努力帮助他们找到一种既适合自己又可持续的谋生手段，这种“生计”大多与自谋职业相关。同时，政府的政策应该有利于帮助他们建立“可持续生计”，而不是在城市建设的旗号下，肆意破坏老百姓的生计。

资产建设。鼓励低保人员建立自己的金融资产——个人发展账户。低保政策不再“逼迫”低保人员在收入和财产方面必须永远处于“山穷水尽”的窘境；另一方面，也是干脆承认他们的收入和财产实际上政府机构也不可能查清楚这个事实，从而避免对抗和冲突。用指定的目标，譬如子女教育、发展可持续生计、治病……来引导他们向指定的个人账户中存钱，同时在他们动用这笔存款时，政府给予一定的配比。

劳动力流动。鼓励低保人员向有就业机会的地方流动，在“资源枯竭型”城市，尤其要鼓励这种流动。实际上，在一些情况特殊的地方，不流动是没有出路的。

以上的“政策组合”实际上是用低保制度来维持城乡贫困人口的最起码的生活条件，以达到安抚人心、稳定社会的目标；然后，在这个基础上，又要采取更加积极的政策引导有劳动能力的低保对象寻找他们的“可持续生计”，建立他们的“个人发展账户”，从而走出贫困的困境。

但遗憾的是，目前政府有关部门还没有意识到低保制度本身的局限性。在发现了低保对象在医疗、住房、子女教育、冬季取暖等方面的问题后，政策设计仍然按不断扩大救助范围的思路来进行。这使低保制度的“含金量”大增，从配套措施得到的实惠实际上已经超过了低保金本身。这样的做法实际上是不利于鼓励工作积极性的，反倒会造成“福利依赖”。同时，也造成了基层的干群关系紧张，这样的发展态势对社会稳定不利。因此，应该考虑低保政策是否又到了一个应该“转向”的“拐点”。

在农村，以经济开发为主要手段的扶贫工作的作用已经发挥到了极致，对现存的绝对贫困人口——一是孤寡残幼，二是“一方土地养不活一方人”的地方的人口，三是自然灾害频繁的地方的人口——实际上已经难以起作用。近年来农村贫困人口总是在2500万~3000万人上下徘徊，正说明了这个问题。因此，更为明智的做法是用社会救助，亦即低保制度来接替。而扶贫手段应该用于能够扶持的相对贫困人口，从而为使他们的生活水平达到1天1美元的国际标准而努力。因为农村的所谓绝对贫困人口是没有劳动能力（个人生理的、自然环境的）造成的，所以上述在城市低保工作中可能出现的政策困境在农村却不会出现，现在普遍推广，正当其时。

（作者单位：中国社会科学院社会学研究所）

建设资源节约和环境友好型社会

○ 闫世辉

中国人口基数大，人均资源相对短缺。工业化、城镇化、市场化和国际化的快速发展，使资源环境面临的压力与日俱增，经济快速增长付出了消耗资源和增加污染的巨大代价，在很多方面已经超出了现有的承受能力。党的十六大以来，中央提出了坚持以人为本，树立全面、协调、可持续的科学发展观，努力构建社会主义和谐社会和加快建设节约型社会等一系列重大战略思想和决策。在 2005 年 3 月召开的中央人口资源环境工作座谈会上，胡锦涛总书记进一步提出，要加快调整不合理的经济结构，彻底转变粗放型的经济增长方式，使经济增长建立在提高人口素质、高效利用资源、减少环境污染、注重质量效益的基础上，努力建设资源节约型、环境友好型社会。这标志着中国在全面建设小康社会的伟大进程中把资源环境问题摆上了重要战略位置，环境保护进入了一个新的发展阶段。

一　2005 年：在保护资源环境中求发展

2005 年是中国贯彻落实科学发展观、巩固宏观调控成果、保持经济社会良好发展的关键一年，也是全面实现“十五”计划目标、衔接“十一五”发展的重要一年。为加快建设资源节约和环境友好型社会，中央要求“切实做到从节约资源中求发展，从保护环境中求发展，从发展循环经济中求发展”。一年来，环境保护在推动经济结构调整和转变经济增长方式中发挥了积极作用。广大群众的环境意识有了进一步提高，社会各界对环境问题更加关注，环境执法力度不断加大，有利于保护资源环境的政策体系正在逐步建立。

（一）环境执法力度进一步加大，环境与发展呈现良性互动局面

长期以来，由于单纯强调经济发展，环境保护始终处于从属地位，发展经济与保护环境的关系很难得到正确的处理。特别是在短缺经济时代，一些基础建设项目即使对环境产生严重影响，也难以得到限制。2005年，几起环保“叫停”事件打破了这种扭曲的局面，在社会上引起了广泛而深刻的影响。首先是年初由停建环境违法企业引发的“环保风暴”。1月18日，国家环保总局公布金沙江溪洛渡水电站等13省市总投资1179.4亿元人民币的30个违法开工建设项目停工整改。这些项目均属在没有履行环境影响评价法律制度的情况下擅自开工建设的。这一消息发布后，引起社会各界的强烈反响，有56个民间环保组织向媒体表示支持环保总局严格执法的重要举措，认为这充分体现了政府落实科学发展观的决心。此后不久，环保总局又责令河南省义煤集团义翔铝业公司等6家未执行环境影响评价法律制度的铝生产企业停产整顿。其次是4月1日环保总局责令北京圆明园环境综合整治工程停建，并要求编制工程项目环境影响报告书履行环保审批程序。该工程不仅没有依法履行环保审批手续，而且工程设计缺乏全面有效的生态保护措施，对圆明园东部湖底水生生态系统造成了严重破坏。经过举行听政会、专家座谈会等历时三个月的执法过程，就这个闻名中外的重要历史文化遗址的保护问题，得出了应对已经完成的工程措施进行全面整改的结论。再次是环保总局对内蒙古自治区在经济发展中违背生态规律的现象提出质疑，认为该自治区近年来产业发展、资源利用和能源开发缺乏系统的战略规划，电力发展无序，煤炭资源开发强度过大，产业发展不尽合理，小煤矿生态破坏严重；资源能源利用效率低下，经济增长方式存在高投入、高消耗、高污染的现象；全区污染物排放总量大，局部地区污染加重。因此，环保总局决定，在自治区经济发展战略及其环境影响评价工作完成之前，限制该区重污染行业的发展，暂缓国家规划之外的火电、电石、铁合金、电解铝等建设项目的审批。一个省份的工业项目建设由于环境问题而受到限制，这在中国经济发展史上是前所未有的。它充分表明，中国经济增长开始从数量型向质量型转变。

（二）全社会环境意识明显提高，公众参与环境保护的能力进一步增强

随着人民生活水平的日益提高，广大群众改善环境的愿望日益强烈，要求越来越高，并且正在逐步把这种要求转变为参与环境保护的行动。在编制

完成圆明园东部湖底防渗工程环境影响报告书后，环保总局将其报告书在政府网站上公布。公布后的一天之内就有一万多网民登录该网站，致使这个容量较小的网站陷于瘫痪。自 2003 年以来，云南省规划在怒江流域开发梯级水电站的问题一直受到社会各界的极大关注。怒江是三江并流的世界自然遗产地，人们普遍担心建设梯级水电站将造成天然河流渠道化、水库化，破坏流域内密集的生态环境。2005 年 8 月 31 日，中国政法大学环境法研究所等 62 个科研单位、群团组织和 100 名知名专家学者及社会各界人士联名上书中央领导和国务院有关部门，要求将怒江水电开发规划环境影响评价报告书向社会公示，在公众充分知情并做出评议后再做决策。

公众参与更多的还是关系到自身利益的一些环境问题。2005 年秋季，媒体传出中国市场上 80% 的 PVC 保鲜膜含有致癌物质，在消费者中引起轩然大波。尽管卫生部门表态说，中国的保鲜膜生产标准没有过时，按照国标生产的 PVC 保鲜膜对人体无害，但是，群众因政府迟迟不能表态，对政府的效能表示质疑。包括年初发生的苏丹红事件等与健康有关的问题，都是群众关注的焦点。

（三）从改革政策管理入手，推动资源节约型社会建设

建设资源节约型社会不仅需要通过普遍提高全社会的节约意识，也必须运用政策和法律手段加强引导和管理。有些浪费现象是市场竞争所导致的恶性循环。目前北京市每年产生的近 300 万吨垃圾中，各种商品包装物为 83 万吨，其中 60 万吨属于本可节省的过度包装物。2004 年中秋节过后，仅广州市丢弃的月饼盒就可平铺 2500 个足球场。这些月饼盒大部分是纸制品，与普通生活垃圾一起被送进了垃圾填埋场，造成巨大浪费。2005 年中秋节前，国家发改委等四部委联合发布了新的强制性国家标准，使愈演愈烈的月饼过度包装现象得到有效抑制。

中国单位产值能耗比世界平均水平高 2.4 倍。但由于缺乏资源节约标准发展规划研究，节能标准体系尚不完善，大部分工业用能设备没有能效标准；已有标准的实施缺乏相应的政策法规保障。为适应建设资源节约型社会的需要，国务院各相关部门正陆续制定各项资源节约政策，规范市场和消费行为。国家标准委与有关部门加紧制定《2005～2007 年资源节约与综合利用标准发展计划》，并制定或修订一批产品能效标准和燃料消耗量限值标准。力争用 3～5 年时间，建立起适合中国经济发展和节约型社会建设需要的节

能、环保标准体系。国家发改委、科技部会同水利部、建设部和农业部组织制定了《中国节水技术政策大纲》，采取经济技术和工程等措施全面推进节水工作。通过《中国节水技术政策大纲》的引导，争取在2005~2010年间实现工业取水量“微增长”，农业用水量“零增长”，城市人均综合用水量实现逐步下降。

资源价格和税制改革将为建设资源节约型社会提供有效支持。针对当前中国资源价格市场化程度不高，不能真实反映市场供求关系和资源稀缺程度等问题，国家有关部门提出，资源价格要坚持市场化改革取向，综合各方面承受能力，实施渐进式改革。在具有竞争潜质的领域，通过引入竞争机制，放松政府对价格的直接管制，让价格在市场竞争中形成，充分发挥价格信号调节市场供求、优化资源配置的作用；对部分不能形成竞争的经营环节，要加强和改革政府的价格监管调控，确保市场平稳运行和国家经济安全。重点开展五个领域资源价格的渐进式改革：积极推进水价、电价改革；完善石油天然气定价机制；全面实现煤炭价格市场化；完善土地价格形成机制。为建设节约型社会、转变经济增长方式创造良好的价格体制条件和政策环境。有关部门正在抓紧研究如何进一步运用税收政策，促进资源节约利用。一是在新一轮税制改革中充分体现环境保护的要求，如适当扩大消费税、资源税的征收范围，调节税额税率，改变计征办法等；二是制定一些有针对性的税收政策，有促有抑，实现经济、社会、环境效益的统一。

（四）建设资源节约型社会已经从理论走向实践

节约资源的观念已经开始渗透到城市生活的方方面面，“建设节约型城市”正成为城市发展建设追求的目标。很多城市开始运用行政或经济手段节电、节水，把节约的眼光放在人们日常的生活细节上。如规定行政机关、事业单位、商用写字楼等夏季空调控制在26℃以上，用电高峰时段所有城市景观照明、公路路灯、休闲活动广场等要减少照明用电50%；新建建筑的节能设计和材料比例如果达不到50%（住宅建筑的节能标准达不到35%），将不予审批；有的城市规定对浪费水资源的行为处以高额罚款等。上海市参加“中国绿色照明工程促进项目”，推广使用42万个高效灯具，可减少高峰用电负荷6620千瓦，全年节电达700万千瓦时。在2005年冬季采暖期来临之际，北方一些城市采取科学有效的措施实现供暖节能。哈尔滨市在全市推广气象节能技术，“看天烧火”。改变了长期以来实行的每天烧两三遍火、烧一

定时间的固定采暖方式。供暖单位的司炉工每天根据来自气象部门的 24 小时节能温度预报，按照气象节能模型定量烧煤，减少了室内温度的波动，节省采暖煤 10%。天津市的一些小区，暖气实行一户一表，计量收费。暖气可以调节，居民有了自主节能的条件。全市还推广“节能司炉”、“住宅保温”等管理措施。预计全市锅炉供热效率将由 5 年前的不足 60% 提高到 70%。

资源节约推动了企业技术进步和结构调整。“大力发展循环经济，创建资源节约型企业”出现良好势头。自 2004 年 11 月开始，国资委在 6 家中央企业开展“创建资源节约型企业活动”，目前已经取得明显成效。这 6 家企业以节能、节水、节材和资源循环利用为重点，以推进技术进步和加快结构调整为动力，以强化资源节约意识和系统优化为基础，以创建资源节约型企业为目标，大胆开展体制和机制改革创新，积极探索建立资源节约的长效机制，使万元产值综合能耗、主要产品单耗全部下降。在这些企业的带动下，一大批资源节约型、环境友好型、技术创新型企业正在不断涌现和成长。

二　2005 年：环境与发展中的缺失

中国的环境问题主要是发展不当和发展不足造成的。粗放型经济增长方式没有根本转变，经济发展速度快、数量大，使资源开发强度和污染物排放总量远远超过环境承载力。发达国家上百年工业化过程中分阶段出现的环境问题，在中国仅 20 年的时间就集中出现了。

（一）粗放型经济增长方式加剧资源环境紧张局面

世界观察研究所 2005 年度报告《重要象征》提出：“中国不仅是经济强劲增长的主要功臣，也是资源日益枯竭的罪魁祸首。”这种说法虽然带有某种敌意，但当前中国资源需求总量之大，确实令世界震惊。由于中国走的是一条赶超型的工业化道路，在产业结构升级的压力下，各地普遍选择了发展重化工业的经济模式，加之长期沿袭粗放型经济增长方式，使经济快速增长建立在大量消耗资源和能源的基础上。全国有 800 多家小钢铁企业，大部分设备老化，效率低下。中国单位 GDP 能耗是日本的 7 倍，美国的 6 倍，印度的 2.8 倍。中国粗钢生产连续十年居世界第一位，成为世界钢铁大国。预计 2005 年钢产量将达到 3.45 亿吨，占世界总产量的 30%。由于只注重数量，忽视质量，浪费了大量资源，严重污染了环境。为满足中国钢铁生产需要，近年来国际铁矿石供给已达到极限。2005 年春，国内一些钢铁企业从巴西进口的铁矿石价格比 2004 年增长了 1.7 倍。

中国是世界上第二大能源生产国，也是第二大能源消费国。中国常规能源探明技术可开发资源总量超过 8230 亿吨标准煤，探明剩余经济可采储量 1392 亿吨标准煤，约占世界总量的 10.1%。中国能源储量虽然丰富，水能资源和煤炭资源探明储量分别占世界第一、第三位，但人均拥有量却只有世界平均水平的 1/2，石油、天然气等资源的人均储量更是低于世界平均水平。2005 年将首次突破 20 亿吨标准煤。中国能源开采和使用技术落后，能源效率低下。全国煤矿采煤机械化程度仅为 45%，远低于国际上 80%～100% 的先进水平。中国煤炭的 85% 是通过直接燃烧使用的。大量煤炭低效燃烧带来严重的大气污染。中国是世界上最大的 SO_2 排放国，酸雨面积约占国土面积的 30%，CO_2 排放量占世界第二位，每年造成大量经济损失。

中国已经成为世界第二大石油消费国，石油安全问题日益凸显。2005 年国内原油消费量预计达到 3 亿吨以上，比 2004 年增长 6%，需要进口 1.3 亿多吨，全年进口依存度将超过 43%。据有关机构预测，如果国内石油生产和消费能力维持在目前水平，同期不能勘察到新的石油资源，到 2010 年国内石油对需求的保证程度将不到 60%。中国天然气消费量占一次能源消费量的比例较低，仅为 3%。主要是因为国内天然气产量缺口严重，而国际天然气价格涨幅较大。2005 年 1～8 月，中国进口的液化石油气及其他烃类气的价格同比涨幅达 20%。预计 2005 年中国石油液化气产量为 1650 万吨，缺口高达 650 万吨。

（二）发展不当导致生态恶化趋势不能有效控制

生态环境的破坏主要是自然资源的不合理开发所造成的。资源需求的迅猛增加，资源开发强度的不断加大，使生态环境破坏日益加剧。国家发展改革委和山西省组织的煤炭可持续发展专题调研显示，生产 1 吨煤付出的巨大代价令人触目惊心。国有煤矿每采出 1 吨煤平均实际动用 2.5 吨的煤炭储量，每挖 1 吨煤损耗 2.48 吨的水资源。山西省每年开采 5 亿吨煤，导致 12 亿立方米水资源受到破坏，相当于山西省引黄工程的总引水量。平均每生产 1 吨煤造成的水土流失影响面积约为 245 平方公里。目前，山西省矿区面积累计达 8000 平方公里，其中采空面积达 5000 平方公里以上，引起严重地质灾害的范围超过 2940 平方公里，每年还有 94 平方公里地区成为新的塌陷

区，使很多村民不得不离开自己的家园。

内蒙古大青山山脉是中国华北地区重要的生态屏障，关系到山南广大生态脆弱地区的环境安全。经过多年来的生态建设和恢复，已成为飞禽走兽重归山林的自然保护区。但是，最近两年由于矿产资源的不合理开采，已经变得满目疮痍。仅大青山南麓的金矿、白灰矿、碎石厂、片石厂等采矿点就有150 多处。生长了近百年的白桦林遭到砍伐，导致植被退化、物种丧失严重。2005 年 4 ~5 月，山南地区先后两次发生山体崩塌。

2005 年 3 月，科技部和环保总局联合发布了千年生态系统评估成果和中国西部生态系统综合评估项目成果，指出，近 20 年来，由于气候变化和人类活动双重驱动力的作用，中国西部地区永久冰雪面积持续减小，荒漠化面积增加，各类生态系统存在不同程度的退化。中国西部地区水土流失面积已达 282.59 万平方公里，占中国水土流失总面积的 77%。由于生态环境的人为破坏，西部地区 1000 多万人口吃水长期困难。据有关研究机构估计，西部地区每年因生态环境破坏造成的直接经济损失达 1500 亿元人民币，占当地同期 GDP 的 13%。青海省草原严重退化面积已达 440 万公顷，内蒙古草原遭受严重破坏的面积达 973 万公顷。西藏地区的矿产资源开发使所有矿区的草场被破坏殆尽。开采过程中遍地开花，进入矿区的车辆没有固定行车路线，周边草地被碾压。仅尼玛县沙金矿自开采以来已经破坏天然优质草场 47025 亩，车辆碾压的草场达 25500 亩。崩纳藏布金矿自开采以来，矿区内的 6142 亩草地全部被破坏；矿区周边草地严重退化，矿区下游河水含沙量增大，泥沙沉积抬高了河床水位，改变了河水流向，淹没和破坏了草场。

公路建设占用土地问题也已经成为生态保护中的一个突出问题。由于高等级公路设计不合理，目前中国平原和微丘陵地区的高等级公路几乎全部采用高填土路基，平均填土高度在 4 米以上，大大增加了工程建筑占地和临时取土用地。高路基比平路基平均每百公里高速公路多占耕地 4300 亩。据对江苏、安徽、湖北三省平原地区的 14 条高等级公路统计，在 1461 公里公路的施工期，临时征用土地 11.68 万亩，其中耕地 9.65 万亩，占 82.61%。预计到 2020 年，中国将建设高等级公路 94755 公里，占用耕地将达到 409 万亩。目前，公路重复建设问题十分突出。许多规划中的公路建设线路与现有公路的起讫点相同，许多新建的高等级公路与现有公路基本平行，有的只相距几公里，甚至两条公路伴行，造成资金和土地的严重浪费。

南京地质矿产研究所近期完成的“长三角地区地下水资源与地质灾害调

查评价报告”显示，在长三角10万平方公里范围内，长期超采地下水已引起区域性地面沉降与地裂缝等大范围灾害。其中，上海市区、江苏苏锡常地区、浙江杭嘉湖等地区已经形成三个区域性沉降中心，且有连成一片的趋势。地面沉降给这些地区造成的经济损失接近3500亿元。长三角地区的水土流失也在加剧。仅浙江省的坡地面积就占全省土地面积的80%，土壤年流失量至少在6000万吨以上。水土流失使全省七大水系的河床普遍抬高50~100厘米。

（三）中国对外贸易中的环境问题日益突出

随着中国与世界经济的相互联系和影响日益加深，国际国内两个市场、两种资源相互补充机制的建立，对外贸易中的资源竞争等环境问题日趋突出，主要包括两个方面：一是国外绿色贸易壁垒对中国产品出口的限制；二是国外污染产业向中国转移。

1. 贸易保护主义出现新情况

2005年8月13日，欧盟25国正式实施WEEE（《关于报废电子电气设备指令》）。按照WEEE要求，凡在欧盟市场上销售的电子和电气产品，其进口商和经销商必须负责这些产品报废后的处理，并承担相应的回收费用。一般实施WEEE指令国家制定的收费标准占家电产品成本的10%以上。这对于利润不足10%的中国家电企业来说，无疑将是一种限制，从而改变国内企业出口竞争的格局，使一些单纯依靠价格优势参与竞争的企业失去竞争力。欧盟另外一项指令ROHS（《关于在电子电气设备中禁止使用某些有害物质令》），将于2006年7月1日正式实施，届时也将给中国电子电气产品造成新的贸易壁垒。

中国农产品安全标准尚不健全，一些产品的生产、销售、加工等标准比较低，难以抵御发达国家的“绿色贸易壁垒”。美国农产品安全标准多达4000余项，其他发达国家也都规定了严格的安全标准。“绿色贸易壁垒”抬高了中国农产品的出口门槛，增加了农产品的生产成本。

2. 重污染产业转移问题时有发生

改革开放以来，中国坚持以比较优势参与国际分工，形成了以低价要素参与国际市场、以粗放和低廉的生产保持竞争力的劣势。这种情况一方面加重了国内资源环境的压力，另一方面也使国外污染产业向中国转移。制革业在中国属劳动密集型产业，也是重污染产业。制革的物理化学过程需要大量化学物质。中国制革业每年排放废水已达7000万吨，处理成本比一般废水高出几倍。

近年来，由于国际市场原皮价格上涨，行业利润下降，特别是加工贸易企业利润极其微薄，一些发达国家开始将高污染的生皮加工向中国转移。2005 年上海口岸来自发达国家的生皮进口量大幅度上升。国内生皮加工企业大多规模小，污染防治能力差，而赚取的微薄利润与留下的严重污染极不相称。

3. 洋垃圾进口问题仍屡禁不止

长期以来，中国一直是日本垃圾倾销的最大市场。日本每年向海外出口垃圾 1000 多万吨，相当于外贸出口总量的 10%。而日本出口的垃圾中约有 90% 销往中国。鉴于废塑料处理对环境造成严重污染，中国政府已于 2004 年明令禁止从日本进口废塑料，有关国际公约也早有规定，不得向外国出口对人们生活不利的垃圾和工业废物。但日本一些企业在利益驱使下，仍通过香港向中国内地出口塑料垃圾。2005 年，日本塑料垃圾已有 25% 进入中国，带来严重的环境问题。

中国已成为全球最大的废杂铝进口国。2004 年中国进口废杂铝数量在 1 万吨以上的 23 家企业共计进口 72 万吨，预计 2005 年中国废杂铝进口量将超过 140 万吨。中国废铜的进口量也在成倍增长。2005 年 1 ~ 8 月，仅从广东口岸进口的废铜就达 71.8 万吨，比上年同期增长 1.1 倍。再生铝和铜行业的环境污染比较严重，特别是从事这一行业的一些中小企业，工艺设备落后，生产和环境管理水平低，造成的环境污染更为严重。

（四）环境问题引起社会冲突，影响社会稳定

一些地方片面追求经济增长，忽视环境保护，导致环境污染和生态破坏严重危害群众利益，引发社会矛盾，使环境问题造成的群体性事件不断增加。近年来，群众关于环境污染的投诉年均增长约 30%；过去的 10 年间，全国因环境问题引发的群体性事件上升 11.6 倍，年均递增 28.8%。2005 年是历年来环境污染群体性事件发生最多的一年，而且因环境问题引发的群体性事件的对抗程度明显高于一般群体事件。1 ~ 7 月，因环境污染引发的群体事件中，有围堵、冲击党政机关及其他要害部门，聚众阻塞交通和聚众滋事、打砸抢烧等过激行为的占 30% 以上。总结起来，环境污染所引发的社会冲突具有以下几个特点。

1. 经济发达地区是环境问题群体性事件的多发地区

一些经济增长较快的地区忽视环境保护，高增长带来的高污染、高消耗给环境和社会造成难以承受的压力，使这些地区因环境问题引发的群体性事

件不断出现。2003 年以来，长三角地区因环境污染导致的群体性事件占全国此类事件的 40% 左右，其中大多数是因工业污染引起的。浙江省东阳市竹溪工业园区在没有进行区域环境影响评价的情况下建设化工、农药等污染严重的企业并投入生产，对周围农田的蔬菜、果树生长造成危害，受损面积达 3000 多亩。2005 年 4 月，东阳市竹溪工业园区周围 13 个村约 5000 余人，冲击打砸工业园区内的部分企业，提出“污染已经毁了我们的命根子，我们只能以死相拼”，甚至一些村民在冲突中高喊“宁愿被打死，不愿被熏死”。2005 年 4 月，江苏省丹阳战备河受到化工废水污染，水质变黑发臭，导致该市黄塘镇依靠战备河水灌溉的 2 万多亩稻田无法插秧；该镇自来水取水口严重污染，致使自来水厂供水无法饮用，当地政府不得不投资 2000 万元从临近的常州取水。地处战备河下游的常州市武进区夏溪镇三星村村民，为阻止上游来水污染，用推土机将战备河的出口堵死。

2. 城市郊区环境污染群体性事件比较突出

随着城市化发展和改善城区环境质量的需要，城市的功能区和工业布局普遍进行了调整，城区的工业企业基本上都搬迁到郊区农村。由于郊区的环境管理薄弱，这种搬迁实际上造成了污染转移，使郊区农村逐渐成为工业污染的重灾区。2005 年 5 月，浙江省桐乡市发生一起上千农户春蚕被污染的事件，工厂排放的含氟物质使桑叶中的氟化物超标近 4 倍。山西、宁夏等地的城市郊区农民使用污水灌溉农田，导致上万亩麦苗被毁，很多农民面临断粮的威胁。随着环境污染由城市向农村、发达地区向欠发达地区转移，农村和农业环境污染问题更加突出。特别是在一些乡镇企业发达地区和开发项目比较多的地区，污染纠纷不断增加，工农之间、干群之间的矛盾日益突出。在因环境问题而产生的冲突中，以农民为主体的群体性事件大幅度增加。2005 年上半年，参与环境问题群体性事件的人员中，农民占 70% 以上，年内发生的几起影响较大的环境污染群体性事件，全部是农民为解决污染问题而进行的集体抗争。

3. 淮河流域的水污染问题是一个长期不安定因素

从 20 世纪 90 年代初以来，淮河流域水污染事故频发，使淮河两岸群众深受其害，不仅下游地区群众饮水安全得不到保障，许多水产养殖户也因污染损害蒙受巨大损失。有的生活一时没有着落，有的甚至倾家荡产。为求解决污染问题，群众集体到政府上访告状，由此引发的社会矛盾十分尖锐。由于污染，淮河流域最大支流沙颍河沿岸，出现了多个“癌症高发村”，成为

引发不安定因素的重要根源。

环境问题引发的群体性事件数上升的原因，还在于解决环境问题的成效与群众的环境诉求之间反差过大。环境问题往往是长期积累形成的，短期内很难从根本上解决。特别是流域污染的治理，需要几年、十几年甚至更长的时间。随着人民生活水平的提高，环境意识和维权意识的增强，要求改善环境的愿望越来越强，摆脱环境污染困扰的要求也越来越迫切。然而，由于一些环境问题长期得不到解决，群众的环境权益得不到维护，使群众产生不满情绪。一些地方的领导片面追求经济发展，忽视环境保护和群众利益，偏袒环境违法行为，有的地方领导在处理污染纠纷时甚至站在群众的对立面，使群众的不满情绪更加强烈。这种不断增强的环境意识和消除污染危害的要求与不断恶化的环境质量以及环境执法不力之间的反差积累到一定程度，必然引发社会冲突。2005 年浙江省出现的几起大规模环境问题群体性事件，都是环境污染问题长期没有得到解决所造成的，有的环境问题甚至已经拖延了十几年。

（五）资源节约和环境保护意识薄弱，政策管理缺失

1. 水资源浪费出现“新形式”

在水资源短缺的华北、西北，一些城市出现大造城市景观水之风。有些城市拦河筑坝，有的把河水“圈”进城内，甚至“挖地造湖”，以打造人工水环境。一些连居民吃水都困难的城市也大搞景观水；一些城市把“斗水七沙”的黄河水引进城区。据媒体报道，目前仅郑州、洛阳、西安、咸阳、宝鸡、石嘴山、太原已经建成或计划建设的人工景观水面积就达 56 平方公里，相当于 10 个杭州西湖。黄河岸边的山东省滨州市提出要做大、做亮、做响“水文章”。计划引进黄河水建设“五环四海”、“七十二湖”。目前已投资两亿多元人民币，完成环城水系 50 公里。一些城市在大肆挥霍水资源的同时，却不重视废水处理和水的循环利用，很多城市的缺水是环境污染造成的水质型缺水。而有些城市废水经过处理后形成的中水却不能重复利用，白白流掉。

2. 取消对柴油汽车限制的政策不落实

早在 1996 年，国务院办公厅就发出通知，要求各地取消对微型汽车的种种限制；近年来，国务院各部门也都相继出台一些规定，要求不得限制小排量汽车；2005 年 6 月，国务院总理温家宝明确指示，要取消一切不合理的

限制低油耗、小排量、低排放汽车使用和运营的规定。但是，迄今仍有80多个城市没有取消对小排量汽车的限制。如北京市不准小排量轿车在长安街和二、三环路行驶；上海市不准小排量汽车上高架路，等等。随着国际市场原油价格不断上涨，发达国家普遍实行鼓励发展柴油汽车的政策。在欧洲，柴油轿车早已成为油耗低、排放低的环保汽车代名词，有的国家的柴油轿车已占汽车销售量的70%。美国已有13款柴油汽车在市场上销售，2006年还将有6款新车上市。中国于2003年公布了柴油车排放污染防治技术政策，要求各地对达到排放标准的柴油车给予汽油车同等待遇。但是，这一政策的执行遇到很大阻力，至今仍有北京等14个城市禁止给柴油车上牌照。

3. 消费品的节约和环保标准不完善

中国手机用户已接近3亿个，成为全球手机用户最多的国家。但是，手机规格不统一，充电器、电池等零配件基本不能重复利用；许多用户消费观念超前，手机更换频率高，有将近一半的用户在一到两年内更换一次手机，有20%的用户甚至不到一年时间就换一部手机，另外，目前只有少数几款手机的充电器可以通用，换一部手机就必须淘汰一套电池和充电器。因而，全国每年有近2亿块手机电池和1亿个手机充电器变为垃圾，不仅严重浪费资源，也对环境造成污染。时下流行的电动自行车本来是一种不排放尾气的环保产品，但是，这种电动车大多使用铅酸蓄电池，使用寿命仅一年多，有的劣质产品只能用几个月，而电池报废后的回收问题没有得到很好解决，所以也带来了严重的资源浪费和环境污染。按规定，电动车生产企业应与销售商签订废旧电池回收协议，由商家回收。但目前电动车市场管理混乱，不法商贩回收时只将值钱的金属铅拆走，而将废硫酸等危险废物随意排入环境。据调查，仅浙江省就有近300家电动自行车生产企业，年产量达100万辆，而每年至少有80万辆电动车需要更换电池，给环境带来巨大压力。

三 2006年：面向“十一五”的环境与发展

2006年是实施中国国民经济和社会发展第十一个五年规划的第一年。党中央明确提出，“十一五”规划要在优化结构、提高效益和降低消耗的基础上，实现2010年人均国内生产总值比2000年翻一番；资源利用效率显著提高，单位国内生产总值能源消耗比“十五”期末降低20%，生态环境恶化趋势基本得到遏制，耕地减少过多状况得到有效控制。把资源环境指标与经

济增长指标等同起来，并作为国民经济和社会发展的主要目标，在中国实施五年规划的历史上还是第一次。这充分表明，中国已经进入以科学发展观为指导，全面构建和谐社会的新时代。

中共中央在关于制定国民经济和社会发展第十一个五年规划的建议中，围绕“建设资源节约型、环境友好型社会”提出了大力发展循环经济、加大环境保护力度、切实保护好自然生态等三个方面的要求，并且明确了一系列重要政策和策略。2006 年中国的环境与发展应紧紧围绕落实各项环境政策、解决好群众反映强烈的环境问题开展工作。

（一）进一步强化环境法制建设，减少违法造成的环境问题

当前，中国环境领域存在法制不健全、法制观念淡薄、执法能力不强，“违法成本低、执法成本高”以及环境执法难等多方面问题，已经成为阻碍中国环境与经济协调发展的重要因素。因此，必须进一步健全法规和标准体系；完善执法手段；建立环境技术法规和标准；严格污染物排放标准和各类环境标准；通过法规、标准明确超标排污是环境违法行为。

要加强环境执法，必须坚决克服地方保护主义。建设项目环境管理是中国重要的环境法律制度。但是，由于一些地方不能正确处理发展经济与保护环境的关系，片面追求经济增长，多年来这一法律制度没有得到很好执行。有些地方的领导以言代法，甚至以权压法，严重干扰环境影响评价法的执行。加强建设项目环境管理是从源头控制环境问题产生的最有效措施。要有效防止新污染源的产生，就必须严格执行新建、扩建和改建项目的环境影响评价制度，实行环境保护“市场准入”，牢牢把住建设项目的入口。同时，要把规划环境影响评价法律制度的实施提到重要议事日程。2003 年前颁布的《环境影响评价法》明确规定，各种经济发展、城市建设、资源开发等经济社会发展规划，必须有环境影响评价，但目前尚未引起各级政府和有关部门重视。国家应当从完善法律制度、加强执法监督等方面推动规划环境影响评价制度的实施。

（二）强制淘汰污染企业，推动产业结构优化升级

产业结构不合理、工艺设备落后是造成工业污染严重的根本原因。必须统筹规划经济发展、产业结构调整、技术水平提升和污染防治能力的增强，及时制定和调整有利于新型工业化的产业政策。坚决依法淘汰那些规模不经

济、污染严重的造纸、酿造、制革、电镀、印染、化工、冶金、炼焦、建材、火电等企业及其落后生产工艺、设备和产品。同时，要对污染企业实行严格的限期治理，限期治理达不到规定标准的应当停产整治。对违反国家产业政策的污染项目，对拒不执行环境影响评价制度、不正常使用污染防治设施、偷排或超标排放污染物、造成严重污染事故等环境违法行为应当严厉打击。

坚持以信息化带动工业化，广泛应用高技术和先进适用技术，大力发展循环经济，积极推行清洁生产，加快生态工业园区建设。坚持开发节约并重、节约优先，按照减量化、再利用、资源化、无害化原则，大力推行节能、节水、节地、节材活动，完善再生资源回收体系，积极开发和推广资源节约、替代和循环利用技术，加快企业节能降耗技术改造，形成低投入、低消耗、低排放和高效率的节约型增长方式。大力提倡绿色消费。实行环境标识和政府绿色采购制度，强化节约意识，鼓励使用节能产品，逐步建立可持续的消费模式。

（三）完善环境经济政策，促进污染防治和生态保护

中国现有环境政策体系偏重于管理政策，缺乏扶持污染防治和生态保护的经济政策。环境保护是一项社会公益事业，而且解决环境问题需要大量资金投入。完善环境经济政策需要从以下几方面入手：一是建立环境保护公共财政。在各级政府应当设立环境保护财政支出科目，并对流域区域污染防治和生态保护工程建设提供资金支持。二是国家应建立环境保护基金，扶持环境基础设施建设。逐步完善政府、企业、社会等多元化环境投融资体制，推动污染防治和生态保护市场机制的建立。三是用价格杠杆调控资源的合理开发和有效利用。各级政府对资源的定价不仅要考虑资源的稀缺程度，还应充分考虑环境容量和承载能力等因素。加强对市场调节的资源价格和资源开发活动的宏观调控。四是完善各项生态补偿政策和机制。各级财政在实施转移支付时应把生态补偿作为一项重要内容，特别要加大对西部地区生态保护的支持力度；下游对上游、开发区对保护区、收益区对受损区以及收益人群对受损人群应当实施利益补偿。五是制定完善环境有偿使用政策。按照排污费高于治理污染成本的原则，完善排污费征收标准；适当提高实施脱硫治理污染火电厂的上网电价，鼓励燃煤电厂加快脱硫步伐。六是制定有利于环境保护的税收、信贷政策，促进生态环境保护、环境污染防治和资源节约，限制

损害环境、浪费资源的经济活动。同时，要进一步落实城市污水、垃圾处理收费政策，尽快改变目前城市污水处理费征收标准偏低、城市污水处理厂运行经费不足的状况。

（四）统筹区域经济与环境协调发展

目前，由于区域发展不平衡，中国的环境问题存在明显差异。东部地区环境污染相对比较突出，而中西部地区主要是资源开发和贫困导致的生态破坏。因此，国家必须坚持分类指导原则，统筹经济与环境协调发展。东部地区在加快实现结构优化和增长方式转变，提高外向型经济水平的同时，深入贯彻落实科学发展观，切实提高环境管理和可持续发展能力，大力削减污染物排放总量，努力降低排放强度，使环境质量达到一个较高水平。东部地区在“率先发展中带动和帮助中西部地区发展”、“引导产业转移”的过程中，应防止向中西部转移污染。中央要求各地要根据资源环境承载能力和发展潜力，按照优化开发、重点开发、限制开发和禁止开发的不同要求，明确不同区域的功能定位，并制定相应的政策和评价指标，逐步形成各具特色的区域发展格局。这对于中西部地区特别是西部地区尤为重要。各地应根据资源禀赋、环境容量、人口状况和生态功能等各种因素和条件，科学确定区域发展方向；遵循生态规律和经济规律，综合区域经济、社会、人文、自然状况，科学编制土地利用规划和区域、流域、海域开发建设规划，合理确定不同区域的产业结构，大力发展特色产业，在逐步形成各具特色的区域发展格局的过程中，保护和改善生态环境，实现可持续发展。

（作者单位：国家环境保护总局）

专 题 篇

调整社会结构，构建社会主义和谐社会

○ 陆学艺

十六大以来，党中央提出了实施科学发展观、构建和谐社会两个重大的战略思想，这标志着中国经济社会发展进入了一个新的历史阶段。党的十六届五中全会提出了制定国民经济和社会发展第十一个五年规划的建议，要求以科学发展观统领经济社会发展的全局，实现经济持续快速、协调健康发展，推进社会主义和谐社会的建设。

"十一五"规划专门有一章讲"推进社会主义和谐社会建设"，明确指出，"促进社会和谐是中国发展的重要目标和必要条件"。构建社会主义和谐社会是中国共产党总结几十年建设社会主义现代化事业的经验而提出的一个新理念、一个新的战略目标，这个目标比全面建设小康社会还要宏大，是要经过长期奋斗才能逐步实现的战略任务。

从改革开放二十多年来的实践经验看，实现"十一五"规划的经济目标，到 2010 年人均 GDP 比 2000 年再翻一番，乃至到 2020 年实现翻两番的任务，已经比较有把握了，但要做到社会全面进步、构建和谐社会、实现社会方面的指标，则难度更大。

2005 年 2 月 21 日，胡锦涛同志在中共中央政治局第 20 次集体学习会上指出："各级党委、政府和领导们，要切实加强对本地区本部门和谐社会建设有关情况和工作的调查研究，全面分析和把握社会建设和管理的发展趋势，为制定政策、开展工作奠定坚实的基础。要加强对社会结构发展变化的调查研究，深入认识和分析阶层结构、城乡结构、区域结构、人口结构、就业结构、社会组织结构等方面情况的发展变化和发展趋势，以利于深入认识和发展社会主义市场经济和对外开放条件下中国社会发展的特点和规律，更好地推进社会建设和管理。"

胡锦涛同志在这里提出"要加强对社会结构发展变化的调查研究"，有

极其重要的理论意义，对于正在进行的完善社会主义市场经济体制的建设和推进社会主义和谐社会的建设具有十分重要的实践意义。通过改革和调整，形成一个合理的社会结构，是构建社会主义和谐社会的基础。

什么是社会结构？社会结构同经济结构一样，是一个国家或地区最重要的基本结构。不同的社会发展阶段，有不同的经济结构和社会结构。一般来说，有什么样的经济结构，就会有什么样的社会结构。这两个基本结构互为表里，相互匹配。一个现代化国家，既要有现代的经济结构，也一定要有现代的社会结构。

中国目前正处在由传统的农业、农村社会向工业化城市化的现代社会转型过程中，同时还处于由计划经济体制向社会主义市场经济转变之中。改革开放以来，经济发展很快，经济体制发生了深刻的变化，随着经济体制的变化，社会结构也发生了很大的变化。

关于经济结构调整和经济发展方面的成绩，我们做了很多总结，有大量的论著，大家有了共识。比较而言，社会结构变化方面的成绩，总结得太少，社会各界对这方面了解不多，而这方面的成就同样是巨大的，当然也有不足的一面。

一　改革开放以来，中国的社会结构已经发生了历史性的变化

中国自周秦建立封建社会以后，2500 多年来，发生了多次王朝更迭，改朝换代，治乱兴衰，但中国始终是个农业国家，以农民和地主两大社会阶级为主体的社会阶级结构没有变化。一个王朝兴起了，有过繁荣和辉煌，一般是经历 200~300 年之后，就衰败亡国了；一个新王朝起来了，繁荣了，又衰亡了，循环反复，但农业国家的社会结构一直没有变。

1840 年鸦片战争以后，中国封建社会的社会结构开始发生变化。洋务运动以后，中国开始有了近代工业，有了新的工人阶级和新的资产阶级。中国的封建社会结构变化了。但由于受到列强的侵略压迫和自身的原因，中国沦为半殖民地半封建的国家，近代工业发展得非常缓慢，社会结构的变迁非常缓慢。一直到 1949 年中华人民共和国成立，中国的社会结构还是农民占 89.4% 的农业社会结构。从 1953 年中国第一个五年经济发展计划开始，进行了大规模的工业化建设，动员、投入了很多的人力、物力，也取得了很大

的成绩。但因为我们在发展模式选择和其他方面的不当，直到1978年，中国的农民在总人口中仍占82.1%，基本上还是个农业国家的社会结构。

中国的社会结构真正发生历史性的变迁是在1978年改革开放以后。限于篇幅，本文主要从就业结构、城乡结构、社会阶层结构三个方面来论述。

（一）就业结构的变化

历史经验表明，一个传统的农业社会向工业社会转变，都有一个大量的农业劳动者逐步转变为第二、三产业职工的过程。随着以农业为主的产业结构转变为以第二、三产业为主的产业结构，就业结构也相应地从以农业劳动者为主转变为以第二、三产业职工为主。在工业化过程中，农业劳动力向第二、三产业转移，是一般规律。

1952年，全国社会劳动者为20729万人，其中，农业劳动者为17317万人，占83.5%；第二产业职工为1531万人，占7.4%；第三产业职工为1881万人，占9.1%。

1957年，全国总就业人口是23771万人，其中，农业劳动者为19310万人，占81.2%；第二产业职工为2142万人，占9%；第三产业职工为2319万人，占9.8%。①

1978年，中国的经济有了很大的发展，经济结构有了很大的改变。当年的三次产业结构是：第一产业占28.1%，第二产业占48.2%，第三产业占23.7%。由于长期实行城乡分治的户口制度和严格限制农业人口转变为非农业人口的社会政策，经济结构变了，就业结构却没有相应地转变。

1978年，中国总就业人员为40152万人，其中，农业就业人员为28318万人，占70.5%；第二产业就业人员为6945万人，占17.3%；第三产业就业人员为4890万人，占12.2%。仍然只能说此时的中国就业结构还是农业国家的就业结构。

改革开放以后，中国实行了市场化取向的经济体制结构改革。经济有了极大的发展，经济结构发生了深刻的变化。到2004年，中国的经济已经发展到了工业化中期阶段。相比较而言，我们在社会体制改革方面，诸如户籍、就业、人事、社会保障体制等方面的改革滞后了，但经济社会发展是自然历史过程，规律是不可阻挡的。20世纪80年代初期，农村实行家庭联产

① 《中国社会统计资料》（1990），中国统计出版社，1990，第51页。

承包责任制，激发了农民的生产积极性，农业生产力有了极大发展，农业连年丰收，粮食、棉花等农产品大量增加。同时，农业劳动力剩余的问题也突出了，农民收入大量增加，农村市场需要扩大，这是工业大发展的好机会。但此时城市企业改革刚启动，加上户口等体制改革没有跟上，于是乡镇企业应运而生，异军突起，出现了离土不离乡的农民工。80 年代后期，城市改革进入新阶段，第二、三产业大发展，需要劳动力，又有了离土又离乡的农民工。1992 年以后的几年中，农民工每年增加 1000 万人，出现了"民工潮"。现在农民工已经有 1.2 亿人。

2004 年，全国有 75200 万总就业人口，其中，第一产业就业人口为 35269 万人，占 46.9%；第二产业为 16920 万人，占 22.5%；第三产业为 23011 万人，占 30.6%。在全国总就业人口中，非农产业的职工已占 53.1%，超过了农业劳动力的比重。按国际惯例，一个国家的非农劳动力超过 50%，就已经不是农业国家的就业结构，而是一个工业国家的就业结构。

就统计的数量来分析，1978 年，中国的第二、三产业职工共有 11835 万人，占总就业人口的 29.5%；2004 年，中国第二、三产业职工共有 39931 万人，26 年增加 28096 万人，增长 2.37 倍，平均每年增加 1080.6 万人。上千万人的大规模的农业劳动力转为制造业、建筑业、商业、服务业等第二、三产业的职工，这在中国历史上是从来没有过的，在世界历史上也是没有过的，是中国改革开放以来社会结构变化、社会进步的伟大成就。

（二）城乡结构的变化

在工业化过程中，工业企业一般都建在沿海、沿江、沿路等交通比较好的地方，工业大量兴起的时候，大量农业劳力转变为非农业的劳力，城市也就建起来了。所以，工业化与城市化一般是同步的。城市化就是大量的农村人口逐渐转变为城市人口的过程，城市化也就是农民市民化。我们通常所说的城市化率，就是城市人口占总人口的比重，城市化率越高，城市人口就越多，农民就越少。

在 20 世纪 50 年代中后期，随着中国工业大规模发展，就有大量的农村人口进入城镇，"一五"期间，城市化率每年提高 1 个百分点。1960 年，中国出现三年经济困难，为了应对粮食等短缺的困难，实行了严格限制农业人口转为非农业人口（也就是城市人口）的社会政策。这本来是一时的权宜之计，却一直遗留了下来。度过了三年经济困难，工业化继续进行，农村的资金、粮食、工业原料进城了，而农村劳动力、农村人口却不许进城，久而久之，城乡分割，城乡二元经济社会结构就形成了。

1952 年，全国总人口是 57482 万人，其中，农村人口是 50139 人，城市化率只有 12.8%。

1958 年，全国总人口是 65994 万人，其中，农村人口为 54704 万人，城市化率为 17.2%，比 1952 年提高 4.4 个百分点，平均每年提高 0.73 个百分点。

1978 年，全国总人口是 96259 万人，其中，农村人口为 79014 万人，城市人口为 17245 万人，城市化率为 17.9%。20 年城市化率只提高 0.7 个百分点，平均每年提高 0.035 个百分点。

2000 年，全国总人口为 126743 万人，其中，农村人口 80837 万人，城市化率为 37.2%。

从 1978 ~ 2004 年，中国户籍制度已做过一些调整，但还没有根本的改革。随着经济的快速发展，城市需要劳动力，使得大量的农村人口进城务工经商。2000 年，国家统计局改变了统计指标，把超过半年以上的农村进城人员称为常住人口，也统计为城市人口，所以，城市化率这几年就有了较大的提高。

2004 年，城市户籍人口加外来常住人口为 54283 万人，城市化率为 41.8%。26 年中，城市化率提高 23.9 个百分点，平均每年增加 0.92 个百分点，城市人口增加 37038 万人，平均每年增加 1424.5 万人。

农民这样大规模地进城，他们正在接受城市化、社会化的洗礼，逐步转变为城市居民，由此改变了城乡结构，社会进步的意义是十分巨大的。

（三）社会阶层结构的变化

1950 年，中国实行土地改革，没收了地主的土地，消灭了地主阶级，把土地无偿分给无地和少地的广大农民，真正做到了耕者有其田。1955 年，国家通过公私合营等形式实现对私营工商业的改造，对个体手工业的改造，通过农业合作化实现对个体小农的改造，在全国实行生产资料公有制。在此基础上，形成了工人阶级、农民阶级和知识分子阶层的社会阶层结构。虽然学术界对社会主义计划经济国家的社会结构是否就是两个阶级一个阶层的结构，还有争议，但社会的阶级和阶层确实简化了，这是事实。

1978 年改革开放后，实行了由计划经济向社会主义市场经济体制的转变，通过经济体制改革，形成了以公有制为主体多种所有制共同发展和以按劳分配为主体、多种分配方式并存的经济格局，并在经济大发展的条件下，中国的社会阶层结构发生了很大的变化，农民阶级分化了，工人阶级也变化了，并产生了诸如私营企业主、个体工商户、经理人员等一批新的社会阶层。一些阶层的社会地位上升了，规模扩大了，一些社会阶层的社会地位下降了。一个与现代社会相适应的社会阶层结构正在形成之中。

社会阶层结构是多种社会结构的集中反映，也是社会结构中最重要、最核心的结构。社会阶层结构的演变和优化表示中国的社会结构正在向现代化社会转变。

1952 年，中国的私营工商业者约有 60 万人。改革开放以后落实相关政策时，私营工商业者有 16 万人，还有 400 多万户的小规模个体工商户。上面提过，这个民族资产阶级通过公私合营等形式的改造，基本消失了。1981 年，中国有了第一个私营企业主，以后逐步发展，到 2004 年，在工商局登记的私营企业为 365 万户，投资人数接近 1000 万人，拥有 47936 亿元注册资金，平均每户的注册资金为 131 万元，约有 30% 的企业的注册资金超过 300 万元，其中 1 亿元以上的有 2000 多户。私营企业雇工近 4000 万人。另外还有个体工商户。1978 年，全国只有个体工商户 15 万户，以后逐年发展，到 2004 年已经有 2350 万户，从业人员 2521 万人，注册资金 5058 亿元。①

1952 年，全国的国有、集体企业加私营工商企业的经理人员共有 46 万人。到 2001 年，全国的公有大中型企业经理，加上三资企业、私营企业的经理人员，三者合计已约有 1095 万人。②

私营企业主阶层和经理人员阶层是社会主义市场经济的组织者和管理者，现在已超过 2000 万人。据有关部门的统计，仅私营企业主自 1995 年以来每年增加约 81 万人。这两个阶层主要分布在东南沿海各省市，上海市现在每 30 个成年人中就有一个是私营企业主，在浙江温州等地，这个比例还要高。这是一支发展社会主义市场经济的重要力量。

1978 年，商业服务人员和产业工人阶层分别为 2176 万人和 7067 万

① 资料来源：《中国统计摘要》，2005，第 27 页。

② 据中国社科院社会学所社会结构变迁研究课题组 2001 年问卷调查汇总。

人，共计9243万人，占总就业人员的22.95%。2001年，商业服务人员阶层为8178万人，产业工人阶层为12779万人，共计20957万人，占总就业人员的28.7%。[①] 近几年，这两个阶层又有了新的发展，大量的农村劳动力转移到第二、三产业中来，总数接近2.5亿人，其中约60%为农民工，从发展趋势看，未来商业服务业人员和产业工人阶层的规模还会有大的扩展。

商业服务人员阶层和产业工人阶层都是直接创造国家财富的阶层，是工业化国家的社会基础。这两个社会阶层的扩大发展，以及他们的积极性充分发挥，是决定中国的前途和命运的决定性力量。这个大变化还在继续之中，中国现在已经形成了工业化国家的社会阶层结构。当然，还需要继续发展和完善，但这方面取得的伟大成就，是怎么估量都是不为过的。

二　当前中国社会结构演变面临的几个问题

一个国家或地区要实现现代化，主要是两个方面：一是经济要繁荣发展，二是社会要全面进步。这就要求社会结构和经济结构相适应。二十多年来，中国的社会主义现代化事业是在以经济建设为中心的方针下展开的，一心一意谋发展，经济建设取得了巨大的成功。但由于我们对现代化建设还缺少经验，加上我们的社会科学知识贫乏，对现代化建设的规律性认识不足，所以，在有些地区、有些时段，把经济发展这个第一的任务提到了唯一的位置，而没有把社会体制的改革、社会结构的调整和社会事业的发展放到应有的地位，形成了经济发展这条腿长、社会发展这条腿短的局面。2002年召开的十六大指出："现在达到的小康，还是低水平的，不全面的，发展很不平衡的小康。"所谓不全面、不平衡，主要是经济社会发展不平衡，经济社会发展不协调。所以十六大提出了要全面建设小康社会的战略目标。十六届三中、四中全会提出了要落实贯彻科学发展观，构建社会主义和谐社会的任务，要通过继续推进经济发展的同时，加强社会体制的改革和社会政策的创新，进行社会结构的调整和加快社会事业的发展，统筹经济社会的协调发展。就当前来说，调整社会结构，应该提到议事日程上来，有以下几个问题需要解决。

---

① 据中国社科院社会学所社会结构课题组2001年问卷调查汇总和推算。

（一）就业结构的调整

26 年来，中国已经从一个以农业就业为主的农业社会的就业结构，转变为以第二、三产业就业为主的工业社会的就业结构，有了一个质的飞跃，取得了巨大成就。但要调整好就业结构，还有不少需要解决的问题。

第一，就业结构本身还很不合理。就业结构与产业结构同步变化是市场经济发展规律性的表现，随着生产力水平的不断提高，农业在 GDP 中的比重逐步下降，第二、三产业的比重不断上升。与此同时，在农业中就业的劳力也不断向第二、三产业转移。中国的就业结构也有这种趋势，但农业劳力向第二、三产业转移还存在着一些制度性的障碍，转移还不顺畅。

2004 年，在中国的 GDP 中，第一产业占 15.1%，第二产业占 52.9%，第三产业占 32%。同年，在中国的就业结构中，第一产业占 46.9%，第二产业占 22.5%，第三产业占 30.6%。46.9% 的农业劳力，15.1% 的 GDP，有 31.8 个百分点的结构差。这是农民贫困的结构性原因。“三农”问题之所以解决不了，是有其体制性原因的。但不调整好结构，“三农”问题也解决不好，农民也富不起来。

第二，社会体制改革滞后。据国家统计局统计，在 2004 年，城镇就业人员总数为 26476 万人，其中约 1.2 亿人是农民工。据有关部门推算，在制造业、建筑业、服务业这三个行业中，农民工占 63.6%。在同一个企业、同一个单位里，有城镇户籍的职工和农民工之间存在着“同工不同酬，同工不同时，同工不同权”的状况，这是引发诸多社会矛盾的重要根源。要通过社会体制的改革，从根本上解决好、治理好农民工问题。

第三，总的就业形势相当严峻。中国目前正处于劳动年龄人口增长的高峰期，据有关部门测算，2007～2010 年，每年进入劳动年龄的人口都在 1800 万人以上，除去死亡、退休、16 岁以上人就学率提高等因素，每年新增劳力仍在 1000 万以上。因为现在农业就业的劳力已大大超过农业的需要，所以，这 1000 万个新增劳力中的绝大多数都要到第二、三产业就业，农业本身富余的劳力还要向第二、三产业转移。但从 20 世纪 90 年代中期以来的实践看，在第二产业中，随着越来越多的先进技术和设备被采用，就业弹性系数不断下降。80 年代，中国 GDP 每增长一个百分点，可以为社会增加 146 万个就业岗位，年均就业弹性系数为 0.3。进入 90 年代，GDP 每增长一个百分点，只能增加 72 万个就业岗位，平均就业弹性系数下降为 0.11。

从就业结构看，今后，农村劳力还会继续向城镇第二、三产业转移。第二产业还会发展，但增加就业空间不大，主要应通过发展第三产业来解决。从中国国情出发，无论第二产业还是第三产业，在现阶段都要多发展劳动密集型产业，这是上策。

就业是民生之本。在城市化社会中，待业、失业的人员不仅是没有工作，而且也就没有了收入和经济来源，中国目前社会保障体系还不健全，覆盖面小，即使有社会保障，水平也低，待业、失业人员的人数多了，肯定对社会稳定不利，影响社会和谐。充分就业是社会稳定的前提，要千方百计解决就业问题，这是构建和谐社会的一个重要方面。有关方面已经提出"就业优先"的主张，这是很有见地的。

（二）城乡结构的调整

在农业社会向工业社会转型过程中，城市化与工业化是同步的，有些国家的城市化还超前于工业化。中国在三年经济困难时期以后，实行严格限制农民进城的户籍制度，把公民分成农业户口和非农业户口，以后又以这种户籍为依据，对在城镇居住的非农业户籍的居民实行一种政策，对在农村居住的农业户口的农民实行另一种社会政策，逐渐形成了"城乡分治，一国两策"的格局，形成了城乡二元经济社会结构。改革开放以后，经济体制改革了，经济发展很快，但因为户籍制度等社会体制基本还没有改变，城市化发展相当曲折，城乡结构还很不合理。

第一，城市化严重滞后于工业化。中国的经济发展水平已经是工业化的中期阶段，但2004年的城市化率还只有41.8%，还是城市化的初级阶段。城市化严重滞后于工业化，阻碍了整个现代化的进程，以现代化服务业为主体的第三产业发展不起来，使许多人不能充分就业，就业结构不合理（2004年，第三产业的就业人员只占30.6%），直接影响人民生活消费水平和购买力的提高。1995年以后，政府一直强调扩大内需的目标不能实现。这种不合理的城乡结构实际上已经在阻挠经济持续稳定、健康快速发展。

第二，在城市内部，也存在城乡二元结构的矛盾。2004年，在54283万城镇人口中，约有1.4亿人是进城半年以上的农业人口和外地城镇人口，其中约有1.2亿人是农民工。地方政府对本城居民实行一种政策，对农民工和外地城镇人口实行另一种政策，一城两制。有学者评论，现在城乡二元结构进到城市里来了，由此引发了很多社会矛盾和社会问题。如多年来，城市的

社会治安案件、刑事犯罪率居高不下，所抓捕的犯罪嫌疑人中，约70%是外地人（有的城市达80%以上）。这是城市里存在城乡二元社会结构矛盾的表现。

第三，城乡差距越来越大的趋势仍在继续。1978年，城乡居民的收入差距是2.57∶1，1985年缩小为1.8∶1，1986年以后，城乡差距开始反弹，1995年扩大为2.72∶1，2000年为2.79∶1，2001年为2.91∶1，2002年为3.11∶1，2003年为3.23∶1，2004年为3.21∶1。2005年农业增产，但增幅小于2004年，粮食等主要农产品价格下降，农业生产资料价格上涨，估计2005年城乡居民收入差距将扩大到3.25∶1以上。

中共十六大已经提出要统筹城乡经济社会发展，要扭转城乡差距扩大的趋势。近几年，国家也采取了多项增加农民收入的改革措施，农民收入也确有增加，但城乡差距还是继续扩大。这表明，城乡差距的存在和扩大，是城乡结构不合理造成的。要解决这个问题，就必须调整城乡结构。

第四，教育医疗等社会事业发展中的城乡差距也在扩大。由于中国长期实行“城乡分治，一国两策”，教育、医疗等社会事业的人力、财力、物力等资源过分向城市倾斜，这使得城乡居民的受教育机会和享受医疗的条件出现巨大反差。国家颁布了义务教育法，城镇居民的子女享受了义务教育的权利，而农村的义务教育至今还不能普及。前些年中西部地区不少农村小学教师的工资都不能足额按时发放，近几年大有好转，但仍未彻底解决问题。2002年，在中国12～14岁人口中，小学毕业率平均为89.4%，但贵州、海南、甘肃、宁夏、四川、青海、西藏等七个农村人口占绝大多数的省区，小学毕业率都在70%以下。同年，全国的各项教育投资为5800亿元，用在城市的占77%，用在农村的只占23%。医疗卫生方面的城乡差距也很大，农村缺医少药的状况很严重。“非典”以后，有关部门透露，医疗经费本来就少，但仅有的资金85%用在城市，广大农村的卫生经费只占15%。城乡居民收入的差距这几年已经受到了关注，但农民子女受教育权的缺失以及社会事业发展方面的城乡差距扩大还没有得到应有的重视，而这都预示着未来城乡差距问题将更难解决。

（三）社会阶层结构的调整

不同的社会发展阶段有不同的社会阶层结构。1978年改革开放以后，实行公有制为主体多种所有制共同发展的基本经济制度，经济有了极大的发展，推动了社会结构的变化，原来的工人阶级、农民阶级和知识分子阶层都发生了分化，产生了诸如私营企业主、个体工商户、三资企业的科技和管理人员、农民工等新的社会阶层和群体，形成了新的社会阶层结构。据中国社会科学院社会学所课题组研究，当代中国已经形成了由十个社会阶层构成的社会阶层结构，其中包括：(1) 国家与社会管理阶层占2.1%；(2) 经理人员阶层占1.6%；(3) 私营企业主阶层占1%；(4) 专业技术人员阶层占4.6%；(5) 办事人员阶层占7.2%；(6) 个体工商户阶层占7.1%；(7) 商业服务人员阶层占11.2%；(8) 产业工人阶层占17.5%；(9) 农业劳动者阶层占42.9%；(10) 城市失业半失业人员阶层占4.8%。

中国现在已经形成了现代社会阶层结构，但还只是一个雏形，正在继续发育成长，有以下几个方面的特点：(1) 现代社会应有的社会阶层，中国都有了。(2) 中国社会各阶层的位序已经确立，今后不会有大的变化，但各阶层之间的人员是可以流动的。(3) 现代社会的流动机制正在形成，正在逐渐替代传统社会的社会流动机制。在计划经济体制条件下，由于户籍制度等的限制，农民想转为工人，工人想转为干部，几乎是不可能的。这种先赋性的社会流动机制，限制了人们通过后天努力而获得向上流动的积极性，很不公平，也不合理，经济社会发展缺乏活力和动力。(4) 社会阶层结构是社会结构中最重要的核心结构，也是整个社会结构的整体反映。上述人口结构、就业结构、城乡结构、区域结构等方面的不合理状态，就影响、决定了中国现阶段的社会阶层结构还不合理，所以说，社会阶层结构也是整个社会结构的表现。从世界的历史经验看，一个现代化国家一定要有一个合理的现代化的社会阶层结构，这个现代化的社会阶层结构的形态，一般都是“中间大两头小”的橄榄形结构。

所谓两头小，是指拥有各种社会资源很多、处于最高和较高地位的社会阶层，其规模很小；而拥有社会资源很少、处于较低社会地位的社会阶层的规模也小。所谓中间大，是指这个社会已经形成了一个庞大的社会中间阶层（也称中产阶级），他们拥有相当多的社会资源，足以使他们过上小康乃至更高水平的生活，他们是政治社会稳定的中坚力量，也是经济、文化发展的重要力量。一个国家形成了这样一种橄榄形的社会阶层结构，那么它也就实现了现代化。

中国现阶段的社会阶层结构，离合理、开放的现代社会阶层结构还有一定距离。就结构形态而言，还只是一个中低层过大、中上层还没有壮大、最

上层和低层都比较小的一个洋葱头形的阶层结构形态。当前中国社会阶层结构不合理，可以概括为两句话，就是：该小的阶层还没有小下去，该大的阶层还没有大起来。

该大的没有大起来，是指社会中间阶层还没有大起来。据我们课题组测算，中国的社会中间阶层 1999 年为 15% 左右，近几年发展的比较好，平均每年增加约一个百分点，2003 年已经接近 20%。按这个势头发展，到 2020 年可达 38% 左右。

该小的没有小下去，因为户口、就业、城乡体制的限制，农业劳动者阶层还没有小下去，到 2001 年还占 42.9%。近几年还在逐渐减少，预计到 2020 年将降到 30% 以下。

要使中国社会阶层结构实现现代化，就要在今后的实践中，继续深化改革，创新和制定恰当的经济社会政策，推进户籍、就业、人事、社会保障等方面体制的改革，调整城乡、区域和就业结构，使该小的农业劳动者阶层逐渐缩小，使该大的社会中间阶层的规模逐渐扩大，引导培育形成一个合理的、开放的现代社会阶层结构，

三　调整和创新社会政策，构建一个合理的社会结构

国际经验表明，在经济发展的基础上形成合理的社会结构，是国家实现现代化的一个具有本质意义的目标。如果一个国家的社会结构不合理，没有实现现代意义的结构转型，那么，即使在经济上达到了现代化要求的标准，那也还不是一个现代化的国家。传统的社会结构与现代经济是可以并存的，在中东和拉美的一些国家，情况就是这样。只要这个国家的社会结构没有现代化，经济再繁荣，一有风吹草动，也有可能倒退回去。

如前所述，改革开放以来，中国的社会结构已经发生了深刻变化。但是，因为这种变化主要是在经济结构调整和经济发展的推动下自然、自发形成的，所以还很不合理，与经济结构的变化还不相适应，与中国社会主义现代化建设的要求还不相适应。目前凸显出来的诸多经济社会问题，追根寻源，很多都是社会结构不合理所引发的。所以，国家也应当通过社会体制的改革与社会政策的调整和创新，把构建一个合理的社会结构提到应有的重要议事日程上来。

第一，要像抓经济体制改革那样，抓社会体制改革。

中国实行计划经济体制数十年，不仅在经济领域实行计划体制，而且计划体制还渗透到政治、社会、文化等各个领域，成为所谓“普照之光”。1978年以后，中国进行了经济体制改革，也取得了巨大成功。但在社会体制等领域，基本上还没有认真进行体制改革，有的社会体制，诸如户口、就业、人事、社会保障等，只是被触动了，有了一些调整，但改革和调整的阻力很大。有的社会体制的改革，诸如教育、医疗、科研、文化等社会事业的管理体制改革，已经被人提出来了，但迄今尚未破题。所以，现在的社会结构还很不合理，需要通过改革和创新社会政策加以调整。

2003年“非典”以后，国家总结经验教训，提出了经济社会不协调、城乡发展不协调、区域发展不协调、人与自然发展不协调的问题。实质上，也就是社会结构与经济结构不相适应的问题，是社会结构不合理的表现。党的十六届三中全会提出要实现“五个统筹”，政府也采取了不少措施，取得了相当的成绩。例如，在农村进行税费制度改革，进而宣布五年内免除农业税，给种粮农民以直接补贴，在农村重建合作医疗体制，加快社会保障体制改革，等等。但是，虽然经过了两年的实践，城乡差距、区域差距、贫富差距扩大的趋势并没有被扭转。教育、医疗等体制的改革在社会上物议颇多。其根本原因在于，现在社会主义市场经济已经在经济领域基本建立起来（当然也还需要完善），而对于为适应计划经济体制而建立起来的政治、社会、文化等方面的各种体制和制度，却还没有按照社会主义市场经济体制的要求进行改革。两种体制并存，由此产生了种种矛盾和问题。

要实现“五个统筹”，就要解决这些经济社会问题，就必须像抓经济体制改革那样抓社会体制改革，通过深化改革，逐步建构一个合理的、与经济结构相适应的社会结构。

从几十年的经济社会改革和发展的历程来看，体制改革比机制变革更为重要。现在存在的许多社会问题，从表面上看是运行机制问题，但实质上是社会体制造成的。所以，要解决这些问题，就必须改革社会体制。而要改革社会体制，调整社会结构，固然需要靠社会主义市场经济这只“无形的手”来推动；但由于社会体制改革和社会结构调整涉及方方面面的利益，所以还要靠政府这只“有形的手”发挥引导和调控作用。在一定的阶段和一定的领域，国家要审时度势，采取必要的乃至非常的措施和社会政策，改革社会体制，从而调整社会结构。例如，20世纪80年代初期，国家根据中国人口发

展的严峻形势，断然决定实行“一对夫妇只生一个孩子”的社会政策，形成新的生育制度，经过长期坚持，取得了很好的社会效果。

第二，要下决心改革户籍制度，调整城乡结构。

现行的户籍制度，是为了适应计划经济体制的需要而建立起来的。在短缺经济时代，曾经起过一定的作用。随着改革开放的不断深入，随着社会主义市场经济体制的建立和完善，随着经济的发展和城市化进程的加快，这套户籍制度已经成为生产力继续发展和社会全面进步的桎梏。它们把公民严格区分为农业户口与非农业户口，禁锢城乡之间的合理流动，成为实行“城乡分治，一国两策”的制度性条件。农民因此成为一种与生俱来的身份，使具有这种身份的公民在就业、上学、就医、参加社会保障、贷款、迁徙等方面受到种种歧视和限制。这套户籍制度是造成当前中国城市化严重滞后于工业化，城乡差别越拉越大，城乡矛盾、冲突越来越多的制度性原因，已经成了不加以改革就不能解决这诸多社会问题的关键因素了。现在，已经有广东、江苏、浙江、湖南等 11 个省份相继出台了改革本地户籍制度的政策，效果都比较好，并未引发一些人曾经担心会出现的大问题。但是，因为户籍制度涉及户口流动、人口迁徙等全国性的问题，所以，户籍制度的改革必须由国家来决定并在全国实行。希望政府和有关部门早下决心，进行户籍制度改革。迟改不如早改，因为这项制度已经不合时宜了。而且，只有改革了户籍制度，城乡结构的合理调整等问题才能得到解决。

第三，改革农民工体制，调整就业结构。

户籍制度如能在近期得到改革，恢复农民的国民待遇，使农民获得进入市场经济体制的平等地位，在迁徙、就业、就医、参加社会保障等方面不再受到身份的限制，那么，整个社会流动就会变得顺畅，经济社会的发展就会变得更加自然和健康，城乡二元结构就会消融为城乡一体，城乡结构、就业结构就会逐渐与经济发展相协调，上述各种结构性矛盾就会逐步得到解决。这是上策。如果因为各种原因而不能对户籍制度进行改革，也要退而求其次，采行中策，即先改革现行农民工体制。

现在，进入城镇居住，在第二、三产业各种形式的单位就业的农民工已经有 1.2 亿人，其中绝大部分已经在某个城市居住、工作三年、五年以上，有的已经在城里工作、居住十多年了。但是，由于他们的户籍身份没有变化，所以他们仍然是流动人口。他们的“心”还在流动着，因此产生了种种社会问题。

实际上，他们已经进城了。现在的问题是如何接纳、确认以及安排他们。现行的体制和做法是，在经济上接纳他们以便他们能够为城市第二、三产业的发展做出贡献，但在政治上和社会上排斥他们。这种制度和做法，对农民工非常不利，对农村、对国家也非常不利。近年来，要求解决农民工问题的社会呼声日益高涨。有关方面应该制定出解决这个问题的规划，规定出几个条件，例如，对于具备进城工作三年或五年、有一定技术专长或管理能力、企业等用人单位认定是需要其长期工作或者有培养前途等条件的农民工，就可以先解决他们的户籍问题，把他们转为用人单位的正式成员。可以先在一些城市、一些单位试点，取得经验后，再逐步推开。农民工问题涉及这么一个庞大的社会群体，又积累了那么多的社会问题，设想用一个政策、一剂灵丹妙药就能加以解决，也是不现实的。但是，如果在这个问题上久拖不决，甚至认为这就是社会常态，应该如此，那就是错误的了。我们应该采取积极的态度，认真调查研究，分清轻重缓急，创造条件，一步一步地逐个解决这个大问题。另外，就目前的情况来说，逐步解决好农民工问题，也是就业体制改革的一个重要方面，是促使就业结构逐步得到调整、逐步趋向合理的必要选择。

第四，通过改革和调整，形成合理的社会阶层结构。

社会主义和谐社会应该是全体人民各尽所能、各得其所又能和谐相处的社会。中国现在还处在由计划经济体制向社会主义市场经济体制转变过程中。新的社会阶层结构已经初步形成，还在继续变化之中。新的社会阶层关系在经济发展的推动下，也在逐步形成之中。中国现在的私营企业主阶层、个体工商户阶层、三资企业的经理人员阶层、农民工阶层等都是在1980年代以后产生的。在社会主义市场经济条件下，正在逐步发展，并确立各自的社会位置。与此同时，这些新生的社会阶层之间以及他们同原有的社会阶层之间，一种新的社会阶层关系也正在建立和形成。

现在，社会主义市场经济体制还在继续完善中，在计划经济体制条件下形成的有些体制还没有进行改革，或改革了还没有完成。在这样的背景下，一方面，已经形成的社会阶层结构还不合理；另一方面，几个主要的社会阶层间的关系既不合理，也不正常。近些年的贫富差距越拉越大，就是这种社会结构和社会阶层关系不合理的表现。党的十六届五中全会通过的《中共中央关于制定国民经济和社会发展第十一个五年规划的建议》指出：“我国正处于改革的攻坚阶段，必须以更大决心加快推进改革，使关系经济社会发展全局的重大体制改革取得突破性进展。”根据构建社会主义和谐社会总体目标的要求，通过对一些重大社会体制的改革，创新社会政策，培育形成一个合理的社会阶层结构，逐步建立协调和谐的社会阶层关系的体制和机制，引导调控各社会阶层在社会主义现代化建设过程中，各尽所能，各得其所，各得其利并能和睦相处，这是构建社会主义和谐社会的重要基础。

（作者单位：中国社会科学院社会学研究所）

中国医疗体制改革：现状与挑战*

○顾　昕

改革开放以来，中国医疗体制发生了翻天覆地的变化。与整个经济社会市场化的大环境相适应，中国的医疗部门经历了众多制度变革。在医疗保障方面，改革前覆盖了大多数国人的城市单位制医疗保障制度（即公费和劳保医疗）和农村合作医疗制度逐渐退出历史舞台。在城市，单位制医疗保障逐步为社会医疗保险所取代，而在农村，各级政府正在为建立新的医疗保障体系而奋斗。问题在于，无论在城市还是在农村，新兴的医疗保障制度在发展的道路上步履蹒跚，结果导致医疗保障覆盖率较低，多数国人完全没有医疗保障。他们一旦生病，必须自行负担全额医疗费用。在医疗服务方面，各种类型的医疗服务提供者，尤其是医院，已经全面走向市场化。来自政府的拨款占其收入的比重已经微不足道，而所谓的"业务收入"，也就是医疗服务收入和出售药品的收入，成为其收入的主要来源。因此，所有医疗服务提供者成为以服务换取收入的组织。尽管如此，大多数医疗服务提供者依然是公立机构，而且在国家推出医疗机构分类改革之后注册成为"非营利组织"。虽然在某些地方出现了医疗服务民营化的试验，但是总的来说，这一做法尚未成为改革的主流。

医疗服务市场化的一个结果是医疗费用的快速上涨，令百姓怨声载道。

---

* 在众多宏观的论述中，人们经常看到的是"医疗卫生体制"这个字眼。从分析的角度来看，"卫生体制"（health system）与"医疗体制"（health care system）是有区别的。前者外延宽，而后者窄。后者仅仅包括各种医疗服务，俗称"看病"、"治病"，而前者包含很多并不治病但同维护人民健康水平密切相关的服务，其中包括公共卫生、环境卫生、职场卫生、健康维护（保健）等等。当然，两者是紧密联系起来的，尤其是某些公共卫生服务（例如防疫）的提供，一般也由医疗服务提供者来完成。限于篇幅，本文讨论的重点是医疗体制，暂且不涉及更大的卫生体制问题。

"看病贵"、"看病难"的问题成为 2005 年大众媒体报道的一个焦点，沉重的医疗负担被百姓称为"新三座大山"之一。造成医疗费用快速上涨的主要原因，或者说为人们所诟病的主要因素，在于医疗服务提供者常常对患者进行重复检查、不必要的检查，开大处方等，也就是医疗政策或卫生经济学文献中概称的"供方诱导的过度消费"。对于这一问题的根源，目前社会上存在种种不同的论辩。无论辩论的各方意见如何，众所公认的一个事实是，政府对医疗卫生事业的投入相对来说越来越少，而全社会投入医疗卫生的资金主要来自民众的腰包。这样一来，全社会的医疗资源配置由未受管制的市场力量所主宰。在这样的情况下，大部分医疗资源流向了医院，而且越高级的医院吸收的资源越多，从而一方面导致了低级的、基于社区的（或基层的）、农村的医疗机构服务量不足、效率滑落，另一方面导致了医疗资源日益向城市（尤其是大城市）、高级医院集中。高级医院本来就在医疗部门拥有较大的政策发言权，当它们拥挤不堪之时，这些医院便有更加充分的理由要求国家追加投资。这样，国家在医疗卫生事业上有限的投入又更多地流向了大城市、大医院，农村医疗机构的能力建设、社区医疗卫生服务体系的建设、公共卫生事业的发展等关涉全社会公共利益的重大事务，反而遭到忽视。由此，在医疗资源的配置上出现了市场失灵和政府失灵同时存在的严峻局面。

中国医疗体制改革中出现的种种问题，已经在 2005 年引起全社会的高度关注。在建设和谐社会的目标指引下，党和政府已经开始酝酿新一轮的医疗体制改革，以促进医疗保障和服务提供的公平性。2004～2005 年间，政府已经相继推出了城乡医疗救助制度，帮助弱势群体应对医疗负担高企的风险。在农村，新型合作医疗的建设开始在全国各地大力推展；在城市，社会医疗保险走向普遍覆盖（也就是俗称的"全民医保"）也被提上了议事日程。在医疗服务提供领域，政府加强了对市场准入的监管，以整顿无照经营的情形；同时也就药品价格居高不下的问题，出台了一些管制措施。

总的来说，尽管存在种种问题，但是在医疗保障领域，进一步改革的方向基本上是明确的，即在现有大的制度架构维持不变的情况通过渐进改革逐步实现全民医保。与此相对照，医疗服务领域进一步改革的方向并不明确。究竟是放弃市场化还是走有管理的市场化之路，以及政府如何遵循现代公共管理的理念而不是按传统计划经济时代的做法来干预医疗服务市场，是中国医疗改革政策即将面临的重大战略选择和挑战。

一　医疗保障体系的建设：走向普遍覆盖的艰难之路

众所周知，中国大多数居民没有任何医疗保障。根据最具有权威性的第三次国家卫生服务调查的结果，在 2003 年，64.5% 的城乡居民在寻求医疗服务时必须完全仰赖自费。城乡医疗保障其他方面的覆盖情况是：公费劳保医疗占 2.3%，合作医疗占 8. %，基本医疗保险占 8.2%，商业保险占 7.0%，其他社会医疗保险占 10.0%。[①] 零点公司 2005 年 2 月在 7 个城市以及 7 个省的乡镇和农村地区进行了调查，结果发现，有 65.7% 的人没有任何形式的医疗保险，无论是公费的社会医保还是自费的商业保险，什么都没有。与此相关，大约 1/4 的受访者因为无力支付医疗费用而放弃医疗。[②] 由此可见，同 2003 年的情况相比，2005 年的情况并没有好转。或许随着农村新型合作医疗试点的推展以及城市社会医疗保险进一步扩大覆盖面，医保的覆盖率会有所上升。

在中国城市，政府着力推动的是社会医疗保险；而在中国农村，改革运行的是一种国家动员体制下的社群医疗保险（也就是“合作医疗”），而现在政府试图发展的是一种国家补贴下的公立自愿医疗保险（亦即所谓的“新型合作医疗”）。中国医疗保障体系未能实现普遍覆盖（“全民医保”），的确是中国医疗体制的最大病象，但其根源却极其复杂，必须分别到城乡医疗保障体制的发展历史中去寻找。

（一）城市：社会医疗保险逐步取代了原来的公费劳保医疗体制

城市医疗保障体系的改革基本上是从 20 世纪 90 年代初期开始，其主线是以社会医疗保险取代传统的单位制医疗保障体制。在转型初期，城市的医保改革，正如整个社会保障体制改革一样，主要是为了满足国有企业改革的需要才得以实施，缺乏自身独立的地位。进入 21 世纪以后，事业单位的改革提上了议事日程，社会医疗保险的覆盖面才开始扩展到原来公费医疗统治

---

① 卫生部统计信息中心编《中国卫生服务调查研究：第三次国家卫生服务调查分析报告》，中国协和医科大学出版社，2004，第 16 页。

② 有关的数据在中央电视台 2005 年 9 月 30 日的“东方时空”节目中公布，详细内容可以参见如下网站：http：//www. lm. gov. cn/gb/insurance/2005 - 09/30/content_ 87469. htm。

的部门。总的来说，城市医保改革在制度设计方面缺乏长远的考虑。其结果，社会医疗保险虽然部分取代了传统医疗保障体制，但是城市中缺乏医疗保障者的比重却有增无减。

城市医疗保障制度的正式改革开始于 1994 年的“两江试验”。在中央政府的支持下，镇江和九江在全市范围内建立了社会医疗保险制度，形成了“社会统筹与个人账户相结合”（简称“统账结合”）的模式。1998 年是中国城市医疗体制改革的一个分水岭。在这一年底，中央政府制定了在全国范围内建立“城镇职工基本医疗保险制度”的政策，设定了“广覆盖”的目标，即城镇所有类型的单位（雇主），包括机关和事业单位，都参加基本医疗保险；这些单位中的“职工”都参加基本医疗保险。至于城镇个体经济组织业主和从业人员以及乡镇企业的雇员是否参加基本医疗保险，由地方政府自行决定。

1998 年的文件设立了在 1999 年底基本完成新制度建立的政策目标。然而，正如众多改革新政策一样，新制度的建立无疑会遭遇障碍。有关的调查显示，一方面，基本医疗社会保险制度的建立一般会在民营部门（尤其是在外资企业）中受阻，因为这些部门中的雇员年龄结构较轻，因此其雇主们要么直接投保成本更低、服务更好的商业性医疗保险，要么干脆抱持赌博心态，根本不为雇员投保；另一方面，在机关和事业单位，新制度取代旧的公费医疗制度进展缓慢，因为这些单位的雇员都是传统制度（尤其是公费医疗）的既得利益者，而且他们在政策实施过程中有很大的影响力。此外，经济困难的企业经常连工资都发不出来，但由于种种原因又不能破产，其职工如何参保成为难题。

尽管如此，城市基本社会医疗保险的参保人数还是逐年增加，其覆盖率也逐年上涨，尤其是自 1999 年以来，上涨势头很猛（参见图 1）。事实上，自 1999 年以来，中国各地政府为实现社会医疗保险制度“广覆盖”的目标做出了不懈的努力，而且很多地方陆续把目标覆盖人群从所谓的“职工”扩大到城市中所有雇员，甚至包括了所谓的农民工。在某些地方，灵活就业人员和自雇人士（个体户）也被纳入医保。中央政府每年都召开一次工作会议，敦促地方政府扩大医保的覆盖面。截至 2005 年 9 月底，全国城镇职工基本医疗保险的参保人数进一步增多，已经达 13341 万人，比 2004 年底增加了 937 万人。

可是，社会医疗保险的覆盖率虽然呈现快速增长的态势，但与“广覆

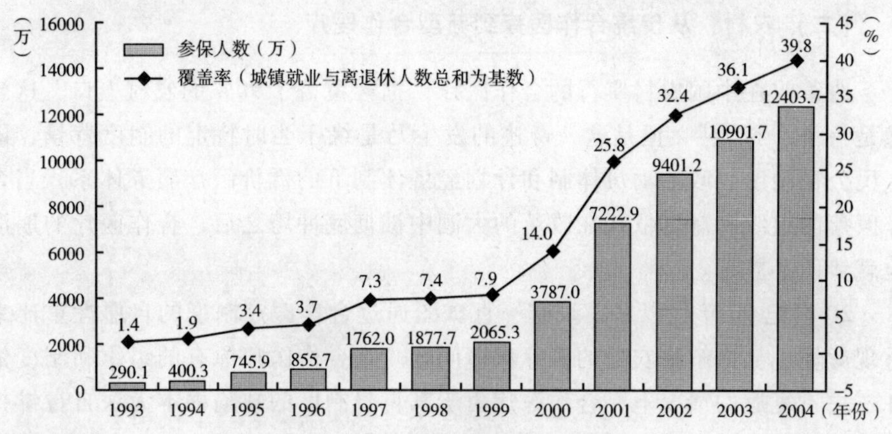

图1　中国城市基本医疗保险参保人数及覆盖率

资料来源：《中国劳动与社会保障年鉴》，历年。

盖”的政策目标还有很大距离，更不要提普遍覆盖了。造成这一局面的因素很多，我们必须从两方面进行分析：一方面同现行体系的制度设计有关，另一方面也同其运作的不规范有关。

从制度设计的角度来看，造成普遍覆盖无法实现的基本原因有三个：(1) 普遍覆盖从一开始没有成为制度设计的目标，而现行社会医疗保险的目标被定位为所谓的“广覆盖”；只是在近些年来，一些地方出台了新的法规，将社会医疗保险的覆盖面扩大到城市中的所有从业人员，包括自雇人士和农民工，从而开始将某种意义上的普遍覆盖确立为政策目标。(2) 现行政策的覆盖对象是所谓的“职工”，而职工只是所有雇员的一部分。(3) 现有制度的重心是为雇员（职工）投保，没有考虑到没有工作的雇员家庭成员，因此儿童以及原来没有单位的老人成为医疗保障体系实现普遍覆盖的盲点。

从运作不规范的角度来看，如下问题普遍存在：(1) 即使是针对政策锁定的目标群体，社会医疗保险也没有实现应有的强制性参保，财务状况不佳的企业和财务状况良好的企业（尤其是民营企业）拒不参保的情况并不鲜见。(2) 事业单位在参保上相当混乱，相当一部分事业单位没有加入社会医疗保险，这当然同事业单位本身的管理体制正处在转型之中的现实有关。(3) 现行社会医疗保险中的一些规定，例如有关缴费基数的规定，相当繁琐，为不规范行为留下了空间。

（二）农村：从传统合作医疗到新型合作医疗

改革前在中国农村实行的合作医疗，据称覆盖了90%的农村人口。这当然是一个“奇迹”，但是这一奇迹的发生乃是缘于当时特定的制度背景，即人民公社制度、政治动员体制和计划经济体制下的低价医疗服务体系。当合作医疗的组织和制度依托在改革的大潮中被彻底冲垮之后，合作医疗的崩溃也就势所必然了。

20 世纪 90 年代以来，政府一直试图通过合作医疗制度的自愿性重建来重现辉煌，从而解决农民的医疗保障问题。在合作医疗原有的组织和制度依托一去不复返的情况下，合作医疗由于其自身制度的缺陷根本无法自行维持可持续性成长，因此各种恢复合作医疗的努力总是陷于“春办秋黄”的境地，覆盖面始终维持在相当低的水平。有关调查数据显示，合作医疗在1993 年仅仅覆盖了不到10%的农村人口，1998 年其覆盖率陷入低谷，到2003 年合作医疗的覆盖率大体恢复了1993 年的水平（参见表1）。

表1　中国农村居民医疗保障构成变化

单位：%

年份	自　费	商业保险	社会医疗保险	合作医疗	劳保医疗	公费医疗	合　计
1993	84.1	2.2	0.4	9.8	2.8	1.6	100.0
1998	87.3	2.8	1.4	6.6	0.7	1.2	100.0
2003	79.0	8.3	2.8	9.5	0.1	0.2	100.0

资料来源：国家卫生服务调查，1993，1998，2003。

正是鉴于恢复合作医疗成效甚微的情形，中国政府在2003 年1 月推出了建立新型农村合作医疗制度的新政策，要求各地积极展开试点，逐步推开，争取在2010 年在全国范围内建立基本覆盖所有农村居民的医疗互助互济制度。新型合作医疗之新，在于县政府从原来的乡村基层政权组织接管了组织和管理的工作，并且明确了政府补贴的规定，从而使合作医疗从社区医疗保险转变为国家主管并且资助下的自愿性医疗保险。

目前，新型合作医疗的试点正在不少地方如火如荼地展开。2003 年全国首批启动的试点县（市、区）有304 个，2004 年增加到333 个。根据2005年9 月13～14 日召开的全国新型农村合作医疗试点工作会议上所透露的数字，截至2005 年6 月底，全国已有641 个县（市、区）开展了试点工作，覆盖2.25亿农民，其中有1.63亿农民参加了合作医疗，参合率为72.6%。全国共补偿参加合作医疗的农民1.19亿人次，补偿资金支出50.38亿元，平均每人次42.34元。

新型合作医疗实施时间不长，系统性的评估还有待时日，但是不少初步的研究考察显示情形并不乐观。第一，新型合作医疗的自愿性原则必然会遭遇到参保方（也就是农民）的逆向选择问题，从而导致参保率不高。在西部地区的一些地方，一方面为了提高参保率以显示政绩，另一方面为了获取来自中央政府每人10元的补助，各种不规范的行为出现了，变相的强制并不鲜见；更有甚者，某些地方甚至强行向当地的公务员以及教师每人征缴10元，人为制造高参保率的假象。第二，新型合作医疗一般只管大病的运作方式令不少未得大病者深有“吃亏”之感，从而挫伤了其继续参保的积极性，使本来就存在的逆向选择问题加剧。第三，由于新型合作医疗实施报销制，而且订立较高的自付率，贫困家庭依然会因无力垫付大病的全额医疗费用而放弃求医。这样一来，在新型合作医疗中获得报销的人向相对较高收入的家庭集中，从而形成国家有限的补贴向相对富裕者倾斜的不公平现象。第四，新型合作医疗推出之时正逢地方政府财税改革之日，由地方政府出资的部分如何落实成为大的问题。第五，新型合作医疗的保费为每人10元，而政府补贴20元。根据全国性的统计数字，2004年农村居民人均医疗保健支出为130.6元，人均30元的新型合作医疗总筹资额显然无法为参保者提供较好的医疗保障。在这种筹资水平上，设立较高的自付率并且把报销范围限定在住院甚至某些费用高但发病概率不大的所谓“大病”之内，也属无奈之举。

（三）走向全民医保？医疗保障制度的改革之路

中国医疗保障体系仅仅覆盖了1/3强的国民，而且在农村地区即使存在着医疗保障制度，受益人充其量也仅仅是享受了程度有限的医疗保障。医保覆盖率过低已经被公认是中国医保体系不健全、不公平的核心标志，是导致医疗费用超常增长、广大百姓认为“看病贵”的一个重要影响因素。因此，可以说，健全医疗保障体系具有一石二鸟之效：一来可以解决社会不公平问题，二来可以缓解所谓“看病贵”的问题。

但是，中国如何健全其医疗保障体系？换言之，中国如何走向全民医保？这的确是重大的战略选择。种种迹象表明，医疗保障体系的改革已经引起了政府的高度重视。但是，由于现行医保体系并非一个整体，不同部分由

不同政府部门主管，因此医疗保障进一步改革的方向并不十分明确。恐怕唯一明确的是，中国医疗保障体系建设不能走欧洲福利型道路，也不能走美国式商业保险道路。卫生部部长高强 2005 年 7 月 1 日在一篇题为《发展医疗卫生事业，为构建社会主义和谐社会做贡献》的报告中表明了这一点。

在城市中推进全民医保已经列入有关政府部门的议事日程。劳动与社会保障部的有关官员在 2005 年 9 月透露，到 2010 年，中国所有城镇居民将全部享有基本医疗保障。虽然没有透露具体的思路，但是推进城市全民医保之路显然是现行社会医疗保险体系自身制度设计的调整和有效的实施。首先，在此项保险的适用范围上，应该废除“职工”的概念，代之以规范的“从业人员”概念，从而一视同仁地把各种从业人员（既包括事业单位的所有从业人员，也包括所谓的“农民工”）都纳入医保体系；其次，所有从业人员在参保时可以获得一项选择权，为其家庭中一个成员联合投保；再次，调整有关缴费的若干繁琐规定，以便利此项制度的公共管理。此外，通过高等教育体系为所有大学生联合投保，也是一项可行的选择。在未来 5～10 年，城市医保制度健全之路的大框架已经清楚地显露出来。

相对来说，农村医疗保障体系如何健全是一项大的挑战。如上所述，目前正在实施的新型合作医疗实质上是一种国家补贴下的公立自愿性医疗保险制度。相当一部分研究已经表明，自愿性医疗保险存在很多弊病。如果自愿性能为强制性所取代，那么新型合作医疗就可顺利转型为一种社会医疗保险，可望同城市的社会医疗保险接轨。两者的主要不同之处在于，农民家庭（尤其是农业从业人员）的收入较难确定，农村医疗保险的保费水平很难同参保者的收入水平挂钩，因此对所有农民采取划一缴费水平也是没有办法的办法。鉴于农村居民 2004 年人均医疗保健支出为 130.6 元，如果设定一定的自付率以控制滥用医疗保障（也就是所谓医疗服务需求方的败德行为），那么根据初步的匡算，假如采取社会医疗保险制度，全体农村居民均强制性参保，总筹资水平达到年人均 100 元，那么所有农民均可获得充分的医疗保障。至于这 100 元如何在农民家庭和国家之间分摊，需要深入研究。

很显然，由于种种制约因素，全民医保只能是一个中长期的目标。在目前的情形下，如何为低收入者提供医疗保障成为政府施政的一个要点。2003 年末，政府推出了农村医疗救助制度；2005 年中，政府发布了新文件，要求全国城市展开城市医疗救助的试点。农村医疗救助的基本框架如下：(1) 救助对象一般为农村的五保户、特困户以及其他一些特别困难的农户；(2) 在已经实施新型合作医疗的地区，政府为受益家庭支付参保费（人均10元），将农村弱势群体直接纳入新型合作医疗体系；（3）在没有实施新型合作医疗的地区，政府就受益对象的大病开支提供一定比重的报销。城市医疗救助体系到2005年10月底已经确定了上千个试点区县。由于中央政府对于救助模式没有给出框架性指导意见，因此具体的实施方案五花八门，有关政策恐怕要在2006年方能真正开始实施。

二　医疗服务递送体系：市场化与社会公益性的冲突

与医疗保障体系在通向普遍覆盖之路上蹒跚而行的景象形成鲜明的对照，医疗服务体系在市场化的道路上却是快速前行。由于服务提供方和需求方（也就是医患双方）之间存在着信息不对称，即提供方因为在医药知识掌握方面的优势可以主导医疗服务的质和量，因此仅有医患两点关系的医疗服务市场存在着严重的市场失灵。在一个正常的医疗服务市场中，必定存在着所谓“第三方购买者”，以集体性的谈判力量，来制约医疗服务提供者。第三方购买者要么是国家，要么是保险机构。如果缺乏第三方购买者，那么一个仅有医患两点关系的医疗服务市场难以避免所谓的“供方诱导的过度消费”，具体表现就是医生进行重复检查、不必要的检查、昂贵的检查或者开大处方。

中国的情形正是医患两点关系的一个典例。可以说，中国医疗费用超常快速增长从而导致“看病贵”的根源，就在于医疗服务市场化过程中政府职能的缺位，即政府未能及时地推动医疗服务第三方购买者的形成。当2/3的国人都作为单个病人出现在医疗服务提供点时，他们虽然人多但不势众，无法形成有谈判能力的购买者。

更为严重的是，已有的医疗保障管理者也未能扮演医疗服务第三方购买者的角色。虽然我们至少在城市中好不容易有了名义上的医疗服务购买者，即医保机构，但是在大多数情况下，它们并没有运用其强大的购买力，以较为先进的方式（例如按人头付费、按病种付费、定额包干及其组合）代表病人向医疗服务机构购买服务，从而对医疗服务的品质和价格实施有效的监控。恰恰相反，依照社会医疗保险现行的游戏规则，中国一些城市（例如北京）基本医疗保险的参保者在接受医疗服务时必须先付全款，然后再向医保

机构寻求报销。在农村，新型合作医疗以几乎同样的方式运作，农村居民们虽然缴纳了保费，但是在大多数情况下，依然必须在医疗服务点支付全款，然后再到县政府的合作医疗管理机构寻求报销。正在试点的城乡医疗救助同样如此。这样一来，所谓第三方购买者变成原本购买者的管家或者婆婆。医保机构通过设定自付率、起付线、封顶线、可报销药品目录等各种手段，对病人的就医行为施加了严格的控制，但是对服务提供者的行为却近乎不闻不问。在这样的制度安排下，不单单是2/3没有任何医疗保障的人，而且相当一部分已经拥有医疗保障的人，都是作为单个病人出现在医疗服务机构。无论是公立还是民营，医疗服务提供者在面对如此庞大的单个病人组成的医疗服务市场时，都无法抵御过分提供服务的诱惑。简单地说，根本没有人去控制医疗服务的费用，这正是中国医疗服务费用不断攀升的重要原因之一。

（一）走向自主化：医疗服务机构的改革

供方诱导的过度消费以及医疗费用不断攀升是改革后的现象。在计划经济体制下，有关医疗资源配置的决策，完全由政府垄断，至于是中央政府还是地方政府在有关决策中占主导地位，依赖于国家投资体制的不断变化。医疗服务机构则不断在各自的部门通过纵向的渠道向政府争取获得医疗卫生投资大饼中的一块。在计划体制时期，医疗服务被视为“非生产性”服务，根本就不是一种经济活动，而是一种社会公益事业。国家对医疗服务和药品的价格都实施严格的计划管理，维持在很低的水平上。医疗服务机构从服务递送和药品出售所获收入，甚至无法抵消开支。受雇于这些医院的绝大多数医疗服务专业人士都是领取薪水的“国家干部”，他们的职位和工资水平都受到国家人事计划的控制，也就是“编制管理”，同他们的业绩关系不大。国家医疗卫生投资总额中的“事业费”，就是按各机构人员编制情况下拨。可以说，在旧体制下，中国城市的医院无非是整个国家与事业单位大等级体系中处在不同层级的单位，完全缺乏自主性。在这样的体制下，作为医疗服务的提供者，无论是医院还是医生个人，完全没有动力为病人提供“过度消费”，医疗费用也不会随意攀升。计划经济体制下，医疗体制的主要问题是医疗服务的短缺以及服务质量的低下，享受高质量医疗服务（包括高效药品，尤其是进口药）乃是特权阶层的专利以及普通民众“走后门”的对象。

这样的情形当然不为中国城市医院所独有，乃是所有所谓“经典社会主义”体制中医疗服务提供者的共同特征。实际上，虽然不如上面描述的那样极端，市场经济国家的公立医院也或多或少具有上述的特征。在市场经济中，经典意义的公立医院也是作为政府中的一个预算单位来运作的，医院的管理者基本上是行政官员。医院所有战略性事务以及重要的日常事务，都受制于整个政府官僚体系的规则。政府通过财政预算决定医院的收入，医院如果超收，那么就要把多余的收入上缴；如果医院亏空，那么便由财政填补。自20世纪80年代以来，随着新公共管理运动的兴起，世界各地的公立医院都走上了改革之途。具体的改革之路无非以如下三种模式展开：(1) 自主化。公立医院依然是公共部门的一部分，但其所有日常事务的控制权完全从官僚等级体系转移到医院的管理者的手中。(2) 法人化。公立医院独立于公共部门，成为一个法人实体，并且建立法人治理结构。(3) 民营化。公立医院转型为民营实体，无论是营利性还是非营利性的。政府解除对医院的直接控制，从其法人治理结构中撤出。国有资产以各种方式向民营化医院的运营者出售。

中国公立医院的改革也脱不开这三种模式。可以说，在20世纪80年代的大部分时间，医疗机构的改革基本上停留在自主化的阶段之前，即维持医疗机构作为公共部门预算单位的地位，只是在预算的编制和执行方面进行小修小补。当然，也有少量机构进行了承包制试验。真正具有转折意义的新政策出现在1989年。这一年，卫生部、财政部、国家物价局等多部门联合发出文件，提出一系列改革医疗服务机构的新政策，其中有三个要点：(1) 全面实施承包制。医疗机构同卫生主管部门签订承包合同，确定人员编制、服务质量标准和拨款数量，在完成合同目标的前提下，医疗机构实行自主管理，自主经营，自主支配财物。(2) 允许有偿服务。允许医疗卫生人员和医疗机构从事各种有偿服务。(3) 提高医疗服务收费。允许特殊的、高质量的服务（所谓“特诊服务”）提高收费，但公费、劳保不予报销。

毫无疑问，所有这些措施的实施标志着医疗服务机构的改革从1989年起正式全面地进入了“自主化”的时期。从运营性质来说，医疗服务机构开始转变成为以提供服务换取收入的组织，但在组织性质上依然是公立机构，也就是我们通常所称的“事业单位”。尽管相当一部分医疗机构依然可以获得财政拨款，因此被归类为“差额拨款的事业单位”，但它们的主要收入来源越来越倚重于其运营。主要的运营收入来源有二：服务收费和药品出售。由于医疗服务价格受到管制，因此药品出售一度成为医疗机构最重要的创收

来源。随着国家逐渐放松对医疗服务价格的管制，两者的重要性日益趋同。相对来说，政府拨款对于医疗机构收入的重要性越来越低，这一点对于医院来说尤为显著。据统计，2002 ~ 2004 年，政府拨款在公立医院总收入中的比重基本上在一成上下波动，药品出售收入的比重在 43% 上下波动，医疗服务收入的比重在 45% 左右波动。[①]

（二）自主化改革引发供方诱导需求：医疗费用快速增长

自主化改革极大地改变了医疗机构的行为。它们从原来在计划体制下照章办事的被动机构转变成为医疗服务市场的积极参与者，而追求收入最大化也成为其运营的主要目标。由于自费病人在医疗服务市场中占有相当大的份额，再加上目前社会医疗保险机构作为医疗服务的第三方购买者多采用按服务收费的模式作为支付手段，对于医疗服务提供者控制医疗费用缺乏有效的手段，追求收入最大化的医疗机构必然会产生大量所谓“供方诱导需求”的问题。开大处方、过分提供医疗服务、乱收费甚至收取“红包”的行为可以说层出不穷，被称为“医殇”。

尽管存在技术进步、疾病谱系转变、社会人口老龄化等推动医疗费用上涨等因素，但是供方诱导需求问题的大量涌现成为医疗费用快速增长的一个重要因素。图 2 显示，自 1989 年医疗服务机构开始“自主化改革”以来，

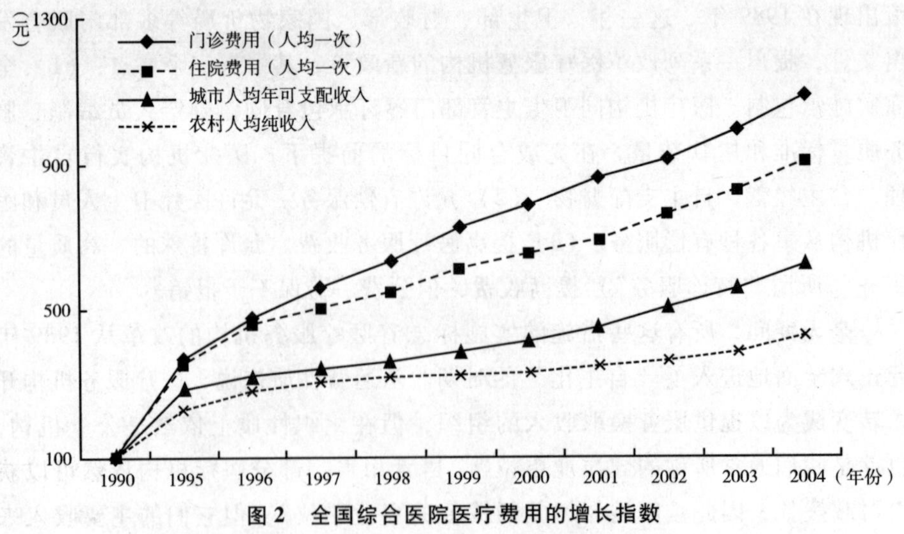

图 2　全国综合医院医疗费用的增长指数

① 参见《中国卫生统计年鉴》，2004，第 85 页；2005，第 100 页。

政府公立医院的门诊和住院费用增长势头，远远超过城乡人均收入的增长。从1990~2004年，全国综合医院的门诊费用上涨了大约11倍，住院费用上涨了约9倍，而同期城乡民众的收入仅仅上涨了大约6倍和4倍多。另外，医院的行政级别越高，其门诊费用和住院费用的增长速度就越高，唯一的例外是卫生部直属医院的门诊费用增长稍低于省属医院（参见表2）。

表2　1990~2004年各级医院人均门诊和人均住院费用增长指数

（以1990年为100）

年份	卫生部直属医院		省属医院		省辖市医院		地辖市医院		县属医院	
	门诊	住院	门诊	住院	门诊	住院	门诊	住院	门诊	住院
1990	100	100	100	100	100	100	100	100	100	100
1995	383	380	411	383	364	353	343	323	306	284
2000	652	650	841	638	775	596	682	570	678	514
2001	861	682	863	669	828	610	786	613	719	530
2002	1024	867	956	778	871	684	826	669	789	574
2003	1033	928	1026	832	982	750	894	734	847	613
2004	1087	902	1095	874	1043	821	965	771	954	674

资料来源：《中国卫生统计年鉴》，2005，第103页。

医疗费用的超常快速增长已经成为当今中国最严重的社会问题之一，低收入民众因“看病贵”、“看病难”而怨声载道。表3显示，在1993年，民众因经济困难而放弃寻求门诊的情况还并不严重，但是随着时间的推移，无论在城市还是在农村，这一问题愈发突出起来。这表明，由于门诊费用的快速增长，初级医疗服务可及性的公平性已经受到了严重的损害。

表3　中国居民患病后因经济困难未就诊者与未接受住院服务者的比重变化

单位：%

年份	未就诊者比例			未接受住院服务者比例		
	总计	城市	农村	总计	城市	农村
1993	5.2	1.8	6.7	20.1	10.7	24.6
1998	13.8	16.1	12.0	21.0	17.7	25.1
2003	18.7	20.7	17.7	20.7	15.6	22.8

资料来源：国家卫生服务调查，1993，1998，2003。

表 3 还显示，民众因经济困难而放弃住院的情况也相当严重。2003 年，每 5 位经医生诊断需要住院的城乡居民中就有 1 位放弃住院，而农村的情形更为严重。总体来说，这一问题既没有随着时间的推移而恶化，也没有得到改善，其统计数字的变化程度实际上都在统计误差之内。造成这种局面的主要原因在于，对于民众来说，住院要比门诊具有更大的刚性。在很多情况下，如果医生诊断需要住院，病人根本就别无选择。

毫无疑问，医疗费用快速增长的问题引起了全社会的关注，政府也努力试图遏制这一现象，但是缺少有效的政策工具。行政整顿是政策工具之一。2004 年，卫生部开始实施对所谓“医疗行业的不正之风”进行专项整顿。目标锁定接受回扣、收受红包、乱收费等。行政整顿一般能在一时产生一定的效果，但是其可持续性令人怀疑，因为这一措施并没有改变医疗服务提供者的激励结构，而另一方面，行政机关也缺乏持久的动力始终对医疗机构的不规范行为睁大眼睛。此外，行政整顿或许对公然的违法违规行为有一定阻吓作用，但却无法有效遏制“供方诱导的过度消费”，因为政府根本没有办法通过行政手段甄别何为“过度的”、何为“正常的”医疗服务消费。另外，一项行政干预措施是对药品市场进行计划管理，例如，通过行政措施强行迫使某些药品降价，但是新措施总是会因遭遇新对策而无济于事。

（三）公立医院的主导性与医疗服务体系的社会公益性

医疗费用的超常快速增长自然引起公众甚至政府官员对医疗服务提供者的口诛笔伐。除了道德批判之外，2005 年下半年以来，一些政策研究者在大众传播媒体上传播了一个非常流行的看法，即应该放弃医疗服务市场化改革，公立医疗服务机构应该在医疗服务体制中占据主导地位，从而使医疗卫生事业的社会公益性得到切实的落实。

然而，迄今为止，医疗服务的组织改革主要是在自主化的模式中打转，并没有走向法人化，更别提民营化了。虽然在某些地方（例如江苏省宿迁市）出现了出售公立医院的情形，也有一些国内外资本投资建立医院，但是总的来说，民营医疗服务提供者在医疗服务体系中一直处于微不足道的位置。据统计，1998 年，全国各类医院有床位 1579222 张，其中，卫生部门所属医院拥有床位数占 64.9%，工业和其他部门所属医院床位数占 31.4%，集体和私营医院床位数占 3.7%；到 2001 年，医院总床位数增加为 1649338

张，上述三类医院拥有床位数所占比重分别为65.8%、30.1%与4.1%。可见，以床位数量来计算，医院所有制构成的格局在1998～2001年间没有发生多大改变，其中，我们哪怕是把集体所有制医院都计入民营医院的范畴，民营医院依然形不成规模。

2000年，政府推出了一项新的改革措施，即将所有医疗机构分为非营利性和营利性两类进行管理。国家根据医疗机构的性质、社会功能及其承担的任务，制定并实施不同的财税、价格政策。非营利性医疗机构在医疗服务体系中占主导地位，享受相应的税收优惠政策。政府兴办的非营利性医疗机构由同级财政给予合理补助，并按扣除财政补助和药品差价收入后的成本制定医疗服务价格；其他非营利性医疗机构不享受政府补助，医疗服务价格执行政府指导价。营利性医疗机构的医疗服务价格放开，由市场来决定。非营利医疗机构主要提供基本医疗服务，也可以提供少量的非基本医疗服务。营利性医疗机构的服务提供根据市场需求自主决定。

根据这项新的政策，现有医疗机构必须重新确定其组织性质，确定的原则为"自愿选择与政府核定相结合"，具体办法包括：（1）政府兴办的、承担基本医疗服务的、代表地区或国家水平的医疗机构，由兴办的政府加以核定，定为非营利性医疗机构；（2）原来由政府兴办但现在政府决定不加以核定的医疗机构，可以自行选择注册为非营利性或营利性机构；（3）由企业和事业单位兴办的、主要为本单位成员服务的医疗机构可定位为非营利性机构，对外开放的医疗机构可以自行选择其组织性质；（4）由社会团体和其他社会组织兴办的医疗机构，可以自行选择其组织性质；（5）个体诊所、股份制、股份合作制和中外合资医疗机构一般定为营利性医疗机构。

毫无疑问，医疗机构改革分类管理的新政策，为公立医疗机构的法人化和民营化开辟了制度空间。

与其他改革不大相同，这项改革的实施可谓雷厉风行。到2001年底，医疗机构分类的工作基本完成，自此以后，有关医疗机构性质的统计口径也发生了变化。表4显示，2002年底，绝大多数原来属于事业单位的医疗机构已经重新注册为非营利组织，到2003和2004年，依然保留事业单位身份的医疗机构已经微不足道了。

然而，这项改革并没有产生实质性的变化，令人有"新瓶装旧酒"之感。实际上，大多数非营利性医疗机构是所谓"政府办"的非营利组织（参见表4）。而在西方国家，"非营利组织"一词一般意指"民办"的非营

利组织，而政府办的非营利组织一般被称为“公立组织”。因此，中国大多数医疗机构虽然被冠名为“非营利组织”，但还依然是“公立组织”，也就是“事业单位”。它们大多数并没有建立起法人治理结构，与政府的关系依然停留在原有的格局之中。可以说，2000 年的新政策虽然为公立医疗机构的法人化和民营化开辟了可能性，但是公立医疗机构的转型依然任重道远。就中国医疗体制的供给面而言，公立组织依然占据统治性的地位。

表 4　不同性质医疗机构的构成变化

单位：%

年　份	营利的与非营利的				所有制形式			
	营利的	非营利的	事业单位	合　计	政府办	企业办	民　办	合　计
2001	—	—	—		87.4	11.7	0.9	100.0
2002	51.0	47.7	1.3	100.0	77.0	14.5	8.5	100.0
2003	51.7	47.8	0.5	100.0	80.5	13.1	6.4	100.0
2004	52.8	46.7	0.5	100.0	80.9	12.4	6.7	100.0

资料来源：《中国卫生统计年鉴》，2002，2003，2004，2005。

在这样的情况下，把医疗体制进一步改革的方向定位为恢复公立医疗机构的主导性并放弃市场化，就显得无的放矢。公立医疗机构的主导性正是中国医疗服务递送体系的现实，根本就无需恢复。因此，真正的问题不是医疗机构是否公立，而是医疗服务社会公益性得以充分发挥的制度安排问题。实际上，国际卫生政策研究界有关医疗服务提供者的所有制形式与医疗费用之间关系的研究显示，两者之间没有明确的关系。民营机构的发展与社会公益的推进，也不一定必然负相关。实际上，只要存在着将医疗服务专业人士的收入与其服务量联系起来的激励机制，哪怕是公立机构，也照样会千方百计地诱导过度需求，从而引发医疗费用的上涨。如果公立机构拥有某种强势甚至垄断地位，损公肥私的情形便会雪上加霜。中国医疗服务递送体系的现状已经充分说明了这一点。反之，如果政府以设计精巧的方式来购买，那么营利性医院照样会像公立医院一样，承担各种社会责任，包括承担公共卫生服务。政府向民间营利性机构购买公共服务（包括公共卫生服务）的例子在市场经济国家比比皆是，研究所谓“公共服务民间提供”或者“公共产品民间生产”的著作也层出不穷。

三　医疗卫生资源的配置：政府扭曲与市场失灵

“看病贵”、“看病难”的问题引发了医疗卫生政策研究界对于政府职责的大思考。无论人们对于中国医疗体制改革的总体评价如何，一般公认的看法是，政府对于医疗卫生事业的投入过少，全社会医疗卫生资源的配置主要由市场来主导。市场化的医疗卫生资源配置局面往往不仅会导致医疗服务可及性的分布不公平性，而且还会导致有限资源的浪费。换言之，市场失灵的情形比比皆是。但是，更为严重的问题在于，即使是有限的政府投入，也没有用于矫正市场失灵，而是盲目追随市场的力量，从而导致资源配置更加不合理的状态。

首先，我们看到，中国卫生总费用自1995年以来呈现逐年递增之势，其占GDP的比重在2003年已达5.6%，超过了发展中国家的平均水平。卫生总费用这一指标所涵盖的内容比较广泛，既包括本文重点关注的医疗费用（即民众看病吃药的花费），也包括全社会用于保健、公共卫生、医药卫生科学技术研究教育等所有同人民健康有关的支出。卫生总费用的上涨，在一定程度上反映了人民群众对于健康的重视。值得注意的是，自2001年起，高等医学教育经费不再列入卫生总费用的计算之中；如果把有关数字计算在内，那么中国卫生总费用占GDP的比重还会攀升。

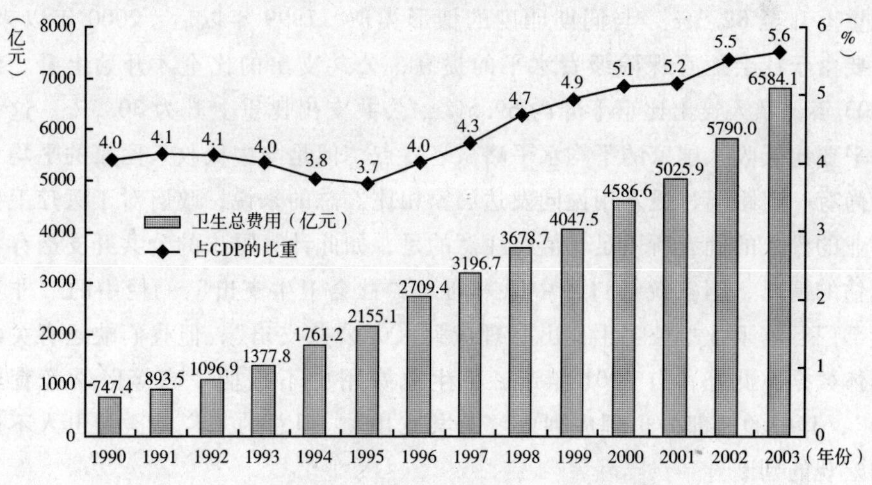

图3　中国卫生总费用的增长及其占GDP的比重

资料来源：《中国卫生统计年鉴》，2005，第83页。

然而，另一个值得注意的事实是，在卫生总费用的构成中，政府支出的比重较低。同国际惯例稍有不同，中国卫生统计工作把卫生总费用的构成分为三类：（1）政府预算支出，即各级政府用于医疗卫生事业的财政预算拨款；（2）社会卫生支出，即政府预算外以及各类机构对于医疗卫生事业的支出；（3）个人卫生支出，主要是城乡居民自付的医疗费用。据统计，1990 年，政府预算内卫生支出占中国卫生总支出的 25%，社会卫生支出占 39%，个人卫生支出占 36%；2000 年，这三类支出占卫生总支出的比例分别变化为 15%、26% 与 59%；2001 年，这三个比例分别为 16%、24% 与 60%；2003 年分别为 17%、27% 与 56%。可见，自 1990 年以来，政府预算内的卫生开支以及社会卫生开支都逐年递减，直到 2001 年才略有回升；与此相反，个人卫生开支占卫生总费用的比重从 1990 年 36% 的水平一路攀升到 2001 年 60% 的高位，之后才略有下降。

依照国际惯例，卫生费用一般分为公共开支与私人开支两类，其中国家强制性实施的社会医疗保险总缴费额列入公共开支，而中国则把这项开支列入“社会卫生费用”之中。为了进行国际比较，我们把社会医疗保险保费和政府预算开支两项加总，得出卫生的公共开支，然后用卫生总费用减去公共开支得出私人开支。根据官方统计资料计算的结果表明，1990 年，中国卫生费用总支出中，公共支出占 28.1%，私人支出占 71.9%。此后，公共支出比重一直下降，到 1996 年，公共卫生支出所占比重降至 17.7%，私人支出比重上升至 82.3%，与同期印度的情形类似。1999 年以后，2000 年以来，主要由于社会医疗保险缴费水平的提高，公共支出的比重才开始上升。到 2003 年，私人支出比重下降为 69.5%，公共支出比重上升为 30.5%。这一水平要比低收入国家的平均水平略微高一点，但是与中低收入国家的平均水平尚有一定距离，更不用说同发达国家相比。总的来说，政府对于医疗卫生事业的投入的确有所不足。值得注意的是，如此计算得出的公共开支额存在低估的情况，国家统计口径中原来列入“社会卫生支出”一栏中的“非卫生部门行政事业单位卫生支出”理应列入“公共支出”，但我们缺乏有关的具体数据。此外，自 2001 年起，卫生总费用中不包括“高等医学教育经费”，其中的大部分也理应列入“公共支出”。但总的来说，这些出入不影响宏观的判断。

政府开支比重较低意味着医疗卫生费用主要来自非政府来源，尤其是民众个人医疗费用占卫生总费用的比重很大。由于民众在医疗服务机构的选择上享有比较充分的自由，因此医疗资源的配置主要由医疗服务市场力量（也就是病人的流向）主导。市场力量主导的结果必然导致医疗资源向医院（尤其是级别高的医院）集中、向城市集中，而与此同时，农村医疗机构和基层（社区）医疗机构的市场份额必定偏低。由于农村和社区医疗机构在市场竞争中处于不利位置，其能力建设也必定遭遇困难。

我们根据不同类型医疗机构门诊和住院人次的数据，计算了它们的市场份额数据（参见表5、表6）。可以看出，医院无论在门诊还是在住院服务上都是主角，而且其市场份额在这些年内有增无减。乡镇卫生院占有一定的市场份额，因为它们毕竟距离农村的病人较近。

表5　2002～2004年不同类型医疗机构门诊服务的市场份额

单位：%

年份	医院	乡镇卫生院	城市社区医疗机构	妇幼保健院	门诊部	专科疾病防治院、疗养院
2002	56.5	34.4	2.7	3.5	2.1	0.8
2003	56.3	34.4	2.8	3.6	2.0	0.9
2004	58.0	31.9	3.2	3.9	2.1	0.9

资料来源：《中国卫生统计年鉴》，2005，第114页；2004，第96页；2003，第84页。

表6　2002～2004年不同类型医疗机构住院服务的市场份额

单位：%

年　份	医　　院	乡镇卫生院	妇幼保健院	其　　他
2002	66.7	27.1	4.3	1.9
2003	68.3	26.4	4.3	1.1
2004	70.0	24.0	4.6	1.4

资料来源：《中国卫生统计年鉴》，2005，第125页；2004，第107页；2003，第95页。

医院在住院服务上占据主导地位并不奇怪，问题出在门诊服务的市场上。与中国的情形不同，世界上众多发达国家的门诊服务（初级卫生保健服务的主干）主要由基于社区的全科医生来完成，而医院一般不从事门诊服务，只提供专科医疗服务（二级卫生保健服务的主干）。应该说，中国民众的大部分门诊医疗服务（也就是俗称的“小病”）完全可以在社区层级上完成，但实际上，绝大部分门诊服务却在着重于专科医疗服务的医院中完成，这实在是对医疗资源的一大浪费。用卫生政策和卫生经济学的术语来说，中

国医疗体制缺乏守门人制度，即小病必须由以社区为取向的初级医疗卫生服务提供者来医治，无法医治的疾病则通过转诊体系交由医院来医治。

中国医疗服务递送体制中初级医疗卫生服务体系的缺失问题，尤其是全科医生的缺失，自 20 世纪 90 年代中期以来受到卫生部门的重视。1997 年 1 月公布的《中共中央、国务院关于卫生改革与发展的决定》，明确提出了发展社区卫生体系的战略构想。这一构想把社区卫生服务确定为初级卫生医疗服务的骨干组织，是全科医生和全科护士的主要（甚至是唯一的）工作场所；其功能是提供所谓“六位一体”的服务，即融预防、医疗、保健、康复、健康教育、计划生育为一体的服务；其特征是提供有效的、经济的、方便的、综合的、连续的基层卫生服务；其宗旨是解决社区主要的卫生问题，满足社区居民的基本卫生服务需求。

可以说，这种制度设计考虑到中国的国情。国外通行的全科医生独立开业，也就是俗称的“家庭医生”，对于中国民众来说相当陌生。如果盲目照搬，很有可能产生适应不良。社区卫生服务体系相对而言应该是一种有较高效率和较好经济性的卫生服务模式。如果社区卫生服务机构能够积极开展社区卫生状况调查，了解社区居民的健康状况，明确社区主要健康问题和服务需求，做出社区诊断，提供基本卫生服务，把群众的基本卫生问题解决在社区，并且向社区管理部门提出改进社区公共卫生的建议并做技术指导，改善社区公共卫生状况，那么就可以更有效、更经济地提高群众健康水平，降低社会整体的医疗支出水平。

但是，客观的现实并没有同主观的愿望相吻合。首先，社区卫生服务体系的发展并不迅速。根据到目前为止可以获得的最新统计数字，到 2003 年底全国各地都建立了一批社区卫生服务机构（包括中心和站），其中大多数为国有和集体所有制。如果以每百万市区人口所拥有的社区卫生机构数作为一项指标来衡量其发展状况，那么 2003 年各省的统计数字表明，社区卫生服务机构的覆盖面还相当窄。例如，就全国平均而言，每百万市区人口拥有 17.3 个社区卫生服务机构。其中，吉林省每百万市区人口拥有 60.4 个社区卫生服务机构，居于全国各省份之首；青海的这一数字为 59.6 个，居第二位；浙江的这一数字为 41.8 个，居第三位。其他各省份中，每百万市区人口拥有 30 ~ 40 个社区卫生服务机构的省份为 4 个，拥有 20 ~ 30 个社区卫生服务机构的省份有 3 个，拥有 10 ~ 20 个社区卫生服务机构的省份为 9 个，还有 12 个省份的这一数字在 10 个以下，海南的这一数字仅为 2.9 个，居于各省份之末。即使是在卫生资源条件较好的大城市上海、北京和天津，社区卫生服务机构都太少了。其次，社区卫生服务体系的利用率较低。再次，社区卫生服务的价格固然相对便宜，但其服务水平普遍比较低，也就是所谓"档次较低"的问题。

如果进一步考察费用较高的住院服务，就可以清楚地看出，医疗资源随着市场的运作主要流向级别较高的医院。表7显示，卫生部门管理的各级医院的病床利用率自1990年起总体来说处于下滑的态势，在级别越低的医院这一下滑态势越严重。从1990～2004年，依照卫生部直属、省属、省辖市属、地辖市属和县属的次序，各级医院的病床利用率分别下降了3.4%、8.9%、11.9%、13.6%和20.9%。就卫生部直属的医院而言，情况尚属正常，但是其他各级别的医院无疑都出现了效率下降的问题。由此可见，出于种种考虑，住院病人大多愿意选择较高级别的医院。

表7　1990～2004年卫生部门综合医院病床利用率

单位：%

年　份	卫生部直属	省　属	省辖市属	地辖市属	县　属
1990	100.3	97.2	94.7	82.1	83.0
1995	94.6	87.3	80.2	68.3	63.4
2000	95.5	84.9	74.0	61.3	56.3
2001	98.1	86.0	75.0	61.0	56.5
2002	95.5	87.7	77.5	65.8	59.7
2003	90.6	85.3	78.3	66.1	59.6
2004	96.9	88.3	82.8	68.5	62.1

资料来源：《中国卫生统计年鉴》，2005，第139页；2003，第109页。

医疗资源的市场化配置自然导致农村医疗机构服务量的下降，而服务量的下降又导致能力的下降，两者形成恶性循环。历年《中国卫生统计年鉴》提供的统计数据表明，由于相当一部分农民倾向于到县医院或级别更高的医院寻求医疗服务，因此乡镇卫生院的医疗服务利用情况在1985～2001年间每况愈下，乡镇卫生院病床利用率从1985年的46.0%下降为2001年的31.3%；2002年开始情况才有所好转，到2004年，这一利用率上升到37.1%。

乡镇卫生院虽然有地利优势，但在医疗服务市场上却处于弱势地位，其

发展自然受到限制。在 1985～1995 年间，乡镇卫生院的数量虽有所增长，但其床位数下降；在此之后，乡镇卫生院的数量也开始下降了：从每千人农业人口拥有的床位数看，1980 年为 5.54 张，2004 年下降为 4.16 张；从乡镇卫生院的数量来看，1980 年全国有 9500 家乡镇卫生院。2002 年减少为 7200 家，2003 年以后有所增加，2004 年达到 7600 家。或许是由于乡镇卫生院机构数量的下降以及床位数量维持在较低的水平上，其病床利用率才会从 2002 年开始有所上升。

毫无疑问，市场力量主宰资源配置的结果就是社区和农村医疗服务机构的能力不足，这对于初级卫生保健服务可及性的公平性造成了不利的影响，同时也驱使大多数病人涌向医院，尤其是级别高的医院，造成了医疗资源的浪费，影响了医疗体系运行的效率。

更为严重的情形是，政府投入医疗服务的资源十分有限，但是这一有限的资源却主要用于补助占据了大部分市场份额的医院，尤其是高级医院。无论是乡镇卫生院还是城市社区医疗卫生机构，从政府那里获得补助很少。统计表明，2004 年，政府给予全国医疗卫生机构的拨款总额为 446.75 亿元，其中，医院获得 64.0%，乡镇卫生院获得 17.1%，妇幼保健院获得 7.6%，专科疾病防治院获得 2.8%，城市社区医疗机构获得 2.4%，其他医疗机构获得 6.1%。这一点也不奇怪。在市场化力量主导资源配置的大背景下，人满为患的医院有充分的理由向政府要求获得更多的补助，以资助其改善设施，提高能力。随着医院能力建设水平的提高，它们也就越具有竞争力，越能吸引更多的病人，也就越来越拥挤，从而也就越有理由要求政府进一步追加补助或投资。

由此可见，由于政府在医疗领域投入不足，从而形成医疗资源配置由市场主导的局面。市场化会导致医疗资源配置既不公平也有损效率。然而，问题在于，政府有限的医疗资源并没有被用来矫正市场失灵，反而被市场力量牵着鼻子走，从而最终形成了市场失灵和政府扭曲的双重问题。

四　中国医疗体制进一步改革面临挑战

中国的医疗体制改革走到了一个新的十字路口。“看病贵”和“看病难”的问题，以及医疗保障覆盖的不公平性，已经成为当前中国最大的社会问题。医疗体制中出现的种种问题已经引起全社会的关注，政府对此也高度重视，将医疗体制的进一步改革提上了议事日程。有人将问题归罪于市场化过头，要求放弃医疗服务的市场化，强化国家对医疗服务的计划管理；有人将问题归罪于市场化不够，要求继续深化医疗体制的市场化改革。我们认为，医治中国医疗改革失败的正确药方恰恰不是放弃市场化，而是走向“有管理的市场化”，通过一定的制度安排，促使医疗服务市场上买卖双方的力量达到或接近某种平衡，从而保持其社会公益性。

中国医疗体制走向“有管理的市场化”，其关键在于政府正确地行使其职责，对医疗体制实施有效的干预。实际上，即使在市场经济体系中，国家干预的存在是极其自然的，而且远不限于所谓“公共产品”的生产。但是与计划经济体制完全依靠行政手段不同，市场经济中国家干预的手段不仅多种多样，而且最为重要的是，市场经济中国家主要是通过参与市场而不是取代市场来干预市场。国家可以以多种身份，例如保险者、购买者、雇用者、赞助者、调控者、信贷者、规划者、监管者甚至道德劝说者的角色，参与市场活动。因此，当我们发现市场失灵的存在时，仅仅简单地要求国家干预或者国家增加投入并不足够，更为重要的是以什么样的原则选择国家干预的方式，如何在市场转型的时代运用亲和市场而不是反对市场的手段对市场进行干预。这正是中国公共治理变革所面临的最大挑战。

如果采纳“有管理的市场化”这一新的改革思路，那么政府正确地行使其职责就成为进一步改革的重中之重。针对中国医疗体制的现状，政府至少应该扮演以下四个重要角色。

第一，政府充当保险者，建立普遍覆盖的医疗保障体系，为全国人民提供适当的医疗保障。几乎人人都赞成，政府的最大职责是推动建立一个普遍覆盖的医疗保障体系。这一工作的重要性，在于它不仅抑制医疗费用过快增长，解决“看病贵”、“看病难”的社会问题，还能极大地促进医疗卫生公平性的实现，从而一扫中国医疗费用负担公平性全球排名倒数第四的恶名。一旦所有的民众都获得了医疗保障，低收入者自然不会因为费用问题而对医疗服务（尤其是门诊服务）望而却步；一旦所有的民众都获得了医疗保障，那么保障的组织者就成为医疗服务的第三方购买者，民众也就不必作为单个病人出现在医疗服务点，医疗服务买卖双方市场力量对比不平衡的问题也就迎刃而解。

至于全民医保的具体制度选择，是在现有社会医疗保险的制度框架下进行渐进式的改革，而不是进行伤筋动骨式的改革，并且逐步从城市扩展到农

村，这样成本最低。如果依照城乡人均医疗保健支出水平进行匡算，城乡总计需要国家财政支付大约600 亿～700 亿元，就可以在满足全体国民现有医疗服务需求的水平上实现医疗保障的普遍覆盖。这一支出水平虽然在目前的财政安排下有一定的困难，但是在2004 年28361 亿元的财政支出总盘子中，依然是一小块。至关重要的是，政府在医疗保障制度上投资，绝非仅具有消费性，而是具有极大的生产性。众所周知，医疗服务的可及性对于人力资本的增进具有极其重要的意义。如果民众不会因为无力负担医疗费用而放弃治病，那么就可大大缓解因病致贫的现象。如果医疗保障体系健全，民众每年支付数量可以预期的医疗保险费，那么也就没有必要为防范医疗风险而大量储蓄，因此政府在医疗保障上的投资可以间接地转化为内需。因此，在所谓"社会性基础设施"上投资，尤其是在医疗保障体系上投资，其经济社会效益并不亚于在"物质性基础设施"上的投资。

第二，政府充当购买者，约束医疗服务的费用。医疗保障体系的首要功能，顾名思义，当然是为人民群众提供医疗保障，确保人民不会因为支付困难而不去看病。但是，医疗保障体系的另外一个重要功能，就是建立医疗服务的第三方购买者。当人们把医疗费用预付给医疗保障机构之后，医疗保障机构就可以以集体的力量，成为医疗服务市场上具有强大谈判能力的购买者，从而有能力运用各种手段控制医疗服务机构的行为，确保医疗服务的质量与价格相匹配。

目前，中国已经建立起来的一些医疗保障管理机构未能有效地扮演医疗服务第三方购买者的角色，其关键在于现在通行的"病人报销制"。因此，根本的改革措施在于取消报销制，代之以完全的预付制。在参保之后，民众在医疗服务点只需缴纳自付的部分即可。大部分医药费用，应该由医疗保障管理者直接向服务提供者支付。换言之，就中国医保机构和医院的关系而言，应该从公共报销模式向公共契约模式转型。医保管理机构必须做的是同医疗服务提供者订立契约，其中前者可以在契约中采纳各种支付手段（例如费用包干制、按人头收费、按病种收费、按服务内容收费等等）的组合，来引导后者在控制费用和维持质量上保持平衡。

对于中国来说，医疗保障机构以预付制取代报销制，还能带来一个额外的好处，即为医疗保障制度走向省级统筹奠定基础。目前，中国城市基本医保是市级统筹，而农村新型合作医疗是县级统筹，风险分摊的池子显然太小。事实上，近年来已经有一些城市出现了当年基金收不抵支的情形。如果医保机构不必操心为千千万万民众报销的事宜，而只需面对数量有限的医疗服务机构，那么提高统筹层次也就顺理成章。

第三，政府充当规划者，建立健全的初级医疗卫生服务体系。在中国医疗服务递送体系的改革上，政府的重大职责之一就是扮演规划者的角色，大力推动城市社区卫生体系和农村基层卫生服务体系的发展壮大。在医疗资源配置的问题上，政府行使职责的要旨在于弥补市场不足、纠正市场失灵，而不是被市场力量牵着鼻子走。简言之，政府要扮演好规划者的角色，可以遵循“抓小放大”的思路，即国家应该把有限的资源更多地配置到城乡初级医疗卫生服务机构，而不是在等级高的大医院上花大钱。但是，鉴于国家资源有限，国家能够“抓小”的前提一定是要“放大”，也就是让大医院进一步走向市场，通过吸收民间资本发展壮大，同时也应放松对民营医院的不必要管制。至于民间资本以营利性还是非营利性的方式进入，国家完全可以通过制度建设和政策安排加以引导。

第四，政府充当监管者，抑制医疗服务中的市场失灵。政府参与市场的另一个重要身份是监管者。首先，必须明确指出，政府扮演监管者的角色与政府扮演保险者与购买者的角色是不同的。作为公立机构的医疗保险管理者并没有任何执法权力，它们只能通过订立契约的方式同医疗服务提供者发生关系。因此，这种关系是一种市场关系。其次，政府扮演监管者的角色，与政府作为行政管理者的角色，也是大不相同的。行政管理乃是在同一个行政体系内部上级对下级所管辖事务的干预，而监管则是政府对其辖区内某些事务的控制。很显然，行政管理只适用于某一行政体系内部。我们经常看到的卫生部对医疗卫生部门的不正之风进行专项整顿的做法，就属于行政管理而不是政府监管的范畴。再次，也是非常重要的一点，政府监管的目的不是取代市场，而是为了矫正市场失灵。世界各国经济社会发展的历史表明，政府监管是同市场化相伴随的，而不是有你没我的对立关系。

（作者单位：北京师范大学）

走向公平：2005年中国教育发展报告

○ 杨东平

2005年是中国教育发展的转折之年。

近年来，中国教育以数量、规模的扩张为主要特征的高速发展，是在国家教育投入严重不足的情况下，通过教育系统经营创收的“产业化”模式来支撑的。这种模式在现实中产生了高收费、乱收费、钱学交易、择校热等种种乱相，拉大了教育的城乡差距、地区差距、学校差距，在一定程度上降低了教育质量，侵蚀了教育的公益性、公正性，异化了教育品质，从而使教育的社会形象、社会声誉严重受损。

全社会对这种状况的强烈批评，在2005年达到了新的高潮。从年初开始，要求恢复教育的公益性和公正性，要求实行免费的农村义务教育，批判“教育产业化”的呼声持续高涨。在贯彻科学发展观、构建和谐社会的大背景下，伴随国家制定“十一五”规划、教育部制定《2020年中国教育发展纲要》以及《义务教育法》修改等进程，教育的发展思路、公共政策终于出现了宏观的转变。

温家宝总理关于制定“十一五”规划建议的说明中对教育的要求体现了这种转变：增强自主创新能力和加快科技教育的发展，深入实施科教兴国战略和人才强国战略，继续把教育放在优先发展的战略位置；加快教育结构调整，着力普及和巩固义务教育，大力发展职业教育，提高高等教育质量；全面实施素质教育，深化教育体制改革。①

① 温家宝：《关于制定国民经济和社会发展第十一个五年规划建议的说明》，《光明日报》2005年10月20日。

一　2004 年教育发展概况

据 2004 年的教育统计以及对“十五”期间的教育回顾，中国教育已经取得的主要进展有以下几个方面。

继续推进普及和巩固九年义务教育。2004 年“基本普及九年义务教育、基本扫除青壮年文盲”的人口覆盖地区达到 93.6%，初中毛入学率达到 94.1%。2004 年，全国 15 岁以上人口平均受教育年限达到 8.3 年，劳动力平均受教育水平由小学毕业提高到初中毕业。由于学龄人口下降，国家对小学和初中学校布局进行调整，2004 年小学数比上年减少 3.17 万所，初中校减少 973 所。

高中阶段教育规模扩张较大。2004 年在校生达到 3649 万人。随着高中阶段教育招生规模扩大，初中毕业生的升学率达 62.9%，同比提高 3.3 个百分点；高中阶段毛入学率达 47.55%，同比提高近 3 个百分点。2004 年高中阶段全部在校生中，普通高中在校生 2220 万人，是 2000 年的 1.9 倍；中等职业教育在学校数减少 142 所的情况下扭转了招生连续滑坡的颓势，在校生达到 1409 万人。

高等教育开始进入“大众化”发展阶段，高等教育毛入学率达到 19% 以上。2004 年，全国普通高校招生 447.34 万人，其中本科 209.91 万人，高职（专科）237.43 万人。研究生教育招生 32.63 万人，其中博士生 5.33 万人，硕士生 27.30 万人。2004 年，高等教育在校生规模达到 2000 多万人，其中普通本专科在校生 1333 万人、在学研究生 82 万人，分别是 2000 年的 2.4 倍和 2.7 倍。2005 年，全国高校招生计划为 475 万人，其中本科为 230 万人，报名人数达 867 万人。招生计划向西部地区投放的招生指标大幅增加。

民办教育继续发展。2004 年，全国共有各级各类民办教育机构 7.85 万所，其中民办普通高校和成人高校 228 所，在校生 139.75 万人（含独立学院学生），占普通高校在校生的比例为 10.47%，比上一年提高 3.16 个百分点。民办普通高中和中等职业学校在校生 294.68 万人，占整个普通高中和中职在校生的 8.21%，同比提高 1.36 个百分点。

财政教育经费总量增长，改革了基础教育管理体制，规范了义务教育阶段的收费。2004 年，全国预算内财政性教育经费达到 4200 多亿元，是 2000 年的 1.7 倍，中小学生人均公用经费增加。实行了“以县为主”的基础教育

管理体制改革，使得拖欠教师工资问题得到基本解决。全国义务教育阶段的学校普遍实行了“一费制”，规范了教育收费。2005 年实行高校招生的“阳光工程”，收到良好的效果。① 但全国预算内财政性教育经费占 GDP 的比例，2003 年为 3.28%，比上年减少 0.04 个百分点。2004 年这一比例又略有下降。

二　重大教育论争和政策调整

从 2005 年初开始，教育界论争不断，关于实行免费义务教育、教育产业化、素质教育和义务教育均衡化的讨论，引起社会的高度关注。与以往不同的是，在贯彻科学发展观的宏观背景下，这些讨论促进了教育价值观和教育政策的调整、转变，取得一定实效。

（一）素质教育大讨论

近年来，基础教育阶段气氛日益恶化，择校热愈演愈烈，择校费越来越高，中小学生课业负担沉重。课外补习成风，奥林匹克数学热、考证热严重影响了青少年的身心健康。与此同时，学校对升学率的追求有增无减，一些地方政府也介入这一过程。许多地方把高考升学率视为评价教育成效的唯一指标，提出排名目标，对未达标者给予调离、下岗的惩处，从而加剧了应试教育已经十分严重的弊端。2005 年 7 月，山西省榆社县高考排名滑坡，县委常委会通过电视台向全县人民道歉，对榆社中学领导班子实行全员停职待岗，以 10 万元年薪在全省范围内公开招聘校长，引起轩然大波。② 一些实行封闭管理、进行严格应试训练的“县中模式”也成为讨论的话题。

导致中央高度重视这一问题的直接原因，是 2005 年 6 月原教育部部长何东昌给中央领导人写信，反映当前基础教育的严重问题。何东昌在信中认为：基础教育普遍存在片面追求升学率的问题或者应试教育的倾向，使我们的基础教育偏离了党的教育方针，重智轻德体美，不重视与生产劳动和社会实践相结合。应试教育把师生的精力集中在繁重的作业和频繁的考试上，使

① 教育部：《2004 年全国教育事业发展统计公报》，《中国教育报》2005 年 7 月 28 日；《落实科学发展观，加快教育事业发展》，《中国教育报》2005 年 10 月 2 日。

② 李斌：《高考成绩滑坡成“地震”》，《中国青年报》2005 年 7 月 15 日。

学生负担奇重，以至于不能乐于学习甚至厌学。一些地方初中学生辍学率很高，有的超过30%。这是对教育方针的偏离甚至是严重的扭曲，对民族的未来影响很大，将会带来难以挽回的后果。更严重的是，迄今尚未找到解决这个问题的切实有效的方案和思路。解决这一涉及面很大的问题，只靠教育部门的努力很难奏效，建议中央加以关注。要使各级党政领导都能对问题的严重性有充分的比较统一的认识，并采取一致的措施，这是对党执政能力的考验。

围绕何东昌在信中提出的问题，教育部与中宣部、国家人事部、中国社会科学院、国家统计局、共青团中央等部门一起，对素质教育的理论和实践、高考招生制度、新课程实验、义务教育均衡化、基础教育改革的国际比较、用人制度、学校制度、舆论环境等诸多问题进行调研，探讨解决这一问题的方案。《人民日报》、《中国教育报》等主流媒体，都对素质教育和应试教育问题开展大讨论。

具有共性的认识是，严重的应试教育弊端的成因是复杂多样的，是社会转型、体制转型、社会竞争和社会分化加剧在教育上的表现，升学竞争是社会竞争的集中反映。社会贫富差距、体脑差距、官本位价值观、独生子女政策、劳动就业状况等都影响了基础教育的气氛。同时，在教育发展中比较忽视教育公平，导致教育的城乡差距、学校差距过大，造成炽烈的择校竞争。社会价值观念的偏差，党政机关、学生家长对升学率的片面追求，也加剧了学校教育中的应试压力。此外，有关部门认为，新闻和舆论传播热衷于宣传科学家、企业家，热衷于宣传高考状元，而很少宣传普通劳动者，也造成了社会价值观的倾斜。

应该看到，当前应试教育愈演愈烈，基础教育品质恶化，其中虽然有教育文化观念、社会价值观、劳动力市场、独生子女政策等外部因素的影响，但教育制度和相关政策仍是最主要的原因，其中最重要的政策因素是长期以来人为制造学校差距的重点学校政策。大批公办的初中校变成高收费的“改制学校”，为追求自己的特殊利益，以奥数成绩、获奖证书等来评价和筛选学生，极大地加剧了小学的升学和择校竞争。因而，必须旗帜鲜明地坚持和恢复义务教育的公益性、公平性，采取强有力的政府行为制止、改变那些为应试教育推波助澜的政策和制度，坚决禁止种种制造和扩大差距、扰乱小学教育环境的反教育行为，保障少年儿童的身心健康、娱乐和休息的权利。当然，只有最终贯彻和落实义务教育均衡化的方针，才能从源头上解决应试教育肆虐的问题。

（二）促进义务教育均衡化

在中国基础教育阶段，一方面教育投入严重不足，城乡教育差距巨大；另一方面，在有限教育经费的使用上又出现盲目攀比、铺张奢华的不良倾向，造成巨大的学校差距。近年来，花费几亿元建一所高中、一两亿元建一所小学甚至一亿元建一个幼儿园的现象不断出现，令人匪夷所思。有人称，校长向老板看齐，办公室里摆“大班台”；校舍向宾馆看齐，墙面、地面贴名贵花岗岩；操场向市民广场看齐，建起音乐喷泉；等等。而在教学模式上、师资队伍建设上无所追求，出现所谓“漂漂亮亮的薄弱学校”。巨大的城乡差距、学校差距导致优秀教师向城市优势学校流动，致使农村优秀教师流失严重，同时造成高昂的择校费、炽烈的择校热，且择校招生往往成为家长的“票子”、关系和权力的竞争，造成严重的教育不公，凝固和扩大了阶层之间业已存在的社会差距。

这种现象严重损害了教育的品质和声誉，使教育在社会舆论中被称为“腐败重地”和“暴利行业”，教育与医疗、住房一起被称为压在老百姓头上的新“三座大山”。2005 年 7 月 10 日，宁夏银川市一名 13 岁女生在家服毒自尽。她留给父母的遗书令人震撼：“您养了我 13 年，花了好多好多的钱！我死了我可以帮您们节约 10 万元”，“对不起！我辜负了你们的心了！我是个差生！”这是因交不起高昂择校费而自杀的个案。一些地方出现上高中借高利贷的现象。8 月 27 日，甘肃省榆中县新营乡谢家营村 18 岁的高中女生杨英芳，因父亲无力供养她与弟弟同时上学而跳崖自杀（后被救）。据国务院发展研究中心的调查，受访农户的教育开支平均值为 5975 元，占其总收入的 30%，成为农村家庭最大的一笔开支。[①]

尽管义务教育均衡化方针的提出已有数年，但在实际生活中并没有得到贯彻落实。这一状况已经引致全社会的高度不满。2005 年 5 月，教育部下发《关于进一步推进义务教育均衡发展的若干意见》（以下简称《意见》），表明教育部开始正视和着手解决这一问题。《意见》指出，义务教育在区域、城乡、学校之间原有的差距在新的形势下仍有进一步拉大的趋势，突出表现在办学条件、经费投入、师资水平和教育质量等方面。《意见》要求各级教育行政部门有效遏制城乡之间、地区之间和校际之间教育差距扩大的势头，

① 黄惠：《落实“两个趋势”的重大判断》，《瞭望》周刊 2005 年 10 月 3 日。

要采取有效措施遏制义务教育阶段的择校风，坚持义务教育阶段公办学校免试就近入学，不得举办或变相举办重点学校，以推进义务教育均衡发展。

从2005年春季开始，各地教育部门相继出台措施，干预畸形的教育市场，规范中小学办学行为，改革招生制度。例如，北京市教委紧急叫停了“迎春杯”小学数学竞赛。浙江省停办小学“奥数”竞赛活动，中小学签订“减负”责任书。长春市取消小学所有竞赛，宣布竞赛和评奖活动一律与升学招生脱钩。江西宣布停招高中实验班，禁止中招搞不正当的生源竞争。山西省教育厅向义务教育阶段的学校发出13条禁令，严禁组织任何形式的选拔性考试，严禁以任何方式组织学生在节假日补课，严禁举办任何形式的快慢班、强化班和实验班。湖南省教育厅紧急叫停中小学校违规抢生源。上海禁止名校举办小升初“衔接班”，对示范性高中亮出“七不许”。广东省叫停实行了十多年的义务教育阶段“等级学校”评估，合理配置教育资源，促进教育均衡化。这些措施对于遏止畸形的择校竞争能够起一些作用，但仅仅靠政府文件和禁令，只能生效一时。只有变革中小学教育的制度和机制，实现教育均衡化的目标，才能真正改变学校的行为。

实行义务教育均衡化的曙光是安徽省铜陵市的实践。经过10年的努力，铜陵市成为全国可能是唯一的一个没有择校的城市。他们采取的措施：一是均衡配置教育资源，优先扶持和改造弱校，先后在人口密集区新建5所中小学，改造和扩建17所学校，从而满足了每个学生都能在规定的服务半径内就近入学的需要。二是实行校长和教师轮换。校长和优秀教师是重要的教育资源，应当像教育经费一样均衡分配，并优先向薄弱学校倾斜。重点学校的校长更有责任、有能力去改造薄弱学校。三是改革高中招生办法，将优质高中入学指标平均分配到各个初中，平均分配的优质高中招生指标比例目前已达60%并将继续扩大。每所初中都有确定比例的毕业生能够进入优质高中，从而从根本上消除了家长的择校心理。铜陵市的实践说明，实现义务教育均衡化，促进教育公平不是遥不可及的梦想。铜陵市能够做到的，别的城市也能够做到。事实上，这些做法也是日本、韩国治理基础教育畸形化的共同经验。

（三）实行免费义务教育的争论

农村义务教育薄弱、经费投入缺乏保障是一个老大难问题。在“以县为主”的农村基础教育管理体制下，财力薄弱的县级政府承担了2/3以上的农

村义务教育投入。国务院法制办的农村调研发现，教育投入不足造成的后果是：不少农村学校公用经费严重不足，有的甚至没有公用经费；一些学校存在危房和教育欠债；教师工资不能按时、足额发放；学生家长经济负担过重，造成部分学生失学。“转型期中国重大教育政策的案例研究”课题组对6个省17所农村初中学校的抽样调查显示，辍学率最高的为74.37%，平均辍学率约为43%，大大超过了把辍学率控制在3%以内的“普九”要求。同时，农村教师流失严重，出现了一个庞大的农村代课教师队伍，全国约有55万~60万人。他们往往在一般人不愿意去的最偏僻、落后的山区教学点从教，许多人是在只有一位教师的“一人校”从事复式教学，而他们的工资只有几十元至一两百元，是公办教师的1/10左右，成为最弱势的教师群体。

在2005年3月召开的全国人大会议上，有740名全国人大代表参与提出修改《义务教育法》的议案。朱永新委员提交议案，要求在农村地区实行免费义务教育，重构义务教育财政投入体制。他测算，按每年小学生均500元、初中生均1000元计，目前义务教育阶段在校生学费共需约675亿元；如仅在国家级贫困县免费，只需200亿元，国家完全有能力支付这笔费用。亚洲开发银行驻中国办事处的研究报告《从实行农村免费义务教育入手，进一步减轻农民负担》认为，实行免费教育是保持农民增收的重要措施。据匡算，分两年实行农村免费义务教育，每年可以减少农民开支105亿~422亿元，等于增加农民平均收入0.5~2个百分点；农村免费义务教育的新增资金需求主要由中央财政和省级财政分担。亚洲发展中国家大多实行免费义务教育。例如，人均GDP仅有中国1/3的越南、柬埔寨、老挝、孟加拉、尼泊尔等亚洲邻国，都实行了全部免费义务教育。

与此同时，《义务教育法》修改进入倒计时。修法焦点是汲取近20年来的教训，建立义务教育经费投入保障机制，按照财权与事权相一致的原则，加大中央和省级财政承担的义务教育责任。自1994年财税体制改革后，中央财政占全国财政收入的比例逐年上升，由1993年的22%达到2004年的57.22%，省级财政也有很大增加。然而，目前中央承担的义务教育经费仍然仅占8%左右。因此，中央和省级财政理应承担更多的义务教育经费。

目前中国主要采取转移支付的措施解决农村基础教育经费的匮乏问题。从2005年春季开始，中央政府扩大了“两免一补”（免书本费、免杂费，补助寄宿生生活费）的范围，免交书本费的家庭贫困的学生从2400万人增加为3000万人，592个国家级贫困县约1600万农村孩子的书本费和杂费被免除。平均免除书本费、杂费，小学生为200元，初中生为340元。为在2005~2007年三年内全部落实“两免一补”政策，国家财政共安排227亿元资金。但转移支付是非制度性的、一次性的投入，无法得到长期保障。尤其是，转移支付的操作不规范、不透明，经常被地方财政部门挪用。因而，需要通过建立公共教育财政制度和义务教育经费分担制度，从制度上解决这一问题。

社会对免费义务教育的呼吁首先在发达地区产生了效果。2005年9月8日，苏州市宣布，从2006年秋季起一步到位，全面实行九年义务教育免费制度。同日，北京公布在“十一五”初期推行全面免费，并对农村地区和家庭困难学生逐步推行高中免费。次日，广东省决定，从秋季入学开始，首先在16个扶贫重点县开展试点，2006年秋季起逐步推广，2008年秋季在全省农村全面实施。

地方的行动产生了带动效应，中央政府的态度也越来越明朗、越来越积极。10月，中央关于“十一五”规划的建议提出，国家计划在“十一五”期间免除农村义务教育阶段学生的杂费。这相当于每年减免200亿元。11月11日，教育部发布《中国全民教育国家报告》，承诺以更大的精力、更多的财力全面推进农村教育发展，新增教育经费将主要用于农村。实行免费义务教育终于提上日程，政府披露了义务教育免费时间表：2007年将在农村家庭经济困难的学生中实现“两免一补”政策，“力争到2010年在全国农村地区全部实行免费义务教育，2015年在全国普遍实行免费义务教育”。[①] 财政部正在制定的农村义务教育财政制度，可望有新的突破。

（四）“教育产业化”的黄昏

从2004年年初起，教育部领导一再回应社会的批评，指出“中国政府从来没有提出教育要产业化”。“教育部历来坚决反对教育产业化，教育产业化了，就毁掉教育事业了”。但是，社会舆论对“教育产业化”的认识，并非根据教育部门的文件和表态，而是针对教育领域高收费、乱收费的现实，以及大量违反教育规律、侵害老百姓利益的营利行为和腐败现象。

造成农村和基层教育乱收费屡禁不止的原因，除了非教育部门的搭车收

① 蒋昕捷：《新增教育经费将主要用于农村》，《中国青年报》2005年11月11日。

费外，主要还是国家教育经费投入严重不足和教育界违纪违规收费。国家预算内教育经费占GDP的比重连年下滑；而且2004年度中央财政支出决算表显示，教科文卫支出只完成了预算的89%。2004年对45个县教育经费的审计，涉及教育乱收费4.5亿元，县均1000万元，其中相当一部分属于所谓“生存型”的“乱收费”，即学校只能靠不规范的收费维持学校的正常运行。

教育界的种种违规违纪的现象也相当严重。国家审计署对教育部2004年度预算执行情况的审计，发现了违规违纪、腐败现象，以及贷款比重过高、存在债务隐患等问题。在教育部2004年预算中，年初未落实到具体项目的资金为46.51亿元；一些所属单位未经批准自行收费1.54亿元。其中全国大学英语四、六级考试委员会向各地主考单位收集英语四、六级考试费1.4亿元。对18所中央部属高校2003年度的审计发现，违规收费逾8.68亿元，比上年增长32%，占当年全部收费的14.5%。北京某高校2003年严重违纪的教育乱收费达1886万元，其中向新生收取“捐款收入”1035万元，未按规定上缴而转入自有资金账户。“捐款”的202名学生占当年新生的1/6，每人“捐款”2万元至10万元不等，并且是属于典型的权学交易、钱学交易。①

地方教育审计中的问题也很突出。如2004年湖南省教育系统完成审计项目5108项，审计总金额达173.9亿元，审出违规资金3.45亿元。对海南208所中小学2004年度教育收费审计调查发现，各类违规问题金额达6668万元。海南省直属和海口市10所中学在义务教育阶段收取与入学挂钩的赞助费、择校费1705万元。部分学校择校生招收比例过大，突破“限人数”的规定，超过统招计划人数30%的比例。4个市县财政部门、教育部门及8个市县40所中小学校挤占、挪用、滞留各类教育资金1145万元。

学费高涨的现实依然没有改变。如新疆的调查显示，2000~2004年的五年间，全区教育费支出累计上涨40.5%，远远高于居民其他消费价格的涨幅。② 2004年，青海师范大学6841名在校生中，贫困生4167名，占60%，其中特困生2908名。每个学生的每年支出费用最低在7000元以上，包括学费3000元，最低生活费3000元，公寓费800元，书费400元。3个壮劳力

① 陈音：《考生千万元“捐款”的背后》，《中国青年报》2005年6月30日。

② 刘冰、李润文：《新疆城镇教育支出五年上涨四成》，《中国青年报》2005年3月11日。

养不起一个大学生。[1] 据吉林省政府研究中心的调查，2004年吉林省高校学生人均学费6000元，住宿费1000元，伙食费4800元，一年费用为1.18万元。而2004年吉林农民人均纯收入为3000.42元。这意味着供养一个大学生需要4个农民的纯收入！[2]

2005年5月14日，中央电视台"焦点访谈"曝光江苏省南通市多数公办初中成为公办学校的"校中校"，校园、设备、资金、师资、领导班子等所有条件依旧，却以所谓"转制"的名义公然实行高收费。这种"名校办民校"的现象在全国普遍存在。其初衷是吸引民间资金来发展教育，但却以"改制"为幌子把义务阶段的小学和初中改成了高收费，明显违反了《义务教育法》，违反教育公平的价值。

如果说，上述种种问题在一定程度上是"教育产业化"思路的后果，那么，2005年9月国务院学位办通知，北京大学等9所高校研究生收费试点暂停，原定将于2006年推行的研究生收费被搁置，则标志着这一思路已开始转向。

修改中的《义务教育法》突出了义务教育均衡发展的理念，明确规定国务院和各级政府"应当合理配置教育资源，促进义务教育均衡发展"。并规定义务教育公办学校不得转为民办学校，不得利用国家财政性经费或者学校名称、师资力量、设备设施等举办或者参与举办民办学校；义务教育学校不得对适龄儿童、少年实行考试入学；在教育教学中不得按照学习成绩等编排设置重点班，不得因学生的个性特征予以歧视，等等。这对于目前许多违反义务教育宗旨和教育规律的办学行为，转变所谓"教育产业化"的思路，无疑具有拨乱反正的重要意义。

（五）大力发展职业教育

近年来，在沿海经济发达地区和大城市出现的"技工荒"，凸显了职业技术教育落后的问题。据北京市劳动和社会保障局的说法，北京市企业对技术工人的需求占职工总量的40%，而只能满足30%，缺口达10万人。[3] 主要的问题：一是投入不足。1997年全国预算内职业教育经费占总经费的比例

---

① 刘芳：《对西部地区贫困家庭学生，高校收费不能再高了》，《中国青年报》2005年1月18日。

② 侯婧珠、彭冰：《农村学生害怕考大学?》，《中国青年报》2005年5月11日。

③ 计科宪：《职业教育期待新突破》，《现代教育报》2005年8月31日。

为11.17%，到2002年下降为6.35%。事实上，职业教育所需经费远比普通教育要高，按国际上的测算，一般应是普通高中的3倍左右。而中国却相反，2003年普通高中生均预算内公用经费为264.83元，职业高中却只有239.23元。[①] 二是管理体制不顺。教育部门有一套职业教育体系，劳动和社会保障部门又自成一套技校体系，技术培训和技术等级的提升也搞成了学历教育。三是就业准入制度不完善，许多职业缺乏就业门槛，无须培训上岗。同时，职业资格认证比较混乱，财会、法律、卫生、劳动等各部门自己认证，各搞一套。四是公办职业学校体制落后，缺乏适应市场自主发展的能力和活力。因而，发展职业技术教育，真正重要的是体制创新和机制创新，探索在市场经济环境下，更大程度地通过市场化、社会化的机制和途径发展职业技术教育的新路。

2005年11月7日，全国职业教育工作会议召开，这是继2004年召开高职教育工作会议之后的又一次职教大会，重心在于发展中等职业教育。公开发表了《国务院关于大力发展职业教育的决定》，对发展中等职业教育做出新的规划和安排。

2004年，全国普通高中招生820万人，中等职业教育招生550万人。新的目标是，2006年中职将再扩招100万人，力争经过几年努力，到2010年使中职招生达到800万人以上，与普通高中相当。为此，各级政府财政加大对职业教育的投入，从2006年起，提高城市教育费附加用于职业教育的比例，建立职业教育贫困家庭学生助学制度，将职业教育工作列入主要领导干部考核指标，把民办教育纳入职业教育的总体规划，等等。

（六）传统文化教育登堂入室

经过社会上多年的传播酝酿，恢复和传承中国传统文化的意愿逐渐形成某种共识，在教育界得到响应。2005年5月29日，中国人民大学宣布成立国学院，承担国学专业的教学研究和人才培养工作。这是在教育体制内恢复国学教育的重大举动。

社会的国学热也在持续升温。6月14日，中国社会科学院世界宗教研究所儒教研究中心宣告成立。8月10～14日，由北京天则经济研究所、信孚教育集团、平和英语学校联合主办的“武夷论道”在福建武夷山举行，中国主

---

① 计科宪：《职业教育期待新突破》，《现代教育报》2005年8月31日。

要思想文化流派——自由派、保守派、新左派的代表人物聚集武夷山，共同探讨当今中国传统文化与中国现代社会的走向。9 月 2 日，“科举制与科举学国际学术研讨会”在厦门大学举行，隆重纪念废除科举百年，重新认识和评价科举制度。

9 月 28 日是孔子诞辰 2556 周年纪念日。当天，全球首次联合祭孔活动在世界各地孔庙同时展开。山东曲阜、上海、浙江衢州、甘肃武威、云南建水举行了盛大、隆重的纪念活动。

这些活动引起学界和媒体的强烈关注，引发了如何重新认识国学的价值，关于国学在现代中国的地位、作用，对五四新文化运动批判传统的评价等问题的争论。对于“要不要继承中国传统文化”，应当说大家具有高度的共识。真正重要的问题是如何对传统文化的内涵进行相应的更新和转化，或者说，我们今天怎样继承传统，如何适应现代生活、培养新时代的公民。从历史上看，儒学经常被人利用，成为统治阶级的工具，而不是培养现代公民。这正是当前继承国学所面对的真正挑战。也许只有在允许多元文化并存的文化宽容中，通过各种不同的实践探索，才能逐步回答和解决这一问题。

三 讨论和建议

中国近二十多年的教育发展和改革，分为两个不同的阶段：20 世纪 80 年代的教育改革是以体制改革为主要特征的；90 年代中期以来，教育以规模、数量的扩大和增长为主要特征，可以说是“发展大于改革”。所进行的一些改革主要围绕教育经费问题，兴奋点在创收、经营、学校办公司、高收费等方面，即为舆论所诟病的“教育产业化”思路。它对教育的公益性、公正性造成的伤害，极大地影响了教育的质量和品质，使教育的社会形象和声誉受损。而体制改革的停滞，致使政府对学校统得过死，学校缺乏活力、缺乏必要的办学自主权等问题不仅依然存在，甚至比过去更为严重，出现了行政化、官本位的回潮。

当前正在出现的教育公共政策的反思和转向，主要集中于在教育资源配置上克服最突出的义务教育经费保障、择校热、高收费等问题。教育部正在制定的教育发展纲要和对《义务教育法》的修改，将更多地体现教育公平和均衡发展的思路，重心向农村地区、向义务教育倾斜。

要真正造就“人民满意的教育”，改善和提升教育品质，还需要确立面

向未来的新的教育理想、教育哲学，确定教育改革的目标模式。当前的教育现实是，虽然各种标新立异的教育口号满天飞，但在教育硬件不断改善的情况下，离好的教育、理想的教育却越来越远，应试教育和择校热愈演愈烈。

要扭转这种不正常、不健康的局面，需要在教育思想、教育价值的源头上归真返璞、拨乱反正。同时需要重温 1985 年《关于教育体制改革的决定》的精神，坚持邓小平同志所开辟的方向，推进以体制改革为中心的教育改革。这是当前教育改革最重要的一环。当今世界的科技竞争、人才竞争、教育竞争的背后，实际上是制度文明的较量和竞争。无论是恢复教育的公益性、公正性，改善和提升教育品质，进一步解放教育生产力，还是产生高水平的学术成果和创造性人才，都有赖于启动和推进实质性的教育体制改革。

（一）建立公共教育财政制度，确立国家和政府的教育责任

政府必须有效地履行提供公共产品的职能，承担义务教育的义务。克服在教育资源配置上的不公平，缩小城乡之间、地区之间、学校之间的教育差距，最终建立一个公开、公平的教育公共财政制度，使教育经费保障和配置建立在法制的基础上。

（二）开放教育市场，打破对教育资源的垄断

更大限度地发挥市场机制在资源配置上的作用，通过市场竞争，增加教育的丰富性、选择性和竞争性，并在这一过程中改变提高效率，改善政府提供公共产品的方式和途径。进一步扩大教育供给、满足社会日益增长的教育需求，进一步解放教育生产力的一个重要方面，是改变目前对民办教育事实上依然存在的歧视性政策，降低准入门槛，使教育真正成为全社会共同的事业。

教育的高度行政化、工具化和功利化，是造成学校教育行为扭曲、教育品质变异的重要原因。坚持教育的公益性、公正性，教育行政部门必须维护正常的教育秩序和市场秩序，革除客观存在的教育部门、重点学校等利益集团的特殊利益。在这个意义上，并不是市场化的改革已经过头，而是要矫正被权力扭曲的市场。

（三）转变政府职能，促进教育决策的科学化和民主化

近年来，一些教育公共政策在实践中产生了明显的不良后果。它们在制

定时既缺乏社会参与和公开讨论，在实践过程中也缺乏评价和纠错的机制。2005 年 3 月，民进中央提出《加强调研、论证制度，提高教育决策的科学化》的意见，可以说是切中要害。该意见希望进一步转变政府职能，推动政府依法管理教育，推动教育政策尤其是重大教育政策的决策科学性，建立科学的教育决策程序，避免决策的盲目性、随意性和片面性。如建立重大教育问题的预警机制；建立重大教育决策的实证调研制度；建立重大教育决策的咨询制度和论证制度；建立重大教育决策的公众听证制度；建立重大政策执行过程和执行效果的评估与改进制度；等等。

（四）恢复学校的自主性，建立学术本位的管理

通过政事分离，理顺政府和学校的关系，建立学校的自主性，破除官本位、行政化和“计划学术”的弊端。以培养高级人才、研究高深学问为宗旨的大学，需要平衡行政权力和学术权力，建立以人为本、以教师为本、以学术为本的现代大学制度，建立学术本位的管理，从而形成良好的学术环境和学术生态，从根本上调动知识分子的积极性和创造性。

（作者单位：北京理工大学）

乡镇改革：攻坚之难

○ 赵树凯

2005年被称为中国的改革攻坚年。乡镇改革是改革攻坚的重要内容，既在农村综合改革的部署之内，也在政府体制改革的格局之中。农业税全面取消，将这项改革置于更加复杂的社会环境之中。整体而言，这一年的乡镇改革还是在区划撤并、机构精简、人员分流的轨道上游走。历史上这种努力并不成功，现在以更大力度重新操作，效果如何还需要时间的检验。个别地方的乡镇改革在直接选举、党政交叉任职等方面有所突破，这种突破带来别开生面的启发和鼓舞，但是否能给乡镇政府带来崭新气象，现在断言也为时过早。

本文认为，乡镇改革作为话题虽然政策意见甚多，但是，就改革本身而言，攻坚刚刚展开，艰难尚在其后。目前，改革基本上聚焦于乡镇机构的外在规模，做的主要是人多人少的文章。规模问题固然重要，但是，如何催生新的政府运行机制，让“服务型政府”具有内在的组织结构基础和制度基础，是一个更具根本性的问题。一个政府的“服务型”特征，不在于是否有政治承诺，而在于是否有相应的组织制度安排和结构性力量做支撑。改革的深入，还需要在机构设置、人员数量之外大做文章，解决乡镇政府目前存在的一系列运行机制问题。

一　乡镇政府的权力构造问题

作为一级政权，乡镇政府的权力体系是残缺而虚弱的。有的乡镇书记感叹：“乡镇政府实际上是个假政府！有权力的、能执法的、有好处的事情，全部被上边管了。”在这种条件下，上层又赋予乡镇以极其沉重的使命。于是，乡镇政府承受了不能承受之重，许多不规范行为由此而生。乡镇政府究竟需要怎样的权力体系，这是一个必须解决的问题。除非彻底取消这级政府，否则，只要这个政府还存在，或者说只要这个政府还负有管理乡村社会、提供公共服务之责，就无法回避权力体系如何安排的问题。现在的乡镇政府在权力构造上有如下特征。

1. 一体性机构

乡镇层面存在形式上的党政机构分设，但是，党政机构实际上是高度一体化的。乡镇范围内的一切活动都是党委统筹安排，党委书记全面主持工作，乡镇长一般侧重负责抓经济工作。乡镇党委和乡镇政府之间在权力关系上是一种授权关系，不是制度化的分权关系。研究部署工作基本上都是党政联席会，会议通常由党委书记主持。党委一般不单独开会，除非研究发展党员或者过组织生活等；乡镇政府一般也不单独开会，偶尔有乡镇长办公会，主要研究落实书记部署的具体工作。可以说，乡镇一级政府基本上没有独立于党委的权力。在日常运作中，乡镇党的机构和政府机构实际上浑然一体。不论党务的，还是行政的，不论事业的，还是群团的，在工作上完全是根据党委统一部署的“中心工作”统一安排。从人员配置上看，党政机构也是不分彼此。比如作为综合协调部门的“办公室”，所有乡镇都是设一个，称“党政办公室”。虽然乡镇工作人员的职务和岗位分布有党政区别，实际工作中则完全混合使用。

2. 一元化权力

乡镇是比较彻底的党委书记一元化领导。不论是人财物，还是党政经，决策权和指挥权都直接归于党委书记。党委书记可以直接决定乡镇所有人员的工作分工，可以直接决定乡镇中层人员的职务安排。党委书记的一元化权力还表现在对于乡镇长的直接领导上。形式上，书记和乡镇长是所谓两个“一把手”，其实只有书记一个一把手。一位接受访谈的乡镇党委书记说：“如果乡镇长把党委书记看成是一把手，他自己就可能成为一把手，如果他不把书记看作一把手，他永远成不了一把手。”从乡镇财务管理来看，最高权力也归于党委书记。调查发现，乡镇财务审批签字有四种情况：第一种是书记负责签字；第二种是乡镇长负责签字；第三种是分限额签字，如 500 元以下乡镇长签字，超过 500 元书记签字；第四种是分工签字，通常是书记签批预算外资金，乡镇长签批预算内资金。一般情况下，书记可以根据情况赋予或者收回乡镇长的财务签批权。

3. 内部单位“半盘活棋”

乡镇层面的政府部门有两类：一类是乡镇政府的内部单位，如各种办公

室、站、所、中心等；另一类是上级部门派驻在乡镇的机构，统称垂直单位，如公安派出所、工商管理所、税务所、土地所等。乡镇政府对于内部单位的管理权力，首先体现在可以决定这些单位的职位安排，如可以直接决定哪个人分配在哪个站所，哪个人担任站所长等；其次体现在可以直接决定这些单位人员的工资福利，如哪些部门是财政全额发工资，哪些部门是差额补助或自收自支等。但是，乡镇本身的人事权是在一个封闭的循环里行使。从本乡镇向外调出人员，或者从外部向本乡镇调进人员，必须由上级组织人事部门决定，乡镇只能提出建议。通常，行政编制人员和事业编制副科级以上人员的调配权力属于县（市）委组织部，副科级以下事业人员的调配权力属于县（市）人事局，工勤编制人员的调配属于县（市）劳动局。乡镇对于内部单位人员的管理只有一半权力，所以称“半盘活棋”。在编制内人员任用权力受到体制约束的情况下，不少乡镇领导人就自己做主在编制之外直接聘用临时工作人员。

4. 垂直单位“一盘死棋”

从人事管理来说，垂直单位的人员安排完全属于条条，乡镇政府没有任何正式介入途径。从经费来看，垂直单位也基本上是条条管理。首先，人员工资是条条划拨。在条条内部，经费渠道则是依据部门不同而有所不同，有的是统收统支，有的是管理费分成，也有的是经费包干。如派出所，通常情况是县市公安局负责划拨人员工资，有的有一部分办案经费，有的则完全没有办案经费。这些派出所的办公经费，主要渠道有两个：一是依靠罚没款，二是依靠驻地乡镇政府资助。从工作来看，乡镇政府与垂直单位的关系甚是复杂。这些垂直单位都是公共管理职能很强的部门，乡镇政府必须依托这些部门，但是，这些部门都是乡镇政府无权管理的。乡镇领导对此抱怨甚多。第一，垂直管理显示了对于基层政府的不信任。有些部门确实有必要垂直。问题的核心不在于归哪级管理，而是体制本身有问题。第二，垂直管理是上级政府与基层政府争夺利益，上划的都是有权有钱的部门，留给基层的都是没权没钱的单位。第三，垂直管理造成政府部门人员的利益分化，在上划部门和地方部门之间，工资收入和福利待遇相差很大，是人为地制造政府内部矛盾。第四，垂直管理把基层政府的权力肢解了。这些意见难免有失偏颇，但是值得注意。垂直单位和内部单位在运作上成为两盘棋，乡镇政府对于垂直单位这盘棋基本上是看客，无法插手其间，无异于“一盘死棋”。

下一步的乡镇改革，应该对于这种畸形的权力结构进行改造。只要乡镇还作为基层政府存在，上级对于乡镇还有所期冀，农民对于乡镇有所需求，就要让乡镇的权力构造与其使命职责相匹配。

二 乡镇政府的问责方向问题

乡镇政府是基层政府，是直接为农民做事情的机构。从道理上讲，问责制度的安排应该凸显农民的参与和监督。但是，目前的乡镇问责主要体现了上级政府对于基层政府的约束和要求，主要在自上而下的政府体系中封闭运行。有的基层领导说："现在的政府管理，比计划经济还要计划经济。"基层政府的服务对象——乡村民众成为旁观者，甚至想旁观也不可能。显然，这个问责过程缺乏社会参与性，在方向上是背离正常要求的。所以，这样的问责制度被称为"逆向问责"。

1. 来自县市的问责安排

乡镇面对的考核指标体系庞大而细密，通常有三方面内容：经济发展指标如财政税收、农民收入、个体私营经济、招商引资等；精神文明指标如法制建设、社会稳定、文明创建、报刊征订等；党的建设指标如组织建设、民主选举、宣传工作等。各项工作不仅有指标要求，而且将这些指标折算为分数，在不同单位间进行排序。一年之中，不断有人下来检查，岁末季节检查者更是成群结队。在乡镇考核体系中，居于中心地位的是一票否决。实行一票否决的考核项目主要有计划生育、社会治安综合治理、财政收入等，还有对党风廉政、农民负担、信访等实行一票否决者。在众多考核指标中，如果这个一票否决的指标没有达到，其他各项工作无论怎么好，这个乡镇也就不能评先进，乡镇主要负责人也不能晋升，工资奖金也受影响。一票否决确实有效果，但问题也非常明显：一是往往搞得人人自危，为了避免被否决而搞强迫命令，引发冲突事件；二是直接导致工作中弄虚作假，搞形式主义；三是一票否决对特殊情况和历史遗留问题影响考虑不够，因为有些问题是前任工作隐患造成的，问题爆发后记到现任头上不合理。数量化考核以科学化为名，其实弊端深重。一些工作内容是可以量化的，但是因为量化以后的检查核实无法到位，所以都变成了数字游戏，可以任意编造。一些工作内容本是无法量化的，却非要量化，于是搞出一些啼笑皆非的事情。更重要的是，考核业绩如何，有时候完全取决于与检查考核者的"关系"。县乡干部都知道个中玄虚，但不得不一本正经地应付。

2. 乡镇内部的问责安排

乡镇内部也有一整套的考核激励规定。乡镇的内部考核办法可以分两类：第一类比较简略，基本办法是年终对个人或者单项工作，按照一定的百分比评出等级，确定出优秀、合格、不合格等次。这样的乡镇是少数。第二类考核办法具体细致，有一套完整程序和记分办法。这类乡镇占大多数。这类乡镇又可以分为两种情况：一种是主要考核业绩指标，看重工作完成的结果；一种则非常具体，不仅考核工作成果，而且考核具体的工作过程，连日常的行为表现也被考核在内。以对乡镇"包村"干部的考核为例，前者主要考核是否完成了既定任务，如发展了多少亩大棚蔬菜，扶持了几个个体户，输出了几个劳动力等，每完成一项记多少分。后者不仅考核是否完成了工作指标，而且考核在村里住了几天，开了几次村民会议，在村里的上班情况等。所有的乡镇领导人都感到近些年考核内容越来越细致了。但是，这些被调查的乡镇领导认为，乡村干部的工作积极性，并没有随着考核体系的日趋严密而不断提高。

3. 问责体系的重心

乡镇问责体系的基本点有两个：一个是稳定，底线是没有群体事件，没有超越许可的上访；一个是发展，底线是工资正常发，政府正常转，在此基础上发展速度越快越好。乡镇对于发展问题的关注，首先是着眼于政府收入。乡镇政府最热衷的事情是上项目，项目主要有两种：第一种是招商引资上企业项目。在政府的逐级考核中，这方面工作具有突出地位，市对县、县对乡，都有硬指标，有的甚至提出"招商引资论英雄"，"招商引资排座次"，"招商引资用干部"。有的地方搞政府机关人人招商，完不成任务者"就地免除职务，专职招商引资"。因此，招商引资的竞争异常激烈，竞争的条件往往主要在土地上面，经常听到所谓"零地价"招商，"白送厂房和土地"等等。第二种是到上级政府部门"争""跑"项目，主要是政府的各种专项拨款、政府直接投资的工程等。通常的说法是要加大"争跑力度"。当前如退耕还林、水利工程、农民职业培训等项目，都是"争跑"热点。拿到这些项目既可以办实事，也可以增加政府收入，如退耕还林的补助款项可以直接转变为农民的税费留在政府。

在一个市场经济的社会里，这样一套复杂庞大的政府内部考核体系是不合时宜的。基层政府的目标应该是提供公共物品，现在却要面向上级政府提供这些考核性产品。乡镇政府为考核而工作，有时候确实办了实事，也有时候仅仅是为考核而奔忙，与农民无涉，还有时候则是对农村正常发展的损害，有些乡村干部直截了当地说自己的工作是在“扰民”。总的来看，这种问责安排既脱离基层社会需要，也脱离广大农村民众参与，成为一个与乡村发展没有内在联系的政府运作过程。与人民公社时期的激励制度比较，不仅不是与时俱进，而且是一种倒退。要把乡镇政府改革成为面向农民的服务型政府，这样的问责机制必须调整。

三　乡镇政府的应酬活动问题

听乡镇领导谈工作体会，许多人大发感慨：“会议多，文件多，汇报多，接待多，检查多，长年累月穷于应付，经常感到忙得没有头绪。”我们把这些经常性活动统称为“应酬”。现在，乡镇政府的巨大苦恼是为这种种应酬所困扰，应酬活动严重地冲淡了各种从农民需要出发的实际性工作。

1. 会议

根据我们对 10 个省 20 个乡镇的访谈估算，乡镇主要领导人参加县（市）召开的会议，整体来说一年在 60 次左右，每周一或两次。其中最少的每年 30 次，基本上每月两次；最多一年 80 次，每月六七次。绝大部分会议都是半天。在参加上级召开的种种会议之外，本乡镇也召集村干部会议。与县里不同的是，各乡镇自己召集的会议明显减少。主要原因是现在召集村干部开会有一定难度，相当部分村干部对参加会议很消极。这些乡镇召集村主要干部会议每年在 20 次以内，不少乡镇只有十来次。取代会议部署工作的办法通常是让包村干部转达和下发文件等。

2. 文件

一个乡镇一年中接受的上级文件总量在 300～500 种之间。这些文件主要来自县（市）领导部门，也有少量来自地（市）或者省级部门。如河北的一个镇，2003 年接受的上级文件是 470 种，其中来自县级的有 451 种，来自市级的有 12 种，来自省级的有 7 种。来自县级的文件半数以上是部署工作任务的。乡镇在通过文件接受任务的同时，也大量向村庄等单位下发文件。大致来说，每个乡镇一年中下发的文件在 100 种左右。根据我们在浙江一个镇的调查，该镇 2003 年一年下发的文件（意见、通知）是 180 个。这些文件根据内容可以分为 3 大类，其中明确向各村下达工作任务、提出目标要求的有 70 个。

3. 汇报

这里的汇报是指书面形式的汇报总结材料。在这些乡镇中，通过党政办公室系统向上报送的汇报材料一年在 70 种至 100 种之间，这还不包括计划生育系统的汇报材料。通常，凡是有检查、有考核的工作，都需要有专门的书面材料，如财政增收、农民增收、组织建设、基层民主建设、综合治理、纪检、招商引资、普法、扶贫、“三个代表”学习活动等等。为了应对这个工作，每一个乡镇都投入相当的人力物力。

4. 接待

据乡镇领导介绍，整个 80 年代检查考核少，上级来人很少，更重要的是，下来的人不需特殊招待，甚至县委书记下到乡镇也都在食堂就餐。90 年代初期情况开始变化，检查评比繁琐复杂起来，上边来人明显增多，接待工作日渐繁重，接待花样不断翻新。现在，接待已经成为乡镇政府的沉重负担。平常时间来人就不少，年末检查考核更是成群结队。计划生育部门下乡镇的时间最有规律，每个季度甚至每个月都有例行检查，其他部门则取决于具体情况。许多乡镇领导谈到，若干县（市）部门的人员下乡镇，往往是在临近中午的时候，目标是奔着吃饭，所谓工作用几分钟就可以谈定，或者打个电话也可以解决。有的乡镇书记谈到，2/3 以上的上级来人没有任何积极作用。从乡镇主要领导的接待时间来看，乡镇之间差别较大，最少的说 20 天，最多的说 300 天。总体来看，这些主要领导每年大约 100 ~ 150 天里有接待活动。从费用来看，一般在账目上反映不出全部接待花费。有的乡镇书记说：“在决算报表上，我镇的招待费用是 5 万元，其实去年真正花费是 16 万，我们的全部财政收入是 120 万元。”在有些情况下，有些重要人员来，接待规格需要升级，比如要到城里高档些的场所安排招待活动，甚至酒席过后要安排唱歌、桑拿、打牌等活动。

5. 检查

检查名目繁多，通常上边有什么部门就会有什么检查，或者上边安排了什么重要活动，也就有什么样的检查。大致而言，需要乡镇主要领导出面接待的检查活动，平均一个乡镇全年在 20 ~ 40 起之间。乡镇各个站所独立安排接待的检查不在此列。部分工作检查止于“文头”，这类工作基本上是从接受上级文件开始，在发出本级文件后即告结束，所谓“用文件落实文件”。一些政治学习类、精神文明类、廉政建设类的工作任务，往往如此办理。部分工作检查止于“墙头”，主要表现在基层组织制度建设工作中，比如党支部工作制度、村委会工作制度、村务公开制度、党员学习制度之类，统统检查是否“制度上墙”。这样的检查，基本上是“看墙头”。也有部分检查要深入些，需要看文件柜，诸如“党员学习日”的会议记录、“民主活动日”的记录之类，这类工作的应付办法是请人现编现写，有的是直接把上年的记录本换成当年的封皮。在应对自上而下的检查中，地方上存在一种规律性现象：如果是省里来检查，市、县、乡、村都紧急动员起来，共同应付；如果是市里来检查，则县、乡、村都紧急动员起来，共同应付。在这个过程中，检查者永远处于孤立地位，犹如一叶扁舟驶入汪洋大海。被检查者利益一致，团结一心，共同对“上”，犹如布下天罗地网，将检查活动消解于无形。谈及这种上级检查的“孤舟效应”，有乡镇干部称为“魔高一尺，道高一丈”。

任何政府运行必然要有会议、文件、汇报、检查等活动相伴随，因此，一般地批评应酬是没有道理的。问题在于，当下基层政府如此繁重的应酬是否合理；问题更在于，上上下下都痛斥应酬泛滥之际何以应酬风头依然强劲。这显然不能归咎于乡镇政府一方。

四　乡镇政府的村级管理问题

20 世纪 90 年代以来，乡村两级组织的关系经历了一个耐人寻味的变化过程：一方面，村庄内部的自主性资源和自主性组织结构正在生成发展，农民的自治冲动日益强烈；另一方面，乡镇对于村级组织的行政性控制并未相应消解，某些环节比人民公社还强劲。这两种力量相互作用的结果是，形式上乡镇对村庄的控制强化了，实质上基层政府与村庄社会脱节了。

1. 乡镇对村干部的管理

虽然村干部的基本身份是村民，但是，乡镇对于他们基本上采取了政府内部的管理办法，或者说是把他们作为政府官员来管理了。在我们调查的 20 个乡镇中，全部对村干部实行目标责任制考核。所有村级干部的工资标准，都由乡镇政府核定。与前几年相比，目标责任制内容越来越多，指标越来越细，物质奖励的比重越来越大。有半数乡镇领导认为目标责任制效果较好或者有一定效果，另外半数认为效果比较差或者是空有其名。根据考核办法的严密程度不同，可以分为两类：第一类是记分式考核。对于村级干部的工作采取量化计分的考核，有一套比较严格的分数计算办法，依据分数安排奖

惩。大多数乡镇实行这样的考核办法。考核内容主要是根据上级机关对乡镇的考核目标分解而成，涉及物质文明和精神文明建设的方方面面。乡镇根据各项目标任务的完成情况打分，确定不同的工作业绩等级，根据等级确定村干部奖金补贴。第二类是非记分式考核。这种考核更强调重点项目的完成情况。从奖惩来看，通常也不折算为总分数以后才兑现，而是直接根据某项任务的完成情况单独结算。比如说，完成了税费任务就直接给提成或奖励，完不成任务就直接算罚款，单项结算，不必先换算成分数，再按照分数算奖罚。这个办法的核心也是物质奖励，但同时也比较重视非物质因素的激励。

2. 乡镇对村财务的掌控

20世纪90年代中期以来，乡镇政府对于村级财务的控制程度不断上升，主要标志就是实行“村账乡管”。开始是“单代管”，即乡镇政府只代理会计账目，不直接代管现金，随后发展为比较普遍的“双代管”，账目和现金都被“代管”，村级财务被乡镇政府全面掌控。农村税费改革以后，不少地方的村干部工资都直接来自转移支付，村级财务基本消亡。许多乡镇领导从工作体会出发总结了村账乡管的利弊。好处是：规范了村级财务秩序，减少了村级财务混乱；减少了财务问题引起的干群纠纷；控制或减少了村组债务。不好的地方是：村账乡管的起因是担心村里乱用公款，但是乡镇代管后也发生乱用挪用；村级没有独立的财权，影响村干部工作的积极性，降低办事效率；统一管理要收取费用，增加了村里的负担，也增加了乡镇财务工作量；村务开支大事小事都要向政府请示，不符合村民自治的原则。

3. 乡镇的管片和包村制度

乡镇安排某个政府干部负责联系协助一个村的工作，通常称为“干部包村”；乡镇安排专人甚至成立专门机构统一协调管理几个村的工作，通常称为“管片”或“管理区”。通常，管理区或管片主要负责人由乡镇副职领导担任。大部分乡镇的管片不构成一个相对独立的管理层次，主要任务是按照乡镇党委的部署，落实督促完成各项工作。小量乡镇的管片则相当于一个独立机构，对于村级组织有非常实在的管理权力，如考核村干部、选拔村级班子、决定村干部的工资、审批村级财务、推荐村组干部等。不少乡镇领导反映，乡镇合并以后，管理幅度增大，干部不好安排，所以要增设管片。值得注意的是，随着乡镇撤并的发展，管片可能成为新的机构生长点和干部扩张渠道。

干部包村是农村工作的重要传统。几乎村庄的所有事务，特别是乡镇部署给村级的工作任务，都由包村干部督促协同村级干部落实。当村庄有某些不稳定因素或者重大事件发生时，包村干部要全力投入解决。比如过去收取税费、组织村级班子的换届选举、处理农民上访等，包村干部都要在一线。有的村庄因为种种原因两委班子瘫痪，包村干部要直接出任村主要干部。近年来，有的省市机关大规模地下派干部包村驻点，有的一次派出成千上万名干部。从政府系统自身的总结来看，这个办法很成功。但是，我们接触到的乡镇领导普遍不认同这种办法。他们认为，这些来自上层机关的干部下到乡村，除了少量有钱有权的部门带来一定的项目或资金以外，大多数可以说是百无一用，既帮不了农民的忙，也帮不了乡镇政府的忙，倒是给乡镇政府平添若干接待服务的工作量。

4. 难以驾驭的村庄

对于乡镇政府来说，村级干部越来越不得力，越来越难以驾驭。部分地方的村庄干部工作积极性有所提高，主要原因是：工资有所增加；当干部有利益；精简增加了竞争压力；乡镇领导的管理方法改善。但是，多数地方的村庄干部积极性下降，主要原因有：报酬低而且工资没保障；上级任务难落实，村里纠纷难排解；乡镇领导的腐败败坏了党委政府的形象，村干部对上级失去信心；村级民主选举，村干部担心若过于服从乡镇政府会被村民选下去等等。需要反思的问题是："政府应该怎样管理农村?"

政府运作与农民生活的脱节，正在构成市场经济条件下对于政府改革和乡村治理的现实挑战。从政府的角度说，许多工作变成自说自话，对于乡村社会失去实际影响力，不能说是好事；从农民角度说，政府的行政控制和干预逐渐式微，社会正在自主运行，不能说是坏事。但是，如果要重新塑造乡镇政府，让这级政府真正做到以农民需要作为运行核心，现行乡镇对村庄的领导方式必须改变。

五　乡镇政府的公共服务问题

乡村公共服务包括治安、教育、医疗卫生、基础设施、社会救助、环境保护等若干方面。虽然"建立服务型政府"已经提出若干年，在基层干部的语言中耳熟能详，但公共服务领域问题依然很多，不仅公共服务本身质量不高，而且并没有真正成为乡镇政府的工作重心。

1. 乡村治安

从现状看，大部分地方治安状况良好。基本特征是农村的恶性案件、刑事案件减少，财产方面的盗窃案件增加。从变化趋势看，乡村治安比前几年有所好转。基层干部认为，治安好转的原因主要有：第一，各级政府抓得紧，采取有力措施集中整治，特别是治安综合治理搞一票否决效果很明显；第二，农民倾心于发展经济，乡村闲人少了；第三，农民法治意识增强，有了冲突矛盾越来越自觉地依据政策法律来解决。乡镇政府改善治安状况的措施，主要是加强治安防范工作，具体办法如乡镇派出所增加警力、村级搞联防巡逻、乡村干部实行治安责任制等等。值得注意的是，部分地方的社会治安不好显然与农村干群矛盾有关。有些治安案件明显主要针对乡村干部，如毁坏干部家里的庄稼、耕牛，放火烧干部家里的柴草堆等。表面上看，治安比五六年前好，主要是刑事案件发案率减少了；但是，深入看则不然。有些深层的威胁因素不仅没有消解，甚至还在生成和积累：一是，群体性事件的发生基础仍大量存在，难保不被一些偶然因素触发。虽然这几年的农村政策转变改善了农民的心绪，政府威信有所提高，但是农民对于基层干部的信任并没有增加。二是，社会上黑恶势力依然呈增长势头，对于党政机关的渗透更加复杂，治安管理更加困难。三是，一些地方不同类型的宗教力量发展较快，对于社会形势的直接影响也在显现出来。

2. 乡村教育

现在，义务教育经费已经基本实现了县级统筹，效果是积极的，主要表现为县统筹后教师工资比较有保障，消除了乡镇之间教师待遇不一的现象，教师队伍比较稳定。从减轻乡镇财政和农民负担来看，乡镇之间情况不同，有的乡镇表示没有减少财政负担，有的乡镇表示减轻了农民负担，有的乡镇表示减轻了工作压力。与前几年比较，乡村教育的进步表现在如下几个方面：学校危房减少，教学设施有所加强，教学条件大大改善；教学质量有所提高；教师待遇提高，教师的心态比较好。存在的突出问题有：教师素质较低，教学水平低；中小学收费太高；教育经费不足；前几年向农民集资贷款兴建学校，债务难偿还；中小学生辍学率较高。许多乡镇领导对于前些年的普及义务教育工作怨言甚多，认为国家投入有限，却用强大的行政命令连续几年搞普九达标，结出了畸形的果实。硬件方面：虽然显著改善了农村学校的条件，但留下了严重的后遗症，基层政府和农民都在为此付出代价。在上级高压之下，不少乡村被迫举债建学校，在债务等因素驱动下的学校又高收费，许多孩子被高收费“逼”出了学校，初中辍学率居高不下，有的地方高达40%。现在学龄孩子少了，只好大规模并校，当年含辛茹苦建起的学校空虚闲置。这是公共服务领域特别需要反思的政府行为。

3. 乡村医疗卫生

首先，我们应该看到公共卫生领域的进步。主要表现在：(1) 医疗点增多，医院设施比以前好转；(2) 农村医疗个体户数量增加了，农民看病方便了；(3) 农村医疗人员的素质有了一定提高。但是，问题也很明显，主要表现在：(1) 农民没有医疗保险，医药费用太贵，因病致贫非常普遍；(2) 乡村医务人员技术水平低；(3) 乡镇卫生院经费紧张，条件很差，管理落后，收费不合理；(4) 乡村社区卫生服务滞后；(5) 农村医疗卫生中的假冒伪劣问题严重。解决农民的医疗卫生问题，上层已有共识，政策也有部署，就是推行新的合作医疗。但从我们的调查看，形势不容乐观。现在的试点，上级要求很急，工作力度很大，已经出现运动式特征。比如规定在几个月之内，农民的参保率要达到80%，实际上农民积极性不高，乡镇为了完成比例，被迫代农民交款。在目前乡镇的财政状态下，成为巨大的压力。农民的实际参保率非常低，原因是不认同，认为这个办法靠不住。基金运转缺乏透明度，农民不放心。在运行中报销率也较低，对生大病的农户帮助效果不明显。对于目前正在推进的新型合作医疗试点，许多基层领导认为难以行得通。基层政府仍然在用行政命令的方式抓工作，表面上推进很快，实际上质量很低。

公共服务的诸多问题当然可以归结为投入不够，但在许多方面并不是钱的问题，或者说主要不是钱的问题。乡村公共服务面临的真正困境是：基层政府志不在此，或者说基层政府致力于公共服务的动力不足。目前，虽然税改以后乡镇政府的行政性事务减少了，人员的富余问题更加突出，但是，从乡镇政府的运作结构本身来讲，他们并没有动力在教育、卫生等公共服务上多下功夫。在现行政府问责体制下，很难把农民的服务需求内化为基层政府的工作动力。因为这些领域的政府业绩评价具有两重性：一方面，此类工作最不容易在短期内出成绩，或者是出了政绩也难以直接测量；另一方面，此类工作可以说比较容易造假，在许多时候可以直接编造数字上报。与经济增长等方面的考核比较，这类工作自上而下的监督考核更难奏效。做好这类工作特别需要深刻的使命意识和有效的责任机制。近两年政府的努力，只是在解决投入问题方面有显著改善，但在建立基层政府对于公共服务的动力基础

和责任机制方面，还有许多事情没有做。这些事情需要立足于政府改革，改革的重心应当是引入农民的问责，因为这些服务需求是由农民生发出来的，农民最关心，也最有资格评价和监督。

六 结 语

乡镇改革的难度在于：乡镇改革，不能只改乡镇。权力配置怎样才合理，乡镇政府本身无权安排；种种应酬怎样才能杜绝，乡镇政府也不能自主。问责如何转向农民，乡镇与村庄的关系如何理顺，公共服务怎样才能成为乡镇政府的运行核心，则涉及上下左右众多的权力关系。显然，这些问题，不是撤并几个部门、减少一些人员所能解决的，也不是增加转移支付、提高待遇所能解决的。如果说精简机构可以轰轰烈烈，能够立竿见影，机制转变则需要稳扎稳打，应当从政府运作的基础调整起。从根本上说，乡镇改革需要两个方向的互动：一方面，需要与县市地方政府改革互动，需要整个政府体系改革的适应。特别是县乡之间，如何划分权力，分开责任，界定活动边界，需要做很多工作。另一方面，还要与村庄农民互动。现在乡镇政府不仅与上级政府的关系没有理顺，与下边基层社会的关系也没有理顺。关键问题是，如何对待村庄的自治，建立与民间力量的协同共治关系，使乡村治理出现良好局面。现在，人们通常把乡镇机构改革与税费改革、财政体制改革、义务教育改革等称为农村综合改革，但是，仅仅有这几个方面的“综合”显然不够，因为这只是基础层面的横向综合，还应该有自上而下协调推进的纵向综合。或者说，乡镇改革的根本性推进，需要市县政府运行机制的重大调整相配合。乡镇改革的成功，其实就是中国地方政府治理转型的实现。

（作者单位：国务院发展研究中心）

改革回顾及未来五年改革展望

○ 何晓明

2005 年是经济社会发展第十个五年规划的最后一年，也是经济体制整体配套改革以来取得阶段性成果的一年，同时是承上启下、“十五”改革收官和“十一五”改革新局面开启的一年。因此在 2005 年即将结束的时候总结和回顾“十五”期间的改革历程，分析、展望“十一五”改革前景是十分必要的。

一 “十五”改革的主要内容及成效

经济社会发展“十五”规划的 2001 ~ 2005 年，也正是中国加入 WTO 的五年过渡时期，经济全球化的外部环境形成的对国内经济体制改革的倒逼机制，使中国经济体制改革迈出了具有突破性的步伐。

整体配套和重点领域、关键环节的难点攻坚是“十五”时期改革的最大亮点。“十五”开局是处在社会主义市场经济体制初步建立，进一步完善社会主义市场经济体制被提上议事日程的时期，因而“十五”的五年，诸多改革措施不仅成龙配套，而且多年不被触动或难以触动的领域都有了实质性的突破。特别是 2003 年中国共产党十六届三中全会《关于完善社会主义市场经济体制若干问题的决定》正式宣布中国的经济体制改革进入了完善社会主义市场经济的阶段，这是继 1993 年中国共产党十四届三中全会《关于建立社会主义市场经济体制若干问题的决定》之后，又一个里程碑式的新时期的开始。因而“十五”，特别是其后期，改革步伐之大，难点、重点突破之多，也是前所未有的。

（一）政府行政管理体制改革取得显著成效

2001 年，随着中国加入世界贸易组织，政府职能转换成为实行市场规则

的迫切需要，为此，国务院对加快推进行政审批制度改革做出了全面部署，当年成立了国务院行政审批改革工作领导小组，由时任副总理的李岚清亲自担任组长。五年来，国务院 68 个具有行政审批职能的部门和单位共取消和调整审批项目 1806 项，占原有审批项目的 50.1%，同时，31 个省、自治区、直辖市政府共取消和调整审批项目 22000 多项，占原有审批项目的一半以上。[①] 2003 年新一轮政府机构改革表明政府职能根本转换的开始，新的政府机构设置使政府在退出微观领域的同时，开始明确政府管什么、怎么管；同时，从“十五”初期开始调研、起草的《中华人民共和国行政许可法》于 2004 年 7 月 1 日正式颁布实施，是转变政府职能、促进依法行政、建设法治政府的重要标志。该法律既肯定通过政府行政干预和监管市场活动、克服市场失灵的必要性，又将政府行政权力限制在合理的范围内。为今后政府进一步转换职能和行政管理体制改革指明了方向。

（二）打破基础产业的国有及行政性垄断被提到议事日程

实际上，行政性行业垄断是与政府的计划经济职能密切相关的，在政府主导型经济中，政府是以投资者和管理者的双重身份出现的，这样必然形成大量国有及行政性垄断行业，虽然经过二十几年的改革，政府已从绝大部分竞争性行业退出，但在基础产业这一块，由于它对国民经济的支柱性作用及它的规模性和技术性的要求，国有垄断始终是一个难以冲破的体制性门槛。但在“十五”期间，垄断行业改革则被提上议事日程。2001 年，当时的国务院体改办主任王岐山就公开宣布，今后几年将对电力、电信、民航、铁路、邮政等传统垄断行业实施改革。五年过后，当初提到的几个垄断行业改革都在深入进行中。

2002 年 3 月国务院公布了《电力体制改革方案》，提出了电力体制改革的目标是：“打破垄断，引入竞争，提高效率，降低成本，健全电价机制，优化资源配置，促进电力发展，推进全国联网，构建政府监管下的政企分开、公平竞争、开放有序、健康发展的电力市场体系。”虽然在此之后不久就出现了连续几年的电荒，使电力体制改革生不逢时，但其改革的目标和方向还是基本正确的，发电厂与电网的分离、国家电力监管委员会的成立、《电力监管条例》的颁布实施以及区域电力市场试点、大用户直接购电试点

① 数据来源于《经济日报》2005 年 10 月 12 日。

等重大举措也是符合改革目标要求的。当然，要根本解决电力市场的供需矛盾还需在电价形成机制、投融资体制、对输配电网的自然垄断实施现代监管等方面继续深化改革。

电信行业在继1999年的纵向分拆重组后，2001～2002年根据国务院关于电信体制改革方案的通知，又进行了南北分拆重组，使电信行业市场竞争格局初步形成，2003年电信业实现政资分开，2004年《电信法》草案提交国务院进行审议，2005年四大电信运营商已全部完成改制上市工作，电信竞争格局进一步形成。

此外，民航体制改革自2002年国务院发布民航体制改革方案以来，已完成航空运输公司与服务保障企业联合重组、机场属地化管理、行政管理体制改革及政企分开、航空运价等方面的改革，并出台了国内资金和外资投资民航业的规定。铁路体制总体改革方案虽然还在酝酿中，但铁路多元投资及理顺路局与站段管理体制等方面的改革也迈出了较大步伐。2005年7月20日，《邮政体制改革方案》在国务院常务会议上通过。方案指出，我国邮政体制改革的基本思路是：实行政企分开，加强政府监管，完善市场机制，保障普遍服务和特殊服务，确保通信安全；改革邮政主业和邮政储蓄管理体制，促进向现代邮政业方向发展。重新组建国家邮政局，作为国家邮政监管机构；组建中国邮政集团公司，经营各类邮政业务；加快成立邮政储蓄银行，实现金融业务规范化经营，至此，邮政体制改革也开始进入实质性运作。

而作为传统垄断行业的市政公用事业改革几年来也在建设部2002年下发的《关于加快市政公用行业市场化进程的意见》的指导下，在开放城市供水、供气、污水和城市垃圾处理、公共交通等行业市场，建立特许经营制度，转变政府管理方式等方面积极稳妥地推进改革进程。目前，垄断格局已经被打破，2002～2004年，进入市政公用事业的社会资本约1495亿元；[①] 外资、民营、国有等多种经济成分企业竞争的局面基本形成；以特许经营制度为主体的经营方式初步建立，目前已有26个省、区、市的100多个城市、263个企业和项目签署了特许经营协议。[②]

（三）深化金融、财税、投资、价格体制改革，完善宏观调控体系

金融、财税、投资、价格都是宏观调控的重要手段，“十五”以来，政

① 李东序：《稳步推进市政公用事业改革》，《经济日报》2005年9月30日。

② 李东序：《稳步推进市政公用事业改革》，《经济日报》2005年9月30日。

府对经济增长的宏观调控不断取得成效，与金融、财税、投资、价格等方面的深入改革不无关系。

（1）以国有独资商业银行改制为先导的金融业改革取得重要突破。

目前，在我国资本市场还未发育成熟的条件下，完善金融调控的关键是银行治理。国有商业银行能否通过改革成为真正的金融企业，是其能否成为宏观调控工具以控制资金投放规模和调整经济结构的关键。因此"十五"以来，以国有独资商业银行改制为先导的金融业改革取得重要突破。从2003年开始，国务院首先以中国银行、中国建设银行为股份制改革试点，并注资450亿美元进行财务重组、公司治理优化等一系列改革，目前两家银行都已分别引入战略投资者，建设银行已在香港成功上市。中国工商银行股份制改革基本完成，股份有限公司已正式挂牌成立。在国有独资商业银行改制的同时，2003年，中国银监会的成立标志着中国金融体制改革的整体推进，对金融业现代监管的全面启动。目前，通过对商业银行内部控制监管，提升了银行控制各种风险的水平；通过对资本充足率的监管，使资本充足率达标银行的资产占商业银行总资产的71.4%。① 同时，中国金融业的对外开放也在"十五"期间迈出了前所未有的步伐，目前共有20个国家和地区的69家外资银行在中国设立了232家营业性机构，在华资产总额已达6606.6亿元，占我国银行业金融机构资产额2%左右；② 有138家外资银行被批准做人民币业务，现有十多家中资商业银行先后接受花旗、汇丰等多家外资银行入股，并且在2003年，我国已将每一个境外机构向中资金融机构投资入股的比例由15%提高到20%~25%，③ 中外资银行在竞争与合作中可以达到互利和双赢。

金融业另一个具有重要意义的改革是2005年7月份启动的人民币汇率形成机制的改革。2005年7月21日开始实行以市场供求为基础、参考一篮子货币进行调节、有管理的浮动汇率制度。这是继大型商业银行改制、放宽外汇管制、进一步推出远期结售汇业务等改革措施之后最重要的改革步骤，它标志着中国金融业的市场经济体制日臻完善和成熟，更具灵活性的人民币汇率也增强了政府货币政策的有效性。

---

① 资料来源：《今年以来经济体制改革取得新进展》，《经济日报》2005年9月12日。

② 资料来源：《刘明康评点中国银行业改革》，《中国经济时报》2005年10月19日。

③ 资料来源：同注释②。

2005 年上半年开始实施的上市公司股权分置改革试点，使多年低迷的股市重新出现复苏的曙光。但更主要的是：从解决目前对资本市场影响重大的股权分置问题入手，逐步矫正资本市场领域的“双轨制”，进而解决制约资本市场长远发展的各类深层次矛盾和结构性问题，才是这一重要改革的应有之义，目前已有先后两批 46 家上市公司进行了试点。

（2）财税、投资、价格改革继续推进。

“十五”期间的财税改革首先是突出了公共财政的主题，即按照公共财政的原则，进一步调整财政支出结构，增加公共产品和服务的支出比重。特别是在保障农村义务教育经费的稳定增长方面，县级以上各级政府的财政都更多地承担起了责任，同时公共财政体系建设也被提上议事日程。财税体制改革另一个比较大的动作是在东北地区的部分行业先行试点，逐步推进增值税由生产型向消费型转变。此外，“十五”期间财税法律制度建设也进一步加强，新的《税收征管法》在 2001 年开始实施，2002 年又颁布实施了《税收征管法实施细则》，2003 年起开始执行的《政府采购法》及 2005 年提请全国人大常委会讨论通过的《中华人民共和国个人所得税法》，都标志着财税法律建设的重大进步。

2004 年 7 月发布了《国务院关于投资体制改革的决定》（以下简称《决定》），新的改革方案首先区分不同的投资主体，针对不同的项目性质，实行不同的管理方式。《决定》中规定，对于政府投资项目将继续实行审批管理，对于企业不使用政府投资建设的项目，一律不再实行审批制，而是区别不同情况实行核准制和备案制。此外，《决定》还体现了对社会资本的鼓励政策，提出“放宽社会资本的投资领域，允许社会资本进入法律法规未禁入的基础设施、公用事业及其他行业和领域”。这一改革方案的出台是投资体制及行政审批制度的重大改革，目前按这一方案改革的实施细则正逐步落实到位，《关于改进和完善企业投资项目核准程序有关规定的通知》、《中央预算内投资补助和贴息项目管理暂行办法》、《国际金融组织和外国政府贷款投资项目管理暂行办法》都相继出台。

截止到 2004 年底，由中央政府定价的商品和服务价格减少至 11 种，96% 以上的商品价格由市场调节。而政府对资源型、生产要素型产品价格的管制也在逐步改革中。国家发改委于 2005 年 4 月 5 日出台的上网电价、输配电价、销售电价的管理暂行办法，拉开了电价改革的序幕，同时，各地煤电联动方案的相继出台，也促进了电煤价格的逐步放开。

（四）农村改革掀起新一轮高潮

当改革开放二十多年后，“农村真穷、农民真苦、农业真危险”的“三农”问题又被摆在世人面前的时候，党的第十六次代表大会提出了“统筹城乡经济社会发展”的战略思想，十六届三中全会又进一步做出具体部署。这是党在新时期做出的重大战略决策，是一个突破性的政策调整。2004 年年初，时隔 18 年之后，中共中央、国务院针对农村问题再发一号文件，《中共中央国务院关于促进农民增加收入若干政策的意见》正式公布，成为“十五”时期中国农业发生深刻变化的一个开端。在这个文件中提出 9 个方面共 22 条促进农民增收的政策：决定取消除烟叶以外的农业特产税，减免农业税，并开始推行种粮农民直接补贴、良种补贴和大型农机具购置补贴等三项补贴政策。又推出了坚决保护耕地、加大农业投入、严格控制农资价格和实行粮食最低收购价等四项保障措施。在一系列改革措施之后，2004 年成为一个重要的转折点，我国农民人均收入实际增长幅度扭转了“十五”头三年连续下滑的趋势，从上年 4% 左右的低位，一举跃升至 6.8%。2005 年上半年更是超过同期城镇居民人均收入增幅，达到 12.5%。

2005 年又公布了《中共中央国务院关于进一步加强农村工作提高农业综合生产能力若干政策的意见》的一号文件，从 9 个方面列出 27 项重要政策措施，以提高农业综合生产能力为着力点，对 2005 年的农业生产、农民增收和加强农村工作，进行了全面规划和指导。

以 2004 年和 2005 年的两个中央一号文件为核心的一系列惠农指导思想及方针、政策、措施的出台，构成了新时期我国农业政策体系的基本框架。这个政策体系的基本取向是坚持城乡经济社会统筹发展的方略，它的基本目标是促进农民增收。两个中央一号文件取得了显著成效，目前，全国有 28 个省份取消了农业税，其他 3 个征税的省份已将农业税税率降至不超过 2%。两年来，农民收入有了大幅度的增长，农民生活得到显著改善。为了巩固改革成果，国务院又适时部署了以乡镇机构、农村义务教育和县乡财政体制为主要内容的综合改革试点。此外，粮食流通体制改革、农村土地制度改革也同时深入展开。财政部部长金人庆公开宣布，到 2005 年年底，中国将完全停止长达 2600 多年历史的农业税的征收，为此，中央财政今后每年要拿出 1000 亿元人民币。

（五）国有企业改革和战略性调整及国有资产监督管理体制改革稳步推进

国有企业改革在探索中走过了放权让利、承包制与租赁经营、现代企业制度试点和股份制试点、中小企业出售及股份合作制等多个阶段。目前，中小企业的改制面已接近90%，国有经济结构调整取得实效，再就业和社会保障体系逐步建立。也正是在这一时期，国有资产监管机构组建，国有资产出资人开始到位，国有企业改革又迈上新的台阶。因此，“十五”期间，特别是党的十六大召开之后，国有企业改革呈现出新的特点。

一是责任主体到位了，各级国资委就是规范改制和防止国有资产流失的责任主体，目前已有超过半数的市（地）组建了国有资产监管机构；二是更加规范地推进改革，国务院国有资产监督管理委员会陆续出台的《关于规范国有企业改制工作的意见》、《企业国有产权转让管理暂行办法》、《中央企业负责人经营业绩考核暂行办法》、《国有企业清产核资办法》等文件，都具有规范改革程序，防止国有资产流失的约束作用；三是探索体制创新，保障出资人权益。目前，国有大企业的体制创新途径：一是改制上市，尤其是在境外上市，境外规范透明的规则对国有企业规范公司治理结构起着很好的示范作用；二是从外部派出董事，充实国有独资公司的董事会，保障公司决策的科学性，防止出现决策“一言堂”的现象。

“十五”期间，国有经济布局和结构的战略性调整也取得了重要进展，总体思路基本形成，对石油石化、冶金等21个行业的中央企业资源整合及企业重组的基本思路也初步确定，目前，由国务院国资委直接监管的企业，经过重组或联合，已由过去的189家减至169家。各地区、各部门也在认真贯彻“进而有为，退而有序”的方针，积极推进国有企业的政策性关闭破产工作。各地方政府从实际出发，采取改组、联合、兼并、租赁、承包经营和股份合作制、出售等多种形式，放开搞活国有中小企业。

（六）克服非公有制经济发展的体制性障碍

从改革开放初期恢复非公有制经济到将非公有制经济当成国民经济发展的重要补充，再到中共十五大提出公有制为主体、多种所有制经济共同发展，及十六大提出的毫不动摇地鼓励、支持和引导非公有制经济发展，中国对非公有制经济的认识一直是在实践中不断深化和提高。非公有制经济也因此快速发展，创造了60%的国民生产总值、超过70%的城镇就业、超过

60% 的出口贸易。

2004 年 3 月，温家宝总理对全国政协经济委员会起草的《关于促进非公有制经济发展的建议》做出批示，要求有关部门着手研究促进非公有制经济发展的一些重大政策性问题，最好形成指导性文件。

2005 年 2 月 25 日，国务院正式发布了《关于鼓励支持和引导个体私营等非公有制经济发展的若干意见》，因文件内容共 36 条，简称为《非公经济 36 条》。

《非公经济 36 条》是新中国 50 多年来第一个专门规划非公经济的政策性文件，文件明确“鼓励和支持非公有资本进入基础设施、垄断行业、公用事业以及法律法规未禁止的其他行业和领域”。允许外资进入的行业和领域，也允许国内非公有资本进入，并放宽股权比例限制等方面的条件。在投资核准、融资服务、财税政策、土地使用、对外贸易和经济技术合作等方面，对非公有制企业与其他所有制企业一视同仁。垄断行业、公用事业和基础设施、社会事业、金融服务业、国防科技工业，这些长期以来非公有制企业难以进入的领域，从此获得了国家的准入。

国家有关部门正在抓紧出台落实《非公经济 36 条》的具体措施和配套办法，其中关于非公有制企业进入矿产资源领域投资的准入条件及相关规定已经成熟并即将出台。中央正进一步落实责任制，有步骤地出台《非公经济 36 条》的实施细则，做到成熟一个，出台一个，包括关于非公有制企业进入公用事业、基础设施等垄断领域的准入条件及相关政策规定，关于鼓励创办小企业、开辟新岗位的意见等。2005 年 8 月还发布了《国务院关于非公有资本进入文化产业的若干决定》，全文共十条，原则上明确了国家鼓励、允许、限制和禁止投资的领域。

截止到 9 月底，已经有 10 个部门和单位相应配发了《非公经济 36 条》的具体措施。工商总局在降低门槛等方面出台了 20 余项措施，商务部、铁道部、民航总局分别制定了非公资本进入保险业、铁路业、航空业的具体意见。北京、天津、安徽、山东、四川等地方政府也都相继出台了相关的实施意见。非公资本开始真正进入“全面准入”的新阶段，其发展前景令人期待。

（七）社会保障体系进一步完善

“十五”期间，城镇居民养老、失业、医疗等社会保障制度改革继续深入进行，到2004年底，全国参加基本养老、医疗、失业保险的人数分别达到1.6亿人、1.2亿人和1.1亿人，城镇新型医疗、养老制度在逐步扩大覆盖面的基础上，党的十六届三中全会又对社会保障体系建设提出了进一步设想，涉及各类人员和社会的方方面面，其中提出要“将城镇从业人员纳入基本养老保险”，“采取多种方式包括依法划转部分国有资产充实社会保障基金”，“有条件的地方探索建立农村最低生活保障制度”，在深化公共卫生体制改革方面，还特别提到“积极建立新型农村合作医疗制度，实行对贫困农民的医疗救助”等。目前，吉林、黑龙江两省完善城镇社会保障体系试点进展顺利，全国城镇社会保险的覆盖面继续扩大，同时，建立农村低保制度的省份已扩大到11个。

而在2003年下半年开始试点实施的建立新型农村合作医疗制度，有望把广大农村地区和农民纳入医疗保障体系。2002年10月，全国农村卫生工作会议首次提出“要建立以大病统筹为主的新型农村合作医疗制度”，并计划到2010年基本建立起农村合作医疗制度。从2003年起，中央财政对中西部地区除市区以外的参加新型合作医疗的农民每年按人均10元安排合作医疗补助资金，地方财政对参加新型合作医疗的农民补助每年不低于人均10元。目前，全国已有620个合作医疗试点县，覆盖人口2.26亿，共有1.56亿农民参加了合作医疗。

2005年8月在国务院召开的常务会议上又决定扩大新型农村合作医疗试点范围，2006年将试点县由目前占全国的21%扩大到40%，中央财政加大投入力度，对参加合作医疗农民的补助标准在原有每人每年10元的基础上再增加10元，地方财政也相应增加补助，拟于2008年在全国农村基本建立新型合作医疗制度。

（八）国务院批准上海浦东新区的综合配套改革

2005年6月21日，国务院常务会议批准上海浦东新区进行综合配套改革试点。要求浦东新区综合配套改革试点要着力转变政府职能，着力转变经济运行方式，着力改变城乡二元经济与社会结构。把改革和发展有机结合起来，把解决本地实际问题与攻克面上共性难题结合起来，把实现重点突破与整体创新结合起来，把经济体制改革与其他方面改革结合起来，率先建立起完善的社会主义市场经济体制，为全国其他地区的综合改革起示范作用。

浦东成为首个国家级的“综合配套改革试点”对于全面推进改革具有重

要的示范效应，并且这一改革试点不再重复过去中央给优惠政策、给项目、给钱的老路，而是要依靠浦东自己的体制创新，这也是今后全国体制改革的方向。

总之，“十五”时期的经济体制改革，呈现出时不我待、紧锣密鼓的特点，改革措施出台的频率和力度都是前所未有的，特别是“十五”最后一年的2005 年，被国务院确定为改革攻坚年，更是在多个领域和环节取得了改革的实质性进展，为国民经济的第十一个五年规划的顺利实施，提供了良好的体制环境，同时也为“十一五”继续深入的改革打下了坚实的基础。

二 “十一五”经济体制改革前景分析与展望

《中共中央关于制定国民经济和社会发展第十一个五年规划的建议》(以下简称《建议》) 是一部具有划时代意义的文献，因为它不仅为今后五年的发展指明了方向和具体路径，而且还第一次在中央文件中把五年发展计划改为五年发展规划，这一变革的实质性内容是：它标志着中国将彻底摆脱计划经济的体制羁绊，走向全面完善社会主义市场经济体制之路。“十一五”规划把经济体制改革放在了十分重要的位置，《建议》中提到的“六个必须”的原则，其中就有：必须不断深化改革开放。

(一) 以转变政府职能和深化企业、财税、金融等改革为重点，加快完善社会主义市场经济体制

《建议》中明确指出：要完善落实科学发展观的体制保障。就目前改革形势而言，完善体制保障就是要在政府行政管理、国有企业、财税、金融等方面按照社会主义市场经济原则实现体制创新，以形成有利于转变经济增长方式、促进全面协调可持续发展的机制。

1. 关于政府行政管理体制改革

按照《建议》的要求，就是要进一步推进政企分开、政资分开、政事分开、政府与市场中介组织分开，减少和规范行政审批；要按照建设现代政府的要求，履行好经济调节、市场监管、社会管理、公共服务的职能，实现政府管理职能转变和管理创新，建设法治政府和服务型政府。为此，政府行政管理体制改革应在以下几个主要方面有所突破。

（1）政府机构的进一步调整和职能转换。

首先是要进一步调整政府机构的设置，要加强和完善从事经济调节和社会管理的机构，撤销那些直接从事和干预微观经济活动及社会事务的机构。政府管理框架应明确三个职能：出资人职能、行业（市场）监管职能和公共政策职能。改革目标是实现政府内职能分离，即将传统上全面行使三大职能的政府机构改造为分别承担三大职能的机构，并建立与其职能相对应的运行机制。

其次是要减少行政层级，目前，五级行政机构设置是中国历史上行政层次最多的，行政权力层层分解，既难保证中央的政令统一，也极大地限制了地方的积极性，同时也给基层百姓带来了沉重负担。

（2）理顺中央和地方的关系。

党的十六届四中全会通过的《中共中央关于加强党的执政能力建设的决定》提出：要正确处理中央和地方的关系，既积极维护中央的统一领导，又要更好地发挥地方的积极性。这为中央和地方的关系调整和政府行政管理体制改革指明了方向，即中央的宏观调控权威必须要确立，同时中央和地方的权责也要明确划分，按照财权和事权相统一的原则，合理划分中央和地方经济社会事务的权限和职责。但具体如何分权，需要结合中国的实际进行体制创新，也要与财税体制改革同步考虑。

（3）破除行政性垄断。

目前，在一些行业及国有企业中所反映出的行政性垄断问题，其症结在于政府职能的错位和越位。因此，破除行政性垄断就是要提倡产业开放和实行现代监管体制。

2. 关于国有企业改革和完善国有资产监督管理体制

国务院国有资产监督管理委员会提出了国有企业改革和完善国有资产监督管理体制需要继续深入做好的七个方面的工作：一是自上而下建立国有资产管理监督机构；二是制定国有资产监管的法律法规；三是推进国有企业股份制改革；四是建立健全适应现代企业制度要求的公司治理结构；五是完善国有企业经营业绩考核体系；六是推进国有经济布局和结构调整；七是推进主辅分离、辅业改制，切实减轻企业负担。这样总体上实现两个目标：到2006年建立起新的国有资产监管体制的基本框架；2010年基本完成国有经济的战略性调整和改组，形成比较合理的国有经济布局和结构，建立比较完善的现代企业制度。

但国有企业改革及国有资产监督管理体制创新还有许多重点、难点没有破题，虽然工作任务明确了，具体路径如何走，还需要认真考虑。这是一个持久的系统工程，需要与政府行政管理体制改革和财税、金融等体制改革配套实施，不可急功近利，也不可能一蹴而就。

3. 关于财税体制改革

在“十一五”规划的《建议》中提出了十个方面的改革任务，其重点主要是以下几个方面。

一是要明确政府间的事权划分，并建立起与事权相适应的财权和财力。这里面既包括中央与地方事权与财权的划分，也包括地方各级政府间的事权与财权的划分，推行省管县财政、县管乡财政的改革试点。

二是完善公共财政体制，主要是一方面要调整财政支出结构，增加公共产品和服务的支出比重，同时加大转移支付力度和完善转移支付制度，特别要提到的是，财政部已正式宣布，2006 年将由国家财政出钱，真正实现 8 亿农民的 9 年制义务教育，对于困难农民家庭的孩子，政府还要提供免费的书本和住校的伙食费，目的是给予农民子女一个平等的受教育机会。公共财政体系的另一方面是要调整收入结构，以增值税转型、合并内外资企业所得税、农村税费改革及个人所得税制度改革为重点。同时要以政府收支分类改革为重点推进预算管理制度改革，继续完善“收支两条线”、部门预算、国库集中收付、政府采购等。

三是实行有利于增长方式转变、科技进步和能源资源节约的财税制度。主要是调整和完善资源税，实施燃油税，推行物业税，规范土地出让收入管理办法等。

4. 关于金融体制改革

在“十一五”规划的《建议》中，对金融体制改革也提出了十项任务，归结起来主要有以下几个方面。

一是深化金融企业改革，中央银行对外宣布的近期金融体制的改革进程和内容是：在 2006 年中国加入世贸组织过渡期结束之前，将争取完成国有商业银行的财务重组，引进战略投资者，建立完善的公司治理结构，并基本完成股份制改造。与此同时，积极推进中小金融机构资本重组，逐步引入社会资金参加中小金融机构的改造，稳步发展各种所有制的金融机构。政策性银行也要根据新形势进行改革，总体方向是建立开发型金融机构。

二是优化金融市场结构，即通过全面推进股权分置改革、发行机制改革、多层次市场体系建设及建立独立董事制度等深入改革措施，逐步解决制约资本市场长远发展的各类深层次矛盾和结构性问题，扩大资本市场规模，提高直接融资比重。

三是健全金融调控机制，通过稳步发展货币市场、保险市场、期货市场，健全金融市场的登记、托管、交易、清算系统等加强对货币供应量的间接调控；并通过利率市场化改革，使资金价格以市场调节为基础，从而进一步促进生产要素的市场化改革及宏观调控手段的科学性。

四是在坚持主动性、可控性和渐进性的原则下，深化人民币汇率改革，完善有管理的浮动汇率制度，逐步实现人民币资本项目可兑换。

五是完善金融监管体系，强化金融机构资本充足率约束，防范和化解金融风险；规范金融机构市场退出机制，建立相应的存款保险、投资者保护和保险保障制度。建立规范、灵活、有效的金融风险应急机制。

近期，中央银行还宣布，国家目前支持大型商业银行和农信社进行改革。但不能忽视对中小企业的信贷，特别是非公有制中小企业的信贷。并将采取六个方面的措施解决中小企业的贷款问题。

（二）以人为本加快农村改革和社会保障制度建设，建设和谐社会

农业、农村、农民及涵盖就业、医疗、养老的社会保障问题都是影响经济发展和社会和谐的薄弱环节，以完善社会主义市场经济体制为基本目标的“十一五”规划的《建议》，特别注重这些问题的解决。

1. 解决“三农”问题，加快农村改革的几个方面

在中共中央“十一五”规划的《建议》中，以建设社会主义新农村为题，阐述了一系列对“三农”问题的政策、主张。归结为一点就是工业反哺农业，城市支持农村，这是当前阶段解决“三农”问题的根本方针，这里面又包含下面三层意思。

（1）通过深化农村税费改革和各项综合配套改革，逐步实现城乡一体化。

一是推进县乡财政和行政管理体制改革，规范财政转移支付制度，巩固税费改革成果；二是完善农村土地制度，坚持最严格的耕地保护制度和健全对被征地农民的合理补偿机制；三是积极开拓农村市场，从价格、资金投入、信息渠道、产业化经营等方面给予支持；四是健全农村公共服务体系，通过加大财政转移支付力度，使农村的义务教育、医疗、养老、交通、供

水、供电、通讯、环境、生态、基本农田建设、水利等基础设施和基本生活保障得到逐步落实；五是完善农村金融体系，明确和强化农业发展银行等政策性金融机构的支农作用，发展农业保险和农产品期货市场，规范发展适合农村特点的民间金融组织。

（2）坚持多予、少取、放活的原则，提高农业、农村自身的造血能力。

在今后几年中，各级政府将坚持上述原则增加对农业、农村的投入，把资金重点放在保护和提高农业综合生产能力、加强农业基础建设上，推进农业结构调整，发展高产、优质、高效的生态农业，以增加农民收入。

（3）通过工业化、城镇化吸引农民以减少农村人口，使农民富裕。

当然，这也需要国家政策的一系列改革，如打破城乡分割的户籍制度，取消依附于户籍之上的各种城乡居民不平等待遇，取消不利于农民进城打工的一系列歧视性政策等。给农民以平等的工作机会、受教育机会和享有社会保障的权利。虽然这些方面在“十一五”期间不一定都能实现，但“十一五”至少是一个开始和继续的过程。

2. 建设社会主义和谐社会需要坚持的几项改革

（1）建立合理的收入分配调节机制。

在“十一五”规划的《建议》中，强调合理调节收入分配，提出“特别要关注就业机会和分配过程的公平，加大调节收入分配的力度，强化对分配结果的监管”。而这种分配调节和监管既要体现在再分配环节，也应在初次分配中就体现公平、合理的原则，即通过建立合理的调节机制，“着力提高低收入者收入水平，逐步扩大中等收入者比重”。而在再分配环节，政府可以通过税收、最低生活保障、社会救济、廉租房等政策或手段使收入分配更趋于合理。

（2）加快完善社会保障体系。

首先应逐步实现建立覆盖全社会的社会保障体系，而不仅局限在城镇，建立广覆盖、分层次、多支柱的社会保障体系是“十一五”追求的目标。其次，社会保障的基本内容应包括基本医疗、基本养老、失业、工伤、生育等一系列内容，而教育、住房也属社会保障系列，事实上，目前在一定范围内实施的义务教育、住房补贴和住房公积金已经是一种社会保障，只是目前的覆盖范围还有限，其执行的法律强制性也还不够。社会保障体系还包括对社会弱势群体的优抚、救助、福利、慈善等事业的建设和执行。这都是“十一五”规划的《建议》中明确提出的，因此将成为“十一五”规划的重要内容。

(3) 强化政府公共服务职责，合理配置公共服务资源。

主要包括公共卫生、公共安全、防灾减灾、改善贫困地区生产生活条件等，《建议》中还特别强调“十一五”期间要认真研究并逐步解决群众看病难、看病贵的问题；要健全安全生产监管，加强交通安全监管；强化对食品、药品、餐饮卫生等的监管。

总之，中共中央对“十一五”规划的《建议》，改革的内容十分丰富，着眼于以人为本和科学发展观，重大改革措施的提出充分考虑了广大人民群众的切身利益和社会承受力。同时，完善体制机制，加快改革步伐，妥善处理好改革、发展和稳定的关系，是《建议》的主旋律，这使我们对“十一五”改革前景充满了期待。

（作者单位：国家发展和改革委员会经济体制与管理研究所）

2005～2006 年：中国收入分配问题与展望

○ 顾　严　杨宜勇

2005 年，中国经济继续保持快速增长，中央财政加大了转移支付力度，但收入分配领域的主要问题仍未得到根本解决，城乡差距、区域差距、居民内部差距、劳动收入与非劳动收入差距以及垄断行业与非垄断行业之间的差距继续扩大。不仅如此，劳动要素分配地位的下降、公共服务分配形势的严峻以及国有部门分配秩序的紊乱也给 2006 年的调控带来了更大的难度。在“十一五”的开局之年，需要切实保障低收入群体的基本生活，稳步促进中等收入者比重的提高，在教育和医疗改革中更加注重公平，进一步加大财政转移支付的力度，建立健全收入分配宏观监测机制，以逐步实现收入分配的公平与合理化。

一　2005 年：收入分配发展的主要特点

（一）中央财政加大对地方财政放权让利的力度

从预算情况来看，2005 年中央财政占全国财政预算收入的比重为 57%，中央财政总支出占全国财政总支出的比重为 61%，其中中央本级支出占 26.2%，这三个指标比 2004 年预算执行结果有不同程度的下降。从预算执行情况来看，2005 年上半年，全国财政收入比上年同期增长 14.6%，其中中央财政收入增长 10.1%，地方财政收入增长 21%；全国财政支出同比增长 15%，其中中央财政支出增长 1.5%，地方财政支出增长 20.9%。[①] 地方

---

① 2004 年预算执行情况和 2005 年预算数据来源于财政部 2005 年 3 月 5 日在第十届全国人大第三次会议上所作的《2004 年中央和地方预算执行情况及 2005 年中央和地方预算草案的报告》；2005 年上半年预算执行情况参见财政部新闻办公室 2005 年 7 月 25 日发布的《预算执行情况较好，增收节支不可松懈》。

财政增收速度比中央财政高一倍以上，地方财政支出增长速度为中央财政的近14倍，体现了地方财政自主权的扩大。此外，中央财政还加大了对地方财政的转移支付力度，对地方税收返还和补助支出预算比2004年增加约850亿元，中央财政对地方的转移支付占中央财政总预算支出的比重提高到57.1%，略高于2004年实际预算执行结果。在增加的转移支付中，85%以上投向中西部地区，体现了中央财政加强结构性调整的方向，尤其是着力于提高各地区之间基本公共服务均等化水平，缩小不合理差距，促进区域经济协调发展。

（二）城乡居民实际可比收入差距继续扩大

2005年前三季度，城镇居民人均可支配收入为7902元，扣除物价上涨因素后同比增长9.8%；农民人均现金收入达2450元，扣除物价上涨因素后同比增长11.5%，农民收入增长速度快于城镇居民1.7个百分点，延续了上年的发展趋势。[①] 按照农民人均现金收入衡量的城乡收入差距，从2004年同期的3.35倍下降到3.23倍。这种差距的缩小应归因于农民现金收入中占较大比重的工资性收入和出售农产品收入增长较快，而这两部分收入的同比16.1%和18.1%的名义增长主要得益于政策倾斜，如果剔除政策因素，按农民人均现金收入衡量的实际可比收入差距仍然在扩大。实际上，农民人均现金收入中有很大一部分是农民自身不可支配的，将现金收入抵扣不可支配部分后才形成纯收入，因此用农民人均纯收入衡量城乡差距更为客观。在需要抵扣的各种因素中，所占比重最大的是农业生产资料支出。2005年，农业生产资料价格指数一直在110%的高位上波动，这将导致农民人均纯收入的增长幅度远低于现金收入增长幅度。另外，农村消费物价指数高于城镇1个百分点以上，给农民增收带来一定程度的不利影响。根据这些因素推算，2005年农民人均纯收入实际增长率将在6%左右。如果2005年城镇居民人均可支配收入年度实际增长率为9%，那么按照农民人均纯收入衡量的城乡居民收入差距将由2004年的3.2倍扩大到2005年的3.3倍左右。

（三）区域间和城乡居民内部的收入差距继续拉大

2005年前三季度，从工业增加值和农林牧渔业总产值的增长情况来看，

① 数据来源于国家统计局2005年10月20日发布的《2005年前三季度中国经济保持平稳较快发展》；除特别注明外，下文所列数据均来源于国家统计局或根据其提供数据计算、推算得到。

均呈现出中西部地区加速并显著快于东部的特点。西部大开发和中部崛起这两大战略启动中西部地区经济增长的作用开始显现。但中西部地区农业的比重较大，工业的基础比较薄弱，而东部资本技术密集型产业的附加值较高，基础也很雄厚，因此短期内中西部与东部地区的产值差距还很难显著缩小，区域间居民收入差距呈持续扩大之势。城镇居民人均可支配收入最高省与最低省之比达到2.36，超过2004年的2.31倍；农村居民人均现金收入最高省与最低省之比接近8倍，而上年仅为4.1倍。各省城镇人均可支配收入、农村人均现金收入的变异系数继续扩大，区域间居民收入差距扩大的趋势没有得到有效控制。

2005年江苏省城镇居民家庭按五等分的最高收入户和最低收入户人均可支配收入的差距超过了10倍。根据非劳动收入增长快于劳动收入的幅度推算，预计全年全国城镇内部居民家庭按五等分的最高与最低收入户的人均收入差距可能会接近6倍。农村居民家庭内部按五等分的最高收入户和最低收入户人均纯收入差距将在7倍左右，仍高于城镇。城乡低收入群体生活困难，出现了严重的入不敷出，有10%的城镇最低收入户人均生活消费支出超过人均可支配收入，近一半的农村贫困家庭人均生活消费支出超过人均纯收入，对这一情况需要加以高度重视。

（四）城镇非劳动收入增长仍然快于劳动收入

国家统计局对全国54500户城镇居民家庭的抽样调查资料显示，2005年前三季度，城镇居民家庭人均工薪收入比上年同期增长9.3%，比上年同期11.8%的增长率有所下降，增长速度慢于人均可支配收入；而人均财产性收入实现了17.2%的同比增长，人均经营净收入甚至实现了38.1%的高速增长，增速比上年同期大幅提高14.4个百分点。随着非劳动要素参与分配的深入，劳动要素在收入分配中的地位持续下降。政府已经开始注意到这一问题，并加大了调节力度和转移支付力度。但仅靠转移支付是不够的，还需要切实完善劳动立法、加强劳动司法和执法。

（五）收入分配进一步向行政性垄断行业倾斜

2005年上半年，全国主要行业的工业企业利润总额实现了同比19.1%的增长。其中，具有行政垄断性质的石油和天然气开采业、燃气生产和供应业、水的生产和供应业利润总额同比增长率高达73.7%、65.5%、89.2%。

从业人员增长情况与利润增长出现很大的反差，在各主要行业实现平均从业人员增长6%的同时，上述三个行业从业人员增长率为-0.5%、0.7%、0.9%。垄断行业利润水平大幅提高，而从业人员的进入却受到严格的限制，由此可以推断其从业人员收入增长水平也远高于一般行业，并且呈现出内部人控制加强的迹象，不利于行业间收入差距的合理化。

从企业景气指数来看，2005年各行业平均在130%左右，石油和天然气开采业在190%以上，烟草制造业、铁路运输业、电信和其他信息传输服务业分别在180%、160%、170%左右，说明垄断行业增收前景普遍较好，它们在收入分配中的地位将继续提高。这种不正常的状况还扭曲了产业链，使产业内部的分配形式恶化。比如，同属石油行业的石油加工、炼焦及核燃料加工业出现了大幅的利润下降，2005年上半年同比降幅高达124.8%；同属IT行业的计算机服务业企业景气指数只有110%左右，与电信业差距很大。①

二 2006年：收入分配问题的发展趋势预测

（一）劳动要素在收入分配中的地位将继续下降

目前，工资性收入占城镇居民可支配收入的比重已经下降到75%以下，工资总额占国民收入的比重已经由“六五”的15%下降到“十五”的12%。这是各种生产要素参与分配的必然结果，有利于发挥经济主体的活力，将在一定时期内继续发展。但在收入再分配制度不完善的情况下，按劳分配的主体地位会受到冲击，制约中低收入群体共享经济成果。

在中国的生产函数中，资本要素效率提高速度是劳动要素效率提高速度的900多倍。② 如果完全按要素进行分配，只讲效率优先而忽视兼顾公平，那么劳动收入的增长必然会慢于资本收入的增长，而且两者的差距扩大速度会比城乡收入差距扩大速度快得多。资本所有者和资本权力控制者的收入增长速度就远远高于一般劳动力报酬。这是市场经济本身对效率的追求造成的，属于市场失灵范畴。不仅如此，转型经济中的制度缺失造成了劳动要素

① 各主要行业利润增长情况和景气指数均来源于《中国经济景气月报》2005年有关各期。

② 杨宜勇、顾严、李宏梅：《中国收入分配现状、问题及“十一五”期间的对策》，《经济研究参考》2005年第58期。

更大程度的利益损失，劳动者报酬被拖欠、最低工资保障线标准过低以及大部分公民不能享有最基本的社会保障等问题，都是制度缺失导致劳动要素地位下降的集中体现。这种情况迫切需要政府来纠偏，否则容易导致收入分配的极化问题。

中国社会主义市场经济分配制度的核心是按劳分配为主体、各种生产要素按贡献参与分配。我们认为，只有确保劳动收入的稳定持续增长，才能消除两极分化、最终实现共同富裕，否则就会与中国的社会性质产生某种程度的背离。因此，政府有责任弥补市场本身的缺陷，并加快完善相关制度，维护广大劳动者的根本利益，确保劳动要素在收入分配中的主体地位。

（二）公共服务的分配形势更加严峻，影响未来收入分配公平

教育是公共服务最重要的内容，不仅是提升人力资本的最主要途径，而且还承担着缩小未来收入差距的职能，与未来收入分配的公平程度休戚相关。

2005 年上半年，财政教育支出同比增加 251 亿元，增长 17%，其中教育事业费的增量部分主要用于对农村义务教育的支持。2005 年春季学期开始，政府对 592 个国家扶贫开发工作重点县约 1400 万名农村义务教育阶段家庭贫困中小学生全部免费提供教科书，免收杂费，并逐步开始对寄宿生补助生活费。中央和地方财政为此安排了 40 多亿元的专项资金，这一政策努力值得肯定。但也应看到，新增受益学生占全国农村义务教育阶段在校生的比重还不到 30%，而且还有大量适龄儿童和青少年根本没有进入学校，还不断有在校学生辍学。如果仅考虑解决在校生的问题，只要在“十一五”期间继续保持同等的财政支持力度，2010 年就一定能够在农村全面实现义务教育。但如果要做到人人享有义务教育权利，那么还需要进一步加大投入力度。此外，投入结构也有待进一步合理化。上述 40 多亿元的义务教育专项资金中，由中央政府承担的还不到 1/3。作为全体社会成员共同享有的基本权利，义务教育的发展有赖于中央财政发挥更大的作用。

非义务教育对未来收入分配的影响作用时滞比较短，影响也更加直接。根据北京市统计局的调查，家庭户均年可支配收入在 5 万元以上的高收入群体中，具有大专及以上学历的占 60% 以上；其中，硕士及以上高学历者的收入在高收入人群中排名第一，月人均收入在一万元以上，是高收入群体平均水平的 1.6 倍。这说明，非义务教育中的高等教育对未来收入分配格局的影

响很大。但近年来中国高等教育在产业化的进程中片面强调了效率，越来越不重视公平。高等教育收费确实在短期内增加了教育消费，拉动了内需。但在真正意义上的学分制尚未实行、贷款和奖学金制度不完善的条件下，这实际上是强制性消费，而且还造成了强制性储蓄。从动态角度看，强制储蓄的总量肯定会超过强制消费，不利于消费需求的提升。从整个教育体系的公平性来讲，免费或者低收费的高等教育与中国的发展阶段并不适应；但从高等教育本身的公平性来看，迫切需要加快配套制度的完善，尤其是助学贷款制度的完善。

职业教育也是解决未来收入分配不公平问题的重要途径。根据我们对31个省份各层次在校生与经济增长关系的研究，某地区职业中学在校生人数占全国职业中学在校生总人数的比重每提高1%，该地区人均GDP与全国平均水平之比就会提高0.12个百分点。职业教育不仅能够有效缩小居民内部的收入差距，有利于提高中等收入者的比重，而且对区域收入差距的缩小也有着积极的作用。但目前中国职业教育发展缓慢，有待于切实以《国务院关于大力推进职业教育改革与发展的决定》为指导，从体制和技术两个层面予以支持。

公共服务分配形势比较严峻的还有医疗保障。改革开放之初，医疗保障几乎覆盖了中国所有的城市人口和85%的农村人口，这是低收入发展中国家举世无双的成就，受到了国际社会的普遍赞赏。但在2000年世界卫生组织对191个成员进行的卫生体系绩效评价中，中国卫生业绩综合评价列第144位，总体建康水平列第81位，人均卫生费用占有量列第139位，社会内部卫生费用分配的公平程度列第188位，属于世界上最不公平的国家之一。另据2003年10月进行的第三次国家卫生服务调查显示，无任何医疗保障的农村人口高达79%，城市人口为45%。城镇居民年人均医疗支出增长速度高于可支配收入近5个百分点，农村居民年人均医疗支出增长速度高于纯收入超过9个百分点。医疗保障直接关系到低收入群体未来的收入。在广大农村地区，有大量因治病而致贫返贫的农民。温家宝总理曾经发问：“现在农村有多少人是生在医院里的，有多少人是死在医院里的?”引起了全社会对农村公共卫生的关注。除农村地区以外，城镇低收入群体的医疗保障，尤其是大额医疗保险的覆盖率还比较低，制约了城镇内部分配的公平化。

（三）国有部门分配秩序紊乱，将进一步增加调控难度

政府着力于提高劳动要素收入、促进教育机会公平，只要站在裁判员的

立场上，通过财力投入、法律制定、严格执法以及制度建设就可以解决问题。但要解决国有部门自身的收入分配问题，无疑需要更高的调控水平。

一个主要的难题是对国有垄断行业收入的调节。"十五"以来，国有垄断行业职工的平均工资增速明显快于各行业平均水平，工资以外的福利水平更是令一般行业望尘莫及。实际上，国有垄断行业与一般行业的收入差距与它们之间经济效益、劳动强度以及劳动复杂程度的差距关联性较低，收入差距既脱离了按劳分配原则，又脱离了效率优先原则。收入水平与垄断地位、与国有资产控制能力成正比。而这些行业又大多属于关系国家安全和国民经济命脉的重要行业，需要在这些行业中增强国有经济控制力，发挥国有经济的主导作用。如何规制国有垄断行业的过高收入，如何促进垄断行业收入的透明化，如何建立垄断收入向全民所有者转移的机制，都是较难解决而又必须解决的问题。

另一个难题是国家公职人员工资制度的改革。中国总体的公务员工资水平偏低，与公务员群体的实际工作压力不协调，客观上造成了体制外收入管理的混乱。由于各地区的经济发展水平和财政收入水平存在较大差异，所以公务员收入的区域间差距呈不断扩大之势。一些发达地区尝试一次性提高公务员工资水平以适应地区消费水平，遇到了较大阻力，结果只能采取发放制度外津贴等办法。"明补"让位于"暗补"，隐性收入占实际收入的比重越来越高，反而加大了中央政府调节的难度。国家公职人员的收入调节表面上看来是政府内部的分配问题，实际上涉及了地区差距、城乡差距、居民差距等多个方面，处理起来非常复杂。

三　促进收入分配合理化的政策建议

（一）切实保障低收入群体的基本生活

低收入群体的生活状况直接关系到社会的稳定，应从三个方面着手，切实保障他们的收入。首先是推进农村最低生活保障试点，其次是适当提高城镇最低生活保障标准，再次是增加离退休金的水平。对城乡居民最低生活保障水平的提升还会遇到一些阻力，主要是观念上的误区，认为这样做是在走福利社会的路。实际上，我们并不是要加重经济发展的负担，而是要让全体社会成员都能分享经济成果，至少应保证基本生活开销。农村低保试点可以与现行的救济、救助和救灾制度结合起来，城镇低保和离退休金标准的提高可以与相应的消费水平结合起来。在地方财政大幅增收的情况下，适当提高保障标准，财政是有能力负担的。

（二）稳步促进中等收入者比重的提高

以中国目前的劳动者构成来看，最有希望成为稳定的中等收入群体的无疑是国家公职人员。在短期内，规范公务员和事业单位收入分配制度、保证劳动要素在收入分配中的主体地位是稳步促进中等收入者比重提高的重要途径。“十一五”的开局之年，个人所得税起征点将提高到 1600 元，包括机关事业单位从业人员在内的工薪收入者将直接受益，劳动收入得到进一步保障。此外，还应建立健全长效机制，促进公职人员收入分配合理化，保证劳动收入的合理增长。公务员收入制度的完善，可以根据经济发展水平确定公务员基本工资，由地方财政负担；根据地区差距确定补贴水平，由中央财政调剂。事业单位工资制度的完善，应注重分类管理，区别具体职能和增收能力，采取灵活的方式进行改革和规范。机关事业单位工资以外的劳动收入增长的保障，关键是完善再分配制度，适当提高最低工资标准，以及强化劳动执法和监察。

（三）在教育和医疗改革中更加注重公平

教育是影响未来收入差距的重要因素，只有促进教育机会的公平，才能使未来的收入分配更趋合理。2006 年政府首先应继续加大对农村义务教育的支持力度，为在全国农村普遍实行义务教育奠定基础。其次应加快完善助学贷款制度，使更多的贫困大学生能够顺利从高等院校毕业。再次应调整现行的职业教育布局，以就业为导向，依靠行业企业，重点在开发区附近和卫星城兴办职业中学和中等技术学校。除教育以外，医疗也关系到未来的收入公平，应在城镇促进大额医疗账户可持续支付能力的增强，在农村建立更广泛的新型合作医疗制度，以降低未来医疗支付，提高中国医疗卫生费用分配的公平程度。

（四）进一步加大财政转移支付的力度

财政转移支付的着力点还应放在城乡间和区域间。中共十六届五中全会把建设社会主义新农村作为一个重大历史任务来强调，提出要建立以工促

农、以城带乡的长效机制，健全对被征地农民的合理补偿机制，普及和巩固农村九年义务教育，以及基本建立新型农村合作医疗制度等任务，[①] 实际上都是要求财政加大对农村和农民的转移支付力度。而实施西部大开发战略所需要的基础设施建设、科教发展和人才开发，东北老工业基地振兴必须进行的结构调整、国企改革以及资源枯竭型城市转型，中部地区崛起要依靠的承东启西和比较优势的发挥，都需要中央财政通过转移支付来加大支持力度，促进良性互动的区域协调发展机制形成。

（五）建立健全收入分配宏观监测机制

收入分配宏观监测机制的重点应包括三个方面：一是城乡生活困难群体的收支状况调查，以确定最低生活保障标准和及时调整救助水平；二是农民工工资支付状况的调查，以通过劳动监察和执法切实确保进城务工农民的合法劳动收入；三是行政性垄断行业利润增长和收入分配的监控，以促进从业人员，尤其是高级管理人员薪酬增长的正常化。此外，还应为未来收入分配的合理化做以下两项基础性工作：一方面应逐步建立个人收入监测体系，实行个人收入双向申报制度和推广财产实名制，为物业税、遗产税等存量税种的开征铺平道路；另一方面要规范垄断收入的使用，可以通过部分收归财政统一管理、限制垄断企业的利润分配权力等途径，建立垄断所得向全民所有者转移的机制。

（作者单位：中国人民大学、国家发展和
改革委员会经济社会发展研究所）

① 参见《中共中央关于制定国民经济和社会发展第十一个五年规划的建议》，2005 年 10 月 18 日。

2005年：中国民间的乡村建设与改造

○ 许欣欣

2005年，随着构建和谐社会目标的明确提出，“三农”问题被作为重中之重提到了中共中央的议事日程，成为全面建设小康、构建社会主义和谐社会的重要内容。按照中央部署，中国经济发展已由“农业支援工业，农村支援城市”的第一阶段进入第二阶段，那就是“工业反哺农业，城市反哺农村”。毋庸置疑，“两个阶段”、“两个反哺”的明确提出，是国家战略决策转变的重要内容。与之相应，中国民间的乡村建设与改造也进入了一个新的阶段，越来越多的人将目光投向“三农”，越来越多的人投身于乡村建设与改造事业之中，民间乡村建设与改造的形式也越来越多样化。

一　民间乡村建设与改造的几种主要形式及发展状况

（一）组建农民协会，农民自导自演进行乡村建设与改造

长期以来，社会上一直流传着一个说法：“中国农民不大能够合作”，认为中国农村社会是一种马铃薯结构，相比之下，欧美人似乎更善于合作，因为某些欧洲国家农村有着数百上千年的合作社传统。然而，山西省永济市蒲洲镇农民协会的成立及其走过的历程无疑是对此种言论的有力反驳。从蒲洲镇农民协会的创办历程中，我们可以清晰地看到一幅中国农民从自发到自觉组织起来改造家园、共建家园的生动图景。

农民协会的法人代表郑冰原是蒲洲镇寨子村一名普通民办教师，1998年春天，去丈夫开办的以卖化肥和农药为主的科技服务中心帮忙时发生的一件小事导致了她人生轨迹的重大改变。那天，一位村民来为自家种植的两亩半

芦笋地买化肥，按说施 300 元的化肥已足够，可该村民坚持要买 800 元的化肥，理由是“肥施得越多，芦笋产得就越多”，无论郑冰怎样劝阻均无济于事。这件事让郑冰看在眼里，急在心上，联想起平日孩子向家长多要支铅笔都会挨训的情景，心里很不是滋味，觉得这样挣农民的钱不踏实，于是产生了“把技术服务给老百姓”的想法，并自掏腰包请有关专家到村里开办科技讲座。从 1998 年 12 月 24 日开始，坚持每两月一次，一办就是两年。每次听讲座的农民多达数百人，连许多周边村子的人也赶来听。为了一心一意做好服务村民的工作，郑冰于 1999 年初辞掉了民办教师工作。

蒲洲镇农民协会在永济市民政局的正式注册时间是 2004 年 6 月 7 日，迄今为止，协会会员共计 3800 人，来自 35 个村。然而，“农民协会”的叫法却早在实际注册一年半前就已经在当地流行开了，并且得到了地方政府的首肯，原因在于这个土生土长的“草根组织”办了许多几任村委会想办都办不了的造福百姓的“难事”。

这一农民协会的最初称号是“妇女协会”，因为她发端于以郑冰为首的寨子村妇女们力图改变千百年来的生活方式、让自己活得像城里人一样而自发组织起来学跳舞、扭秧歌的行为。而邻村人一句充满羡慕之情的“寨子村的女人没有白活”的评价，则令这个刚现雏形的“妇女协会”将活动范围迅速扩展到了村社区之外。

从组织起来学跳舞到组织起来学文化、学知识、学技能、开辩论会、开运动会、调解纠纷、扶贫帮困，妇女们的思想观念和文化素质逐步提高，精神面貌大为改观，家庭关系、邻里关系随之改善，从而吸引了不少男村民加盟，“农民协会”的称号开始叫响。

昔日的寨子村曾是一个打麻将成风（曾被公安部门一次抓赌数十人）、偷盗现象严重、村委会瘫痪、派系矛盾尖锐、道路泥泞难走、卫生状况极差的“猪圈村”。为改变村风村貌，农民协会首先从改善居住环境入手，以协会名义向全体村民发出倡议书，骨干分子挨户动员后带领大家利用三天时间清理掉了村中堆积数十年的垃圾。继而又组织起“村建理事会”（24 名理事会成员均为普通村民），在没有一分钱外援且村委会不理事、村支书连称“事情不好办”的情况下，带领村民奋战 76 天，平整了原本预计需要投入 19.8 万元才能完成的村中道路。农民协会的威信从此树立起来。寨子村 213 户人家中，加入农民协会的户数由道路整修前的 105 户迅速增加到 175 户，连原村支书也加入了农民协会。村中正气开始占据主导地位，压住了邪气。

在农民协会负责人眼里，“改变乡村面貌，并不仅仅是教给农民一些生产技术，而是要激发农民的现代公民人格，让大家明白自己是这片土地真正的主人，要组织起来为建设家园承担起责任”。为此，农民协会除了坚持每周二、五（农忙时除外）组织会员学习外，还不断派骨干外出学习取经，2005 年 7 月，农民协会一次性组织了 140 多位会员赴河南省南街村参观学习。

目前，蒲洲镇农民协会下设环保协会、果木协会、妇女协会、科技服务中心等若干机构，还兴办起环保涂料工程股份有限公司、粮农经济合作社、民族手工艺开发中心、手工馍作坊等经济合作组织，意在帮助农民组织起来抵御市场风险，走共同富裕之路。

在蒲洲镇农民协会的未来发展蓝图上，还列有这样的内容：筹建一所农民学校，培训 1000 名会员；举办苹果、柿树、杏树、桃树、杂粮的技术培训班；对协会骨干进行职业经理培训教育；举办家庭教育、手工艺品培训班，在 2008 年北京奥运会期间推出自己的手工艺品牌；创办“农家乐”旅游点；将土地以百亩为单位连成片，创建千亩（继而 4 万亩）生态园；10 年内将寨子村建成全国综合素质第一村……

黄河边的小村庄里，一场由农民自导自演的乡村建设与改造运动正在进行之中。

（二）从农村金融体制改革入手进行乡村建设与改造

农村经济发展的重要瓶颈之一是资金投入问题，但现有的农村信用社管理体制根本不能承担这个重任。为此，国务院《2005 年深化经济体制改革的意见》重点强调，要“探索发展新的农村合作金融组织”。这个意见对于农村金融改革取得突破和建立功能完善的农村金融体系以及竞争型的农村金融市场，有着决定性意义。然而，以谁为主体来探索发展新的农村合作金融组织，则是一个至关重要的问题。邓小平曾经说过，农村改革的关键是“农民拥护不拥护，答应不答应”。中国农村改革二十多年的历程也清楚地说明了这样一个真理：没有农民主动和主体参与的任何农村改革，都是不能成功的。

正是基于这样的考虑，吉林省四平市银监局职员姜柏林近几年来一直在努力探索一种以农民为主体，通过引导和扶持农民构建自己的新型合作金融

组织进而发展农村合作经济的试验。凭着从小在农村生活的经历以及在金融系统工作多年的敏锐，姜柏林认识到，如果金融不能支持扩大再生产，农民的真正富裕就很难实现。然而一家一户的小生产与大市场无法对接。要使农村金融面向农民、面向农村，就要想法控制农村信用社的风险，而这首先应当控制农民进入市场的风险。

为此，他创造了一种“股权信贷”模式。这一模式的具体设想是首先将农民组织起来成立新型合作社，[①] 通过合作社把农民（社员）的资金集结起来统一入股当地信用社，合作社作为信用社的团体股东，以便于从信用社获得贷款，从而将以往的“农民—信用社”信贷关系改变成为“农民—合作社—信用社”的股权信贷关系。由于合作社是拥有较高组织管理能力和监督能力、拥有更大偿还能力的真正的农民组织，所以入股的资金越多，信用社的大笔投资风险就越低，农村发展中所需的规模性贷款就有了保障。由于合作社与信用社两个组织的利益主体和风险主体是一致的，因而能建立起有效对称的组织监督机制。继而可在此基础上构建起以农民为主体、以生产合作与购销合作为主导，并以农村信用社为支撑的新型农民合作经济组织模式，寻求一条新的农村发展道路。

目前，按照这种“股权信贷”模式构建的农民合作社——吉林省梨树县太平百信合作社运作情况良好，制度也比较规范。截至 2005 年 5 月，合作社共有社员 300 户、1053 人，入股当地信用社总股金由建社时的 2800 元增加到现在的 63.47 万元。合作社自 2001 年成立至今，已从信用社获得贷款多笔，数额最大的一笔贷款为 98 万元。现在，太平百信合作社不仅建起了占地面积 10000 平方米的饲料加工厂，而且兴办了占地面积达 18400 平方米的生态养殖牧业园区，拥有固定资产 300 万元。

合作社将农民组织起来，不仅使农民在市场中的交易能力和议价能力大大加强，而且提高了农民进入市场的组织化程度和主体地位。由于合作社将农民很好地组织起来了，因此，当长春安华保险公司在国家财政的支持下于 2005 年在中国率先开始设立养猪保险项目时，首先被选中的即是梨树县太平百信合作社。经过数月的协商谈判后，2005 年 7 月，太平百信合作社生态养殖园区 14 户社员饲养的 1000 多头生猪正式在安华保险公司签约投保。这

---

① 与中国传统意义上的合作社不同，新型合作社以国际工合组织七项原则为宗旨，坚持“民办、民管、民受益”。

样，不仅可以有效地化解农民的养殖风险，而且可以解决农民养殖户的后顾之忧。目前，合作社中许多生猪散养户也在积极准备投保。

试行几年来，这种“股权信贷”模式在扩大农民信贷能力、满足农民资金需求的同时，也使当地农村信用社实现扭亏为盈，为探索信用社改革提供了可供参考的思路。梨树县百信农民合作社与农村信用社“信农互动，农信双赢”的做法曾得到吉林省各级党委和政府的认可。但由于国家金融体制改革的滞后，这种股权信贷模式在推广中，时常遇到政策不配套或落实不到位的问题，一定程度上阻碍了这一新生事物的发展。

为此，姜柏林与当地农民一起，共同探索出另一种以农民为主体的金融互助模式，定名为“农村资金互助合作社”，而农民则更喜欢称其为“农民自己的银行”。

2004 年 7 月，百信农民合作社最早开始创办资金互助合作分社。其资金互助原则及主要做法是：①实行自主经营、自我管理、自担责任的原则；②互助金只服务于本社社员生产、生活需要，借款提前预约（特殊情况除外），没有时间季节限制；③借款额度实行资本约束比例控制原则，根据社员股本金和合作社总股本金数额发放互助金借款；④年终提取公积金、公益金后，红利按股金基数二次返还社员。截至 2005 年 7 月，资金互助分社共有社员 42 户、150 人，社员入股股金 3.12 万元，先后解决过 10 多位社员生产、生活资金不足的困难。

百信农民资金互助合作社是一个典型的新型农民资金互助合作金融组织。这个组织虽然刚刚起步和发育，还有很多需要完善的地方，但我们依然可以预见这个小合作社的大方向。它的创立，为新的合作金融组织的发育和发展提供了示范，反映了农民群众的创造力和创新力。现在，这种农民资金互助合作组织已在吉林、山东、河南、重庆等地的一些农民合作社中推行开来。从合作社社员的反映来看，资金互助具有广阔的生命力，能够有效防范风险，缓解农民的资金需求。

（三）从乡村建设出发构建和谐社会

中国是一个农民大国，目前有近 70% 的户籍人口生活在农村。改革开放以来的二十多年中，中国的工业化资本急剧扩张，也仅吸纳了 1 亿多人。但工业化扩张的速度远远高于人口城市化的速度。以目前的城市化速度计算，即使再经过 20 年的发展，到总人口达 15 亿人时，中国仍将有半数左右的人

口无法彻底地离开农村，更何况中国工业化的扩张不可能持续维持近 20 多年来的高速度。改革开放带来了中国经济的高速增长，同时也导致了农村的相对萧条。资金与劳动力不断向城市聚集，使得农村对于年轻人越来越没有吸引力。随着城乡差距、贫富差距的愈益扩大，阻碍拉美和南亚国家经济发展并严重破坏社会稳定的大城市贫民窟及其伴生的社会性犯罪问题开始在中国出现，城乡二元结构基本体制的矛盾已成为构建社会主义和谐社会的主要羁绊。

正是在这种复杂局面之中，中国有一批知识分子开始了农村重建的探索。他们将自己从事的“当代新乡村建设”定义为“工业化加速时期为了缓解城乡对立和农村衰败、进而危及国家的可持续发展而进行的以知识分子和青年学生为先导的、社会各个阶层自觉参与的、与基层农民及乡土文化结合的、实践性的改良试验”①。力图将其作为一项涉及九亿农民切身利益的、“逆市场经济逻辑而动的社会运动”在全国推行。

秉持“以人为本”的基本原则和强调“人民生计、社会和谐、文化多元”的基本宗旨，几年来，他们在未拿国家一分钱的情况下，自筹资金做了以下三项主要工作。

1. 创立“晏阳初乡村建设学院”，使其成为新乡村建设的实践基地与交流平台

2003 年 7 月，晏阳初乡村建设学院在中国乡村建设的发源地河北定州市翟城县翟城村挂牌成立。两年多来，从事的具体工作集中在以下几个方面。

（1）对学院所在地翟城村进行综合建设试验。不仅帮助翟城村先后成立了妇女文艺队、农民夜校、老年协会、农民合作社等以农民为主体的各种组织，而且对村民进行了垃圾分类培训、农业技术培训、电脑信息查询技术培训，以及宣传教育等多方面的工作。意在将其作为新乡村建设的重点试验区，促进其全面和谐地发展，以便从中总结经验，待条件成熟时大范围推广；另一方面，则意在使其成为一个可供全国乡建工作者进行实地乡村工作训练的场所。

（2）对农民进行综合培训与专题培训。晏阳初乡村建设学院从成立至今，已经成功举办各种不同主题培训十余次，培训对象以各地农民骨干和青

① 温铁军：《中国新乡村建设问答》，中国人民大学乡村建设中心网站下载。

年志愿者骨干为主，培训内容兼顾乡村建设视野、技能与方法三方面。迄今为止，已培训各类学员800人次、志愿者500余人。学院目前拥有专职教师10余人、兼职教师200余人。

（3）在校园内进行生态农业和生态建筑试验。

（4）从事与乡村建设相关的学术研究及文献出版，并利用因特网开办乡村建设论坛。

2. 在全国范围内培训组织大学生参与新乡村建设工作

（1）发起"大学生新乡村行动"。项目已开展5年，在全国范围内得到响应，先后有150多所高校的学生参与了这项活动。100多所学校的支农参与者在校内组建了自己的农村发展社团，他们组织起来利用寒暑假以及"五一"和"十一"长假下乡从事支农调研、支教扶贫、资助失学儿童、社区培训、建立信息站、组建农民合作与文化组织等活动。目前，很多大学还与一些村庄建立起一一对应的扶助关系。

（2）组织数十名大学生和研究生开展以"休学一年驻村支农"为主要内容的乡村建设优秀人才培养计划，意在使经过这种考验的学生青年，能够成为真正的社会栋梁。

3. 开辟新乡村建设试验基地

晏阳初乡村建设学院的新乡村建设工作开始两年多了，期间走过了一些弯路，但是两年来的摸索、总结和思考，使之最终确定了一条从农村的精神激励开始，继而形成农民的组织化，最终实现农村全面发展的思路。这个思路的一个前提性基本判断就是，当前农村精神贫困的现象普遍存在。导致这种精神贫困现象的原因，除了农村缺少外来信息的有效流入外，更为根本的是农村的非组织化。目前，中国农村基层的整合能力已基本丧失，依靠基层政权和现有的农村组织力量不仅没有办法把农民再凝聚起来，而且也难以从其内部产生出驱使农村向前走的推动性力量。取消农业税之后，地方政府及其下设的正式组织与农民的矛盾趋于缓和，但与此同时又带来了农村组织空白和制度空白的威胁。要想不把乡村留给黑恶势力、家族势力、非法宗教等等非正规组织，就必须发展良性的正规组织，就要搞乡村建设。

为此，他们开始在全国建立以提高农民组织化程度为目的的新乡村建设试验基地，迄今为止，已在14个省建立了近30个这样的新乡村建设基地。这些基地的一般发展思路是以农民的"自强自立"为原则，广泛建立

各种农民自愿加盟的合作组织。具体做法通常是先从文化建设入手，帮助农民组建各种形式的文艺队（如腰鼓队、秧歌队）、老年人协会、妇女协会、成人学校等，待时机成熟后则开始组建各种经济合作组织，如种养专业协会、社区合作社等，有条件的地方还开展了农村互助金融合作、建立科技服务协会、创办社区报纸等。这样，用良性的、健康的、正规的组织，一步步替代非正规的、不健康的组织，从而在很大程度上改变试验基地农民的精神面貌，为当地农村经济、社会可持续发展奠定了较好的基础。

目前，由晏阳初乡村建设学院重点资助的试验基地共有 9 个，分散在河北、山东、安徽、河南、山西、重庆等地。两年多的实践已使他们摸索到一些乡村建设中值得推广的经验：①联合购买，风险最小。帮助农民联合起来，到厂家直接购买生产资料等，这样可节约成本 30% ~40%，即便是联合起来买年货，也比在贩子手中便宜20%左右。这是锻炼农民形成经济组织的第一步。②资金互助，制度重要。现在农民要发展却贷不到款，因此要倡导资金互助，但这需要村民民主，要根据民意订立制度作保证。应该在联合购买锻炼一年后再进行这步尝试。③文化建设，效益最高。如果一个地方什么都搞不起来，那么就搞个老年协会、妇女协会，演演节目，大家乐一乐，也能解决问题。实践证明，农村文化建设是一件投入很少、收益极大的事业。因为农民也是有着精神生活需要的活生生的人，当温饱问题解决之后，他们就需要有精神生活。更重要的是，当前的市场经济及现代价值的侵入，使农民传统的生存价值边缘化，农民作为自己生活的主体地位，被一种强有力的外来力量所压抑和排斥，不能成为自己生活的主人。他们因此有着强大证明自己人生意义的内在需求。

（四）从加强农村社区卫生服务体系建设入手进行乡村建设与改造

2003 年国家开始实施以大病统筹为主的新型合作医疗试点，在一定程度上解决了农村地区少数人“因病致贫”和“因病返贫”的问题；但新型合作医疗试点重视“上层”（大病）轻视“底层”（预防保健和小病），忽略了农村居民所需要的基本卫生服务。对此，2005 年 7 月，国务院发展研究中心发表的《医疗卫生体制改革研究报告》对新型农村合作医疗方案提出了意见和建议。该报告认为，中国目前以大病统筹为主的思路不符合国情，因为“在农村，真正需要优先关注的、与广大农民基本健康关系更为密切的是常见病和多发病。定位于‘保大病’与农村初级卫生保健基本目标相悖”。

其实，早在国务院发展研究中心的报告出台前即有人敏锐地看到了这一问题，并已身体力行开始了有益的探索。2003 年 11 月，中国社会科学院社会政策研究中心课题组进入陕西省洛川县旧县镇，在那里开始了以农村社区预防保健和基本医疗卫生服务为主的“基本卫生服务统筹”（简称为“小统筹”，以区别于国家新型合作医疗试点中以大病保险为主的“大统筹”）试验，力求探索出适合中国农村乡镇社区基本卫生服务的体制、机制和机构模式，以及以较小的资源代价可持续地增进农民健康水平的宏观卫生政策，尝试在农村社区进行小规模公共治理机制改革。

“小统筹”的基本内涵是：以农村乡镇社区为统筹单位，组建村、镇农民医疗合作组织，替代政府直接生产者和管理者角色；组织农民以户为单位自愿缴费（目前人均每年 10 元）建立基本卫生服务统筹基金，由镇农民医疗合作社（简称“农医合”）代表全体社员集体签约购买镇卫生院下设的社区卫生服务站提供的基本卫生服务，并对社区卫生服务站的服务进行监督。

2004 年 3 月 7 日，在洛川县政府、县卫生局和旧县镇政府的许可和支持下，在英国国际发展部（DFID）和爱德基金会的资助下，旧县镇社区卫生服务试点工作正式启动。迄今为止一年八个月的时间，可以分为两大阶段。

第一阶段（2004 年 3 月至 2005 年 3 月）是搭建基本卫生服务统筹的基本框架。主要建立起由“三根支柱”支撑的社区卫生服务运行的基本框架。

第一根“支柱”：新建社区基本卫生服务的供给机构——社区卫生服务站。

镇卫生院在全镇 34 个行政村分片设立了布局合理的 6 个社区卫生服务站，形成和充实了社区化的农村基本卫生服务的底网。每个社区服务站均配备医生、护士各 1 名，平均服务人口约 2300 人。各社区服务站统一为农民提供下列 7 项基本卫生服务：①提供优质低价的药品，批零差价在 10% 以下，统一价格，明码标价；②免费建立和使用家庭健康档案，慢性病全程跟踪服务，康复随访服务；③免费物理检查、X 光透视、X 光出片、B 超、肝功、心电图收成本费；④全年医疗服务（挂号、诊断、物理检查、治疗、出

诊）免费；⑤社区医生医药咨询服务，双向转诊服务；⑥全年免费提供健康教育、健康咨询、防疫、妇幼等预防保健服务；⑦社区服务站 24 小时值班服务。

据统计，2004 年 4 月 1 日至 2005 年 3 月 31 日，6 个社区卫生服务站的 12 名社区医生和护士为全镇 13000 多农民实行门诊首诊 10146 人次、转诊 28 人次、急诊呼叫 180 人次、急诊出诊 191 人次、输液 2880 人次；建立家庭健康档案 3270 户、13080 人；开展健康教育 11118 人次，广播、板报宣传 70 余次；妇幼防疫 1733 人次；慢性病跟踪 1265 人次；健康咨询 306 人次；对社区医生进行集中业务培训 9 次。

第二根“支柱”：创建社区基本卫生服务的监督机构——农民医疗合作社。

试点从一开始，就特别强调农民的参与。旧县镇“农医合”组织总共由三个层次构成：底层为“农医合”代表，每个行政村选举一名村民担任代表，全镇共 34 个代表；中层为“农医合”小组，各个社区卫生服务站的代表组成“农医合”小组，全镇共 6 个小组；上层是镇“农医合”代表会，全镇 34 个代表组成镇“农医合”代表会，民主选举产生一位兼职的“农医合”主任。聘任了一位专职的镇“农医合”代表委员会秘书，负责日常的管理工作。

村、站、镇三级的“农医合”组织的代表，不仅每月以信息传递卡和服务反馈卡对农户进行满意度调查，而且每季度开总结会，初步形成了依靠农民代表做卫生监督的组织系统。从运行至今 20 个月来的情况看，这种模式不仅探索了一条使用者监督生产者、需方监管供方的路径，而且对提升农民的公民意识、公共意识、社会地位和监管能力都有重要作用。

第三根“支柱”：创建社区基本卫生服务的协商机构——镇协商会。

为了协调卫生服务提供者和使用者的关系，成立了由镇政府、镇中心卫生院和镇“农医合”代表会等三方共同组成的协商机构——镇协商会：镇长担任镇协商会主任，镇卫生院院长（社区卫生服务中心主任）和“农医合”主任分别担任副主任。镇协商会是重大事务的沟通协调和决策机构，在试点过程中发挥了重要作用，培育了政府扶持下的农民组织与卫生机构间的制衡与协同机制。

第二阶段（2005 年 4 月至今）是完善基本卫生服务统筹的基本框架。

从 2005 年 4 月 1 日开始，试点进入第二年度，是试点的“关键年”。

这一阶段的主要任务是进一步完善基本卫生服务运行的基本框架，真正实现农民缴费由“模拟代缴”向“实际缴纳”的转变，把试点真正“做实”。

第一，成立项目管理办公室，加强项目的现场指导与监控。为了加强“旧县镇基本卫生服务统筹试点”项目的管理，2005 年 4 月成立了项目管理办公室，负责各项试点工作的具体组织和实施。项目管理办公室为中国社会科学院社会政策研究中心“旧县镇基本卫生服务统筹试点”项目的现场工作管理机构，直接对社会政策研究中心课题组负责。

第二，完善社区基本卫生服务的供给体系，提高供给能力和供给质量。一方面修订和完善社区服务站的管理制度，提高社区卫生服务站管理的规范化和制度化水平；另一方面，调整和补充社区医生和护士，充实社区服务站工作人员（现 14 人）。同时聘请技术顾问，加强社区医生和护士的现场操作指导和业务知识培训，提高服务技能和服务质量。

据统计，2005 年 4 月 ~ 6 月，全镇 6 个社区服务站共计接待门诊患者 3960 人次，治疗 1304 人次，急诊出诊 78 人次，转送重危人 14 人次；入村入户跟踪指导慢性病患者 708 人、2124 人次，康复随访 45 人次；对 86 名孕产妇和 113 名 0 ~ 12 月龄儿童实行了专卡、专册系统管理。并在做好上门服务的同时，对每位来站就诊患者依据病情需要进行健康咨询 120 人次。截至 2005 年 6 月底，共办健康教育专栏 36 期，受教育人数达 24000 多人次。2005 年上半年业务总收入 31964.46 元。共计优惠药品费 1632.93 元，免收患者出诊费、挂号费、诊断费约 6720 元。自试点以来 14 个月，累计业务总收入 151964.46 元，为社员优惠药费 6078.56 元，免收社员出诊费、挂号费、诊断费约 14672 元。

第三，调整“农医合”组织，增强“农医合”组织的自治能力。2005 年 3 月，进行了“农医合”组织的换届工作。选举产生了新的“农医合”组长和主任，产生了第二届镇“农医合”代表会。同时，进一步修改和完善了“农医合”组织的管理和工作制度，改善了办公条件，提高了代表的工作津贴。

第四，落实“先尝后买”机制，农民缴费由“模拟代缴”变为实际缴纳。根据试点的规划，农民缴费采取“先尝后买”的机制。在第一年的试点中，每人每年 10 元的基本卫生服务购买费完全由爱德基金会模拟农民代缴，旧县镇的农民没有缴一分钱就享受了一年的社区基本卫生服务。但是，从

2005 年 8 月开始，农民只有实际缴纳了每年每人 10 元统筹基金，才能够得到社区卫生服务站提供的 7 项优惠的社区卫生服务。

经过一系列的充分筹备后，2005 年 6 月中旬旧县镇政府主持召开全镇“小统筹”缴费启动大会，并下发了三个有关文件。7 月 1 日起，农民开始实际缴费，同时领取《旧县镇农民医疗合作社社员证》。2005 年 8 月 1 日开始，社区服务站正式执行“两价制”：凡是缴费参加医疗合作社的农民即社员，在使用社区卫生服务站提供的 7 项基本卫生服务时享受优惠的“社员价”；凡是没有缴费参加医疗合作社的农民即非社员，在使用社区卫生服务站提供的 7 项基本卫生服务时执行“非社员价”。

截至 10 月 27 日，旧县镇累计缴费参加“小统筹”的农户为 1009 户、4225 人，分别占全镇农户总数的 30.9% 和全镇农业人口总数的 32%，累计缴费金额 44250 元，累计发放《旧县镇农民医疗合作社社员证》1309 本(一户一本)。人数虽然不多，但在一个以大病为主的新型合作医疗“大统筹”也在同时展开的地区，在一个人均年收入只有 2000 元左右的地区，这已经堪称奇迹了。如果不是真正看到了好处，得到了实惠，农民是不会在缴纳了 15 元“大统筹”款之外另缴 10 元钱参加“小统筹”的。

二　思考与建议

（一）乡村建设宜由政府主导

近年来，由于国家多次强调“三农问题，重中之重”，乡村建设活动受到了农民、青年学生、社会各界和各级政府的关注，在全国很多地区出现了理论和实践相结合的新乡村建设团体，如河北、河南、山东、湖北、浙江、福建、四川、贵州、重庆、吉林、海南等省区。然而，乡村建设是一项任重道远的事业，需要广泛的社会成员加盟，为乡村建设出资出力，共同承担起社会责任。目前，最大的困难是缺少资金，致使许多农村急需的项目无法展开。到目前为止，政府几乎没有投入一分钱，这与“三农”问题是“重中之重”的提法显然不够合拍。在国外，韩国 20 世纪 70 ~ 80 年代推行的“新农村运动”是由政府主导的，而中国 20 世纪 30 ~ 40 年代的“乡村建设”也是在政府支持下进行的。新农村建设包括多方面的内容，是一个系统的社会工程，需要政府和社会各界的支持与齐心协力才能实现。因此，建议政府组建包括专家、学者、农民团体等在内的“新农村建设指导委员会”，形成政府与社会的合力，共建农村和谐社会。

（二）应将提高农民组织化程度尽快提上日程

农村组织结构与功能的缺失，是产生农村社会诸多问题与矛盾的重要原因。因此，优化组织结构、完善组织功能，是构建农村和谐社会的必然要求。几乎所有农业发达国家都存在各种各样的农民合作组织。而中国农村自实行家庭联产承包责任制后，农民基本上处于各自独立、分散的状态，组织化程度非常低，“小规模、分散化”的家庭经营不仅导致农户与市场、政府与农民之间缺乏有效联系，使得农民权益得不到应有保障、农村公益事业无力兴办和维持，而且严重制约了中国农业走上产业化、专业化和规模化的持续发展之路。因此，通过组织化渠道促进“三农”问题的解决应成为各级政府的基本共识。

在农村发展各种组织过程中可以借鉴国外的经验。以日本为例，其农村组织大致有三类：第一类是管理农村的自治组织，如村议会、村长及其办公机构等。第二类是“农业协同组合”组织（“农协”）。第三类是活跃在农村的大量民间互助团体。据统计，一个仅有600多人的村庄，各种社团多达30多个，平均20人左右就有一个组织。在中国，究竟应该发展什么类型的农村组织？发展多少？要让农民去选择，而不要代替农民选择。农民组织能否发育，取决于政府给不给空间。可以先做一些试验。关键是不要变成一种运动，不要变成一个行政过程。任何组织在创立之初都要支付极高的组织成本，在现有体制条件下，帮助农户组织起来有利无弊，因此，政府应提供必要的组织成本。

（三）应允许并鼓励各种形式的乡村建设试验，给予足够的政策空间和必要的支持

目前，“三农”问题上头热，下头冷。一个很大的问题在于根据城市人的思想观念设计的制度和文化，不能适应广大的弱势群体或农民的需求。

可喜的是，现在开始有越来越多的知识分子深入农村、深入农民，从农民的角度考虑问题，提出建议。吉林梨树县的“股权信贷”模式与“农村资金互助合作社”、陕西洛川县的“农村基本卫生服务”统筹试点，以及四

川南充地区的“中农合创”模式等，即是这方面的典型案例。政府对此应持鼓励态度，不仅应鼓励更多的社会成员参与，而且应给予足够的政策空间和必要的财力物力支持。

在许多发达国家，“小政府，大社会”的管理模式之所以能够形成，很重要的一条经验便是政府向民间非营利组织购买服务。政府不可能，也不应该是全能的。因此，在中国当前各级政府官员习惯于履行“干预型职能”，而不知如何向“服务型职能”转变之际，不妨把目光投向民间，尝试一下向民间运作良好的非营利组织购买服务的做法。

（作者单位：中国社会科学院社会学研究所）

金融风险新表现：过热的高校圈地贷款

○ 黄燕芬　李宏梅

1999 年初，按照“科教兴国”的战略部署，党中央国务院做出了高等教育大扩容，并相应允许高校向金融机构申请贷款的重大决策。高校扩招对于提高中国人力资源的整体水平，满足人民群众日益增加的接受高等教育的需求具有重要的意义，但扩招也带来了新的问题。在扩招的过程中，很多高校为了扩建或者美化校园、吸引人才，越来越疲于应对高额的贷款利息和本金。金融风险中开始出现了一个新的角色——高校圈地贷款热。

一　高校圈地贷款的现状

中国当前的高等学校从所有制性质上主要可分为公办高校和民办高校两类，其中 90% 以上是公办高校。在市场经济条件下，公办高校开始陷入两难处境：一方面，它不能像民办高校一样理直气壮地按照市场运作来办学；另一方面，紧张的财政预算不能满足公办高校的发展需要。为了在扩建或吸引人才上不落人后，中国部分公办高校被迫大量向银行贷款，并热衷于圈地和参与大学城项目，这就是所谓的“圈地举债兴教”。

（一）贷款总量

从 1999 年开始，银行与高校的合作开始形成一种风潮。目前，中国还没有公布全国高校贷款的数据，据不完全统计和推测，目前中国公办高校向银行贷款大致为 1500 亿 ~2000 亿元，有的高校贷款已高达 10 亿 ~20 亿元。[①] 国家

① 邬大光：《民办高等教育与资本市场的联姻——国际经验与中国道路选择》，《教育研究》2003 年第 12 期。

审计署2004年对杭州、南京、珠海、廊坊四市“大学城”开发建设情况的审计调查结果表明，四市“大学城”建设计划投资中，银行贷款占近1/3，而实际取得的银行贷款占已筹集到的建设资金的59.42%，贷款比例相当高，还贷存在一定风险。[①] 从全国主要“大学城”项目来看，廊坊市东方大学城投资达50亿元，宁波市高教园区投资32亿元，南京市江宁大学城远期投资40多亿元，仙林大学城投入50亿元，广州大学城投资高达120亿元，这些资金的获得主要靠银行贷款。[②]

（二）各类型高校贷款情况

中国普通高等教育实行“三级办学，两级管理”的体制，即国家、省、中心城市三级办学和国家、省两级管理的体制。从学校所属来看，由于教育部直属高校所得国家教育经费较多且较有保障，因此贷款较多的主要是省属高校。

从各省来看，1999～2003年11月，河南省高校实际利用贷款达52亿元；[③] 根据2005年5月底的统计数据，河北省仅省属的26所高校就向银行贷款50多亿元，其中10所骨干大学（除石家庄铁道学院外）贷款40多亿元，占贷款总量的80.2%；[④] 根据2005年9月底的数据，山东省内高校贷款累计已达103.7亿元，如果再加上各高校在建校过程中拖欠的工程款、校内集资款，金额不下130亿元；[⑤] 从2000年至今，江苏省至少有45所省属高校建设了新校区。[⑥] 另外，根据江苏省属高校审计报告，江苏省20所省属高校负债至少达总资产的30%，其中某省属高校已贷款7亿元，占所筹资金的93%。截至2005年5月，湖南省属高校负债达35.3亿元，平均每所高校负债1.13亿元，每年仅支出利息就达1.8亿元左右。[⑦] 仅在这6省，高校贷款估计就达300多亿元。2004年全国共有普通高等学校和成人高等学校2236

---

① 《四城市高教园区开发建设情况审计调查结果》（国家审计署2005年第2号审计公告，2005年5月30日公告），《中国审计报》2005年6月6日。

② 《贷款扩建校园调查高校财务风险》，《瞭望东方周刊》2005年1月28日。

③ 刘道兴：《完善“举债兴教”机制为加快我省人才培养提供制度保证》，河南省社科院信息中心，2004年2月27日。

④ 《河北将对高校贷款定限额》，《北京日报》2005年5月30日。

⑤ 《高校扩招当放缓》，《经济导报》2005年9月30日。

⑥ 《南京45所高校新校区欠债数亿　政府牵头卖地偿债》，《新京报》2005年8月24日。

⑦ 许云昭：《在2005年全省教育财务建设工作会议上的讲话》，《教育政报》2005年5月20日。

所，按每所高校贷款 8000 万元估算，高校贷款总量估计在 1500 亿～2000 亿元之间是可信的。

（三）贷款形式

为了获得银行贷款，很多高校采取圈地贷款的方式，出现了地方政府违规批地、开发建设单位违规占有农民集体所有的土地等现象。根据国家审计署 2005 年第 2 号审计结果公告，杭州、南京、珠海、廊坊四城市高教校园区（俗称大学城）开发建设中存在违规审批和违规占用农民集体所有的土地等问题，如廊坊市东方大学城和南京市江宁大学城的开发建设单位在未办理征地审批手续的情况下采取租用等办法违规圈占农民集体所有的土地 33976 亩；杭州市小和山高教园区和下沙高教园区建设征用土地中含基本农田 5262 亩，违反了土地管理法明确规定的、征用基本农田超过 35 公顷或超过 70 公顷的其他土地必须由国务院批准的条款。

在当前中国高等教育面临资源瓶颈的情况下，高校大规模圈地是一种极不经济的行为。为了支付圈地盖楼的成本，很多高校只好一靠举债二靠“挖”学生。一方面向银行大量贷款，债务一届转一届，导致学校债台高筑；另一方面，学校向学生分摊成本，挪用本属于学生的教育资源，教师科研经费短缺，学生接受的是一种“缺损教育”，只造就了一批建筑物与一届又一届不合格或半合格的大学生。

二　高校大规模圈地贷款的原因分析

（一）扩招与贷款的恶性循环

1999～2004 年，中国普通高等学校在校生人数增长了 2.2 倍，其中研究生人数增长了 3.1 倍，而此前 1993～1998 年的 6 年间，分别只增长了 34.4% 和 86%。[①]

扩招导致大批高校的教育投入远远赶不上学校发展的需要。为了解决学生宿舍拥挤、破旧、简陋，供电、供水、供气设施老化，食堂、浴室紧缺，师资捉襟见肘等问题，很多高校走上了扩建之路。据统计，截至 2003 年 12

① 数据来源于中经网。

月，全国已建和在建大学城有 54 个，大多数省份尤其是经济比较发达的东部都在兴建和拟建大学城项目。部分省份大学城少则 1 个，多则 9 个，用地规模一个比一个庞大。如陕西的西部大学城占地 400 公顷，山东菏泽大学文化城占地 466.67 公顷，南京仙林大学城，其规划面积达 70 平方公里，相当于 26 个北京大学的面积。①

很多高校企图通过扩大招生规模以增加学校的收入，从而偿还贷款，或者利用扩招之际使用国家的钱。据统计，1998 年工商银行发放的对教育（主要是学校）的贷款只有 2 亿多元，而 2003 年中期上升到 198 亿元。② 随着高校规模扩大后种种问题的出现，高校的还贷能力逐渐受到质疑，尤其是涉及违规圈地问题以后，高校贷款的风险也开始逐渐暴露。

（二）为吸引教学人才，高校开高价

部分高校为了吸引和留住人才，不顾学校财力、物力紧张，甚至以贷款的方式开出诱人条件，超过一般水平的好几十倍。核心内容一般包括提供住房、安家费，解决配偶及子女就业、就学问题，资助科研启动费，承诺年收入以及职称待遇等。如东北某大学给归国工作的“海外学人”的科研启动资金可以高达 10 万 ~100 万元，并安排 120 ~160 平方米的住房，年薪多的可达 20 万元人民币。③ 又如上海某大学，对来校工作的博士，学校为其提供三室二厅住房一套，给予安家费 2 万 ~6 万元，理工类的将得到科研启动费至少 10 万元，年收入为 5 万 ~7 万元，并配备助手。④ 这与周边省份的高校相比，还属于居中偏上的水平。但就以这种条件为基准，对资金来源紧张的高校来说，已经是一笔巨额的开支。

（三）官僚治校模式与地方政府官僚思维的影响

目前，中国各大高校主要管理者的产生遵循的是自上而下的委任制。他们的业绩评价标准及升迁完全由上级教育主管部门及领导决定，这种管理体制赋予了他们一种“官僚人格”：在现行的激励机制下，高校管理者与地方

---

① 《中外校长澄清办学误区：不要从表层误读一流大学》，《中国青年报》2004 年 8 月 9 日。

② 谈松华：《教育应适度利用金融资本》，《教育情报参考》2004 年第 4 期。

③ 《黑龙江高校三年吸引归国学子近千名》，《中国教育报》2005 年 2 月 1 日。

④ 《引得进　留得住　用得上——华东交大高层次人才引进三重奏》，www.ecjtu.jx.cn，2004 年 11 月 30 日。

官员一样有追求数量增长的冲动。大学的核心竞争力在于软性的教育与科研，但是这些成果见效很慢，需要长期的维持。为了在最短的时间内显示自己的业绩，很多高校管理者选择了“先大后强”的办学理念，走上了大兴土木扩建校园之路。

作为官僚治校模式的典型产物，“大学圈地运动”的弊端是显而易见的。“大学城热”与“开发区热”一样，在错误政绩观驱使下，部分高校管理者和地方政府大搞形象工程、面子工程，甚至出现个别官商勾结、图谋搭乘教育这个便车而牟取暴利的现象。国家审计署公布四城市大学城的占地中，高尔夫、房地产等经营性项目和山体、绿地、水面及闲置地等就占42%。[①] 在大学城里政府（其实是个别官员）是主宰，开发商进行经营，学校只是“客户”。在不承担征地成本，又有政府担保贷款的前提下，高校很容易陷入盲目圈地贷款的陷阱，并导致高校的基建投资规模大幅度上升。如从2003年起，江苏高校每年的基建费用从以前的大约10多亿元升至80亿~90亿元，基建投资规模仅次于交通建设，居第二位。[②] 国家审计署2005年第2号审计公告（2005年5月30日公布）指出：“一些高教园区建设不从实际出发，过于追求美化和景观效应，造成土地占用和资金使用的浪费。”

（四）商业银行对高校教育贷款缺乏风险意识

受亚洲金融危机的影响，1997年中国出现国内有效需求不足的现象。作为刺激内需的一项政策，1999年《中共中央国务院关于深化教育改革全面推进素质教育的决定》出台，明确提出：“（要）积极利用财政、金融、税收政策支持教育产业的发展。”于是，商业银行开始注意到教育贷款这一似乎是优质的投资资源，在其他行业贷款需求不足的情况下，加大了对高校教育贷款的力度。

在高校大规模扩张引起对教育贷款强劲需求的背景下，商业银行普遍认为，一方面教育是政府重点扶持的产业，另一方面又存在政府的担保和支持，高校还贷是不存在任何问题的。商业银行普遍怀有学校贷款、政府埋单想法，缺乏风险意识。

---

① 《四城市高教园区开发建设情况审计调查结果》（国家审计署2005年第2号审计公告，2005年5月30日公告），《中国审计报》2005年6月6日。

② 参见《江苏高校债务首遭审计 风光表面下面是沉重负债》，《新京报》2005年7月20日。

三　高校还贷能力分析

高校贷款大部分投资期限较长，贷款多用于购置土地，后勤、科研用房，基础设施建设以及重点实验室和大型仪器设备的置办，偿还利息可能没有问题，但偿还本金的不确定性就很大了。截至 2001 年底，河南省高校共计签订信贷协议金额 58 亿元，实际到位 29.8 亿元，其中归还 3.3 亿元，贷款余额仍高达 26.5 亿元。[①] 2003 年 9 月 10 日，据江苏省教育厅“155 号文件”，南京某学院为了满足扩建的需要，一方面将 200 亩土地出让给某艺术学校，另一方面向银行贷款 4.2 亿元，在江宁大学城内建新校区，但目前江宁校区的建设至少还要 9 亿元，全部要依赖贷款。[②]

从中国普通高等学校教育经费的来源来看，2002 年，国家财政性教育经费占 50.6%，比 2001 年下降 3.7%；社会团体和个人办学经费占 2.2%，比 2001 年上升 0.7 个百分点；社会捐资和集资办学经费占 1.9%，比上年增加 0.4 个百分点；学费和杂费占 26.3%，比上年增加 2.0 个百分点；其他教育经费占 19.1%，比上年增加 0.6 个百分点。[③] 可见，目前国家财政性教育经费仍然是高校主要的经费来源，但学费和杂费所占比重上升较快，其他教育经费来源上升幅度也较大。下面从高校主要的资金来源类型对高校的还贷能力进行分析。

（一）国家财政性教育资金

1998～2004 年，中国普通高等学校本专科在校生人数净增 992.63 万人。[④] 按照教育部的成本测算，每增加一个在校生，国家需要投资 5 万元搞基建。按照这个标准，2004 年，国家在高等教育领域仅基建投入就需要比 1998 年增加 4963.15 亿元，平均每年仅基建一项就需增加投入 827.19 亿元。而 2004 年国家对高等教育的总投入仅 930 亿元。[⑤] 教育经费的紧张，使部分

---

① 介新：《普通高等学校贷款问题研究》，高等教育出版社，2004。

② 黄一琨：《公立大学坏账之虞》，《经济观察报》2005 年 1 月 20 日。

③ 数据来源于《中国教育经费统计年鉴——2003》，中国统计出版社，2004。

④ 根据教育部《2004 年全国教育事业发展统计公报》和《1998 年全国教育事业发展统计公报》计算得到的数据。

⑤ 张尧学：《高等教育面临哪些挑战》，《中国远程教育（资讯）》2005 年第 9 期。

高校管理者将有限的资源用于建设，导致学生人均教育资源水平不断下降。1995 年，中国大学生的生均拨款大约为 8000 元，2003 年降为 5000 元左右，有些省降到 2500 ~ 3000 元左右，西部更低。[①]

20 世纪 90 年代初，国家曾提出要逐步提高国家财政性教育经费支出占国民生产总值的比例，到 20 世纪末达到 4%。但 4% 的目标从来没有达到过，1996 年一度还跌到了 2.44%。1990 ~ 2002 年，中国财政性教育经费占普通高等学校教育经费来源的比重从 93.5% 下降到 50%，但仍然超过了一半。[②] 这说明中国大多数高校资金来源的一个重要部分仍是政府的教育资金，随着财政性教育经费占普通高等学校教育经费来源的比重逐年下降，高校通过挤占财政性教育经费来还贷的可持续性值得怀疑。

（二）学杂费

部分股份制银行愿意贷款给高校的一个重要原因是看中了高校稳定的学杂费收入，但这一预期是存在问题的：一是普通高校的收费标准由国家制定，学杂费收入基本只能维持教学支出；二是部分高校虽然按教育部门规定可高于普通标准收取学杂费，但因为实际招生人数和收费额低于预测，预期的偿债能力实际上被高估。如某大学珠海分校 2002 学年学杂费入不敷出，亏损 892 万元，而贷款前预测的是收支相抵结余 700 万元。[③]

近几年来，中国高校学费以年均 20% 的速度增长。1990 年，中国高校生均相对成本[④]为 3.3，2001 年降为 2.1；同期，生均学费负担水平[⑤]则由 0.5% 上升到 24.7%，地方属高等学校的变化更为明显，从 0.7% 上升到 34.2%。这表明，学生及其家庭负担的高等教育成本从人均 GDP 的 1.65% 上升到 51.87%（地方属院校达到 71.8%），中国高等教育收费水平进一步提升的空间是很小的。[⑥]

---

① 邬大光：《促进民办高等教育发展的制度创新》，中评网。

② 郭海：《20 世纪 90 年代中国高等教育经费的来源构成变化》，《清华大学教育研究》2004 年第 5 期。

③ 《四城市高教园区开发建设情况审计调查结果》（国家审计署 2005 年第 2 号审计公告，2005 年 5 月 30 日公告），《中国审计报》2005 年 6 月 6 日。

④ 即生均成本占人均 GDP 的比重。

⑤ 平均每个在校生所交学费占其培养成本的比例。

⑥ 郭海：《20 世纪 90 年代中国高等教育经费的来源构成变化》，《清华大学教育研究》2004 年第 5 期。

同时，高收费也不能保证学杂费的持续增长。根据教育部的测算，到2008年，高考适龄[①]人数将达到最高峰，为1.2亿人，平均每年2400万人，按毛入学率20%计算，每年普通高校需要招生480万人。2008年后，高考适龄人数将逐步下降。[②] 按照这一预测，2008年以后，居民对高等教育的需求将逐步下降，高校收取学杂费的总量也会随之下降。考虑到高校贷款大部分为中长期贷款，高校未来的还款能力就值得怀疑了。

（三）创收

解决高校发展的资金来源，国际普遍经验是依赖政府投入、学费收入、社会捐赠以及学校创收四个主要方面。在过去十多年里，学费收入和学校创收已经成为中国高校收入的重要组成部分。2004年，全国高校校办产业实现收入总额、利润总额、对学校的回报分别为969.3亿元、49.93亿元、17.53亿元，其中科技型企业占比分别为82.23%、82.07%、47.06%。[③]

从这些数据可以看出，中国高校创收中，收入总额较少，且利润集中在科技型企业，各类高校创收能力参差不齐。一般来说，文科型学校创收能力比较弱，对于这类学校来说，依靠创收补充学校教育资源的空间并不大。

（四）圈地贷款

为了偿还高额贷款，部分高校采取了旧地置新地的方式。国土资源部的一项调查显示，全国现有的大学城中，划拨用地总面积占实际用地总面积的83.93%。[④] 由于高教园区的所有用地全部以行政划拨方式提供，地价远远低于市场价格，加上大部分高校园区均有土地闲置，因此很多高校将闲置土地出租以偿还贷款。

高校通过“圈地”，实际上变相地获取了一笔收入，将国有资产变成了学校的集体资产，这在合法性和合理性上都是值得怀疑的，更不用说可持续性了。

---

① 指18～22岁。

② 《2008年中国高考人数将达最高峰适龄人数1.2亿》，中国新闻网，2004年4月29日。

③ 《2004年全国普通高校校办产业统计分析报告》，教育部科技发展中心。

④ 参见邹建锋：《土地政策亮起红灯　大学城建设遭遇尴尬》，《中国经济时报》2003年12月16日。

四　高校贷款与金融风险

“举债兴教”，尤其公办大学大量向银行贷款，是中国特有的现象。世界上只有极个别国家的私立大学可以向银行贷款，大学一般不能向银行贷款。公办高校负债经营是否蕴含着潜在的财政危机和金融风险？2004 年，按照高校贷款最高估计 2000 亿元，相对于中国总的贷款余额来说并不算高。但考虑到公办高校作为公益事业，具有非营利性的特点，一所高校贷款少则上亿元，高的达数十亿元，其还贷能力从何而来，甚至由谁来偿还，都是值得质疑的。

目前，东南沿海一些高校由于贷款额度太高，伴随着还贷高峰的到来，已没有还贷能力，只好在地方政府的调解下，以“置换”的方式，并到了另一所高校。这种现象是值得深思的。首先，高校的土地是以行政划拨方式获得的，通过土地置换，高校得以免除债务。看起来，高校即使没有还贷能力也不会对社会造成任何危险，因为现阶段总是存在对高校土地的需求。但真正的风险在于这样会使高校陷入与国有企业同样的境地。中国至今都没有解决国有企业呆坏账问题，且具有沉重贷款包袱的国有企业的出路不是被改造成股份制企业，就是被兼并或宣告破产，这是不适用于高校的；其次，高校一旦难以维持贷款利息，政府就必须出手相救，这使高校贷款存在预算软约束问题。如果最终都由政府偿还，无疑会加大政府的债务规模。此外，高校贷款一旦引发金融风险，将带来比国有企业更大的冲击。因为一所高校被撤销或合并，最终承受损失的是作为弱势群体的学生和家长，将会带来更大的社会问题。

2004 年年中，各家银行接到上级通知不再向大学基建项目贷款后，江苏某高校由于不能取得贷款，正在建设中的部分教学楼和图书馆、体育馆只好停停建建，贷款的风险已经在高校的日常财务收支上表现出来。该高校每年学费收入为 1 亿元左右，政府年拨款 6000 多万元，但学校支付 1000 多名教职工的年工资、奖金就近 1 亿元，再加上其他教学、科研和行政开支，每年的收入除正常开支外，只能还清贷款的利息，根本无力偿还本金。① 大学城建设的资金来源绝大多数都是银行贷款，一旦资金链断裂，后果不堪设想。

① 参见《江苏高校债务首遭审计　风光表面下面是沉重负债》，《新京报》2005 年 7 月 20 日。

部分银行已经把高校贷款列为继“钢材、水泥、电解铝”之后的又一个高风险贷款项目。

五　预防金融风险扩大的措施

针对近年来愈演愈烈的高校扩招之风和贷款规模过度发展的势头，部分省份已经开始采取措施，如河北省将通过制定高校贷款最高控制额度和超额度审批制度等措施，对高校贷款加强宏观管理，缓解贷款规模过大可能带来的金融风险。教育部也开始充分重视这一问题。2004 年 12 月，教育部发布公告，将对部属高校的发展规模和建设投入情况予以调查。审计署在 2004 年 5 月进驻全国 19 所重点高校。

要解决高校贷款热的问题，首先必须提高国家财政性教育经费的投入。高校承担着扩招的义务，但受益者是政府和学生，因此应逐步提高中央财政和地方财政对高校，尤其是地方所属高校的资金支持。鉴于高等教育具有“准公共资源”的特点，因此还应适当引入社会资金的支持，而不宜过度依赖政府对高校贷款提供担保。

其次，应规范地方政府和高校管理者的行为。一方面，有关部门要通过制定相应的法律法规，限制地方政府违规批地、大搞大学城和对高校贷款提供担保的行为；另一方面，教育主管部门要加强对高校管理者的行为约束，注重对高等教育质量的考核，而不是倾向于盲目扩大高等教育的规模。

再次，银监会要加强对商业银行高校教育贷款行为的监管。大学作为一种非营利机构，在收入来源有限的情况下，商业银行应根据高校的还贷能力适度发放贷款。在“举债兴教”风气的影响下，商业银行普遍认为教育是政府支持重点发展的事业，高校圈地贷款只是“利用金融资本反哺高等教育”，根本不担心其背后潜藏的风险。因此，要使高校贷款热“软着陆”，银监会应有效引导商业银行正确认识高校过度圈地贷款背后隐含的金融风险，并加强对商业银行高校教育贷款的监督和控制。

（作者单位：中国人民大学）

阶　层　篇

中国工人：劳动者组织权的法律保障与实践

○ 乔 健

组织权（right to organize），一般是指劳动者为改善就业条件和劳动条件的基本目的，而结成暂时或永久的团体的权利。具体则是指劳动者组织工会并参加其活动的权利。组织权有广义和狭义之分，广义的组织权是指劳动者成立工会并通过工会开展集体谈判和劳动争议等手段来维护自己利益的权利，一般包括组织工会权、集体谈判权和争议罢工权，即所谓“劳工三权”。狭义的组织权则专指组织工会权。

1999 年以来，中国在非公有制企业里推行了大规模的组建工会的运动，由此揭开了市场经济条件下工会工作的帷幕。研究劳动者组织权的法律保障，不仅有助于推进和规范非公有制企业中的工会组建，而且对探索市场经济条件下的工会工作模式具有重要意义。

一 中国对劳动者组织权的法律保障

中国法律明确规定了劳动者的组织权利。

1950 年 6 月，中华人民共和国成立伊始，便颁布了保障工人组织权利的《中华人民共和国工会法》（以下简称《工会法》）。该法开宗明义规定：“凡在中国境内一切企业、机关和学校中以工资收入为生活资料之全部或主要来源之体力及脑力的雇佣劳动者及无固定雇主的雇佣劳动者，均有组织工会之权。”

1992 年《工会法》对组织权的规定更为具体，该法规定：“在中国境内的企业、事业单位、机关中以工资收入为主要生活来源的体力劳动者和脑力劳动者，不分民族、种族、性别、职业、宗教信仰、教育程度，都有依法参

加和组织工会的权利。”与 1950 年《工会法》比较，除增加了反对差别待遇的内容外，还将以往的“组织工会之权”修改为“参加和组织工会的权利”，这种修改，主要是考虑到中国工会已经有一个比较完整的和既定的组织体系，绝大多数地方和企业已经存在工会组织，劳动者组织权的行使，主要是参加工会。有学者指出，当时的这种立法思考，并没有预料到后来在非公有制企业组织权的行使并不是参加工会，而是组建工会。[①]

改革开放以来，经济结构的调整，非公有制企业的发展，促进了中国的经济增长。但是，非公有制企业的劳动关系问题也成为一个严重的社会问题。中国的非公有制企业的劳动关系是一种市场化的劳资利益对立的劳动关系。由于雇主和分散的劳动者双方力量对比的极端不平衡，加之这类企业劳动关系运行的不规范，以及地方政府出于发展经济的目的对雇主百般纵容，这类企业中的劳动者权益被侵害成为一个普遍性的问题，这表现在：相当多的企业不依法与职工签订劳动合同，逃避为职工缴纳社会保险金，致使大批职工就业无保障，失业无保险；劳资利益对立且差别悬殊，尤其是在出口加工型企业，压制职工工资是企业发展和增强产品国际竞争力的重要支柱；[②]加班加点现象相当普遍；劳动保护问题较为突出，严重危害职工的生命安全和健康；部分企业的管理人员采取各种非法手段，任意打骂、侮辱和体罚职工，其不文明的管理方式致使职工的人身权利和人格尊严得不到保障。由于上述侵权问题的严重存在，非公有制企业劳动纠纷不断，职工流动频繁。此外，怠工、停工和罢工事件也屡有发生。凡此种种，已经严重影响了企业的正常生产秩序，妨碍了非公有制企业的健康发展和社会稳定。

非公有制企业劳动关系之所以出现这些问题，一个重要原因是这些企业中没有工会，绝大多数劳动者处于一种无组织的状态。截至 1998 年底，全国外商投资企业、乡镇企业和私营企业实有工会 17.5 万家，有工会组织的职工 1445.8 万人，发展会员 1227.5 万人。其中，外商投资企业的工会组建率为 35.5%，职工覆盖率为 31.1%；私营企业的工会组建率仅有 4%，职工覆盖率仅为 7.3%。上述企业工会的平均组建率只有 7.3%，职工覆盖率只有 11.5%。到 1999 年底，中国的工会会员人数是 8689 万人，是历史上的新低。

---

① 常凯：《劳权论——当代中国劳动关系的法律调整研究》，中国劳动社会保障出版社，2004，第 227 页。本文在写作中参考了常凯著作的有关内容，谨致谢意。

② 2004 年流行于中国南方出口加工区的“民工荒”是这种产业政策的一个副产品。

同时，工会的维权机制和影响力也在弱化。造成工会影响下降的因素主要包括：经济结构调整使传统上工会组织较为严密的行业大幅度裁员，而一般较难组织工会的第三产业服务性行业从业人员大量增加；职工构成多样化，其中高技能白领工人、移民工人、临时工通常更愿意置身于工会之外；国家逐步放松对劳动力市场的管制，劳动力自由流动频繁，劳动关系呈弹性化和灵活化趋向；企业采用弹性生产方式和加大对转包与分包形式的依赖，等等。

针对这种状况，全国总工会提出“哪里有职工，哪里就必须建立工会组织”的要求，把在非公有制企业组建工会作为重中之重，并计划到2002年底，要达到在全国非公有制企业组建工会100万家、发展会员3600万人的阶段性目标。因此，把握《工会法》的有关规定，对规范工会组建至关重要。

（一）组建工会的实体要件

实体要件即是组建工会必须要具备的法律条件。这种法律条件主要包括三个方面：一是会员的资格；二是工会领导人的资格；三是工会组织的合法性。

1. 工会会员的资格

中国的《工会法》、《劳动法》等法律法规都明确地规定了依法组织工会是劳动者的基本权利。《工会法》规定，工会会员的条件是：“在中国境内的企业、事业单位、机关中以工资收入为主要生活来源的体力劳动者和脑力劳动者，不分民族、种族、性别、职业、宗教信仰、教育程度，都有依法参加和组织工会的权利。”这一规定对于会员资格做了以下限定：第一，应是在中国境内的企业、事业单位、机关中工作的人；第二，以工资收入为主要生活来源的人；第三，具有劳动关系中与用人单位相对应的劳动者身份，包括体力劳动者和脑力劳动者。此外，工会会员还必须具有公民权并达到法定的劳动年龄。

2. 工会组织领导人的资格

作为工会领导人，首先要符合工会会员的条件，比如，以工资收入作为主要生活来源，是劳动者，享有公民权等。同时，还应该具有比普通会员更高的条件。工会领导人在年龄上必须达到法定的成人年龄，才能具备承担各种法律责任的能力。此外，根据《中国工会章程》的精神，作为工会领导

人，还应当具备较好的政治素质和思想修养，有一定的组织活动和社会活动能力，能热心为职工群众服务，在职工中有较广泛的号召力等。

3. 工会组织的合法性

中华人民共和国成立以来，中国的工会立法一直坚持工会组织的一元化，全国建立统一的中华全国总工会，不属于全国总工会系统的工会组织即为非法工会。对此，1992 年《工会法》规定为："基层工会、地方各级总工会、全国或者地方产业工会组织的建立，必须报上一级工会组织的批准。"此外，根据《工会法》的规定，工会的活动还必须"遵守和维护宪法，以宪法为根本的活动准则，依照工会章程独立自主地开展工作"。

（二）组建工会的程序要件

组建工会的程序要件，是指工会组织的建立还必须经过相应的法律程序。关于程序要件的内容，各国法律的具体规定各有不同，但一般有申请、登记、上诉等内容。中国是一元化的工会体制，在基层企业建立工会的程序，主要包括申请和批准等环节。

1. 申请

一般地说，申请建会的主体应是企业的劳动者。但是，由于在组建工会之前劳动者尚未形成有组织的力量，在申请建会方面或者还没有主体意识，或者心存顾虑因而不敢或不愿主动申请，因此，全国总工会为促进职工建会，提出可以有几种申请的方式：其一，在已经建立党组织的企业，可以由党组织提出的工会筹备组人选提出申请；其二，由职工选出自己的代表提出建会申请；其三，由上级工会组织与职工和雇主代表共同协商成立工会筹备小组提出建会申请。申请的部门应是上级工会。在这里，规定有资格申请成立工会的有三种主体：其一是党的组织，这是组织权行使中的一个中国特色，其原因在于中国工会是在中国共产党的领导下的群众性组织；其二是劳动者，这应该是申请成立工会的主体；其三是上级工会组织，作为上级工会组织，有权发展下级工会。①

2. 批准

中国《工会法》规定："基层工会建立……必须报上一级工会批准。"在工会筹备组经过发展工会会员、召开会员代表大会、民主选举工会委员会

---

① 中华全国总工会组织部：《新建企业工会工作实用教材》，中国工人出版社，2001，第 68 页。

和工会主席、副主席后，即需要向上级工会报告选举结果，请上级工会批准。只有经过上级工会批准并登记，新组建的工会组织才具有合法性，才可享有基层工会的权利和义务。

2001 年通过的《工会法》修正案还就以下组建工会的问题提供了法律保障。

一是对上级工会履行帮助和指导职工组建工会的职权提供了法律保障。《工会法》第十一条明确规定，“上级工会可以派员帮助和指导企业职工组建工会，任何单位和个人不得阻挠”。职工自愿参加工会，不是自发性参加工会，这需要上级工会深入职工当中进行大量的宣传和组织工作。在市场经济条件下，随着多种所有制经济成分的发展，企业之间没有了行政隶属关系，上级工会深入企业开展工作缺少了必要的法律依据。近年来，正是由于上级工会无法深入各类企业开展工作，造成大量职工对工会缺乏了解，难以加入工会。《工会法》第十一条的规定，从法律上使上级工会深入企业履行建会的职权合法化，同时也明确指出阻挠上级工会深入企业建会的行为是违法的。

二是对企业支持建会工作提出了具体的法律要求。《工会法》第十条明确规定，企业、事业单位、机关，不论人数多少，都应当建立工会组织，建立工会组织的形式可因职工人数的多少而异。第四十五条还规定，企业、事业单位、机关应当为工会办公和开展活动，提供必要的设施和活动场所等物质条件。这必将为组建工会创造更好的内部环境。

三是为发挥街道和乡镇工会这一中间环节的作用提供了有力的法律保障。《工会法》第十七条明确规定，“企业职工较多的乡镇、城市街道，可以建立基层工会联合会”，这就从根本上解决了建会中间环节的问题，给了街道工会和乡镇工会合法的出生证。

四是为工会组织形式的多样化提供了法律保障。从全国情况看，非公有制企业的绝大多数为小企业，人数在 25 人以下的占 80% 以上。在这种情况下，如果仍然坚持原有的 25 人以上的企业才必须建立基层委员会的规定，显然脱离实际。从这一实际出发，《工会法》确定了工会组织的多种形式，第十七条规定：“会员在二十五人以上的，应当建立基层工会委员会；不足二十五人的，可以单独建立基层工会委员会；也可以由两个以上单位的会员联合起来建立基层工会委员会，也可以选举组织员一人，组织会员开展活动。”这一规定，适应了非公有制企业的实际情况。

五是对组建工会的法律责任提供了法律保障。《工会法》第五十七条规定了三种情况：阻挠职工依法参加和组织工会或者阻挠上级工会帮助、指导职工筹建工会的，由劳动行政部门责令其改正；对拒不改正的，由劳动行政部门提请县级以上人民政府处理；对以暴力、威胁等手段阻挠造成严重后果，构成犯罪的，依法追究刑事责任。

二 中国非公有制企业工会组建的主要经验和存在的问题

（一）主要经验

1999 年末的宁波会议，标志着中国非公有制企业工会组建工作进入了一个新时期。这次会议要求：①在建会思路上，要完成全总提出的“争取用三年左右的时间，把绝大多数新建企业职工组织到工会中来”的组建目标，必须改变过去“成熟一家发展一家”等按部就班的被动建会办法，按照“哪里有企业，哪里有职工，哪里就有工会组织”的原则，采取单个企业建立基层工会，多个小企业建立联合基层工会，按照区域、行业建立基层工会联合会等组织形式，以“整体推进、不留空白、不留死角”的积极主动姿态加大工会组建力度，最大限度地把职工组织起来。同时要从就组建抓组建转向既要抓组建，又要抓作用发挥，以工会作用发挥促进组建，形成良性运行循环。②在建会程序上，不应照搬国有企业的办法，可采取“先搭台，后充实，再完善、逐步规范”的总体安排，即先建立工会联合会，然后尽快指导企业建会和职工入会。③在会籍管理上，针对非公有制企业职工流动性大的特点，实行有别于国有企业的“流动会员”制度，会员关系随劳动关系流动。其劳动关系确定在哪里，会员关系也同时跟到哪里。

据全国总工会政研室统计，截至 2004 年末，全国基层工会组织数达 102 万个，其中，非公有制企业为 45.9 万个。累计共发展工会会员 13694.9 万人，其中，非公有制企业为 5546.3 万人。[①]

① 中华全国总工会：《2004 年中国工会维护职工合法权益蓝皮书》，《工运研究》2005 年第 18 期，第 4 页。

从各地非公有制企业组建工会的进展情况看，积累了以下行之有效的经验。

一是建立了四项工作机制。①建立分级负责的目标考核机制。将新建企业工会组建年度目标任务是否完成，作为各地年终达标考核一票否决的内容。建立领导小组定期工作例会制度，情况定期通报制度，定期信息发布制度和工会组建档案管理制度。②建立集中攻坚的工作合力机制。成立新建企业工会组建工作领导小组，形成党委领导、政府支持、工会主抓、各方配合的工作格局。③建立条块结合的新型领导机制。其一是以地方为主，建立向下延伸的多层次、全方位的工会组织网络。其二是根据工会章程确定的管理原则，按照企业所有制性质建立的“条块结合、以块为主”的各级外资企业、私营企业工会联合会组织。④建立借助外力的联动配合机制。如积极争取各级党委领导及与有关部门密切配合；主动参与地方立法，将新建企业建会工作纳入法制化轨道；借助工会法执法检查等活动，加大建会的宣传力度；实行灵活的建会措施和优惠政策，调动各方积极性；借助跨国公司在转包商企业实施的“企业守则”活动，推进工会组建，等等。

二是形成了六种建会模式。①独立组建模式。在有职工 25 人以上的新建企业，仍然按照传统的组建工会形式，直接建立独立的基层工会委员会。这种建会模式约占总数的 1/3。有的地方根据新建企业的特点，提出百人以上企业规范操作，对百人以下 25 人以上的企业，则根据企业的实际情况，最大限度地简化建会程序。②联合组建模式。职工不足 25 人的小型新建企业，按照就地就近的原则，在同一地域、行业、专业市场、大楼内两个以上企业建立联合基层工会委员会。以江苏省为例，共建立联合基层工会 2000 多个，覆盖小型新建企业 10 万多家。③上挂组建模式。对个别单独、零散的小企业，又不具备建立联合基层工会条件的，由企业工会小组、会员直接挂靠在企业所在地上一级工会或工会联合会。④派入组建模式。对一些外商独资企业、规模较大的私营企业，江苏、湖北等地试行了从国有集体企业、党政机关、事业单位中选派熟悉工会工作，有奉献精神、年富力强的骨干为企业工会主席候选人，并帮助企业筹建工会。为避免企业工会依附于雇主，由地方工会发放企业工会主席工资。⑤统筹组建模式。针对经济结构调整，大量小型新建企业向农村、城市社区延伸发展的趋势，经济发达地区探索在村、社区统一建立工会组织，以此辐射所在地区企业工会的组建。⑥属地组建模式。针对大量在各地经济开发区内注册、区外生产经营的企业，按照属

地管理的原则，由开发区提供企业名册、生产经营地点，依靠企业所在地工会建立基层工会，将大量流动性很强的私营建筑施工队中的农民工吸纳到工会中来。

（二）存在的问题

中国的非公有制企业工会的数量在持续激增，而这主要是自上而下推动的结果，很难避免泥沙俱下，鱼龙混杂。从已建工会组织的现状看，主要存在着以下问题。

首先，关于会员资格遇到了一些新的问题，即私营企业的老板以及私企或外企的高级管理人员能否加入工会。

有人提出，私有经济已成为中国社会主义市场经济的重要组成部分，“优秀”私营企业主是中国特色社会主义的“建设者”，可以加入中国共产党，难道还不能成为工会会员？也有人提出，允许和鼓励私营企业主加入工会，有利于企业劳动关系统一性得到更好的发展，有利于增强工会的实力。在实践中，有些地方的上级工会是在委托老板建会，而不是依靠工人建会，有的地方对于老板组织工会褒奖有加，甚至当成经验介绍。由老板的亲信或亲属如二老板、老板娘担任私企工会主席的情况，在目前已不是个别现象。

这种认识和做法是违背中国法律规定的。私营企业主的社会经济身份是资产所有者，是剩余价值的占有者。私营企业主是与劳动者相对立的劳动关系的另一方，他们的收入中包含有一定的劳动收入，如他们作为体力和脑力消耗而获得的管理的收入，但其主要收入源于利润或剩余价值。没有利润或剩余价值，就没有私营企业的存在和发展，就没有私营企业主。从这一角度说，私营企业主并非以工资为主要收入来源，他们不具法律意义上的“劳动者”身份，因而不具备加入工会的资格。而工会是工人阶级的群众组织，其成员的阶级性是工会的基本条件，即不是工人阶级分子，就不能加入工会。这一点必须非常明确，否则，工会就不成其为工会。如果私营企业主也可以加入工会的话，工会将改变其阶级性质。劳动关系的统一性并不是以改变工会性质来发展的，企业主加入工会非但不能增强工会的实力，反而只能使得工会徒有其名，或变成被雇主控制的“老板工会”（company run union）。

关于私营企业和外资企业中的高级管理人员能否参加工会的问题，则显得特殊和复杂。有人提出，高级管理者不是资产所有者，而是劳动者，所以应有入会资格。这种认识也不准确。私企和外企中的高级管理人员，是向雇主负责的管理方，即是相对于劳动者的劳动关系的另一方，他们亦不属于劳动关系中的“劳动者”。管理这种劳动具有两重性，它既有劳动的一般属性，也体现了资本追求剩余价值的特殊性。管理者是资本的人格化代表，他们的这种身份，也是与工会的性质不相容的。私企和外企的高级管理人员如果加入工会，不仅涉及工会的主体和性质，而且还会直接影响集体谈判制度的推行。

目前，在市场经济国家的劳动立法中，对于企业高级管理人员加入工会都有明确的限制性条款。如日本《工会法》规定，“负责人员；有录用、解雇、提升和调动的直接权限而居于监督地位的人员；由于接触雇主的劳动计划、方针等机密事项，因而职务上的义务和责任同工会会员的忠诚和责任直接相抵触而居于监督地位的人员，代表雇主利益的其他人员”，不得加入工会。①

不仅如此，雇主和高级管理人员一般不得加入工会，也是国际劳工公约中非常明确的一个原则。在国际劳工公约的规定中，雇主也享有组织的权利，但这种权利只能组织与工会相区别的雇主组织，而决不能介入工会组织。并且第 98 号公约将雇主介入和控制工会的情况视为“不当劳工行为”（unfair labor practice）而严格加以禁止。

2001 年《工会法》修正案对于企业主要负责人加入工会的问题，明确做了限制性的规定，即“企业主要负责人的近亲属不得作为本企业基层工会委员会成员的人选”。但是，该修正案并未对企业高级管理人员加入工会进行限制。这表明，中国的劳动立法已开始与国际劳工标准接轨，但要根绝雇主控制工会的行为，则还有很长的路要走。

其次，对不合程序要件的“非法工会”要具体分析和加以引导。

根据中国法律，只有被中华全国总工会所属工会批准方为合法工会。但随着非公有制经济的发展和劳资矛盾的突出，一些未经批准的工人自发成立的组织在各地都有出现，有的政府部门也发起举办相应的职工维权机构，并在民政部门注册登记，这些组织实际上也具有工会的性质。如何正确对待和处理这些非法的工会组织，既涉及工会体制，也涉及工人的权利，是一个政策性非常强的工作，应当慎重处理。

对于工人非法成立的工会，应该具体分析，因为这些工会的产生原因是多方面的。有的是因为工人不了解法律有关成立工会的程序规定，一些打工

① 中华全国总工会法律工作部编《修改〈工会法〉参考资料汇编》，1999 年内部刊印版，第 392 页。

仔、打工妹，为了维护自己的利益而自发成立一个组织，称为“打工妹协会”，或者叫“雇员协会”，还有的叫“同乡会”等。对于这一类的活动，工会不应冷落，更不应打击，而应当积极的引导、教育，把他们的活动导入到法律的轨道中，使他们成为中华全国总工会的下属组织。对于一些政府部门出于工作职能的延伸而举办的“外来工管理协会”或“人民调解会”，有的还接受了国外机构的资助，要依法取缔，并做好说服解释工作，将其组织、职能和资金纳入工会的管辖范围，落实胡锦涛同志关于进一步完善在工会组织领导下的维权机制的重要批示精神，以维护工会组织的统一。还有一类自发的工会，是由于该企业的工会不能代表工人的利益，或者毫无作为，或者受老板指使和利用，成为“老板工会”，因而工人自发成立工会，以抵制这种“老板工会”。对于这种情况的处理更要慎重。一方面，要对原有的工会进行调查、甄别和处理；另一方面，对于这些自发工会要控制和引导，不要简单地排斥打击，激化矛盾。

从根本上说，在非公有制企业组建工会，工作重点应该是发动和组织劳动者，提高他们的阶级意识和组织意识，动员他们组织起来维护自己的利益。各级工会有义务支持和帮助工人建会，特别是对于工人自发要求建会的行动，更应该支持和保护。对于带头要求成立工会的工人领袖分子，应该保护他们的积极性，而不应以各种借口予以打击或排斥。成立工会，需要由工会组织自上而下进行，更需要由职工群众自下而上进行。组织权的主体是劳动者，组织工会的权利，就实质而言是职工的权利。

再次，由于组织体制改革的滞后和限制，非公有制企业工会的维权作用难以有效发挥。

工会的主要职能是维护职工的合法利益。但是，出于维护政治和社会稳定的考虑，非公有制企业组建工会基本上摒弃了行业工会（craft union）和产业工会（industrial union）的思路，而主要采取在企业内组建工会的方式。在这种组织模式下，工会工作者都是企业的雇员，在经济上对雇主有依赖，因而无法独立自主地维护职工利益，致使工会的维权作用难以有效发挥。部分勇于维护职工权益的工会工作者则很难见容于企业雇主，极易遭受来自雇主各种形式的打击报复以致解聘。[①] 这导致工会的维权工作只能局限于开展

① 参见《工会主席依法维权竟被炒“鱿鱼”》，《工人日报》2004 年 2 月 6 日。该报每年都要以此为题展开讨论，越来越多的读者认为应当通过体制改革来维护基层工会工作者的权益。

法定节假日的联欢、参观及访贫探病等活动，工会组织和工会干部处于极不稳定的流动状态，工会经费的收缴更是困难重重。

三 完善劳动者组织权保障的政策措施

（一）促进非公有制企业工会规范化建设

从2002年开始，伴随着大规模建会所暴露出的问题，在工会内部引发了广泛的思考。人们普遍认识到，必须提高非公有制企业工会的规范化建设水平，增强工会组织的凝聚力，才能更好地吸引职工入会。如果有了工会组织却不能发挥作用，工会维权就是一句空话，就会损害工会的形象。

为此，全总要求，要把组建工会和发展会员的工作作为一项长期而艰巨的任务，进一步巩固和发展建会的成果，积极探索组建工会的长效机制。坚持自下而上与自上而下相结合的建会方式，防止和杜绝出现“依靠老板建工会”的现象；既要重视工会的组建率，更要看重职工的入会率。2003年以来，全总要求，将建会和发展会员的工作重点放在进城务工的农民工、季节工及国有企事业单位和机关中的劳务工身上，并加快乡镇和社区工会组建的步伐。乡镇和街道工会具有基层工会和地方工会的双重职能，直接面对越来越多的基层工会组织，处于推进基层工会组织建设的最前沿。要履行好抓基层的职能，主动代行基层工会难以承担的部分维权职能。2005年，全总在义乌召开现场会，推介了义乌工会在民政部门注册法律服务机构的社会化维权模式。加强对会员会籍的管理工作，实行会员关系随劳动关系流动的管理制度。此外，已组建工会的工作重点要从“一个班子、一块牌子、一个印子、一个台账、一次活动和一个工会经费账户”的最低工作标准向有效发挥作用和规范化建设转变。要以“基层组织是否具有活力作为检查和考核新建企业工会工作的重要标准”。

以私营企业发达的浙江省为例，省工会专门制定了工会基层组织规范化建设的一系列标准。其中，要求企事业工会基层组织做到以下几点。

（1）组织机构健全。包括所有职工在内的职工入会率达到80%以上，定期召开会员代表大会，按期换届。工会领导班子健全，分工明确，其构成体现群众性、代表性。建立健全工会经费审查组织、女职工组织、劳动争议调解组织等。对会员会籍实行动态管理。

(2) 工作制度健全。建立工会委员会岗位责任制、工会工作例会制度。有计划、有总结。工会各类档案、资料完整、齐全。

(3) 维权机制到位。建立集体合同制度和工资协商谈判制度、职业安全卫生监督检查制度和劳动争议调解制度。建立职工代表大会、厂务公开等职工民主参与制度，其中非公有制企业的职工代表大会制度，参照职代会有关规定，根据本企业实际确定职权，逐步完善。公司制企业工会主席或职工代表依法进入和列席董事会、监事会。

(4) 活动开展正常。围绕企业发展和文化建设开展各项活动。组织职工参加经济技术创新活动和合理化建议活动，开展职工文化技术培训。有必要的职工活动场所和工会的宣传舆论阵地。

(5) 党政领导支持。党组织和行政领导支持工会开展工作，党政工关系协调。依法计提和拨缴工会经费。为工会开展活动提供必要的时间保证。

(6) 会员群众拥护。工会为职工和会员办实事成效显著。工会会员代表大会每年对本单位工会工作和工会主席进行一次民主评议，满意率在65%以上。

加强基层工会建设有各方面的要求，当前尤其要抓好几个关键环节：一是要依法推进基层工会建设；二是要民主推选出能代表和维护职工利益的基层工会主席；三是要建立健全基层工会的各项民主制度。

（二）改革工会的组织领导体制

促进非公有制企业工会有效发挥作用和规范化建设，需要根据经济全球化和市场化的客观要求，改革工会的组织领导体制。

笔者认为，要确立一个明确的指导思想，即按照有利于突出维护职工合法权益的原则，以增强工会工作的自主性和独立性为重点，通过“上代下”的领导和工作方式，全面提高工会工作水平，推动企业劳资关系持久、协调和平衡发展。

在现行工会组织体制改革的思路上，提出如下政策建议：①在组织机构的设置上，按照组织机构设置适应任务的原则，打破工会现行的条块分工，建立区域性和行业性的工会组织，作为未来行业工会或产业工会组织模式的雏形。②在组织方式上，可以按照自上而下地成立工会联合会和自下而上建立基层组织并广泛发展会员相结合的办法，加快工会联合会和基层工会组织的建立。③在工作职责的划分上，从非公有制企业的实际出发，按照基层工会难以承担的维权任务由行业和产业工会来承担的要求，打破传统的工会机关和基层工会职责的界限，保护基层工会干部的积极性。④在干部的配备上，要打破自我封闭，选拔一批具有服务劳工精神并兼备业务能力的工会干部充实到基层去，并进行垂直管理干部的试点，以降低工会干部对企业管理层的依附。推进工会组织的民主化和群众化，开展工作更多地依靠兼职工会干部和积极分子。⑤工会改革和突出维权应当得到各级党政领导的支持和理解。需要在思想认识上处理好“维权”和“维稳”的关系，即如果工会不能有效地维权，便无法担当起党和职工群众之间的桥梁纽带角色，还会诱发各种自发性组织和国外势力的渗透，这于党的事业是不利的。

从长远发展的角度看，笔者认为，工会组织体制改革的目标应当是从目前的以地方工会为主、地方与产业相结合的体制逐步过渡到产业与地方相结合，突出产业和行业工会在维权中的主导地位。近年来，围绕着向市场经济转型中的工会改革的讨论，在工会内部形成了一种共识，那就是应当强化行业工会和产业工会在突出维权中的作用。这是因为，在市场经济条件下，工人个体无法与雇主平等协商，签订公平互利的劳动合同，他必须借助工会组织来达成劳资双方力量的均衡，从而实现自身的利益。而工会则应当以一种最能凝聚工人力量的方式来加以组织，在这方面，行业工会和产业工会具有得天独厚的优势。而且以行业和产业方式组织工会，更适合于针对入世和结构调整对不同产业的不同影响制定突出维权的策略。进一步而论，工会的组织方式还与其民主化、群众化密切相关，只有通过组织体制的变革，工会才能真正走向自下而上的建会和发展会员的模式，进而确立会员在工会中的主体地位。当然，考虑到政治和社会稳定的要求，工会改革也须循序渐进，不可能一蹴而就。

（三）完善工会立法，保障劳动者的组织权

2004 年以来，全国人大开展了对《工会法》的执法检查。从 2001 年《工会法》修正案颁行，不到三年的时间就举行这类活动，足见立法机构对《工会法》执行的重视。同时，也说明这部法律在实践中还存在着许多问题，需要进一步修订完善。

从保障劳动者组织权的角度看，建议从以下两方面修订《工会法》。

一是引入“不当劳工行为”的概念，禁止雇主及其代理人侵害劳动者的组织权利。其中，要根据市场化进程、经济结构调整和利益分化的现状，更

加明确地界定工会会员的资格条件，严格禁止企业雇主及一定级别以上的高级管理人员加入工会，限制雇主在财政上给予工会资助，以避免雇主控制和干涉工会组织及其活动。

二是增设会员一章，详述会员的权利和义务，会员与非会员的待遇差别，进一步增强工会组织的吸引力和凝聚力。要明确会员代表大会是工会组织的权力机构，淡化工会组织的行政化、官僚化色彩。以此来强化会员在工会组织中的主体地位，促进工会组织成为一个更加纯粹的民主化、群众化的利益组织。

参考文献

常凯：《劳权论——当代中国劳动关系的法律调整研究》，中国劳动社会保障出版社，2004。

常凯、郑宇硕、乔健、傅麟主编《全球化下的劳资关系与劳工政策》，中国工人出版社，2003。

黄越钦：《劳动法新论》，中国政法大学出版社，2003。

中华全国总工会：《2004 年中国工会维护职工合法权益蓝皮书》，《工运研究》2005 年第 18 期。

中华全国总工会法律工作部编《修改〈工会法〉参考资料汇编》，1999 年内部刊印版。

中华全国总工会组织部：《新建企业工会工作实用教材》，中国工人出版社，2001。

（作者单位：中国劳动关系学院）

2005 年中国农民发展报告*

○ 樊　平

2005 年“三农”问题变化的总趋势是进展大，问题多。进展大在于政府开始用统筹的观点和措施来协调解决“三农”问题，一系列配套的支农惠农政策促进农民收入持续增长，各级财政加大了对农村基础设施建设和公共产品的投入力度，效果明显。政府几个涉农发展的部门和研究机构在 2005 年设计组织调研并完成了几个专题报告，研究当前的农村发展和农民需求，有数据，有观点，社会反响大。问题多在于农村发展已经进入城乡互动新阶段，旧的问题存在，新的问题产生，社会张力显现。村落社会分化继续扩大，快速城市化对农村的影响开始显现，农村内部阶层关系也出现了新特点。

一　农民收入：以统筹破解“三农”问题

农村正发生着深刻变化，重要标志就是中国总体上进入了“工业反哺农业、城市支持农村”发展的新阶段。2005 年对农业进行反哺，以工支农、以城带乡效果明显。

（一）农民收入增加，支出增长

2005 年的突出特点是以统筹破解“三农”问题，“三农”问题的核心是农民增收。统筹的特色在于，促进农民增收与加强农村基础设施和生态环境建设、改善农村生产生活条件相结合，转移农村富余劳动力与建设社会主义

---

* 除文中注明引用出处外，本文写作还参考了许多机构和研究者的研究成果，限于篇幅，在此不一一列举。谨此致谢。

新农村相结合，农民组织发展与农村社会事业发展相结合。

农民收入继续增长。2004 年农民人均收入增长创 1997 年以来最好水平。2005 年前三季度，中国农民人均现金收入达到 2450 元，扣除价格因素，同比实际增长 11.5%，增速高于同期城镇居民人均可支配收入增速 1.7 个百分点。

1. 农民收入的增长

中央从 2004 年起连续两年出台“一号文件”，运用财政、税收、价格等多种杠杆和手段，千方百计保护农民种粮积极性，减轻农民负担，增加农民收入。从 2004 年起，国家对种粮农民实行直接补贴，6 亿农民享受了直补政策。2005 年中央一号文件出台了进一步促进粮食稳定增产、农民持续增收的 27 条惠农政策，农业税减免全面“提速”，对种粮农民的补贴力度加大，全国有 29 个省份实施粮食直补，全年安排资金 132 亿元，比 2004 年增加 16 亿元。部分地区农民还得到了良种补贴和农机具购置补贴。在一些粮食主产区，农户投资增长迅速。据对 13 个粮食主产区的调查统计，2005 年上半年，农村固定资产投资总额中，第一产业投资额同比增长 25.6%，远高于上年同期 6.1% 的增长速度。2005 年一些地方新粮上市价格较低，国家启动了最低收购价执行预案。农民税费负担大幅度减轻，全国有 28 个省份全部免征农业税，河北、山东、云南三省也将农业税税率降低到 2% 以下。据国家统计局对全国 6.8 万个农户的抽样调查，上半年中国农民农业税人均不足 1 元，同比下降 87.2%。2006 年中国将全部取消农业税。取消农业税并不等于农民种地不缴税，据初步测算，目前中国农民在购买生产资料等生产过程中缴纳的增值税，每年在 4000 亿 ~5000 亿元之间，农民人均缴纳的税款在 200 元以上。

2. 农民收入的结构

农业部农村司对全国 31 个省（区、市）6.8 万个农村住户的抽样调查结果显示，2005 年上半年农民现金收入人均 1586 元，扣除价格因素影响实际增长 12.5%，增速比上年同期提高 1.6 个百分点。特点是：①出售农产品收入大量增加。农民出售农产品的现金收入人均 707 元，同比增长 20.3%。②工资性收入较快增长。农民人均工资性收入同比增长 16.6%。③第二、三产业生产经营收入保持平稳增长。农民家庭第二、三产业生产经营的人均现金收入同比增长 14.7%。④财产性、转移性收入增加。农民的人均财产性现金收入同比增长 20.9%；人均转移性现金收入与上年同期持平，其中，粮食直补、购置更新大型农机具补贴和良种补贴收入 8 元，与上年同期基本持平。⑤税费负担继续大幅度下降。农民的税费支出人均5.6元，同比下降51.1%。其中农业税人均不足1元，下降87.2%。值得注意的是，2005年上半年农民缴纳各种收费和“一事一议”筹资费比上年同期增加。其中，各种收费人均2.6元，增加0.4元，增长17.1%；“一事一议”筹资费人均0.8元，增加0.4元，增长90.9%。各种收费占上半年税费支出的43.3%，“一事一议”筹资费占13.7%。

3. 农资价格上涨使农民种粮成本大幅增加

调查汇总发现，2005年碳氨、尿素、磷肥等化肥零售价比上年同期平均上涨了25.8%；农膜平均零售价上涨了42.1%；水稻种子平均零售价上涨了76.7%；玉米种子平均零售价上涨了33.3%；农药零售价平均上涨了15.86%。按四川德阳农民大田生产投入水平，农民种1亩水稻、玉米平均投入165.18元，比2004年增加37.37元/亩，增长29.2%。国家政策扶持给予农民的实惠有78.3%被农资涨价因素抵消。此外，重大动物疫病对畜牧业和家禽业的影响，对养殖大户收入的影响，不可低估。

4. 上半年农村居民生活消费现金支出快速增长

据国家统计局对全国31个省（区、市）6.8万个农村住户的抽样调查，2005年上半年农村居民生活消费现金支出人均996元，比上年同期增加166元，增长20%；扣除价格因素实际增长16.6%，增速比上年同期提高8.9个百分点。生活消费的各类支出全面增长，其中商品性支出人均674元，增加108元，增长19.2%；服务性支出人均322元，增加58元，增长21.8%。①食品支出大量增加，主要是由于购买粮食和肉类食品支出大量增加。②衣着支出持续增长19.2%。③居住支出平稳增长。④购买家庭设备、用品和服务支出增长27.6%，在生活消费的各类支出中增速最快。⑤交通和通讯支出持续快速增长，支出增加额仅次于食品消费。⑥文教娱乐支出增加较多。⑦医疗保健支出大幅度增长，增长27.1%。⑧其他商品和服务的消费支出略有增加。上半年农民现金收入人均1586元，实增12.5%

（二）农业产业化、农村经纪人促进农民收入增长

农民农业收入增长有两个因素：一是农业产业化对农户经营的带动，二是农村经纪人的推动。

1. 农业产业化将分散的农户生产经营组织起来，适应市场需求

农业产业化经营取得历史性突破，龙头企业已成为农村经济发展中极具

成长性和生命力的市场主体。"十五"以来，逐步由初级加工为主向精深加工延伸，由劳动密集型为主向劳动、技术和资金密集型并重发展。截至2005年9月，全国产业化经营组织发展到11.4万个，固定资产总额8099亿元，分别比2000年增长70.9%、91.7%。全国各类产业化组织带动农户8454万户，从业人数3333.2万人，比2000年增加2493万户，平均每户从中增收1202元。产加销、贸工农有机结合，农民组织化程度显著提高。产业化不仅使一部分农民能直接进入龙头企业务工，还有许多农民参与到运输、营销环节的经营活动中，增加了收入。农业产业化经营提高了农民的组织化程度。产业化带动农户主要有三种类型：一是龙头企业带动型；二是专业市场带动型；三是中介组织带动型。

2. 农村经纪人将农户的农业生产和市场需求结合起来

据国家工商总局对全国31个省（区、市）的调研统计，2005年全国农村经纪人总户数达38万余户，经纪执业人员达61万余人，经纪的业务量达1707亿元。从种类看，农村经纪人主要分为农产品经纪人、农村手工业产品经纪人、农业科技经纪人、农村劳动力经纪人等。农村经纪人中从事粮食、蔬菜、水果、牲畜、水产品等经纪的经纪人占了主要部分，分别为5万户、6.3万户、4万户、2.5万户、2万户。在经营方式上主要以居间和行纪为主。农村经纪行业呈现三个特点：①农村经纪人员数量迅速扩大，经纪组织形式、经纪业务方式已呈多样化，经纪效率明显提高；②经纪业务范围开始涉及经纪生产资料、日用工业品等领域；③农村经纪行业的发展不平衡。

（三）村内贫富分化扩大

伴随着农民收入总体增长，农村收入分化明显。中国农村极端贫困人口从1978年的2.5亿人降低到2004年的2610万人。据国家统计局农调总队对全国31个省（区、市）的6.8万个农村住户的抽样调查，2004年农村贫困人口人均纯收入为579元，不到全国平均水平的1/5。

农村贫困人口有五个特点：①贫困人口纯收入的2/3来源于家庭经营农业。89.4%的贫困农户是农业户或农业兼业户。贫困人口的工资性收入为115元，占纯收入的比重为19.9%，比全国平均水平低14.1个百分点。②贫困人口收入的货币化程度低。2004年贫困人口人均现金纯收入257元，占人均纯收入的比重为44.4%，比2003年下降7.6个百分点。贫困人口收入的货币化程度比全国农村居民的平均水平低 34.5 个百分点。③贫困人口收入在农村居民收入中所占的份额下降。2004 年贫困人口占全国农村人口的份额为 2.8%，贫困人口的收入总额在农村居民收入总额中所占的份额为 0.5%。收入差距扩大。④七成以上贫困人口的收入在 500 元以上。⑤一半以上的贫困农户生活入不敷出，现金短缺。2004 年，贫困人口人均生活消费支出 602 元，超过其人均纯收入 23 元，超出 4%；现金生活消费支出 322 元，超过其现金纯收入水平 65 元，超出 25.3%。分户来看，贫困农户中有 54.1% 的家庭人均家庭生活消费支出超过纯收入水平。

重庆市农调队对农村贫富差距的调查发现，首先，农村贫富差距的总体特征是贫富差距越来越大。按五等分收入分组，20% 的低收入组农户和 20% 的高收入组农户人均纯收入分别是 741 元和 4529 元，高收入组农户人均纯收入是低收入组农户人均纯收入的 6.1 倍。高收入组农户人均生活消费是低收入组农户人均生活消费的 3.5 倍。低收入组农户多数存在入不敷出。低收入组农户的食品消费支出占生活消费支出的 60.0%，处于温饱线以下；高收入组农户的食品消费支出占生活消费支出的 37.6%，已达全面小康水平。其次，农村贫困也由原来的成建制“整体贫困”向“局部贫困”或“个体贫困”转变，原来单一的“贫困区”逐步向“贫、富区”交织化方向发展。再次，返贫现象突出。返贫分两种情况：一是由于农户素质差及缺乏自身努力而返贫；二是由于突发性事件如疾病、自然灾害、市场突变等因素导致脱贫农户返贫。最后，少数贫困农户贫困程度加深。这部分农户主要是病、残、老、弱等缺乏劳动力，或是文化素质极低，不能适应市场需要发展生产，又无社会保障，仅靠政府微薄扶持，贫困程度越陷越深。

导致农村贫富差距的因素有以下几个：①政策因素导致城乡、农村贫富差距加大。②自然环境不同导致贫富差距拉大。③劳动力多少导致贫富差距。④因病因残造成贫富差距。农村因病残返贫、因病残致贫现象较为严重。⑤教育负债拉大贫富差距。小学一学期学费两百多元，初中一学期学费四百多元，高中一学期学费近千元，大学一年学费近万元，高昂的教育费用让一些低收入农户处于“不送子女读书长期贫，送子女读书立即贫”的“两难”窘境。⑥耕地得失拉大了贫富差距。失地农民成了无业之民，失地失业走向贫困。农村因失地而走向贫困分两种：一种是因工程建设失地致贫的农民增多，再就是移民失地导致贫困。⑦文化素质高低也决定着贫富程度。农村中只能从事传统的种养业的农户收入远远低于拥有新型的劳动技能

者。⑧不良消费导致贫富差距。人情消费、赌博消费等也是导致贫富差距的一大因素。

（四）农民工

外出务工成为除农业外农民最主要的就业形式和现金收入的主要来源之一。

据国家统计局农调总队对全国 31 个省（区、市）的 6.8 万个农村住户的抽样调查，2005 年上半年，农村常住户中外出务工的劳动力 8845 万人，比上年同期增加 375 万人，增长 4.4%。劳动力外出的特点是：①中部地区外出务工劳动力快速增长；②跨省流动劳动力继续增加，上半年，跨省外出务工劳动力 4626 万人，比上年同期增加 227 万人，增长 5.2%，占外出务工劳动力的比重为 52.3%，提高 0.4 个百分点；③外出劳动力仍以到地级以上大中城市务工为主，其中到地级市务工的劳动力增加较多。上半年，到地级以上大中城市务工的劳动力 6006 万人，同比增加 567 万人，增长 10.4%，占外出务工劳动力的 67.9%，比重提高 3.7 个百分点。其中，在直辖市务工的劳动力增加 19 万人，增长 2.3%；在省会城市务工的劳动力增加 69 万人，增长 4.2%；在地级市务工的劳动力增加 478 万人，增长 16.3%；在县级以下及其他地区务工的劳动力 2839 万人，同比减少 192 万人。

农村劳动力外出打工不仅增加了家庭收入，而且提高了自身素质，但也给县以下农村的产业结构调整以及家庭结构、亲情关系带来强烈影响和冲击。①大量的青壮年外出打工，留家的大多是老弱病残之人，新时期农村经济发展和产业结构调整政策因缺乏精壮劳动力进展不大。②青壮年大量外出务工，精英外出，致使村“两委”换届选举时选不出高水平的领导。③“留守孩子”缺少父母的关爱，大多任性冷漠，学习成绩不理想。④“留守老人”劳动繁重、赡养无着、孤苦寂寞。

二　城乡关系：城市化要考虑农民权益

（一）城镇化要有农民的视角

在中共中央政治局第 25 次集体学习时，胡锦涛总书记提出了未来中国城镇化模式选择的原则和目标。从“城市化”到“城镇化”，一字之差意义重大，城镇化包括了农村发展。中国的城市化水平在以每年1%的速度增长，已经由1990年的18.9%升至2004年的40%，到2020年将达到60%。在未来15年，中国将有2亿~3亿农民迁入城镇居住，城镇人口将从现在的5.24亿人增至8亿~9亿人。

中国农村劳动力2003年是4.89亿人，但真正从事农业生产的不足2亿人，其余大部分从事第二、三产业或处于剩余状态。即使推进城镇化进程，2010年中国农村人口仍会有7亿人左右，2020年农村至少还会有5亿以上的人口。这就要求，在城乡发展的同时要考虑农村发展，城市化发展要有农民的视角，打破城乡"二元结构"还得两条腿走路，一方面推动农民进城，另一方面稳定乡村经济。稳定乡村经济就要关注县域经济的发展，关注县域社会结构的调整。

（二）土地

土地是最重要的农业生产资料，也是农民最基本的生活保障。如果乱征滥用，很可能会制造新的无地、无业、无社保的"三无农民"，严重损害农民的长远生计，威胁到社会的稳定。目前在农民收入多元化的情况下，土地收入依然占60%；农村劳动力中有1亿多人的流动大军，有1.3亿人在乡镇企业，仍有1.7亿人在经营土地，还有3000万人从事畜牧业、渔业生产，也要依靠土地。

占用农田成为2005年城镇化进程中的一个突出问题。全国有27个省（区、市）的基本农田出现减少，16个省（区、市）的在册基本农田面积低于《全国土地利用总体规划纲要》确定的指标。2001年以来，全国因城镇村非农建设用地调整基本农田面积425.4万亩，各类非农建设违法占用基本农田面积116.25万亩。现行的征地补偿仍然没有完全补偿农民所失去的财产权利，在实际操作中带有某种歧视性和非公平性。世界银行的研究表明，当人均GDP小于500美元时，农民以分散的自给自足方式经营土地；当人均GDP大于1000美元时，农村土地的市场价值才开始体现出来，表现为土地拥有者转移土地的强烈意愿。

2005年因征地引发的社会矛盾不断加剧，真正原因并不是城镇化进程加快，而是土地政策和征地操作方面还存在一些重大缺陷。①农地转为非农地使用必须实行国家强制征用，征地范围过宽。②农地转为非农地过程中的收益分配不公平，土地经营权的拥有者农民的利益受到侵犯；"以地生财"已

成为地方政府增加财力、筹集城镇建设资金的重要途径，为增加政府的预算外收入，农村土地成为政府的“第二财政”，成为新时期“以乡养城”的一种新形式。农村居民除了土地之外基本没有什么保障，随着经济发展出现了失地的农民，导致了一些群体性的抗争事件。据专家测算，在改革开放的20年中，有 2 万亿元以上的土地出让金用于城市的建设，而这 2 万亿元的土地出让金进入城市并没有带来相应比例的农村人口向城市稳定转移。③土地税费结构不合理，政府重费轻税。④地方政府用土地招商引资，由此导致稀缺的土地被大量占用。据国土资源部估计，20 世纪 80 年代末以来，土地出让、转让所造成的国有资产流失最保守的估计每年也达 100 亿元以上，大于走私造成的损失。

（三）城乡一体化

打破城乡二元结构，推进城乡一体化发展，是城市发展所面临的一项重要而迫切的大课题。一些地方的经验表明，推进城镇化建设步伐，必须要与当地经济发展的总体水平和城市的承载能力相适应，不能“拔苗助长”。如果仅仅以城镇化人口这一指标来衡量城镇化水平，而没有相应的社会保障，小城镇建设只是一句空话。西部一些地区为了完成城镇化人口方面的指标，将大量农民的户口转为居民户口；但这些“新居民”既享受不了国家的惠农政策，又享受不了对城镇居民的社会保障政策，他们强烈要求“非”转“农”，还他们农民身份。

三　农民工：衡量城乡关系协调的指示器

中国城市化的水平要用农民进城就业的水平和质量来测量。在加快城镇化进程中，应当通过加快完善市场体制来为农民提供更多、更便利、更公平的就业机会。

据国家统计局农调总队调查，当前中国农村劳动力约 4.8 亿人，而农林牧渔业实际需要的劳动力只有 1.7 亿人，多余的劳动力只能转向非农产业或走出农村寻找就业机会。在全国 660 多个城市中，农民工已达 1.2 亿人之多。据农业部分析预测，未来十年，中国农民还将以每年 850 万人的速度向城镇转移，预计今后 20 年从农村转移到城镇的人口将达 3 亿人。根据第五次人口普查数据计算，没有城市户口的农民工已占第二产业岗位的 57.6%，商业和餐饮业岗位的52.6%，加工制造业岗位的68.2%，建筑业岗位的79.8%。据劳动和社会保障部2005年8月完成的相关调研报告透露，目前中国农民工平均年龄为29岁，其中16~25岁的占45%，30岁以内的占61%。农民工总体文化程度偏低，初中以下文化程度者所占比例高达83%，未接受过任何技能培训的占72%。在东部省份就业的农民工占农民工总量的62%，在中部省份就业的农民工占20%，在西部省份就业的农民工占18%。适合需要的公益性服务和培训项目少；市场中介行为不规范，初次求职农民极易上当；培训项目与生产和服务实际脱节，不能满足就业需要，是阻碍农民工就业的三个因素。

要形成城市对农村发展的带动机制，关键是为农民进城就业创造更多的机会，使农民在城里有长期稳定生存的手段，为农民进得来、留得住创造更好的制度环境。然而，2005年有关农民工的劳动保护、劳动安全事故频发，以及煤矿生产伤亡惨重的诸多报道显示，对农民工的收入权益保护、劳动环境和安全生产保障还很薄弱，使农民工形成就业环境不公正的感受。

1994年开始，中国开始采用现行的“城镇登记失业率”，但无法回避的矛盾是，包括农民工在内的部分失业人口并没有被“登记”在案。自2006年下半年起，中国政府将暂停统计“城镇登记失业率”，将部分遵循国际惯例，用抽样调查的方法统计失业率数据，农民工等阶层将被首次纳入统计范围，这就意味着亿万农民工将得以纳入失业保险体系。这是解决城乡二元经济分割的重要一步。

四　基层组织：乡镇相对减事绝对减员，村民自治重在维权

传统的乡镇工作模式正经受着前所未有的转型压力和变革。乡镇改革的基本原则是相对减事绝对减员，转变乡镇政府职能，实现乡镇政府由传统管理型向服务型政府和法治型政府转变，乡镇政府承担执行政策法规、推动经济发展、搞好社会管理、强化公共服务、维护和谐稳定五项基本职能。一些省市的乡镇改革后机构精简，只设立农业服务、文化服务、财政所、人口和计划生育健康服务站四个公益性事业机构，强化公共服务功能。乡镇不得超编进人，新录用公务员和事业单位人员必须坚持“凡进必考”。

2005年，部分农村乡镇党委依照“两推一选”的选举方式进行换届选

举。“两推一选”即换届选举首先由全镇选民推荐镇党委书记、委员初步候选人，然后由全镇党员从选民推荐出来的初步候选人中推选镇党委书记、委员候选人，经县委确认后，最后将选民推荐和党员推选出来的正式候选人提交全镇党员代表大会选举产生新一届镇党委。

部分农村推行了“两轮票决”制，让村民直接决策村级事务，党员参与重大党务，保障村民和党员的知情权、决策权、参与权和监督权。在江西九江县，纳入“两轮票决”的重大党务包括：村党支部年度工作报告，村党支部换届选举、届中调整，村级后备干部的推荐，组织党的活动，民主评议党员等；重要村务包括：本村经济、文化、教育、卫生及其他公共建设事业的规划和年度计划，以及年度村务工作报告和财务收支情况报告，村集体重要自然资源和重大资产的利用、处置以及公益事业的兴办等。农村重大党务、重要村务由党员大会和村民代表会议“两轮票决”的制度在一定程度上遏制了村官腐败行为的发生。

村民自治的发展重心已由组织重建走向村民权利。权利只是法律上提供的一种可能性，它的实现需要相应的主体性条件，如权利意识，实现和主张权利的能力，维护权利的条件。以前村干部的领导方式、作风，已不适应今天农村的社会环境。全国农村基层组织中干群矛盾、两委矛盾尖锐，原因就是四个民主落实不到位。四个民主是民主选举、民主决策、民主管理、民主监督。村民自治 2005 年的新进展是由民主选举扩展到民主管理、民主决策。河北省“青县模式”让村民代表有了真正的决策权、监督权。村民代表要“讨论决定本村的发展规划和年度工作计划，重大建设及新上工副业项目的大宗开支”。村内所有收支票据，须经村民代表大会民主理财小组定期审核。对贪污受贿、以权谋私、群众意见大的村干部，村民代表有权提请村代会研究，经村民大会讨论决定撤换。村民代表大会讨论同意盖章，每个村民代表都有一个自己的印章，印章由县里统一刻制。理财小组监督村两委，村里任何事都必须经村民代表大会通过，否则不具有合法性。《青县村级组织规则》规定：村支书要竞选村民代表大会主席，威信低、形象差、能力弱，未能当选的，一般要调整。实际上就是竞选失利的村支书要引咎辞职。在青县，约有 85% 的村支书当选。青县模式解决了村治模式问题，也解决了农村基层党组织退化问题。

乡村债务影响到农村基层政权稳定和基层组织管理。据国家财政部认定的统计数据，全国县乡镇政府显性债务达 4000 多亿元。个别乡镇债务高达亿元。全国乡镇平均债务在400万元左右，这还不含村级债务，局部风险已经出现。有专家估计，全国的乡村债务总额估计不会低于6000亿元，很可能已经突破了上万亿元，占全国GDP的10%左右，占全国财政总收入的30%~50%，大大超过了长期建设国债的总负担。乡村债务构成包括：因基础设施投入如通乡镇油路、农田水利等农村基础设施建设形成的债务；办福利事业如“普九”、乡镇医院和村办公益事业建设形成的债务。负债已经严重影响了乡镇政权的正常运转，其存在的合法性已经开始受到质疑，中国社科院进行的农村调查显示，乡镇政府不欠新债成为干部是否称职的基本要求，新任还旧债成为乡镇干部的一个政绩。

五　农村公共产品：当年成效大，历史欠账多

农村公共产品对于中国农业的发展、社会主义新农村的建设具有举足轻重的作用。农村发展的滞后突出地反映在教育、卫生、文化等公共事业方面严重不足，给农业和农村发展带来了严重的负面影响。农村生产力增长缓慢，农民增收幅度缓慢，很大程度是由于农村公共产品供给不足，农业投资效益降低，农业不能获得平均利润率造成的。农村税费改革减轻了农民负担，但并未解决农村公共产品供给不足问题。

目前中国现行的农村公共产品供给制度存在的主要问题在于：①中央政府与地方政府在农村公共产品供给责任上划分不尽合理。农村基层政府的事权大于财权，承担着许多应该由上级政府承担的支出，如基础教育。一些大型水利设施等纯公共产品，受益范围超越了区域界限，本应由中央财政提供，却下放给乡镇，而乡镇的财政收入无固定税源，只能以各种合法或不合法方式增加农民负担。②“自上而下”的公共产品供给决策程序不尽合理。农村公共产品的供给主要不是由乡、村社会内部的需求来决定，而是由上级指令决定，无法反映乡、村基层社会的真实需求。在这样的机制下，必然增加无效公共产品的数量和超越农民经济承受能力的公共产品，浪费本来就十分紧张的公共产品资金。

造成农村基础设施建设和社会事业发展滞后的重要原因之一，是财政和金融对农村的支持不足。2004年，中国农村固定资产投资占全社会固定资产投资总额的16.34%；各级财政支农支出占国家财政总支出的5.89%；农业贷款余额占金融机构各项贷款余额的5.55%。农村在上述各项资金支出中所

占的比重，与农村人口所占的比例、农业和农村经济在国内生产总值中所占的份额相比很不相称。农民教育、医疗消费支出偏大，已经成为农业税减免之后农民家庭新“负担”。2004 年，农民人均教育、医疗、药品费用合计 367.73 元，占到当年农民纯收入的 19.7%，占到当年农民生活消费总支出的 22.7%，成为食品消费支出之后的第二大生活消费项目，远远超过了居住用品及衣着消费。

公共财政在农村义务教育上投入不足，使农村儿童不能和城市儿童获得同样的教育机会。据 2005 年《中国全民教育国家报告》数据，中国已经建立起了以政府为主导，利用各方面力量推动农村和贫困地区教育事业的体系。2004 年全国农村小学和初中教育总经费中，政府拨款分别占 82.7% 和 76.6%，比 2000 年分别提高了 16 和 14 个百分点。但是，全国还有 8% 的地区没有普及九年制义务教育，集中在西部地区。从 2005 年开始，在 592 个国家扶贫开发工作重点县实行了对农村义务教育阶段贫困家庭学生免除杂费和课本费、对寄宿生补助生活费的政策。教育部的目标是 2006 年给农村的孩子免去全部学杂费，对于特别贫困的还要由政府提供免费的书本和住宿费用；到 2010 年在农村地区实现免费义务教育。

中国新型农村合作医疗试点从 2003 年下半年开始，到 2005 年 6 月底，在开展新型农村合作医疗试点的 641 个县（市、区）的 2.25 亿农村人口中，有 1.63 亿农民参加了合作医疗，参合率为 72.6%。从 2006 年起，国务院将进一步加大中央和地方财政对建立新型农村合作医疗制度的支持力度，2008 年将在全国农村基本普及新型合作医疗制度。

城乡居民文化消费差距也在拉大，原因是农村文化体育设施投入长期不足。河南省农调队调查发现，河南省城乡居民文化消费差距呈现拉大趋势，农村居民文化消费支出仅为市民的 1/4。

农村社保中被征地农民是重点。截至 2004 年底，全国共 1887 个县（市、区）不同程度地开展农保工作，5387 万农民参保，积累保险基金 285 亿元，205 万人领取养老金，当年保险金支出 20 亿元。截至 2005 年 9 月，社保在农村的普及率只有 13%，且多集中在少数城市和沿海地区。全国有 1200 多个县（市）建立了农村最低生活保障制度，享受农村低保的人数达到 445 万。中国超过 70% 的农村家庭没医保。据南方一些城市调查，目前的征地农民基本养老保险补贴制度养老保障的水平十分有限，现有参保的退休农民每月只能领到 120 ~ 300 元的保险金，比所处城市最低生活保障线还低，社保基金已经承受巨大资金压力，以物业为主的农村集体净资产初步规模很大，限于农民的传统意识和短期利益，农村集体一般不大愿意支付社保和市政成本。需要政府在征地制度和集体资产管理办法中设立强制性规定，引导农村集体资产投入征地农民的社保。

2005年农村公路建设快速推进是一个亮点。农村公路特指乡道和村道。国际农村公路焦点组织的数据表明，如果有较好的农村道路，化肥成本会降低14%，收入增加12%，而农业产品产量则上升32%，而且方便的运输条件可以促进农产品精加工。据交通部统计，2003、2004年两年，全国建成农村公路35.2万公里，其中沥青路、水泥路19.2万公里，超过1949年以来农村建设沥青路、水泥路的总和。2004年，中国新增农村客运班车8500多辆，有286个乡镇、28424个行政村新开通了班车。2005年1~6月，全国农村公路建设共完成投资409亿元，建成公路5.3万公里。其中，中央投资项目完成投资206亿元，建成公路2.3万公里；地方安排项目完成投资203亿元，建成公路3万公里。但是全国还有184个乡镇、5.4万多个行政村不通公路。

政府为农村消费创造公用设施条件，“农村超市”为中国消费安全最为薄弱的农村农民生产和消费提供了一种安全模式。2004年浙江省有关部门在抽查中发现，84.5%的农村商店存在食品安全问题。浙江省从2004年初提出“千镇连锁超市”、“万村放心店”工程，统一采购、统一配送、统一管理、统一价格、统一标识、统一核算和统一服务。一年来的实践证明，“农村超市”最大的好处就是让农民买到了“放心消费品”。“农村超市”进村带来了竞争，商品价格下降，农民得到了实惠。

六　结论和建议

2005年农村发展中的一系列新变化、新问题表明，“三农”问题已经突破了农村的地理区位局限，农村发展已经与社会流动、城市化、市场化、法制建设等一系列中国社会结构整体变迁紧密结合起来。解决“三农”问题，或者至少说要稳定“三农”问题，需要注意以下几个方面。

第一，中国的社会发展、社会改革、社会利益分享需要有农民的视角，或者说不能缺失农民的视角。这是解决“三农”问题的根本原则，是决定解决“三农”问题各种技术手段和程序的哲学基础。社会公正是论证社会经济

发展合理性的基础，也是评估发展以及如何划分发展收益的基础。农民的公正观作为农民判断自己在与国家（及其代理人）对于乡村社会中的交换和互惠关系的合理性的基本原则，对于理解乡村社会性质具有重要意义。家庭联产承包责任制就是在建立市场经济体制中有了农民的视角，才成为改革开放的突破口，开启了中国的现代化发展进程。在城市化发展、城乡一体化设计中也需要这样的智慧和理念。城市化是发展方向，但是如果城市化缺失了作为利益相关者的农民的视角，一是影响城市化进程，增加社会冲突；二是即使提高了城市化的统计水平，也是不稳定、有风险的。在衡量城市化的指标上，不能简单沿用失地农民成为"市民"的比率来代替，要以农民向非农产业转移的成功率和农民收入增长来衡量。这不是说要取消城乡差别，在现阶段消灭城乡差别是不可能的，问题是不能因为承认存在城乡差别就任其扩大到绝大多数农民无法忍受的程度。对于中国作为一个农业人口大国的市场化、城市化发展，强调发展要有农民的视角非常重要。

第二，切实保护农民的土地权益，土地是农民的命根子。土地制度决定了农村、农民的一切生产方式，决定了农民的政治权利和经济地位，没有保障农民合法权益的土地制度，农民就不会富裕，农民对公共产品的投资建设就会缺乏积极性。要全面清理和修订现有有关征地方面的法律条款，将土地征用权严格限定在公共用途和符合公共利益的范围内，充分保障农民对土地的基本权利，防止农村土地流转中的侵权行为。要严格制止农村基层干部借土地资源重新配置之机大量寻租，侵害农民土地权利的各种行为。要妥善安置失地农民，并为他们提供最基本的社会保障，让农民在土地流转中失地不失利，也不失业。

第三，为农民工进城创造良好的制度环境，让农民进得来，留得住，还要回得去，使农民工能够参与城市的政治和社会生活。农民工的劳动权益保障令人担忧。工作强度大，工作环境差，劳动报酬普遍偏低，承受着被拖欠工资、被克扣工资、同工不同酬和就业歧视等不平等待遇，在劳动保护、劳动安全事故中最容易受到伤害。要建立城乡统一的劳动力市场，制定平等的行业进入制度，实行公平的就业政策。只要进城农民有固定职业、固定收入和固定住所，并且具有一定工作年限的可考虑拥有城市户口。要依法建立农民工的社会保障体系，长期在城市务工的农民在医疗卫生、社会保障和子女上学等方面应享受市民待遇，有权平等享用城市公共服务。政府要对务农者和外出务工者特别是刚毕业的初中生、高中生有针对性地进行职业培训、技术培训、法律培训，帮助农民工提高自身素质，增加外出就业人员的社会判断力和就业适应能力。

第四，加快实行农村集体产权组织制度改革。修改农村集体资产管理条例和制定各地级市改革农村经济组织的规范性文件，在快速城市化地区的农村加快实施农村集体股份合作社股权固化，组建村级集体资产管理公司，作为集体经济运作的主体，独立核算，自负盈亏，村“两委”成员不兼任该公司法定代表人，而是组成监事会监督公司经营运作，村委会和居委会工作职能转移到重点搞好社会管理和社区服务。在固化农村集体股份的同时，留较高的比例作集体股，用于公共事务和社会保险费用开支。

第五，完善村民自治制度。农村集体产权制度与村民委员会“直选”制度有着十分紧密的联系，城市化带来整个区域利益关系和价值观念的重大调整，给社会稳定和农村集体资产的长期收益增加了较多的不确定因素。建议完善村民自治制度：一是通过国家或省级人大立法，将每届村委会的任期延长至 5 年；二是加快推行村务公开，集体资产经营情况公布要进一步细化，增加村民对村委会班子工作绩效的了解，促使农村集体资产在村改居以后也能获得长期稳定的收益。

第六，国民收入分配要更多地支持农业和农村发展。从政府的开支来看，一是加大财政对农业、农村基础设施和农业科技的投入力度；二是调整财政资金的使用方向，转变补贴方式，增加对农民的直接收入补贴；三是加快落实减免农业税的政策措施；四是建立规范的国家财政转移支付制度，逐步由中央和省级财政承担农村基础性公共产品的投入。

第七，城市发展要顾及农村发展，这不仅包括几下乡活动，更重要的是要带动提升县域经济。统筹城乡资源配置，建立城乡共享的资源要素平台，加强城乡之间资本、技术、人才和信息方面的交流与合作。农村发展了，才能促进农民离土不离乡就地转化。

第八，发展城乡关联产业，建立促进农业产业化和现代化的机制，实现农业产业化经营、标准化生产。使农民在农业产业结构调整中尽快得到实惠。如果在产业结构调整中，农民苦干一两年收益不多，会导致越来越多的农民外出打工，农村产业结构调整也将受阻。如果通过产业结构调整或者发展其他产业能获得和打工一样的效益，农民会留下来在家乡发展。县、乡政府招商引资和为吸引外出打工人员返乡创业提供便利条件同样重要，这样才能农业稳县。

第九，注意农村的公共产品和社会事业发展。要尽快建立由农村内部社区需求决定公共产品供给的机制，政府各个职能部门对农村新的社会事业需求的重要性和迫切性要有职业性敏感和及时的反应能力。面对大量青壮年外出后留下的“留守孩子”的心理健康、教育成长等问题，政府及有关部门应探索有效机制，尽快出台保护农村“留守孩子”权益的办法，村委会应与外出务工农户签订管理责任状，解决务工人员的后顾之忧，营造有利于外出务工子女身心健康成长的社会环境。解决“留守老人”存在的问题，鼓励实行土地流转承包。

第十，提高农民整体素质，培育面向未来农村发展的新型农民。新型农民的概念是具有相当的文化水平，一定的农业或其他技能，并能实现知识自我更新、技能自我提高的农民，也是农民由传统小农向小业主转变的必要条件。同时政府还要扶持建立各种类型的农民专业合作经济组织，逐步改变长期存在的小规模分散经营方式，增强农业的市场竞争力。

（作者单位：中国社会科学院社会学研究所）

私营企业主阶层成长的新阶段

○ 张厚义

据国家工商行政管理总局的统计，截至2005年6月底，全国登记的私营企业达398.42万户，从业人员5565.0万人，注册资本总额54295.0亿元。与上年同期比较，这三项指标分别增长了19.29%、18.05%和28.83%。2004年年底，全国登记的私营企业为365.13万户，从业人员5017.3万人，注册资本总额47936.0亿元。同2003年年底比较，这三项指标分别增长了21.47%、16.7%和35.78%。值得注意的是，这种两位数的增长是在持续了15年之后、基数不断扩大的基础上实现的。

一 私营企业主阶层成长的新阶段

如果以党的重大方针和国家的根本大法作为划分标准，那么，经过二十多年的持续发展，可以判断，中国私营企业主阶层目前已经进入了一个崭新的成长阶段。这个崭新的成长阶段，有几条被全国绝大多数人认同的、极其重要的显著标志，概括起来，就是四句话，即私营企业主阶层经济地位重要，政治地位明确，法律地位确立，政策措施制定。下面对这四条重要标志，进行简单的阐述。

（一）经济地位重要

中共十五大报告指出："公有制为主体、多种所有制经济共同发展，是我国社会主义初级阶段的一项基本经济制度。""非公有制经济是我国社会主义市场经济的重要组成部分。"这个重大方针有两层意思。一层是强调，所有制关系是一个国家经济关系中的核心问题。作为一项基本经济制度，就奠定了它的法制基础，具有必须执行的严肃的法律效力。同时，进一步明确了

私营经济是中国社会主义社会经济基础的重要组成部分。另一层意思是强调发挥国有经济的主导作用。国有经济在社会经济发展中的主导作用，主要体现在控制力上，即控制国民经济和经济制度的发展方向，控制经济运行的整体态势，控制重要的稀缺资源的能力。只要国家控制国民经济的命脉，国有经济的控制力和竞争力得到增强，在这个前提下，国有经济比重减少一些，不会影响中国的社会主义性质。中共十六大报告指出：坚持“两个毫不动摇”，进一步落实党的有关方针、政策，把坚持公有制为主体和促进非公有制经济发展，统一于社会主义现代化的进程之中，形成各种所有制经济在市场竞争中发挥各自优势，相互促进、共同发展的局面。

（二）政治地位明确

关于私营企业主阶层的社会属性，即他们在中国社会阶层结构中的政治地位问题，人们一直争论不休。争论的焦点是究竟采用什么标准来进行判断。有人不顾历史条件和现实情况的变化，拘泥于马克思主义经典作家在特定历史条件下，提出的唯一标准来进行判断，这样得出的结论显然是错误的；还有人认为，不能以生产资料的占有状况作为唯一的判断标准，私营企业主阶层不是新生的资产阶级，但是，他们提出的标准缺乏依据，不能令人信服。因此，必须坚持马克思主义与时俱进的理论品质，根据发展变化了的历史条件和现实情况，确立新的判断标准。在集中全党、全国人民智慧，吸收最新研究成果的基础上，中共中央于2001 年 7 月 1 日提出，2002 年 9 月经过十六大的完善，逐步形成了新的判断私营企业主阶层的“三看”标准。

众所周知，实现人民的富裕幸福，是中国共产党建设社会主义的根本目的。随着中国经济的持续发展，人民群众的生活水平不断提高，个人的财产也会逐渐增加。在这种情况下，判断一个人政治上是否先进，就不能简单地用有没有财产和有多少财产作为标准，而主要应该看他的思想政治状况和现实表现，看他的财产是怎么得来的以及对财产怎么支配和使用，看他们以自己的劳动对建设中国特色社会主义所做的贡献。根据这个“三看”标准判断，私营企业主阶层中的广大人员，在党的路线方针政策指引下，通过诚实劳动和工作，通过合法经营，为发展社会主义社会的生产力和其他事业做出了贡献，他们与工人、农民、知识分子、干部和解放军指战员一样，也是社会主义事业的建设者。从而明确了私营企业主阶层是中国社会阶层结构的重要组成部分，他们可以申请加入中国共产党组织，可以参加劳动模范的评选，可以报考公开招聘的国家各类公务员。2003 年 3 月，十届二次人大通过《中华人民共和国宪法修正案》（以下简称《宪法修正案》），增加了“社会主义事业的建设者”为“爱国统一战线”的重要组成部分。

（三）法律地位确立

这次《宪法修正案》还规定，《宪法》第十一条第二款修改为：“国家保护个体经济、私营经济等非公有制经济的合法的权利和利益。国家鼓励、支持和引导非公有制经济的发展，并对非公有制经济依法实行监督和管理。”《宪法》第十三条修改为：“公民的合法的私有财产不受侵犯。”“国家依照法律规定保护公民的私有财产权和继承权。”“国家为了公共利益的需要，可以依照法律规定对公民的私有财产实行征收或者征用并给予补偿。”这一突破性的规定载入《宪法修正案》，使私有财产权上升为宪法权利。

目前正在审议的物权法草案，就如何保护私有财产进行了详细的规定，以确立保护私人财产权的具体法律制度。物权是一种财产权，是对有形财产的权利。物权法是调整有形财产关系的重要法律，在中国特色社会主义法律体系中起着支架作用。几经修改的物权法草案，将国家、集体和私人所有权并列为一章，着重突出对公有财产和私有财产予以同等保护。草案规定，任何单位和个人负有不妨碍权利人行使权利的义务。权利人享有的物权受法律保护，任何单位和个人不得侵害。国家、集体和个人所有权受法律保护。禁止任何单位和个人用任何手段侵占或者破坏国家、集体和私人的财产。

物权法的直接作用体现在两个方面：一是定分止争，二是物尽其用。制定物权法，是要通过法律来巩固劳动者、建设者和各类企业的物质利益，保护他们的财产权不受侵犯，调动人们创造财富、珍惜财富、积累财富的积极性，让一切生产要素的活力竞相迸发，让一切创造财富的源泉充分涌流，造福于人民。

（四）政策措施制定

为了贯彻落实中央方针、政策和《宪法修正案》的要求，切实解决私营经济发展面临的困难和问题，国务院制定并于 2005 年 2 月 25 日颁布了《关于鼓励、支持和引导个体、私营等非公有制经济发展的若干意见》（以下简

称《若干意见》)。这是国家制定的有关私营经济的第一份文件，其作用极其重要，其意义极其深远。《若干意见》主要内容为：第一，坚持社会主义基本经济制度，毫不动摇地巩固和发展公有制经济，毫不动摇地鼓励、支持和引导非公有制经济的发展，使两者在社会主义现代化进程中发挥各自优势，相互促进，共同发展；第二，从放宽市场准入、改善金融服务、发展社会中介组织等方面采取措施，鼓励、支持和引导非公有制经济发展，同时，改进对非公有制经济的监督和管理，完善制度，改进方式，提高水平；第三，完善私有财产保护制度，切实维护企业的合法利益，保障职工的合法权益，建立健全社会保障制度；第四，明确要求各级政府进一步转变职能，建立促进非公有制经济发展的工作协调机制和部门联席会议制度，强化服务意识，创新服务手段，努力营造良好的舆论氛围，同时要求非公有制企业依法经营，照章纳税，不断提高自身素质；第五，强调政策的连续性、针对性和可操作性，在市场准入、投资融资、财税支持、服务体系等方面，做出明确、具体的规定。要求进一步解放思想、深化改革，消除影响非公有制经济发展的体制性障碍，实现公平竞争。

这些重大社会政策的调整和完善，使得自私营经济产生以来一直困扰人们特别是当事人的三个重要问题，即：在国民经济结构中，私营经济所占比重多大为好；私营企业主的社会属性与私有财产的法律保护问题，从政策上、法律上得到了明确解答。理论和政策一旦被人民群众所掌握，就会变成巨大的物质力量，推动着私营经济快速发展，推动着私营企业主阶层进入一个崭新的成长阶段。

二　私营企业主阶层新阶段的成长特点

我们将从阶层队伍、经济实力、社会贡献、内部结构和地域分布等五个方面，分别描述私营企业主阶层进入新阶段的发展特点。

（一）私营企业主阶层队伍扩大，综合素质和社会地位提高

在多种经济成分的共同发展中，私营经济增长速度最快，且呈加速度的发展态势。1988 年 4 月 12 日，通过《中华人民共和国宪法修正案》，第一次确立了私营经济的合法地位。接着，国务院颁布了《中华人民共和国私营企业暂行条例》。是年底，在全国范围内开始了登记注册工作。从登记情况

看，私营企业呈现着越来越快的加速发展态势。我们把 1989～2004 年的发展数据，划分为首尾相接、每段 6 年的三个阶段。可以看出，第一阶段，由 1989 年的 9.06 万户增长到 1994 年的 43.22 万户，6 年增加 34.16 万户，平均每年增加 6.8 万户；第二阶段，由 1994 年的 43.22 万户增加到 1999 年的 150.89 万户，6 年增加 107.67 万户，平均每年增加 21.53 万户；第三阶段，由 1999 年的 150.89 万户增加到 2004 年的 365.1 万户，6 年增加 214.21 万户，平均每年增加 42.84 万户。第三阶段每年增加的户数分别是第二阶段与第一阶段每年增加户数的 1.99 倍和 6.3 倍。

随着私营企业的加速发展，私营企业主阶层也以惊人的速度成长着。截至 2005 年 6 月底，全国登记的私营企业主（即私营企业投资者）首次突破 1000 万人，达到了 1030 万人。在过去的 10 年（1995～2004 年）中，私营企业主人数由 134.0 万人增加到 948.6 万人，增长 6.08 倍；私营企业户数由 65.5 万户增加到 365.1 万户，增长了 4.58 倍，注册资本总额由 2621.7 亿元增加到 47936.0 亿元，增长了 17.28 倍（参见表 1）。

表 1　全国私营企业主阶层发展状况

单位：万户，万人，亿元

年　份	私营企业户数	私营企业主数	雇工人数	注册资本总额	工业总产值	消费品零售额
1995	65.5	134.0	822.0	2621.7	2295.2	1006.4
1997	96.1	204.2	1145.1	5140.1	3922.5	1854.7
1999	150.89	332.4	1699.2	10287.3	7686.0	4191.0
2001	202.9	460.8	2253.0	18212.2	12558.3	8175.3
2003	300.6	772.8	3315.8	35304.9	18964.5	10035.4
2004	365.1	948.6	4068.6	47936.0	23050.0	13142.0
2004 年比 1995 年增长倍数	4.58	6.08	3.95	17.28	9.04	12.06

资料来源：国家工商行政管理总局办公室编《工商行政管理统计汇编》（有关年度）。

从职业构成和受教育程度看，私营企业主阶层的综合素质有了较大提高。通过对 1993 年与 2004 年两次全国私营企业抽样调查数据的比较，可以看出，他们开业前的职业构成，由以农民、工人、服务业人员等为主体（占其总数的 59.9%），转变到以各类企事业干部、专业技术人员和供销人员等为主体（占其总数的 63.1%）。同时，他们的受教育程度也有了很大的提高。同 12 年前比较，初中及初中以下的文化程度由 47.0% 下降到 14.6%，

高中、中专程度由35.9%下降到33.6%，大学（本科、专科）程度由16.6%上升到46.1%，研究生由0.6%上升到5.7%。

在创业、经营、管理的实践过程中，随着综合素质与社会贡献的提高，私营企业主的社会地位也相应地有所提高。他们中间的代表人士，被选举或被推荐为从全国到地方的各级人大代表、政协委员和工商联执行委员，被评为各级劳动模范。据了解，他们被选为全国县级以上人大代表的有9000多人，被推荐为全国县级以上政协委员的有3万多人，担任全国工商联执行委员的有233人（占执委总人数的56.0%），其中担任全国工商联副主席的有8人，担任省、市政协副主席兼工商联会长的有3人。2005年，私营企业主被正式列入全国劳动模范的评选范围，经过反复比较，在全国范围内最后评选出以广州恒大集团董事长许家印为代表的30多位劳动模范。另据中共中央组织部的统计，2004年度，全国新吸收中共党员241.0万人，其他社会阶层新党员11000多人，其中私营企业主入党的是894人。2004年4月8日，中共中央发出通知明确指出：私营企业的经营管理人员，也可以参加国家公务员的公开选拔。2005年，浙江省温州市有两位私营企业经营管理人员，通过公开考试，应聘为地方政府的国家公务员。

（二）私营企业经营规模扩大，经济实力增强，在部分地区经济社会发展中发挥着重要作用

2004年，全国私营企业平均每户注册资本金额131.31万元，比上年同期增长11.78%，同1995年比较，增长了2.16倍。全国注册资本金额在100万元以上的私营企业达109.11万户，比上年同期增加50.74万户，增长86.93%，占私营企业总户数的29.9%。其中，注册资本金额在100万～500万元的私营企业有55.16万户，比上年同期增长12.7%；注册资本金额在1000万～10000万元的有7.53万户，比上年同期增长48.68%，占其总数的2.0%；注册资本金额在1亿元以上的大型私营企业达2103户，比上年同期增加947户，增长81.9%，占其总数的0.06%。

另外，国家统计局发布的2005年中国大型工业企业信息显示，中国大型私营工业企业首次超过百家。据2004年的经济普查数据，有118家私营工业企业符合“主营业务收入3亿元及以上、资产总计4亿元及以上、从业人员2000人及以上”的大型工业企业的标准，同比增长47.5%。全国全部大型工业企业总数为2154家，其中，国有控股及集体企业1229家。

二十多年来，中国国民经济平均每年的增长率为9.4%，其中非公有制经济创造的增加值平均每年增长20%以上。20世纪90年代中期以来，城镇新增就业岗位的70%以上是由非公有制经济提供的，从农村转移出来的劳动力的70%以上也是在非公有制经济领域就业的。从全国看，非国有经济占国民经济的比重已经超过了60%，其中，非公有制经济占国民经济的比重达到1/3左右。从地方看，非公有制经济已经成为不少地区经济的主体、财政收入的主要来源。浙江省非公有制经济所占比重超过70%，其中，温州市、台州市等占90%以上。从全国看，凡是综合经济实力较强的县、市，都是非公有制经济所占比重较高。

（三）私营企业经济效益与社会效益显著，社会贡献突出

2004年，全国私营企业创造工业产值23050.0亿元，实现社会消费品零售额13142.0亿元，分别比上年同期增长21.54%和30.96%；出口创汇1674.47亿元，占全国出口贸易额的3.42%，缴纳工商税收1995.0亿元，占全国税收总额的4.71%。

私营企业已经成为就业再就业的主渠道，为维护社会稳定发挥了重要作用。2004年，中国私营企业就业人数已达4068.6万人，比上年同期增长7%以上。全国共有263.34万名下岗失业人员在个体私营经济领域实现了再就业，占全年510万下岗失业人员再就业总数的51.64%。其中，下岗失业人员持《再就业优惠证》申办个体工商户89.8万人，下岗失业人员投资兴办私营企业6.65万人，由私营企业吸纳下岗失业人员88.91万人。

（四）在私营企业的内部结构中，有限责任公司与第三产业仍然占主体地位

1. 私营企业组织形式呈现多样化的发展趋势，公司制企业比重继续提高

随着1994年《公司法》的实施和企业制度的逐步完善，许多有一定规模的私营企业由业主制、合伙制不断向公司制过渡。目前，私营有限责任公司已经成为私营企业占主导地位的企业组织形式。私营股份有限公司虽然数量不多，但增长速度快于其他组织形式；尤其值得注意的是，同10年前比较，独资企业与合伙企业所占比重分别下降了24.93和14.69个百分点（参见表2）。

表 2　私营企业组织结构

单位：%

年　份	独资企业	合伙企业	有限责任公司	年　份	独资企业	合伙企业	有限责任公司
1995	46.01	18.08	35.91	2001	25.50	6.46	68.04
1997	40.34	13.60	46.06	2003	22.01	4.01	73.96
1999	32.78	8.85	58.36	2004	21.08	3.39	75.50

资料来源：国家工商行政管理总局办公室编《工商行政管理统计汇编》（有关年度）。

2. 产业结构得到进一步调整与优化，信息传输、计算机服务等高新技术产业保持高速发展，第三产业所占比重仍在加大

按照新的行业分类统计，截至 2004 年底，全国登记的制造业私营企业为 106.85 万户，占私营企业总户数的 29.27%；建筑业私营企业为 13.65 万户，占私营企业总户数的 3.74%；批发和零售贸易、住宿和餐饮私营企业为 136.96 万户，占私营企业总户数的 37.52%；其他如信息传输、计算机服务和软件业私营企业发展加快，总数达 14.28 万户，占私营企业总户数的 3.91%；居民服务和其他服务业私营企业达 20.64 万户，占私营企业总户数的 4.03%。

从产业结构看，私营企业在第一产业和第三产业的增长速度快于第三产业。截至 2004 年底，第一产业共有私营企业 6.72 万户，比上年增长 24.68%，占总户数的 1.84%；第二产业共有私营企业 125.21 万户，比上年增长 17.35%，占总户数的 34.3%；第三产业共有私营企业 233.14 万户，比上年增长 23.7%，占总户数的 63.86%（参见表 3）。

表 3　全国私营企业产业结构

单位：%

年　份	第一产业	第二产业	第三产业	年　份	第一产业	第二产业	第三产业
1995	0.96	50.46	48.58	2001	1.84	37.82	60.34
1997	1.72	44.82	53.46	2003	1.79	35.50	62.71
1999	2.24	40.76	57.00	2004	1.84	34.30	63.86

资料来源：国家工商行政管理总局办公室编《工商行政管理统计汇编》（有关年度）。

（五）在地域分布上，东部地区和城镇的私营企业所占比重仍然较大

1. 私营企业地区分布很不平衡

全国私营企业有 2/3 分布在东部地区，其中，江苏、上海等 6 省、市集中了一半以上。从发展趋势看，西部地区有所增长，中部地区有所下降（参见表4）。

截至2004年底，东部地区（不包括广西）有私营企业247.64万户，从业人员3248.44万人，注册资本金额33288.91亿元，分别占其总数的67.84%、64.75%和69.44%。在地区分布中，同1995年比较，所占比重上升了0.34个百分点（参见表4）。其中，超过20万户的有江苏（41.80万户）、广东（38.98万户）、浙江（33.32万户）、上海（38.49万户）、山东（27.61万户）和北京（22.47万户）。这6个省、市私营企业户数占全国总户数的55.51%，十年间上升了9.15个百分点。江苏、上海、广东三省、市私营企业的户数（119.27万户）比中、西部私营企业户数之和（117.43万户）还多出1.84万户。值得注意的是，江苏、上海等6省、市的私营企业户数增长了5.68倍，其中江苏、上海差不多增长了10倍（参见表5）。

表4　全国私营企业地区分布

单位：%

年　份	东部地区	中部地区	西部地区	年　份	东部地区	中部地区	西部地区
1995	67.50	22.00	10.50	2001	68.42	17.75	13.83
1997	64.65	23.41	11.94	2003	69.34	17.15	13.51
1999	67.07	20.03	12.90	2004	67.84	16.57	15.59

资料来源：国家工商行政管理总局办公室编《工商行政管理统计汇编》（有关年度）。

表5　江苏、广东、上海等6省（市）私营企业发展状况

单位：%

年　份	江　苏	广　东	浙　江	上　海	山　东	北　京	占全国比重
1995	4.13	8.92	7.16	3.98	5.19	0.96	46.36
1997	6.99	12.03	9.18	6.94	7.67	0.95	45.54
1999	13.57	16.11	14.64	11.00	12.12	8.32	50.21
2001	22.55	21.10	20.88	17.64	14.47	12.41	53.75
2003	34.37	32.31	30.21	29.17	22.86	18.68	55.76
2004	41.80	38.98	33.32	38.49	27.61	22.47	55.51
2004年比1995年增长	9.12	3.37	3.65	8.67	5.32	22.40	

资料来源：国家工商行政管理总局办公室编《工商行政管理统计汇编》（有关年度）。

中部地区（不包括内蒙古）2004年有私营企业60.48万户，占全国总

户数的 16.57%；从业人员 937.83 万人，占从业人员总数的 16.56%；注册资本额 7652.18 亿元，占注册资本总额的 15.96%。西部地区（包括广西、内蒙古）有私营企业 56.95% 万户，占全国总户数的 15.59%；从业人员 830.98 万人，占从业人员总数的 16.56%；注册资本额 6994.87 亿元，占注册资本总额的 14.6%（参见表 5）。

2. 城镇私营企业的户数继续增长

2004 年底，全国城镇有私营企业 239.1 万户，占全国总户数的比重为 65.48%；农村有私营企业 126.0 万户，占全国总户数的比重为 34.52%。1995 ~2004 年，城镇私营企业所占比重增加了 8.73 个百分点，相应地，农村所占比重则减少了 8.73 个百分点（参见表 6）。

表 6　全国私营企业城市分布

单位：%

年　份	城　镇	农　村	年　份	城　镇	农　村
1995	56.75	43.25	2001	63.66	36.34
1997	62.00	38.00	2003	63.75	36.25
1999	59.25	40.75	2004	65.48	34.52

三　私营企业主阶层成长面临的新情况

随着改革开放的深化，市场经济体制的逐步完善，特别是国民经济持续多年的快速增长，必须实现经济增长方式的转变。在这个背景下，私营企业主阶层的成长将面临以下的新情况。

（一）要素供给不足

由“要素供给不愁”到“要素供给不足”，是新阶段私营企业经营者的一大愁事。这个问题，在东部地区，特别是私营企业高度发达的地区极其普遍。近年来，不少县、市电力供不应求。在用电高峰时段，许多企业每周不得不“停四开三”，严重制约了企业的生产能力，迫使这些企业自备发电设备，不仅增加了成本，还造成了环境污染。工业用地严重不足。2003 年以来，国家的宏观调控、整顿土地市场秩序，更是增加了工业用地的难度。不少企业在扩大规模时，要么外迁部分车间（或整体外迁），要么再建多层厂房。原材料价格不断上涨，加大了企业的生产成本。多年来，技术工人供不应求的现象，一直未能得到很好的解决。如果说，一线普通员工短缺主要是低工资造成的问题，那么技术工人不足则是教育、培训问题，短期内难以解决。而获得银行贷款，则是私营企业取得合法地位后一直存在的“老、大、难”问题。中国上市公司中，只有很少量的私营企业。所以，他们要从股市上得到融资的可能性很小。四大商业银行主要是为国有企业服务的。据资料显示，在银行贷款中，至少有3/4用于流动资金，而其中不到1%是借给私营企业的。

（二）产品销售不畅

近年来，中国市场的内外部环境都发生了巨大变化：经济全球化的推动和以计算机、互联网为代表的新技术的发展，使得多国市场进一步融合，国际竞争进一步加剧；而国内市场的总供求关系出现了根本扭转，由严重短缺走向相对过剩，由卖方市场走向买方市场。这是一个时代的变迁，即由生活必需品的生产和消费的时代到耐用消费品的生产和消费的时代。以前的市场是企业生产什么人们就消费什么，现在则是人们消费什么企业才能生产什么。但是，占总人口40%的城市人口的消费，占了70%的市场份额，他们的消费需要是汽车、住房和电脑等，而不再是一般的服装鞋帽、日用生活品。而为数不少的私营企业提供的产品和服务，仍然停留在生活必需品的阶段。所以，“现在是生产什么，什么就销售不畅”。一些技术含量较低的服装鞋帽等产品，库存积压数以亿计。

（三）政府职能转变滞后，“国家利益部门化，部门利益法制化”

一些职能部门的消极态度，严重阻碍了中央有关方针、政策的贯彻落实。

市场经济呼唤有限政府。市场机制的运转可以实现私人物品的有效供给，应当充分发挥市场在资源配置中的基础作用，政府的功能在于弥补市场的缺陷，提供市场不能有效提供的公共物品和公共服务，更多地运用经济手段和法律手段加强管理，进一步减少和规范行政审批，建立健全和严格实施市场准入制度。但现实是，政府和有关职能部门掌握着较多的稀缺资源和较大的市场准入权力，而且对于这些资源的分配和准入权力的行使，随意性较

大，给一些官员的寻租行为提供了条件。在靠经营权力致富的政府官员中，不乏百万富翁。在社会上引发仇富心理的真正原因，是一些官员滥用权力的恶性寻租。对此，许多私营企业主也深有感触。不解决这个问题，私营企业的发展将面临很大阻碍。

（四）私营企业自身存在着诸多问题

首先，私营企业平均规模较小。据国家工商行政管理总局 2004 年的统计分析，全国平均每户注册资金额为 131.31 万元，从业人员为 13.74 人（其中投资者为 2.6 人，员工为 11.14 人），第一、二产业私营企业创造的产值平均每户 174.71 万元，第三产业私营企业实现的社会消费品零售额为 56.37 万元。进一步分析看出，平均每户注册资本超过 100 万元的占其总户数的 29.9%，也就是说，平均每户注册资本金不足 100 万元的企业要占其总户数的 70.1%。其中，又有不少企业缺乏核心竞争力，生产的产品或提供的服务没有自身特色，有活就干，没活关门。地方政府都在“扶优扶强”，银行又是“嫌穷爱富”，一般小企业很难得到政府的有力支持。在少数大型企业发展较快的同时，每年都有一批中小企业关门歇业。据 2004 年的统计资料，全年新开业的私营企业为 93.83 万户，但是，同上个年度比较，新近增加的私营企业只有 64.52 万户，两相比较，可以看出，有 29.31 万户企业关闭、歇业，占当年私营企业总数的 8.03%。

其次，普遍缺乏竞争优势。浙江省有关部门在全省范围做了 3000 份问卷调查，在问及竞争优势时，有一半回答依靠“低廉的价格”。说明不少企业还没有突破经济的盈利模式，依然是靠“四低”（即低成本、低价格、低技术和低附加值）打天下。数据分析显示，劳动密集型企业占 63.0%。全省有 85 个县、市存在“块状经济”，总产值达 5993 亿元，占全省工业产值不到一半。但是，“块状经济”的实质就是用无限扩大的产能来追求绝对利润。在调整时，我们注意到，相当部分的私营企业经营者出身于农民、工人和一般服务人员，在他们比较简陋的厂房里进行操作的又多是技能不太熟练的农民工，可想而知，这些产品一般来说是些技术含量不高、附加值很低的产品。因为利润低，所以他们就没有办法再投资用于创建自己的品牌以及进行自主研发，也没有办法建立自己的销售渠道；因为利润低，反过来又迫使他们压低工人的工资，追求更低的利润，形成恶性循环。

再次，中国企业（包括私营企业）整体进入“微利年代”。国家统计局资料显示，企业利润增幅回落，亏损额上升，标志着企业进入了“微利年代”。过去的六年（1999~2004年）是中国工业企业发展的黄金年代。这六年间，企业利润以平均40.5%的速度增长，累计实现利润36694亿元，相当于过去21年（1978~1998年）工业企业累计利润总和的1.7倍。但是，2005年1~10月，全国规模以上工业企业实际利润1117亿元，同比增长19.4%。也就是说，今后相当一部分行业的工业只能在利润水平趋同，或者在微利环境中，寻求自己生存和发展的空间。在这种情况下，私营企业必须转变增长方式，工业企业要把注意力由原来供不应求的市场超额利润，转向培育自己的核心竞争力，需要对产品和业务进行筛选和重组，突出自己的优势和特点。

（作者单位：中国社会科学院社会学研究所）

2005 年中国青年发展态势

○ 沈　杰

2005 年，中国青年总体上呈现出平稳发展的态势。但是，由于中国的改革与发展处在一个重要的转折时期，经济社会发展中的一些重要问题也会反映在青年发展特征上。而青年作为一个独特的社会、文化群体，也表现出自身的一些独特特征。在生活世界变得不断丰富的同时，青年所面对的压力与问题也在增多。

一　青年群体呈现的一些主要态势

（一）青年就业成为青年发展的第一要务

由全国青联、国家劳动和社会保障部劳动科学研究所联合进行调查，并于 2005 年 5 月发布的《中国首次青年就业状况调查报告》显示，大连、天津、长沙和柳州四城市青年的失业率为 9%，高于四城市 6.1% 的社会平均失业率。这次中国青年就业状况调查共抽取 7000 个青年样本和 220 个企业样本，调查对象为 15 ~ 29 岁的青年及其雇主。

这一调查显示，就业青年中有 41% 的人表示不想换工作，有 28% 的人表示“不一定”。但调查还同时显示，从总体上看，目前青年的就业质量相对较低，大部分青年就业无保障，职业不稳定，工作时间长，报酬收入低，这些情况在低龄青年和农村青年身上表现得尤其明显。

上述调查报告指出，劳动力数量庞大对就业造成了严峻压力。中国每年新增的劳动人口达 2000 万人左右。除了继续求学的青年之外，实际上每年需要就业的新增劳动人口在 1000 万 ~ 1600 万人之间。由于青年缺乏工作经验，因此，在劳动力市场供大于求的情况下，青年就业问题显得日益突出，表现为失业率高于平均水平的态势。

高校毕业生就业是近年最引人注意的青年就业问题。2005 年中国普通高校毕业生人数达到 338 万人，比 2004 年增加了 58 万人，增幅达 20.71%，使得就业压力非常巨大。为此，2005 年上半年，国家劳动和社会保障部公布了推动 2005 年大学毕业生就业工作的 5 项政策：第一，鼓励大学毕业生到基层和艰苦地区工作，充实城市社区和农村乡镇基层单位。从高校毕业生中招募志愿者，到西部贫困县的乡镇一级教育、卫生、农技、扶贫等单位服务两年；第二，鼓励各类企事业单位特别是中小企业和民营企业聘用高校毕业生；第三，鼓励高校毕业生自主创业和灵活就业，提供税费优惠和小额贷款，组织开展创业培训、开业指导、政策咨询、项目论证和跟踪辅导等服务；第四，做好就业指导和服务工作，建立健全大学生就业服务信息网络，提供职业介绍、职业指导等服务；第五，实施“高职（大专）毕业生职业资格培训工程”，对需要培训的应届高职（大专）毕业生进行职业技能培训和技能鉴定。

（二）青年担当了社会志愿服务的主力军

2005 年 6 月 5 日，北京奥运会志愿者项目启动仪式在北京举行。启动仪式上，国际奥委会主席罗格指出，志愿者是奥林匹克运动的基石，是奥运会真正的形象大使，代表着奥林匹克的精神。的确，高素质的志愿者队伍和高水平的志愿服务是成功举办奥运会的重要基础和保障。历届出色的奥运会必定有令人称道的奥运志愿服务。

《北京奥运会志愿者行动计划》也在仪式上正式推出，它是指导和推动各志愿者项目运行计划的制定和实施的纲领性文件。据北京奥运会志愿者工作协调小组介绍，北京奥运会期间将招募大约 10 万名志愿者，这些由北京奥组委正式颁证的志愿者，将以在北京学习的 60 多万名大学生为主体选拔组成。有特殊需要的志愿者将面向各省、自治区、直辖市和海外征召。志愿者将分为十类，分别是大学生志愿者，中学生志愿者，社会志愿者，各省、自治区、直辖市志愿者，奥运五城市志愿者，港澳台志愿者，海外华人华侨志愿者，在北京的外国留学生志愿者，国际志愿者，专业志愿者。

北京奥组委将通过公开招募和定向招募两种方式选拔志愿者。面向社会通过互联网等方式直接接受志愿者报名申请进行公开招募的计划，将于 2006 年 8 月启动，至 2008 年 4 月结束。定向招募将于 2005 年下半年开始。

2005 年 10 月，第十届全国运动会在南京隆重举行。十运会赛场内外活跃着一支 10 万人的志愿服务大军，他们提供着文明、优质、高效的服务。江苏省于 3 月开始进行志愿者招募活动。短短两个月，仅高校报名要求参加志愿服务的大学生人数就超过了 10 万人，涉及全省 100 多所高校。在志愿服务报名大军中，还有一支由 131 人组成的香港青年义工团。随后，对入围的志愿者进行系统的专业培训，并根据实际需要和各自专长，对志愿者进行分类管理和考核。十运会成为展现江苏青年和大学生精神风貌与文明素质的舞台。青年志愿者服务达到 80 万小时以上。

（三）高校贫困学生得到多方面的支持

为了保证贫困家庭学生顺利入学高校，以及确保高校贫困生顺利完成学业，国家进一步推出了相关的工作机制和政策措施。

从 2005 年下半年开始，为了督察各公办普通高校资助工作情况，切实保证贫困家庭学生顺利入学，教育部开通了 24 小时专人值班的贫困家庭学生资助工作投诉电话。凡考入各公办普通高校的贫困家庭学生及其家长在接到录取通知书时，发现学校没有按照国家规定同时寄送详细介绍学校资助政策的有关材料，均可以拨打该投诉电话。教育部多次强调，各公办普通高校必须切实执行国家资助贫困家庭学生的各项政策和措施；必须落实国家助学贷款工作，必须建立“绿色通道”制度，即对被录取入学的贫困家庭学生，一律先办理入学手续，然后再根据核实之后的情况，分别采取措施进行资助。

为了进一步加大对高校贫困家庭学生的资助力度，以确保他们顺利地完成学业，从 2005 年开始，中央政府每年拨出 10 亿元资金，面向公办全日制普通高校在校本、专科学生中的贫困家庭学生设立“国家助学奖学金”。“国家助学奖学金”分为两部分：“国家助学金”面对全国公办全日制普通高校在校本、专科学生中的特别贫困家庭学生，标准为每人每月资助 150 元生活费，每年按 10 个月发放，每年资助人数约 53.3 万人；“国家奖学金”面对全国公办全日制普通高校在校本、专科学生中品学兼优的贫困家庭学生，每人每年资助 4000 元，资助人数 5 万人。

（四）青年扮演着流行文化的主角

2005 年夏天，一场娱乐风暴席卷全国，这就是“超级女声”选拔赛。

有15万人参赛，至少54万人参与票决，两亿多人收看，最高的电视广告报价，最热烈的媒体讨论，持续数月的高潮不减……这个节目为什么会有如此巨大的魅力?

"超级女声"是由"商业动机"和"媒体效应"合作而推出的一个大众文化新样式，同时它也是一种青少年流行文化现象。"超级女声"的风靡一时已经成为青少年流行文化的一种符号象征，代表着一种前卫的时尚潮流。

青少年流行文化的风行是由经济、社会、文化以及青少年心理特点等各种因素构成的一种复杂现象。其中，市场经济的发展是青少年流行文化现象得以风行的最重要背景因素。而商业的发展和繁荣必然影响社会文化的发展，其中会形成商业文化。商业文化的本质作用则是为商业发展开拓市场和创造利润。作为当今经济发展最重要动力之一的商业活动，其所派生出来的文化形态的力量也必然是强大的，影响将波及社会各个层面。

青少年流行文化的最内在动因则是青少年喜欢标新立异、追赶时髦、崇拜明星的心理趋向，而商业文化的发展又有赖于青少年流行文化的发展。青少年流行文化常常超越主流文化的消费禁忌，成为新式产品的消费主体。青少年流行文化具有的先锋性，容易成为时尚潮流的"排头兵"，引领各种时尚消费，为商家开辟新的市场领域，因此，商业文化在操纵青少年流行文化的同时，还需要进一步培育青少年流行文化。

"超级女声"以及一系列相关产品的问世成为近两年最为风行的青少年流行文化。青少年流行文化具有的大众性、商业性、消费性和享受性等特征，正好与商业文化结合，一方面迎合了青少年的世俗性心理需求，一方面也产生了可观的商业利润。而商业操纵和推动青少年流行文化的一个重要载体就是现代大众媒介。

"超级女声"似乎仅只是一个开始。在以后的市场经济社会中，商业文化如何与大众文化互动，尤其是青少年在流行文化中扮演什么样的角色，这一问题值得去更多地关注和研究。①

（五）青年网民人数迅速增长

中国互联网络信息中心（CNNIC）2005年7月发布的《第十六次中国

① 参见中国青少年研究中心"青少年文化现象与热点问题监测研究"课题组：《"超级女声"何以走红——关于"超级女声"热潮的分析报告》，人民网。

互联网络发展状况统计报告》显示：截止到 6 月 30 日，中国上网用户总数为 1.03 亿人，半年就增加了 900 万人，与上一年同期相比增长了 18.4%。其中宽带上网的人数增长迅猛，首次超过了网民的一半，达到 5300 万人，增长率为 23.8%，这也是宽带用户人数首次超过了拨号上网用户人数。

统计资料表明，截至 1997 年 10 月 31 日，中国上网用户数仅 62 万人。在不到 8 年的时间里，中国网民数量增长了 160 多倍。目前，中国网民人数和宽带上网人数均仅次于美国，居世界第二位。

据 2005 年 1 月发布的《中国互联网络发展状况统计报告》，互联网络用户的年龄构成是：18 岁以下占 16.4%，18 ~ 24 岁占 35.3%，25 ~ 30 岁占 17.7%，31 ~ 35 岁占 11.4%，36 ~ 40 岁占 7.6%，41 ~ 50 岁占 7.6%，51 ~ 60 岁占 2.9%，60 岁以上占 1.0%。可以看到，35 岁以下的互联网络使用者或者说青年网民占到了 80.8%。

青年与互联网这一高科技产品的接触，产生了两重效应：一方面，网络为青年开启了一种全新的文化活动空间。虚拟社区、电子商务、信息流、远程教育、电子邮件等使时间和空间变得扩展了，青年在网上工作、学习、交流、查询、购物、游戏时，每一事物或活动都会使他们感受到与以往的生活世界不太一样的体验。另一方面，网络文化的兴起给法律、道德带来了新的挑战和困境。因为互联网在使人们的交流和互动空前开放的同时，也隐含着某些自由放任对于既定法律、道德所形成的挑战和某些困境。

（六）青年群体出现“新娱乐”现象

由共青团北京市委、中国人民大学政府管理与改革研究中心针对 12 ~ 24 岁青少年进行的一项调查显示，形式新颖的网络娱乐、手机娱乐、动漫、DIY（Do It Yourself）等新娱乐方式，在青少年娱乐活动中已经占到 50.3%。而主要的传统娱乐方式——体育运动和看电视在青少年娱乐活动中仅分别占 18.3% 和 12.3%，其他娱乐方式总共占三成。调查中所称的“新娱乐”，是指包括以网络、手机等为工具的数字娱乐，以及以街舞、嘉年华、真人秀等为内容的新型体验娱乐。

调查同时显示，52.8% 的人的主要娱乐目的在于放松减压，这与当前青少年所承受的压力感直接相关联。调查发现，26.3% 的人认为自己承受的压力“很大”，16.8% 的人认为自己承受的压力“较大”。有 52% 的人认为新娱乐的积极功效大于负面影响，因为它能在更大程度上满足青少年的基本娱乐需求，具有更好的放松减压作用，以及更多元化的娱乐功效（如健身、交际、拓展等功能）等，但也有 19% 的人认为新娱乐的负面影响大于积极功效。

如何看待新娱乐现象是今天不可忽视的问题。在一个快速变迁的时代，如果总是站在防范的角度看事物，那么，新娱乐的作用就容易被“问题化”。任何新的科技产品如果会引发问题的话，其根源很大程度上并不在于产品本身，而在于人们如何使用它。有关专家建议，社会各界应大力推动新娱乐发挥积极功效，使新娱乐更好地为青少年成长服务。为此，家庭首先要转变那种认为新娱乐“玩物丧志”的观念，积极引导青少年合理地开展新娱乐活动。学校则应充分发挥联结家庭与社会的纽带作用，积极倡导正确的娱乐观，强化青少年的自我管理。而社会在为青少年提供娱乐产品的同时，也有责任为他们营造健康的娱乐环境。政府部门应在服务和监管等方面加强工作力度，社会组织则应根据青少年的特点，有效地组织青少年参与各类新娱乐活动，引导青少年健康成长。

二　青年社会心态的主要特征

（一）青年具有鲜明的爱国主义精神

在今天，尽管现代大众传媒发达、各种各样的信息迅速增长，使青年接受信息的速度和数量在很大程度上超过了成年人，但是，这种传媒发达、信息骤增所形成的强大“现在感”，并没有导致青年对于中国历史尤其是近现代史上一些重要人物、事件缺乏了解和认识。可以说，今天的青年仍然具有基本的历史知识，尤其是保持和体现出了与这种历史知识密切相关的、任何时代都必不可少的爱国主义精神。

2005 年是中国人民抗日战争胜利 60 周年暨世界反法西斯战争胜利 60 周年的纪念年。自 4 月 1 日开始，在共青团中央等单位指导下，由“我们的文明”主题系列活动组委会等单位主办，民族魂、血铸中华、中华网等千家网站共同发起的“全国青少年纪念中国人民抗日战争胜利 60 周年”系列活动，吸引了数百万网友的积极关注和参与。广大网民纷纷瞻仰网上抗日英烈纪念馆（www. kryl. chinaspirit. net. cn），参加纪念抗战胜利 60 周年的知识竞答活动，了解抗战史实及其伟大意义。

据统计，截至 8 月 14 日 15 时，网站访问总量达到 700 多万人次，网民们献花、留言 10 万余条，参加抗战知识竞答的网民达 3 万多人次。在互联网上形成了一种缅怀抗战英烈、弘扬民族精神和爱国主义的浓郁氛围，广大青年网民反响强烈，写下了大量感人肺腑的深情留言，表达继承先烈精神、实现民族复兴的坚定信念。

（二）青年择业心理呈现理想与务实的并重

北京新生代市场监测机构和《父母必读》杂志对当代中国城市青年价值观念和生活形态进行的一项调查[①]显示，当今青年择业的主要标准，依被选率从高到低排序的前 5 项分别是：感兴趣（62.4%）、收入高（59.7%）、才能得以发挥（41.6%）、有挑战性（40.9%）、福利好（28.2%），而工作稳定（17.7%）、靠实力晋升快（17.5%）则排序较后。这一情况表明，注重开发潜能、实现自身价值成为青年择业的主要标准因素；相比之下，对于工作稳定性的强调大大降低，表明青年择业的最高目标已不再停留在谋生的初级阶段，而进入到寻求发展的较高阶段。在具体职业角色选择上，最受青年青睐的有：高级管理者/经理人（17.6%）、行业/技术专家（16.3%）、教师（12.2%）、自由职业者/自主创业者（11.9%）。这些选择在很大程度上表明了当今青年的职业价值观。

在现实就业压力较大的情况下，青年的实际择业行动表现出了一些比较务实的倾向。《中国首次青年就业状况调查报告》显示：分别有 21% 和 22% 的人认为，最理想的工作单位是政府部门和国有企业，有 20% 的人希望创办自己的企业。也有一部分人希望在私营企业和跨国公司工作。报告还显示：青年最喜欢的行业主要集中在信息传输计算机服务和软件业及金融业，分别有 21% 和 12% 的人认为这两个行业是最理想的行业。以制造业、批发和零售业、公共管理等为代表的传统制造业和服务业属于青年的第二理想行业。住宿、餐饮、卫生、社会保障和福利等行业，则属于较少青年选择的行业。

2006 年中央、国家机关招考公务员网上报名于 2005 年 10 月底结束。据人事部信息，自 10 月 15 日发布消息以来，除了海关外，中央、国家机关及

① 这次抽样调查的地方有北京、上海、广州、深圳、成都、武汉、西安、沈阳共 8 个城市，共回收有效问卷 1040 份。调查对象为年龄在 23～26 岁之间的青年，包括大学生、研究生、已有职业的人群等。

其系统 97 个部门的 8662 个职位共有 40.6 万余人报名，合格人数达 37 万多。总的招录比例达到了 47:1，而合格人数与计划人数的比例约为 43:1，已经超过上年的比例 37:1。公务员成为目前最热的职位，从报名情况便可窥见一斑。合格人数和计划人数比例超过 200:1 的职位有 9 个。但耐人寻味的是，与海洋、地质、地震、气象、安全监察、检验检疫等相关的 10 个职位没有达到开考比例。从这种一些职业成为热门而另一些职业成为冷门的情况来看，似乎能够理解为什么会出现所谓选择性失业的情况。

（三）青年的压力感主要来自工作和经济方面

在今天，青年的生存与发展都不可避免地置身于各种压力之中，认识这种压力，成为青年更有效地对其加以应对和处理的一个基本前提。北京新生代市场监测机构和《父母必读》杂志对当代中国城市青年价值观念和生活形态的调查显示，从总体上看，当代城市青年的压力感受主要来源于工作、经济这两个方面。其中，在工作上感到有压力的人占 42%，工作上没有压力感的人占 25.9%，在经济上有压力感的人占 15.5%。

调查发现，面对压力，有八成青年能够主动寻求社会支持，采取有效措施调节自己、缓解压力，而不是以向社会发泄的方式解决不满；但是，在遇到困难挫折时，有 11.4% 青年会退缩逃避，有 17.3% 的青年束手无策。可以说，青年对于压力有一定的承受能力，但有效应对的能力还有待于进一步提高。

工作成为青年的主要压力，这一点与调查对象群体的年龄特征有关。因为被调查者大部分是刚刚开始工作或工作年限很短的人。对于他们而言，可以肯定一点，就是在很长一个时段里，工作压力一直会成为他们的主要压力源。因为职业生涯才开始，也由于当今社会提供的个人发展机会的增多，他们追求事业成功的动机不断增强，从而提高了期望值。

而且在步入工作的初期，花销与收入之间的不成比例也必然使青年感到经济上的压力。在现实生活中，随着市场化进程的日益深入，经济收入成为社会地位的重要指标之一，更重要的是生命周期中存在一种“需要与拥有之间的倒错规律”，[①] 青年阶段正处在一个百需待补的特殊时期，因此，经济压力或金钱“焦虑”必然表现为一种很现实的心态。

① 在由不同的阶段所构成的人生发展过程中，在最急需各种资源的青年阶段，个人能拥有的东西还非常有限；而到了对各种资源极少有需求感的“成功阶段”，个人则又拥有了很多东西。

三 青年面临的一些突出问题

（一）贫困女大学生生存发展状况需要关注

自 1994 年至今，中国大学学费从每年几百元上升到每年 5000～8000 元不等，学费猛涨约 20 倍，而国民人均收入却增长不到 4 倍。学费涨幅远远超过了国民收入增长速度。有关资料显示，目前中国高校教育成本中，理工学科每生每年 1.4 万～1.6 万元，人文学科每生每年 1.2 万～1.4 万元。按现在每生每年 5000 元学费、1200 元住宿费的标准，学生家庭所分摊的高校教育成本比例为 44%；按学费 8000 元、住宿费 1200 元计算，这一比例高达 66%，而国外这一比例通常在 13%～15%。[①] 可见，高等教育费用的急剧上涨对学生家庭造成了巨大压力，尤其是对于贫困家庭的压力就更加严重。

《中国首次青年就业状况调查报告》显示，在所调查的四城市青年中，女性平均受教育程度略高于男性。在 20～24 岁受访女性中，大学学历占 23%，大专学历占 29%；而同年龄段男性受访者中，大学学历占 22%，大专学历占 20%。在 25～29 岁受访女性中，大学学历占 16%，大专学历占 24%；而与之对应的男性学历程度比例则分别为 16% 和 20%。可以说，女性已经在大学生中占有重要比例。

中国扶贫基金会发布的《贫困女大学生调查报告》显示，贫困女大学生的基本生存状况表现为：基本生活费用难以达到学校所在地最低伙食标准，且无力缴纳学费和购置必要学习用品，日常生活没有经济保障，谈恋爱是一种奢望。2005 年春天开学后，中国扶贫基金会新长城项目部启动了特困女大学生调查活动。调查显示，目前高校 70% 以上的贫困生来自“老、少、边、山、穷”地区，农村经济不景气，家里缺少劳动力，致使收入只够维持温饱，普遍存在家庭负担过重而且经济拮据的情况。贫困女大学生每月生活费支出在 51～100 元之间的占 28.7%，支出在 101～150 元之间的占 37.9%。总的说来，支出在 200 元以下的高达 93.7%。根据新长城项目的标准，“特困生”的标准是每个月生活费支出在 120 元以下，“贫困生”的标准是月生活费支出在 180 元以下。但该标准在各地因地区差异而区别较大，如在北

① 参见《文汇报》2005 年 7 月 28 日。

京，月生活费不足 300 元算贫困。目前，在对贫困女大学生实行资助方面尚缺乏特殊资助政策。在被调查的 14 所高校中，只有内蒙古大学、河海大学和同济大学设立了对贫困女大学生的特例资助政策。因此，这一问题需要社会各界的更广泛关注与支持。

（二）青年成为“网婚”时尚的主体

当前，在互联网上，一种虚拟婚姻，即“网婚”，正在成为某种新的时尚，开始在青年人中流行。例如，2005 年 8 月 16 日下午 3 时，新郎“柏拉图的永恒”和新娘“愿一生痴恋你”准时出现在“一心一意”厅的喜筵上。当一道道大菜端上时，有人放鞭炮，有人送礼金，还不时有祝福话语呈上。一切表现得与普通婚宴没有不同。只不过这一切都是在互联网上呈现的，所有参与者同时登录网站，用鼠标和键盘完成上述程序。每天花大量时间上网聊天，过“恩爱夫妻”生活。

“网婚”现象已经引发了持续不断的争议。赞同者认为，“网婚”只不过是一种虚拟的情感交流方式，在现实生活压力较大的当下，未尝不是宣泄的一个有效出口。反对者则认为，因沉迷“网婚”而影响现实婚姻的例子随处可见，如果“网婚”一旦满足了情感诉求，发展下去就可能危及现实婚姻。

目前还没有确切数据表明，到底有多少青年参与“网婚”游戏，但从两个数据可以窥见一斑，表明这个游戏在青年中的“热”度。2004 年有关媒体调查数据称，国内参加“网婚”的网民数大约有 10 万人。而 2005 年上海一家公司推出的“爱情公寓”创办仅一个月左右，入住用户已达到 10 万人左右，其中以 20 ~ 25 岁女性居多，最小的只有 16 岁。①

寻求新的释放压力的空间，是青年热衷于“网婚”的主要原因，而网络规范还不健全，网民文明素质不高，也同样是重要的促进因素。尽管“网婚”只是一种虚拟性的活动，属于游戏范畴，但它对参与者和非参与者的观念、心理和行为所形成的潜移默化的力量，它所造成的网络文化氛围对于未婚者的负面作用和对于已婚者的道德规范影响，都是不应该忽视的。

（三）高校学生中轻生现象时有发生

2005 年一些高校连续发生学生自杀事件。中新北京网 11 月 16 日报道，

① 参见《中国青年报》2005 年 8 月 17 日。

年初以来，仅北京高校就有 15 名大学生自杀身亡。大学生已成为心理问题的重灾群体。

据北京高校大学生心理素质研究课题组的报告，有超过 60% 的大学生存在中度以上的心理问题，而且这一数字还在继续上升。2004 年华中科技大学学者运用“自杀态度调查问卷”，用分层抽样方式对 1010 名大学生的自杀意念与自杀态度进行了调查，发现有过轻生念头的大学生占 10.7%。据有关报道，2003 年，武汉市高校就发生学生自杀事件 12 起，其中 10 人死亡。

据有关专家分析，生理疾患、学习和就业竞争、情感挫折、经济压力、家庭变故以及生活环境变迁等诸多因素，都可能引发大学生出现心理问题。其中，超强学习压力、激烈的就业竞争是主要因素，再加上家庭经济状况不同、利益分享方面的差异，导致他们心理失衡，而调节不成功，就会形成严重心理障碍，这一切轻则导致心理疾患、精神异常，重则导致自杀、犯罪倾向等重大问题。因此，有关专家强调，除了应该加强大学生的心理教育与心理辅导等长远举措之外，还应该建立危机预警干预机制。这种机制通过家庭、学校、社会各方共同努力，及时发现和识别大学生中潜在的心理危机，采取有效措施，减少危机发生的突发性和意外性。

据悉，目前北京市部分高校不仅着手建立在校大学生的心理健康档案，而且初步建立起一个集普查、咨询、跟踪、调节、干预一体化的心理健康教育机制。上海已启动高校“危机干预”措施，主要包括：在高校中普及心理辅导课，为学生提供心理咨询，有效防止高校学生危及自身生命的现象发生等。但就全国的情况来看，大学生心理健康的支持体系还处于起步阶段。

四　促进青年发展的几点政策建议

（一）进一步加强促进青年就业的制度建设

在中国，从计划经济向市场经济的转轨，必然使就业机制发生巨大变化，劳动力市场逐步对配置劳动力资源发挥主导性作用，从而不可避免地会产生失业现象。近年来，青年失业率呈现逐渐上升态势，而且大学毕业生就业难成为社会热点问题。

在发达的市场经济社会背景下，青年失业率高是一种普遍的现象。例如，美国 1990 年和 1993 年 25～54 岁人口的失业率分别为 4.5% 和 5.8%，但同年其15～24岁人口的失业率分别达到11.1%和13.3%。在经济合作与发展组织成员国范围内的调查表明，1997年，15～24岁青年失业率为13.4%，总数在1000万人左右，比中年人失业率高约一倍。2003年，全球青年失业人数达到8820万人，占总人数的47%，青年失业率比总体失业率高出两倍多。

在成熟的市场经济背景下，劳动力市场的完善程度、人力资本的水平决定着劳动力能否实现就业、在何种岗位从业，以及收入水平的高低，因此，失业率会受到宏观经济周期、就业需求等因素的影响。但是，之所以出现青年失业率更高的现象，主要是因为，人力资本含量中除受教育水平之外，还包括工作经验等重要因素。因此，受教育水平较高但缺乏工作经验的青年人，在择业竞争中常常处于劣势地位。此外，青年在职业成就及其收入上的高预期，常常使他们会为了更理想的目标而放弃得到的工作，处在一种所谓“自愿失业”状态。

因此，非常有必要对青年职业准备和职业选择做出指导与帮助。第一，应该大力加强对青年进入劳动力市场之前的职业培训。中国的劳动力市场正处在发育时期，虽然青年可能会因缺乏工作经验、职业预期过高等原因而在一段时间内处于失业状态，但与发达市场经济国家一样，无论是受教育水平还是工作能力，青年仍是劳动力市场上的强势群体。因此，针对青年工作经验缺乏、职业技能较低的情况，有必要大力加强青年进入劳动力市场之前的职业培训，使他们最大限度地符合职业岗位的要求。第二，应该大力加强促进失业青年就业的有关制度建设。青年没有工作，很大一部分原因是其对能够找到的工作不满意。因此，有关专家建议，国家应当考虑把过去几年专门针对国企下岗失业人员的促进就业措施用于青年失业群体，通过制定《促进就业法》等途径，形成一种推动就业的长效机制。同时，在社会保障方面，也需要考虑失业青年的具体需求，进一步扩大社会保障的覆盖面。

（二）关注高就业压力对青年心理的负面影响

失业在中国日益成为一个引人注目的社会问题。从全球范围看，受失业影响最严重的是青年。在高失业率面前，青年是一个脆弱的群体，它对青年心理产生的一些负面影响值得关注。首先是某种失落感。改革开放以来，经济社会的迅速发展使青年对个人的职业前景呈现出乐观预期，因而在面对严峻的就业形势甚至失业时，自然会产生一些失落感。其次是焦虑心理。就业

困难加重了青年对生活前景的不确定感和不安全感。不仅没有工作的青年存在焦虑情绪，即便一部分就业青年也会存在这种情绪，他们担心失去工作。再次，信任危机。当严峻的就业形势无法缓解而且越发严重时，学校、社会和政府等方面往往会面临青年可能表现出的某种信任危机。最后，厌世情绪。当就业困难和高失业率造成的孤独、苦闷和失望不断加剧时，一部分青年常常会通过各种方式来逃避现实。在西方发达国家，吸毒和自杀是青年逃避现实的两种极端的方式。日益激烈的就业竞争形势也使青年的择业心理发生深层变化，由于就业机会的减少和高失业率的存在，青年关注的焦点日趋集中于日常生活的基本层面，而无闲暇更多地顾及高层面的文化价值追求。

失业也影响着青年对自己收入水平的预期。随着部分人才相对过剩和职位竞争异常激烈，大学生“低工资时代”已悄然来临。近几年来，应届高校毕业生在就业市场上的身价，一直都在呈逐年下降趋势。有关人士分析，高校“扩招”以来大学毕业生数量逐年剧增，但大多数毕业生依然把求职目标锁定在大城市，使广州、深圳这样的大城市的大学毕业生供需状况出现了严重不均衡现象，因此大学生的薪酬不可避免地减少。企业以 700～800 元左右的月薪招聘大学生，在珠三角各地人才市场举行的招聘会上早已经屡见不鲜。大学生起薪严重地下降，最明显的莫过于前几年曾经备受热捧的计算机专业。在广州，四五年前连普通院校毕业的计算机专业本科生，起薪至少都能够达到 2500～3000 元。但现在，即使是重点院校的本科生，起薪大多数也不过 2000 元左右。而计算机专业的大专生，起薪一般只有 1000～1200 元。在广州，大学生的起薪水平连年减少，已经成了不争的事实。因此，当前严峻的就业形势必然会引起青年对自己工资预期的降低。

（三）加强对青年进行职业教育和职业心理指导

据有关部门对应届大学毕业生职业目标的调查，在求职过程中有明确就业目标的人占 13%，有目标但不明确的人占 25%，没有明确目标的人占 62%。一些学生往往不知道自身的优势和劣势，也不知道自己适合或不适合从事什么工作，不知道从事哪些职业可能取得成功。有关专家认为，如果这种状态持续到大学毕业，必然会对市场取向的就业产生恐慌。而反映在实际生活中就是表现为，多数学生参加人才交流会都有一种“赶集”的感觉，没有目标和准备，全凭碰运气，其结果往往是有意向的没有信心，有信心的准备不足，导致交流会对接成功率一般只有 30% 左右。因此，大学生入学前最好对所学专业、自身潜力、未来职业发展等做个科学的评估和规划。一年级了解自我，二年级锁定感兴趣的职业，三年级有目的地提升职业修养，四年级初步完成从学生到职业者的角色转换。而在被调查的企业中，有60%反映，应届大学生到岗工作后，即便是专业对口，实际知识的应用率也不足40%。而有30%的学生反映，在校学习的知识与市场需求差距较远；30%的学生认为所学知识陈旧，若要在本专业领域掌握更前沿的知识，还需要通过上网、到书店、进图书馆来补充。衡量大学生综合素质的指标之一就是：学到了什么，掌握了什么，学会并转化成为自己生存发展的能力是什么。

一项调查表明，大学毕业生在踏上工作岗位之后，“适应良好”（在一年之内顺利适应）的人数仅占34%，相当高比例的毕业生属于“适应不良”（两年之内逐步适应）甚至“适应困难”（三年以上仍难适应）。生活节奏的突然转变让刚刚毕业的大学生无力应对，工作压力的加大，人际关系的困扰，缺乏明晰的自我定位，是大学毕业生不能很好地适应职业生涯的重要原因。

因此，加强对青年进行职业心理方面的指导，包括从业前的准备和就业后的适应，都是非常必要的。

（四）不断提高青年的社会心理承受力

社会的急剧变迁对社会成员造成了各种不适应情况，从而较易引发心理问题。当今青年由于出生和成长在较优异的生活环境当中，所以，心理承受力显得相对较弱，而这一点则又会成为导致心理疾患的基本原因。

从总体上看，在社会转型时期，青年社会心理中的问题或矛盾的心理机制性原因主要可以从两个方面来考察。

第一，青年个体心理中自我确证难度增加。作为人生历程中的一个关键时期，青年期的一个重要任务就是个体要进行自我确证，建立自我同一性，形成稳定的人格系统。这种心理任务的完成在传统社会里通常能够比较顺利，因为传统社会具有较高的同质性、稳定性，而在现代社会则不可能顺利，因为现代社会表现出较高的异质性、变迁性。因此，现代社会中青年想要迅速而明确地建立起自我同一性并非易事，必须经历一个心理发展的延缓期。在今天中国的现代化进程中，青年心理发展过程中的这一延缓期与社会转型期正好相互交织，这个重要特点无疑进一步加大了青年外在成长环境与内在心理发展之间的不协调性。

第二，青年社会价值观存在多元特征或空白状态。在社会转型日益加剧的情况下，青年的价值观念和社会心态中出现了某些困惑现象，其原因主要有两方面：一是社会转型期的规范缺失。由于旧的标准或规范已经失效，新的标准或规范一时还没有完全建立起来，从而使得心无所依。二是标准多元化导致的多重困境。由于社会的日益开放所带来的多样化，往往造成一种相对化情境，于是便会产生某种不确定性，从而导致青年出现困惑感。

还应看到，大学生轻生现象的出现也暴露了教育体系中存在重视知识技能教育而忽视人格教育的问题。知识技能教育只能丰富和完善学生的知识构成，却不能充实和健全学生的心灵。人格教育在很大程度上包括了心理教育和挫折教育。人格教育的最终目标是培养一种具有健全和完善人格的人。因此，除了进一步加强我们社会的文化建设和价值体系建设，以尽快减少和消除青年的困惑感之外，还应该在我们的教育体系中加强人格心灵教育的内容，在根本上培养青年强大的心理承受力，从而有效地应对各种压力和挫折。

（作者单位：中国社会科学院社会学研究所）

附 录

社会经济和谐度指标体系综合评价和分析

○ 朱庆芳

中共十六届四中全会提出了构建和谐社会的重要思想，它指明了中国社会发展的正确方向。随着经济的快速增长，经济增长与社会发展之间出现了某些不协调的状况，由此产生了一系列社会不和谐现象及社会不稳定因素。

一 社会秩序和社会稳定指数出现负增长

为了分析改革开放以来中国社会经济的和谐度，本文选择了38个重要指标组成指标体系，它包括社会结构、人口素质、经济效益、生活质量、社会秩序、社会稳定六个子系统，全面、概括地反映了物质生活和精神生活的提高和社会经济的和谐度。

在1979～2004年的26年间，27个经济社会指标的综合指数年均递增速度为5.4%，各子系统指数上升最快的是人口素质递增6.0%，其次，经济效益递增5.8%，生活质量递增5.6%，社会结构递增3.8%。

但社会秩序和社会稳定指数却出现负增长。社会秩序指数由刑事、治安、贪污、生产安全等五项指标组成，26年年均递减1.7%。其中每万人口刑事案件立案率，从1978年的5.5件上升为2004年的36.4件，按逆指标计算，年均递减7.0%；贪污贿赂渎职受案率和治安案件发案率，年均递减1.6%和5.4%。2004年，交通、工伤、火灾死亡人数高达14.6万人，每10万人死亡率从1979年的4.4人增至11.3人，年均递减3.5%。

26年间，社会稳定指数增减相抵后年均递减1.1%。其中，逆指标通货

膨胀率（居民消费价格指数）年均递减5.8%，实际失业率年均递减0.8%，贫富差距年均递减3.7%，城镇贫困率年均递减6.4%，农村贫困率递增1.1%，城乡收入差距递减0.8%。

社会稳定与社会秩序密切相关并且互相制约。如果贫困率上升、城乡差距与贫富差距扩大等社会不稳定因素增加，就会直接导致刑事案件、治安案件的上升。26年来，此两项指数互相影响，均呈现逆增长，直接影响了综合指数的增长。例如，26年间经济社会27项指标的综合指数年均递增5.4%，若包括社会秩序、社会稳定11项总共38项指标综合计算，年均递增只有4.3%，增幅降低了1.1个百分点，影响度为20%。其中，1991~2004年14年的影响度上升至30%。这充分表明，社会的不稳定、不和谐因素直接影响着整个社会经济的和谐发展，拖了发展的后腿（详见附表1、附表2）。

二　在GDP总量中社会发展总支出速度慢、比例低

国家财政用于文教科卫、社会福利的事业费和基建投资，统称为社会发展总支出，不包括社会和集体个人投入。从历年看，虽然社会发展总支出的绝对额有了很大提高，但与经济发展相比较，其占GDP的比例却很低。在改革开放前，财政支出中用于社会文教费（包括科教文卫）占GDP的比例在3%左右，改革开放后以“六五”时期为最高，达4.6%，“七五”时期即降至4%。近几年比例有所提高，2004年社会文教支出达7491亿元，占GDP比例提高到5.5%，达到了历史最高水平。上述支出中未包括社会保障支出。2004年，用于职工和离退休人员的社会保险费支出，财政对社会保障的补助支出，财政用于民政系统优抚、救济、福利等支出共计6715亿元，占GDP的4.9%，加上社会文教费大致为社会发展总支出，共计14206亿元，占GDP的10.4%，这个水平和比例还是很低的，人均只有1100元，而用于经济和其他支出的高达90%左右。

中国的社会发展支出比例与世界各国比也是偏低的。以基本可比的社会保障、教育、卫生三项社会发展合计占GDP的比例，中国2003年为7%左右，低于美、法的16%和30%，也低于波兰、俄罗斯、伊朗、巴西、南非占27%~10%的比例。

三 经济效益和投资效果低下

中国经济的高速增长主要是靠外延、扩大投资而获得的。投资占 GDP 的比例即投资率，在“六五”期间为 25%，“九五”期间提高到 36%，2003、2004 年虽采取了调整措施，投资率仍提高至 47.3% 和 51.5%。过热的投资引发了原材料、燃料的紧张，重复建设和盲目建设造成了生产能力过剩、产品积压。据统计部门统计，历年累计库存已高达 4 万多亿元，相当于 GDP 的 30% ~40%，各地的房地产热造成房屋空置率高达 26%，银行的不良资产也仍然较高。

综合反映经济效益的重要指标，是投资效果系数（新增 GDP 与固定资产投资的比例）和工业企业总资产贡献率，这两项指标在 26 年中分别下降了 48% 和 49%，平均每年递减 2.5% 和 2.6%。1991 ~2004 年，全社会固定资产投资年均递增 21.5%，按可比价格计算递增 15.3%，快于同期 GDP 递增 9.7% 的速度，使每百元投资新增的 GDP 由 1980 年的 52.7 元降至 2004 年的 27.6 元，降低了 25 元，如果 2004 年按 1980 年的投资效果系数计算，就可增加 GDP 1.7 万多亿元。工业总资产贡献率由 1978 年的 24.2% 降至 2004 年的 12.3%，下降了近一半，如果 2004 年提高到 1978 年的水平，一年就可增加利税 1.9 万多亿元，可见，单纯追求高速度，忽视效益，损失是很惨重的，但另一方面也反映了提高经济效益的潜力是很大的。

四 公共教育经费投入过低、教育机会不均等

在现代化过程中，各国都把发展教育事业视作实现现代化、振兴国家、进行国际竞争的战略性产业而加以重视。据联合国统计，在世界百万人口以上的 130 个国家，公共教育经费占 GNP 的平均比例由 1980 年的 4.4% 提高到 1996 年的 4.8%，低收入国家由 3.4% 提高到 3.9%，高收入国家已达 5.5%，其中美国、加拿大、丹麦、瑞典等国已高达 7% ~8% 左右。由于教育经费的增长快于经济的增长，各国教育弹性系数均在 1% 以上。

中国教育事业基础差，1949 年以来偏重物质生产投资，忽视智力投资，教育占 GDP 的比例一直徘徊在 2% 左右。中国的预算内教育经费亦即公共教育经费占 GDP 的比例，大致可与国外的公共教育经费相比。从历年看，中

国的这一比例最低为1970年，仅占1.2%，最高为1985年，占2.8%，以后各年均低于2.8%，1995~1997年降至1.8%。2003年，预算内教育经费为3454亿元，占GDP的2.94%；财政性教育经费为3851亿元，占GDP的3.3%。长期以来，中国教育经费的增长慢于GDP的增长，教育弹性系数一直低于1%，财政性教育经费按人口平均2003年仅为300元，折36美元，只相当于美国20世纪90年代1400多美元的2.6%。

20世纪90年代，中国教育部门曾发布了《1991~2000年十年教育发展纲要》，提出教育经费占GDP的4%的要求。这一要求至今没有得到实现。2003年，全国有17个省、市、区没有达到《教育法》规定的教育投入增长要求。

中国的教育经费分配在城乡间极不公平，教育机会不均等，且有扩大趋势。据2003年教育部的预算内经费统计，用于农村小学和初中的只占30%左右，中西部地区农村的中小学有危房4000万平方米，有贫困学生2400多万人。农村贫困地区许多适龄儿童失去了受教育的机会而成为新文盲。在教育结构上，中国对基础教育的投入偏低。2004年，15岁以上的文盲率达10.3%，西藏、青海、甘肃、贵州、云南西部地区高达44%~16%；大专以上文化程度占总人口的比例全国平均为5.1%，西部地区只有1%~4%；农村普及九年义务教育经费缺口巨大，农村中小学师资质量差，因此农村学生考上大学的比例很低。据对清华、北大的调查，来自农村的学生仅占1/5。在城市人口中，大专和本科学历人口的比例，分别高于农村相应学历人口比例的55倍和280倍。

五　公共卫生经费投入不足，农村缺医少药

中国卫生经费的投入更少，占GDP的比例长期徘徊在0.4%~0.5%之间，并且呈下降趋势。2004年，全国预算内卫生事业费和卫生基建投资为1274亿元，占GDP的0.9%，与上年持平，人均仅98元。从历年看，比例最高是“六五”时期，达0.83%。卫生经费的增长率和GDP增长率的比值，叫做卫生弹性系数。加拿大、日、法、英、意、德、美、瑞典的卫生弹性系数均在1.4%~2%之间，中国的卫生弹性系数在1991~2004年的14年间，只有0.96%，表明卫生经费的增长慢于GDP的增长。

中国医疗资源的城乡分配严重不公平。据卫生部调查统计，医疗卫生资源约有80%集中在城市，其中2/3又集中在大医院。用于农村卫生经费的比例，从1991年的20%降至2000年的10%，其中专项的农村卫生费只有

1.3%，农民人均卫生事业费只有12元，仅为城市居民人均值的28%。乡镇卫生院只有1/3正常运转。2004年每千人口医生数，农村只有0.85人，仅为城市2.32人的1/3。农村中还有10%的村没有医疗点，新的农村合作医疗覆盖面和医疗费水平均很低。在2004年底召开的新闻发布会上，卫生部副部长说，近几年中央财政支出中卫生支出仅占1.6%～1.7%，其中有70%的医疗费用于占比30%的城镇人口。在农村约有40%～60%的人因看不起病而因病致贫、返贫，中西部地区因病无钱医疗而死亡的比例高达60%～80%。近十几年医疗费猛涨，至今未得到有效遏制，全国综合医院每一诊疗人次的医疗费，从1990年的10.9元上涨至2003年的108.2元，上涨了8.9倍，同期平均每一出院者住院医疗费由473元升至3911元，上涨了7.3倍。

在中国卫生医疗总费用的构成中，政府投入的比例由1990年的25.1%降至2003年的17%，社会投入比例由39.2%降为27%，而个人医疗支出由36%上升至56%，个人医疗费用从1990年的267.0亿元增至2003年的3679亿元，13年中增长了12.8倍，同期政府投入只增长5倍，社会投入增长5.1倍。目前，城乡居民尤其是中低收入者不堪医疗费用的重负，医疗费已成为生活中的后顾之忧。据卫生部第三次全国卫生服务调查，目前50%以上的城市人口、87%的农村人口无任何医疗保障。城乡低收入患者应住院而未住院的比例达41%；应就诊而未就诊采取自我医疗的比例，城市占47%，农村占31%，贫困地区未就诊未住院比例高达70%～90%。

中国公共卫生体系不健全，长期重治轻防，传染病没有得到有效遏制。卫生部在2004年公布的传染病发病率，比上年上升22.7%，死亡率上升了10.4%；另据流行病学调查，2003年乙肝病毒携带者已占总人口的10%，慢性乙肝病人约有1300万人，每年有30万人死于肝硬化和肝癌，艾滋病感染者累计已接近100万人，据专家预测，如不采取有效措施，到2010年，将超过1000万人，防治形势十分严峻。

卫生事业的发展滞后，对国民经济和生活质量的影响是巨大的。据卫生部测算，目前全国城乡居民因病、损伤和早亡，造成的经济损失相当于GDP的8.2%，因病和损伤所消耗的医疗费相当于GDP的6.4%，两者合计占14.6%。相反，如果重视预防为主的方针和健全卫生体系，增加对卫生保健事业的投资，不仅可以大大减少损失和医疗费，还可带来可观的经济效益和社会效益。

在1997年中共中央和国务院提出的卫生工作的奋斗目标是："基本实现

人人享有初级卫生保健。”从实际情况来看，还存在较大差距，据中科院国情研究中心的报告，目前全国约有近一亿人口没有获得医疗服务，各级卫生事业费均低于规划目标。

六　社会不公平、机会不均等加剧，各种收入差距扩大

（一）贫富收入差距扩大

贫富收入差距是各种收入差距的综合反映，也是衡量社会公正、公平的主要尺度，一般认为基尼系数超过 0.40 就属于分配不公平范畴。近年来，中国贫富差距呈逐年扩大趋势。据世界银行发展报告，经调整后的中国基尼系数 2001 年已达 0.415。据国内有关专家联合调查，2004 年中国基尼系数为 0.53 左右，比 1984 年的 0.26 扩大了一倍，已超过了警戒线。中国已经从一个平均主义的国家转变为贫富悬殊的国家，贫富差距已经超过发达国家，接近中等收入国家的水平。据 2004 年联合国人类发展报告，中国的基尼系数高达 0.45 ~ 0.53，高于美、法、日、英、德、韩等国的 0.3 ~ 0.4，接近俄罗斯、新加坡、伊朗的 0.46 ~ 0.43，低于巴西、智利、墨西哥的 0.55 ~ 0.59。

据调查，近年来，中国富人收入来源呈多样化，增值速度加快；而穷人收入来源逐步萎缩，呈递减趋势，形成了富者越富、贫者越贫的马太效应。其后果之一是富者过度储蓄和穷人紧缩消费。高收入者结余购买力通过各种渠道转化为金融资产，据估算，在金融资产和储蓄存款中，60% ~ 80% 为 20% 的高收入者所占有，80% 的中低收入者对消费有较大需求而无购买力。

贫富悬殊会导致社会矛盾的激化，如群体性事件、各种社会治安案件、刑事案件均呈上升趋势。

（二）城乡收入差距也呈加速扩大的趋势

近年来，由于农民收入增幅慢于城镇居民的收入增幅，中国城乡收入差距加速扩大。1978 年，中国的城乡收入差距为 2.57 倍，1985 年曾缩小为 1.86 倍，以后逐年扩大，到 2004 年扩大为 3.21 倍，比 1978 年扩大了 0.64 倍。由于农民基本上不享受社会保障，而城镇居民则享受着社会保障、各种福利和补贴，每年人均三四千元，加上这一因素，实际的城乡收入差距应为

6倍左右。这一比例大大超过了世界各国。通过对2004年劳动和民政统计年鉴中的2003年数据进行整理，可以看到，城镇劳动者（包括私企、个体、离退休人员）人均社会保障支出为1765元，而农村劳动者仅有14元，城乡比例高达126:1，这是城乡差距最大的领域。由于城镇劳动生产率始终高于农业劳动生产率，这就决定了城镇收入增幅必然高于农民收入，如果农村没有特殊的政策支持，则城乡差距的扩大趋势将难以扭转。

（三）地区收入差距扩大

近几年，虽然国家加大了开发西部的力度，但东西部的差距仍呈扩大趋势。例如，东西部人均GDP的比例由1991年的1.86倍，扩大为2004年的2.52倍。省份之间差距更大，如浙江与贵州比较，由13年前的2.7倍扩大为5.7倍。城镇居民人均可支配收入，2004年浙江、广东高达1.5万和1.4万元，而贵州只有7322元，相差一倍。2004年农民人均纯收入浙江与贵州比较为3.45倍，比1991年扩大0.86倍。

（四）行业收入差距扩大

以2004年各行业的平均工资为例，最高为金融保险业达2.7万元，科研和综合技术服务达2.5万元。如按行业细分，以证券业最高，达5.05万元，其次是航空运输业，达4.0万元，而最低的农林牧渔业人均工资只有7611元，最高与最低之比为7.5倍，比1978年的1.3倍扩大了6.2倍，若计入高收入行业的奖金和工资外收入，则行业差距更大。

收入差距扩大，不仅影响消费，影响劳动积极性，还影响社会的合理流动和社会稳定。据当代中国社会变迁研究课题组最新报告指出：中国当前的经济资源、组织资源和文化资源有向上层积聚的趋势，致使农业劳动者仍占44%，社会的中间层占15%，而低阶层进入中间和高阶层的门槛过高，流动障碍在强化，该缩小的阶层没缩小，该扩大的阶层没扩大，阻碍了公正、合理、开放的社会流动。

七　代际之间不和谐，老年人口贫困率较高

在老龄化加速过程中，中国老龄人口贫困化正在扩大。据有关资料估算，在全国60岁及以上年龄的1.4亿多人口中，贫困人口约有2000万~

2500 万人，贫困率达 13% ~17%，平均每 6 个老年人中就有 1 个贫困人口，主要分布在农村。

中国城镇离退休人员的离退休金与在岗职工的平均工资差距日益扩大。1978 年，平均离退休金相当于在岗职工平均工资的 90%，到 2004 年这一比例下降为 61%。企业的离退休人员收入尤其低下，人均不足 8000 元。农村老人数量更多，收入更低，他们还基本享受不到社会保障。农村青壮年大多外出打工，留村老人要负担劳务和家务双重劳动，如遇天灾、疾病，更是雪上加霜。

中国社会存在老年歧视倾向。在发展市场经济的过程中，政策实施者更注重在岗人员的利益而忽视老年人的利益，加上家庭小型化，空巢家庭比例升高，年轻一代已顾及不了老年人，社会养老措施跟不上，就必然使老一代在精神上、经济上均缺乏安全感，成为人数众多的弱势群体。随着老龄化的加速，若不采取措施，这种代际之间的不和谐还将日益扩大。

八　几点对策建议

中国已进入全面建设小康社会新的发展阶段，今后仍将以改革开放和科技进步为动力，坚持以人为本的发展理念，树立全面、协调、可持续发展的发展观，以提高居民生活质量为目标。为实现新时期的目标，必须协调和缓解社会经济发展中存在的各种矛盾和问题。

（一）落实科学发展观，加大社会发展支出和提高教育经费的比例

发展科教文卫和社会福利是社会经济发展的需要，也是实施科学发展观的体现。要把教育当作国家基础设施建设放在突出地位，作为硬指标纳入法制轨道，把提高人口素质作为一项重要的战略任务来抓。建议到 2020 年，社会发展支出占 GDP 的比例应从目前的 10% 提高到 15% ~17% 左右，预算内教育经费占 GDP 的比例应从目前的 3% 左右提高至 5.5% 左右。

（二）增加社会保障支出的比重

要加大力度完善社会保障制度和做好下岗职工的基本生活保障与再就业工作。实施积极的就业政策，促进多种形式再就业，健全再就业援助制度，力求在今后 10 ~15 年内使实际失业率从目前的 6% ~7% 左右降至 5% 以下。

调整财政支出结构，扩大社会保障覆盖面，从目前的30%左右提高到60%左右。

（三）更加注重社会公平，加大调节收入分配的力度

建立较完善的以按劳分配为主体多种分配形式并存的分配制度，强化激励和约束机制。调整福利政策，逐步向低收入者倾斜。利用税收、价格政策调控垄断行业的高收入、工资外高收入，取缔非法收入，增强财政的转移支付和调节不同社会阶层收入差距的能力，以防止城乡收入差距、行业差距、地区差距和贫富差距的进一步扩大。

（四）切实提高农民收入是重中之重

首先要从根本上解决农民负担，全面深化农村改革，要从战略上调整城乡关系，在财税关系上要逐步向农村倾斜，进行财政转移支付。加强农村的基础教育是改变农村贫困面貌的根本措施。要加快公共基础设施的建设和文化、医疗、社会保障等公共事业的发展。要加快农业向非农产业转移的步伐，为农民创造更多的就业机会，有序地向第二、三产业转移，使农民尽快富裕起来，城乡差距才有望逐步缩小。

（五）在经济建设中要实现速度、结构、质量、效益的统一，从过去依靠增加投入、追求数量转移到依靠科技进步、改善管理和提高劳动者素质上来，从扩大外延转到以提高内涵、经济效益为中心的轨道上来

把可持续发展放在突出的地位，实现经济社会和人口资源环境的协调发展。

（六）增强各部门化解社会矛盾的能力和力度

严惩腐败，从制度上和立法上加强监督，杜绝腐败的滋生，加强对腐败的公开舆论监督并狠抓制度建设。加快社会的民主法制建设，完善法律体系、公正司法、公平竞争。改进信访工作与群众沟通渠道。

（七）彻底改变单纯追求速度的考核指标，防止经济过快的政绩诱因

计划统计部门要尽快提出一套切合实际的考核指标，应强调以人为本，全面、协调、可持续发展的新发展观的综合指标体系，增加经济效益、投资效果、环境质量、安全生产等可持续发展的质量指标，并加强对考核目标的督促检查。

附表1 中国社会经济和谐发展指标体系综合评价（1978～2004年）

指标	权重	单位	1978年	1990年	2003年	2004年	2004年为1978年（%）	2004年为1990年（%）	年均递增速度（%）1979～2004（26年）	1991～2004（14年）
综合指数（包括一至四项）	70	%					392.6	216.3	5.4	5.7
（包括一至六项）	100						295.6	173.6	4.3	4.0
一、社会结构指数	16	%					265.2	155.1	3.8	3.2
1. 第三产业从业人员比重	3	%	12.1	18.6	29.3	30.6	252.9	164.5	3.6	3.6
2. 非农业从业人员比重	3	%	29.5	40.0	50.9	53.1	180.0	132.8	2.3	2.0
3. 城镇人口比重	3	%	17.9	26.5	40.5	41.8	233.5	157.7	3.3	3.3
4. 社会文教卫生科学支出占GDP比重	2	%	4.1	4.0	5.5	5.5	134.1	137.5	1.1	2.3
5. 预算内教育经费占国内生产总值比重	3	%	2.1	2.2	2.9	2.9	138.1	131.8	1.2	2.0
6. 出口总额占国内生产总值比重	2	%	4.6	16.1	30.9	35.9	780.4	223.0	8.2	5.9
二、人口素质指数	15	%					455.4	254.6	6.0	6.9
7. 人口自然增长率*	3	‰	12.0	14.4	6.01	5.87	204.4	245.3	2.8	6.6
8. 初中以上文化程度人口占总人口比重	2	%	25.0	32.7	53.3	54.9	219.6	167.9	3.1	3.8
9. 每万人口大学在校学生数	2	人	8.9	18.0	85.8	102.6	1152.8	570.0	9.9	13.2
10. 每万人口大中专毕业人数	2	人	4.1	11.2	26.0	29.2	712.2	260.7	7.8	7.1
11. 每万职工拥有专业技术人员数	3	人	593	1145	2967	2981	502.7	260.3	6.4	7.1
12. 每万人口医师数	3	人	6.5	11.5	11.5	11.7	180.0	101.7	2.3	0.1
三、经济效益指数	14	%					435.4	260.5	5.8	7.1
13. 人均国内生产总值	3	元	379	1634	9101	10561	760.0	320.4	8.1	8.7
14. 社会劳动生产率	2	元	750	3307	15826	18295	550.6	315.3	6.8	8.5

续附表 1

指　标	权重	单位	1978 年	1990 年	2003 年	2004 年	2004 年为 1978 年（%）	2004 年为 1990 年（%）	年均递增速度（%） 1979～2004（26 年）	1991～2004（14 年）
15. 人均财政收入	3	元	118	258	1685	2037	636.4	445.1	7.4	11.3
16. 工业企业总资产贡献率	2	%	24.2	12.2	10.5	12.3	50.8	100.8	-2.6	0.06
17. 固定资产投资效果系数	2	%	52.7	36.3	21.1	27.6	52.4	76.0	-2.5	-2.0
18. 每吨能源生产的 GDP	2	元	634	1879	6867	6948	299.2	183.1	4.3	4.4
四、生活质量指数	25						412.5	207.9	5.6	5.4
19. 居民消费水平	2	元	184	803	4089	4552	585.4	264.7	7.0	7.2
20. 农民人均纯收入	3	元	134	686	2622	2936	588.1	181.2	7.1	4.3
21. 城镇居民人均可支配收入	3	元	343	1510	8472	9422	554.2	279.8	6.8	7.6
22. 职工平均工资	2	元	615	2140	14040	16024	484.8	309.2	6.3	8.4
23. 恩格尔系数*（城乡平均）	3	%	65.9	57.6	42.5	43.2	152.5	133.3	1.6	2.1
24. 人均居住面积										
农民	2	平方米	8.1	17.8	27.2	27.9	344.4	156.7	4.9	3.3
城镇居民（建筑面积）	2	平方米	8.0	12	23.7	25.0	312.5	208.3	4.5	5.4
25. 人均生活用电量（千瓦小时）	2		16.4	42.4	173.0	193	1176.8	455.2	9.9	11.4
26. 环境质量指数	3	%		71.9	72.3	75		104.3	0	0.3
27. 性别平等指数	3	%	77.4	79.2	82.1	82.6	106.7	104.3	0.2	0.5
五、社会秩序指数	15	%					63.4	77.2	-1.7	-1.8
28. 每万人口警察人数	3	人	6.5	7.3	10.4	10.9	167.7	149.3	2.0	2.9
29. 每万人口刑事案件立案率*	3	件	5.5	19.6	34.1	36.4	15.1	53.8	-7.0	-4.3
30. 每 10 万人口贪污贿赂、渎职受案率*	3	件	3.5（1982）	4.5	5.5	5.3	66.0	84.9	-1.6	-1.2
31. 每万人口治安案件发案率*	2	件	9.9	16.6	37.8	41.4	23.9	40.1	-5.4	-6.3
32. 每 10 万人口各类事故死亡率*	4	人	4.4	6.0	10.6	11.3	39.1	53.3	-3.5	-4.4

续附表 1

指　　标	权重	单位	1978 年	1990 年	2003 年	2004 年	2004 年为 1978 年(%)	2004 年为 1990 年(%)	年均递增速度(%) 1979～2004(26 年)	年均递增速度(%) 1991～2004(14 年)
六、社会稳定指数	15	%					75.0	66.5	-1.1	-2.9
33. 通货膨胀率*(消费物价指数,以 1978=100)	3	%	100.0	221.7	449.0	466.5	21.4	47.5	-5.8	-5.2
34. 城镇实际失业率*	3	%	5.3	2.2	6.4	6.5	81.5	33.8	-0.8	-7.5
35. 社会保障覆盖面	2	%	23.0	26.5	30.0	32	139.1	120.8	1.3	1.4
36. 贫困人口比重*	2	%	9.3	7.3	6.4	7.0	132.9	104.3	1.1	0.3
城镇*		%	0.9	5.0	6.0	5.0	18.0	100.0	-6.4	0
农村*		%	11.2	8.3	6.7	8.5	131.8	97.6	1.1	-0.2
37. 贫富差距(五等分)*	3	倍	2.7	4.0	7.4	7.2	37.5	55.6	-3.7	-4.1
城镇*		倍	2.2(1983)	2.5	7.5	7.0	31.4	35.7	-5.4	-7.1
农村*		倍	2.9	4.5	7.3	7.4	39.2	60.8	-3.5	-3.5
38. 城乡收入差距(以农民收入为 1)*	2	倍	2.57	2.20	3.23	3.21	80.1	68.5	-0.8	-2.7

说明：1. 资料来源：《中国统计年鉴》(2005)、《民政统计年鉴》、公安部等提供的资料等。

2. 用加权综合指数法计算综合指数及类指数。"*"为逆指标，将分子分母倒算而得。

3. 第 13～15、19～22 项指标，绝对值为当年价，指数按可比价格计算。第 5 项 2004 年缺，表中为 2003 年数。

4. 第 4 项指社会文教卫生科学财政支出，第 8 项 1982、1990 年为人口普查数，2004 年为抽样调查数。

5. 第 20、21、23、24、36、37、38 项是住户调查资料，合计是用城乡人口加权平均的。

6. 第 36 项 2004 年贫困人口的标准：城镇是根据 5% 低收入中的困难户月人均可支配收入 193 元；农村是人均纯收入在千元以下，月平均收入为 58 元，用户数比重估出城乡贫困人口比重。

7. 第 37 项农村是指最高 20% 的收入水平与最低 20% 的收入水平之比的倍数，2004 年城乡平均是估计数，比《中国统计年鉴》数略高。

8. 第 17 项是新增 GDP 与全社会固定资产投资的比率。

9. 第 26 项包括空气质量、地面水达标率、森林覆盖率、人均绿地面积、噪声达标率五项指标加权综合而成，2004 年为估计数。

10. 第 27 项包括出生、人大代表、城镇从业人员、高中毕业生中的女性比例四个指标综合计算的指数。

11. 第 32 项包括交通、工伤、火灾等各类生产安全死亡率。

附表 2　2004 年全国全面实现小康社会指标体系和实现程度

指　　标	权　重	小康社会目标（2020 年）	2004 年实际值	2004 年已实现目标值(%)	达标年均递增速度(%)	小康内涵
综合指数	100			58.0	3.5	
一、社会结构	20			71.7	2.1	
1. 第三产业从业人员占总计比重	5	51%	30.6%	60.0	3.2	产业结构社会化
2. 城镇人口占总人口比重	5	60%	41.8%	69.7	2.3	城市化
3. 非农增加值占 GDP 的比重	4	95%	84.8%	89.3	0.7	产业结构非农化
4. 出口额占 GDP 的比重	3	40%	35.9%	89.8	0.7	对外依存度
5. 教育经费占 GDP 的比重（预算内）	3	5.5%	2.9%	52.7	3.8	政府智力投入
二、经济与科教发展	23			54.8	3.7	
6. 人均 GDP	5	25900 元	10561 元	40.8	5.8	综合经济社会产出率
7. 固定资产投资效果系数（百元投资新增 GDP）	3	50 元	27.6 元	55.2	3.8	投资效果
8. 工业企业总资产贡献率	3	20%	12.3%	61.5	3.1	工业投入产出率
9. 城镇实际失业率（逆指标）	3	4.0%	6.5%	61.5	3.0	城镇就业状况
10. 研究与发展经费（R&D）占 GDP 比重	3	2.0%	1.44%	72.0	2.1	知识创新投入
11. 人均教育经费（预算内）	3	500 元	268 元	53.6	4.0	知识创新
12. 每万人口专利受理量	3	5.6 件	2.7 件	48.2	4.7	发明创造能力
三、人口素质	18			59.5	3.3	
13. 人口自然增长率（逆指标）	3	3.0‰	5.87‰	51.1	4.3	人口控制和承载力
14. 每万职工拥有专业技术人员	3	5000 人	2981 人	59.6	3.3	知识化、科技化
15. 每万人口在校大学生人数	3	218 人	102.6 人	47.1	4.8	知识化
16. 大专以上文化程度人口占总人口比重	3	12 人	5.4 人	45.0	5.1	知识化
17. 每万人口医师数	3	20 人	11.7 人	58.5	3.4	医疗资源占有
18. 平均预期寿命	3	75 岁	71.6 岁	95.5	0.3	生活质量高质化

续附表 2

指　　标	权　重	小康社会目标（2020 年）	2004 年实际值	2004 年已实现目标值（%）	达标年均递增速度（%）	小 康 内 涵
四、生活质量和环境	26			55.8	3.7	
19. 城镇居民人均可支配收入	4	23600 元	9422 元	39.9	5.9	城镇居民收入水平
20. 农民人均纯收入	4	6860 元	2936 元	42.8	5.4	农民收入水平
21. 恩格尔系数（城乡平均）逆指标	3	30%	43.2%	69.4	2.3	消费结构现代化
22. 人均生活用电量	3	710 千瓦小时	193 千瓦小时	27.2	8.5	家电现代化
23. 每百人拥有电话	2	70 部	50.0 部	71.4	2.1	信息化
24. 每百户拥有电脑（城镇）	2	50 部	33.1 部	66.2	2.6	信息化
25. 性别平等指数	3	100%	82.6%	82.6	1.2	男女平等
26. 环境质量指数	3	100%	55.0%	55.0	3.8	环保水平
27. 农村饮用自来水人口占农村人口比重	2	90%	64.0%	71.1	2.2	农村环保水平
五、法制及治安	13			45.4	4.8	
28. 每万人口刑事案件立案率（逆指标）	3	20 件	36.4 件	54.9	3.8	治安与法制化
29. 每万人口治安案件查处率（逆指标）	3	18 件	41.4 件	43.4	5.4	治安与法制化
30. 每万人口拥有律师数	3	5 人	0.83 人	27.7	8.4	法制化
31. 每 10 万人口各类事故死亡率（逆指标）	4	6.0 人	11.3 人	53.1	3.9	安全生产

资料来源：根据《中国统计年鉴》（2005）及向有关部门收集加工整理。综合指数和类指数是用加权综合指数法计算的，逆指标是以目标数除实现数而得。

注：第 5、11 项为 2003 年数，第 22 项为估计数。第 9 项包括登记失业和国企下岗职工。第 26 项环境质量指数包括水质及空气质量，2004 年为估计数，第 31 项包括交通、火灾、工伤事故等。

（作者单位：中国社会科学院社会学研究所）

*相关链接：*2006 年已经出版或即将出版的部分皮书

经济蓝皮书

2006 年：中国经济形势分析与预测

（附 SSDB 光盘）

主　编：刘国光　王洛林　李京文

2005 年 12 月出版　39.00 元

本研究为总理基金项目，由著名经济学家刘国光、王洛林、李京文领衔，联合中国社会科学院、国务院发展研究中心、国家计委、国家统计局、清华大学等数十家科研机构、国家部委和高等院校的专家共同撰写，从不同角度、不同方面分析中国当年的经济运行和发展态势，其内容涉及宏观决策、财政金融、证券投资，工业调整、就业分配、对外贸易等一系列上至政府要员，下至平民百姓所共同关注的热点问题。

社会蓝皮书

2006 年：中国社会形势分析与预测

（附 SSDB 光盘）

主　编：汝　信　陆学艺　李培林

2005 年 12 月出版　39.00 元

由中国社会科学院"社会形势分析与预测"课题组，联合中央党校、人民大学等十几家科研机构、高等院校、国家部委的专家共同撰写，从不同的层面对中国当年社会的改革现状和发展态势、特别是对社会各界关心的热点问题，进行细致的分析和论述。

世界经济黄皮书

2005～2006 年：世界经济形势分析与预测（附 SSDB 光盘）

主　编：王洛林　李向阳

2005 年 12 月出版　39.00 元（估）

本书由中国社会科学院世界经济与政治研究所主导编写，主旨是为世人普遍关注的来年世界经济形势发展作出的预测和分析。报告分为"综合报告"部分，概述全球经济一年走势的特点；"国别与地区"报告部分，深入解析各地具体发展态势；"专题研究"报告部分，注重对引发全球经济动荡现象的评述。

国际形势黄皮书

2006 年：全球政治与安全报告

（附 SSDB 光盘）

主　编：李慎明　王逸舟

2005 年 12 月出版　35.00 元（估）

本书由中国社会科学院世界经济与政治研究所主导编写，对未来一年国际形势进行了预测，主要涉及国际安全在新时期总的走向、大国战略关系、中国周边安全、第三世界问题、国际恐怖主义特征、各国政党、西方国际关系、国际关系中的妥协机制等内容。

城市竞争力蓝皮书

主　编：倪鹏飞

2006 年 4 月出版　78.00 元（估）

中国城市竞争力报告 No. 4

（附 SSDB 光盘）

本书由城市经济学家倪鹏飞担任主编，侯庆虎、江明清、王诚庆担任副主编，汇集了众多研究城市经济问题的专家、学者关于城市竞争力方面的最新研究成果。前 3 本城市竞争力蓝皮书出版后在中国大中城市引起了强烈反响，成为政府部门的特别是各城市市长决策的重要参考。本书由总报告、理论与发现、主题研究框架、主题研究发现、主题战略、国际眼光、排名点评等七篇组成，对我国 2006 年的城市经济发展战略作出了分析，全面翔实而又客观公正。

文化蓝皮书

主　编：张晓明　胡惠林　章建刚

2006 年 3 月出版　45.00 元（估）

2006 年：中国文化产业发展报告

（附 SSDB 光盘）

文化是社会发展中永远的热点，对处在文化体制转型关键时期的中国来说，如何保持文化产业的持续、健康的发展是政府、也是每一位公民所关心的问题。本书由中国社会科学院文化研究中心、上海交通大学国家文化创新与发展研究基地组织，联合文化部、国家发改委发展规划司、经济体制与管理研究所、中国人民大学、中国传媒大学、中国音像协会等单位的专家、学者共同完成。本书在保持去年文化产业发展报告原创性、科学性、权威性的基础上，研究的产业范围更广泛，内容更充实。

电子政务蓝皮书

主　编：王长胜

2006 年 6 月出版　58.00 元（估）

中国电子政务发展报告 No. 3

（附 SSDB 光盘）

我国的电子政务建设正在走向深入发展、重视效益和产出的阶段，为了使电子政务真正成为转变政府职能和创新管理方式、提高政府的监管能力和服务水平的重要手段，为提高党的执政能力服务，本书对电子政务建设中的一些重大问题进行了有益的探讨。本书由国家信息中心常务副主任王长胜任主编，由国内知名专家、学者和政府有关电子政务管理部门的领导同志任顾问或亲自撰稿，书中内容丰富，资料翔实，层次清晰，结构完整，主题突出，特色鲜明。

法治蓝皮书

主　编：夏　勇等

2006 年 5 月出版　58.00 元（估）

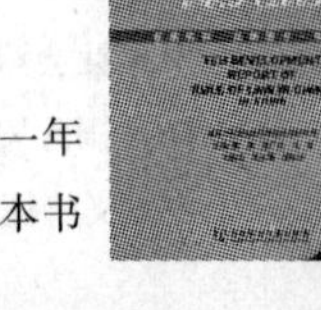

中国法治发展报告 No.3（2005）

（附 SSDB 光盘）

中国法治在过去的一年里走过了怎样的历程？人大和公、检、法等国家机关在这一年取得了哪些成就？还存在哪些问题？过去的一年，我国法学各学科又有哪些新成果？本书全景展示了中国最新的法治环境和理念，专家解读，权威观点，不可不读。

社会保障绿皮书

中国社会保障发展报告（2002～2005）No.3（附 SSDB 光盘）

主　编：陈佳贵　王延中

2006 年 12 月出版　45.00 元（估）

社会发展的内容很多，建立覆盖所有城乡居民的、与经济发展水平相一致的、完善的社会保障制度，无疑是其中最主要的内容之一。中国在宪法中明确提出建立、健全同经济发展水平相适应的社会保障制度，是深化经济体制改革、完善社会主义市场经济体制的重要内容，是发展社会主义市场经济的客观要求，是社会稳定和国家长治久安的重要保证，也是实现以人为本的科学发展观的重要体现。本书对中国社会保障的现状进行了详细的分析，并对完善我国社会保障体系，加快我国社会保障建设提出了对策和建议。

人才蓝皮书

中国人才发展报告 No. 3（附 SSDB 光盘）

主　编：潘晨光

2006 年 7 月出版　59.00 元（估）

本书是在延续注重人才发展的历史沿革和量化分析等特色的基础上，又从多个角度对人才问题进行了研究；首先把人才政策分析作为本书探讨的重点，探索不同领域的人才政策问题。其次是在选题上注意把握多角度、大视野，力求通过人才发展报告蓝皮书系列全方位反映我国人才人事工作现状。

房地产蓝皮书

中国房地产发展报告 No.3（附 SSDB 光盘）

主　编：牛凤瑞

2006 年 4 月出版　45.00 元（估）

本书由中国社会科学院有关研究所、清华大学、北京大学、中国人民大学等高校及相关单位专家学者深入研究而形成的成果。内容涵盖了我国房地产的方方面面，分为总报告、专题报告、土地篇、金融篇、企业篇、市场管理篇、住房保障篇、区域篇、热点与专题篇等，主要分析了我国房地产历史、现状及未来走势，重点描述了 2005 年我国房地产宏微观形势，尤其是针对房地产发展过程中存在的问题，提出了科学的建议。

河南社会蓝皮书

2006 年：河南社会形势分析与预测

主　编：焦锦淼

2006 年 3 月出版　45.00 元（估）

第二本河南社会蓝皮书针对河南省省情，对河南社会形势进行了分析和预测，全书分为专题、发展等篇，全面客观描述和分析了河南“三农”、“人口状况”、“社会安全”等方面问题，对了解、认识投资河南省以及中部地区具有参考价值。

·社会蓝皮书·

2006年：中国社会形势分析与预测

主　　编／汝　信　陆学艺　李培林
副 主 编／黄　平　陈光金

出 版 人／谢寿光
出 版 者／社会科学文献出版社
地　　址／北京市东城区先晓胡同10号
邮政编码／100005
网　　址／http：//www. ssap. com. cn
责任部门／皮书出版中心
（010）85117872
责任编辑／范广伟　任文武　杨桂凤
责任印制／盖永东

总 经 销／社会科学文献出版社发行部
（010）65139961　65139963
经　　销／各地书店
读者服务／客户服务中心
（010）65285539
法律顾问／北京建元律师事务所
排　　版／北京中文天地文化艺术有限公司
印　　刷／北京季蜂印刷有限公司

开　　本／787×1092毫米　1/16开
印　　张／25. 25
字　　数／407千字
版　　次／2005年12月第1版
印　　次／2005年12月第1次印刷

书　　号／ISBN 7-80190-765-5/D·267
定　　价／39.00元（含光盘）

《皮书系列》主要编辑出版发行人

出 版 人　谢曙光

总 编 辑　邹东涛

项目负责人　范广伟

发 行 人　王 菲

编　　辑　（按姓名笔画为序）

丁 凡　王玉敏　邓泳红　任文武　李长运
李建红　武 云　陈斗仁　周映希　张立敏
张景增　杨桂凤　崔 岩

品牌推广　蔡继辉　谢 怡

装帧设计　孙元明

责任印制　盖永东

秘　　书　黑雅婧

联系电话：（010）85117872　（010）85111117－222、220、204

电子信箱：pishubu@ssap.cn